SPIRITUALITY : A Brief History

Philip Sheldrake

SPIRITUALITY : A Brief History

This second edition first published 2013
© 2013 John Wiley & Sons, Ltd
Edition history : Blackwell Publishing Ltd(1e, 2007)

Wiley-Blackwell is an imprint of John Wiley & Sons, formed by the merger of Wiley's global Scientific, Technical and Medical business with Blackwell Publishing.

All Rights Reserved. Authorised translation from the English language edition published by John Wiley & Sons Limited. Responsibility for the accuracy of the translation rests solely with Publishing House The Presbyterian Church of KOREA and is not the responsibility of John Wiley & Sons Limited. No part of this book may be reproduced in any form without the written permission of the original copyright holder, John Wiley & Sons Limited. License arranged through rMaeng2, Seoul, Republic of Korea.

This Korean Translation edition ⓒ 2020 by Publishing House The Presbyterian Church of Korea

이 한국어판의 저작권은 알맹2 에이전시를 통해 John Wiley & Sons Limited와 독점 계약한 한국장로교출판사에 있습니다. 저작권법에 의해 한국 내에서 보호를 받는 저작물이므로 무단 전재와 무단 복제를 금합니다.

미래로 열린 영성의 역사

필립 쉘드레이크 지음
정병준 옮김

일러두기

1. 각주는 모두 역자주이다.
2. 원서의 각주는 각 장의 미주에 두었다.
3. 원서에서 이탤릭체로 강조한 부분은 고딕체로 표기했다.
4. 원서에서 큰따옴표로 강조한 부분은 작은따옴표로 표기했다.
5. 모든 성경은 개역개정판을 따랐다.
6. 주요 인명, 지명, 단체명은 국립국어원 외래어 표기법을 원칙으로 하되, 일부는 관례에 따라 표기했다.

역자의 글

역자는 2천 년의 영성의 역사를 균형 잡힌 시각으로 꼼꼼하게 다룰 수 있는 교재를 찾기 위해 오랫동안 여러 종류의 영성사를 읽었다. 저자 자신의 영성신학적 관점이 강하게 드러난 책들도 있고, 부분적으로는 탁월하지만 다른 부분은 미진해서 아쉬운 책들도 있었다. 필립 쉘드레이크의 『간략한 영성의 역사』(Spirituality : A Brief History)를 대하는 순간, 역자가 찾고 있던 책이라는 확신을 가졌고, 한동안 책 속으로 빨려 들어가 행복감을 맛볼 수 있었다. 그 후 한국의 영성학자들을 통해 이 책이 영성학 개론서로 널리 사용되고 있다는 것을 알았다. 그렇다면 누군가는 번역의 수고를 해야 한다는 사명감을 가지고 번역을 시작하게 됐다.

이 책은 2007년에 초판이 나왔지만 2012년에 그 내용이 상당히 보완돼 개정확장판으로 재출판됐다. 각 장의 내용은 서문에서 상세히 설명하고 있기 때문에 중복할 필요는 없다. 하지만 한국어판 책의 제목을 『미래로 열린 영성의 역사』로 정한 것은 설명이 필요하다. 이 책의 제8장은 21세기 영성의 궤도를 다루면서 현대적 영성의 이슈들을 깊게 진단하고 있다. 빠르게 세계화되는 현실에서 기독교 영성은 사이버 공간, 종교 간의 대화, 완전히 변화된 세속 영성과 만나야 한다. 그리고 21세기의 영성은 경제, 건강, 도시 건설 분야에서 새로운 의미를 제공해야 하는 과제가 있다. 쉘드레이크는 과거를 해석하는 것에 그치지 않고 영성의 미래 영역에 대해 놀라운 통찰력을 제공한다. 따라서 역자는 번역서의 제목에서 이 부분을 강조하고 싶었다.

이 책이 주는 가치는 다음과 같다. 첫째, 영성학의 학문적 원리들을 제시한다. 영성에서 균형 잡힌 관점을 얻는 원리, 영적 전통을 규정하는 원리, 영성사 해석을 위한 질문과 선택의 원리, 기독교 영성에 대한 정의, 영성의 현대적 의미, 텍스트를 해석하는 원리 등 탄탄한 학문적 원리를 제공한다. 둘째, 2천 년의 기독교 영성사를 균형 있게 소개한다. 성경, 고대, 중세, 종교개혁, 계몽주의, 모더니즘과 포스트모더니즘 시대, 21세기에 이르기까지 등장했던 중요한 영성들을 연대기적으로 잘 선택했고, 동방과 서방의 영성에 대해서도 균형 있게 다루었다. 셋째, 영성을 소개할 때에 역사적 배경, 특징, 중심인물, 그것이 후대에 끼친 영향을 간략하지만 핵심을 소개한다. 따라서 짧은 지면에서 영성의 역사와 사상을 함께 배울 수 있는 장점이 있다. 넷째, "수덕적-수도원적 유형"(300-1150), "신비적 유형"(1150-1450), "능동적-실천적 유형"(1450-1900), "예언적-비평적 유형"(1900-2000)이라는 유형론을 통해 거시적으로 영성사를 이해할 수 있게 한다.

이 책에서 번역된 용어의 일관성에 차이가 있는 것들이 있다. 가톨릭과 정교회에서 사용되는 '완덕'(perfection)은 개신교적 용어로 사용될 때는 '완전'으로 번역했다. 개인과 공동체의 영성 발전에 적용되는 '변형'(transformation)은 사회에 적용될 때에는 '변혁'으로 번역했다. 종교적 '실행'(practice)이 지속적으로 행해지는 관습이 아닌 개인적 실천일 때는 '실천'으로 번역했다. '신심'(devotion)은 어떤 대상을 향한 것인데, 자기희생을 의미하는 표현일 경우에 '헌신'으로 번역했다. 기도의 방법에 있어서 기독교적인 방식은 '묵상'(meditation)으로, 세속 영성에서 사용하는 방식은 '명상'으로 편의상 구분했다. 동방 정교회의 인명(人名)은 그리스어 표현을 하는 것이 옳겠지만 독자의 편의를 위해 라틴어식 혹은 영어식 표현을 그대로 사용했다.

　이 책을 번역하는 과정에서 역자의 질문에 학문적으로 큰 도움을 준 한일장신대학교 백상훈 교수(영성학)님께, 또한 신학생의 눈으로 이 글을 읽고 조언을 해 준 서울장신대학교 민병기, 김미영 학우에게 감사를 드린다. 이 책의 출판 제안을 기쁘게 수용해 주신 한국장로교출판사 채형욱 목사님과 직원분들에게도 깊은 감사를 드린다.

2020년 2월
정 병 준

서문

2007년에 출판된 『간략한 영성의 역사』의 개정확장판을 출판하도록 제안한 윌리 블랙웰 출판사의 레베카 하킨에게 감사드리고, 출판사의 독자들에게도 친절한 제안을 해 준 것에 대해 감사드린다. 영성은 오늘날 중요한 학문의 영역이 됐는데, 특히 영어권 세계에서 그렇다. 또한 '영성'은 여러 방법으로 우리 시대를 특징짓는 중요한 단어가 됐다. 이 주제에 대한 관심의 증가는 역설적으로 전통 종교의 회원 수가 감소하는 것과 함께 현대 서양 문화의 가장 두드러진 측면 중 하나다.

처음 이 책을 출판하면서, 보편적 영성의 역사를 간략하게 쓰는 것은 너무 복잡할 수 있다는 데 의견이 일치했다. 거대한 세계 종교들의 영성 사이에는 일반성이 있기는 하지만, 의미하는 방식에서 서로 다르다. 동시에 영성 개념은 점차 종교 영역 밖으로 확장돼 지적이고 전문적인 분야에서도 사용되고 있다. 이러한 이유로 이 책의 범위를 특별히 기독교 영성에 제한하기로 결정했다. 그러나 이것이 배타적인 의미를 갖는 것은 아니고 단지 분명한 범위를 설정해서 방대한 주제를 제어하려는 시도일 뿐이다.

그럼에도 불구하고 기독교 영성에 대해 간단하지만 신뢰할 수 있는 역사를 쓰는 것은 모험적인 일이고, 특히 저자가 한 사람이라면 더욱 그렇다. 어떻게 짧은 지면에 2천 년 동안의 명칭, 시기 그리고 추상적 일반화의 문제를 축소하지 않고 담을 수 있는가? 현실적이면서도 유일한 해결책은 인물, 전통 및 주제에 대해 선별을 하는 것이다. 필자의 주관성을 피할 수는 없지만, 그 선택이 합리적 균형을 이루기를 소망한다. 이 책은 대체로 연대기적인 틀을 따르면서도 한 시대를 규정하는 주제 요소들과 조화를 이루도록 했다. 최근에 필자는 기독교 영성의 네 가지 주요 '유형'이 교육의 목적에 도움이 된다는 사실을 발견했다. 나는 이것들을 "수덕적*-수도원적 유형", "신비적 유형", "능동적-실천적 유형" 그리고 "예언적-비판적 유형"이라고 명칭을 붙였다. 이 유형들에 관한 구체적인 내용은 책 안에서 확인할 수 있을 것이다.

    개정확장판에는 여러 중요한 변화가 있었다. 첫째, 각 장의 앞에 역사 연표를 넣었고 이 책의 끝에 핵심용어 해설을 첨부했다. 또한 두 가지 중요한 구조의 변화를 주었다. 초판의 서문을 보완해 제1장으로 했고, 그에 따라 기존 장들의 순서를 재조정했다. 둘째, 간략하게 정리한 초판의 결론을 "21세기의 궤도"라는 제목으로 마지막 장에 배치했다. 새롭게 추가된 제1장에서는 '영성'의 개념을 현대적인 의미와 그것의 대중성의 영역으로까지 확장해 정의했고, '영성'과 '신비주의' 사이의 관계 및 그 구별 방법을 규정하고, 영성학에 대한 현대적 논쟁을 간단히 분석하고 영성의 역사를 설명하는 수단인 네 가지 유형에 대해 논의하며, 끝으로 '영성'이라고 불러온 광범위한 종류의 운동, 저술 그리고 실행에 적용하기 위한 일부 판단 기준을 제공한다. 마지막 제8장은 기독교 영성 전통이 복합적인 영성으로 이루어진 새로운 세계 안에서 생존할 수 있는지를 질문한다. 그 후에 현재의 '영성'과 '종교' 간의 논쟁을 간단하

---

* 'Ascetical'은 금욕적이라는 의미도 담고 있으나 여기서는 보다 넓은 의미로 학문 세계에서 사용되는 '수덕적'(修德的)으로 표현한다.

게 검토하고, 현대의 기독교 영성을 완전히 세계화된 상황에 배치한다. 일부 새로운 영성 운동을 간단하게 소개하고, 종교 간 대화에서 영성의 역할을 논의하고, 영성에 대한 인터넷의 영향을 개괄했다. 끝으로 사업, 경제, 건강 관리, 도시의 의미와 미래와 같은 비종교 영역들에서 언급되는 영성과 기독교 영성을 관련시킨다.

다른 장의 대부분에도 새로운 내용이 첨가됐다. 제2장 "기초 : 성경과 초대교회"에서는 (영성에 대한 성경적, 초대교회적 기초를 다루면서 기독교 영성들의 주요 특징을 요약한다.)* 성지, 순례 및 성인에 대한 신심(信心, devotion)**의 발전에 대한 새로운 내용을 포함했다. 제3장 "수도원 영성"에서는 ("수덕적-수도원적 유형"과 12세기까지 수도원적 생활 방식이 상대적으로 지배력을 가질 수 있었던 이유를 논한다. 또한 동방 기독교와 서방 기독교의 문화적 분위기와 그것이 영성에 미친 영향을 간략하게 설명한다.) 초기 사막 전통에서 출현한 인용 문헌들과 사막의 영적 실행에 대한 자료들을 첨가·수정했다. 대 그레고리, 안셀름, 빙엔의 힐데가르트에 대한 참조문헌을 더했다. 소제목 중 "수도회의 영적 가치"에서는 렉시오 디비나(lectio divina)로 알려진 성경적 묵상에 대해 간략하게 요약했고, "동방의 영성"에서는 예수기도에 대한 새로운 자료를 첨가했다. 이 장의 마지막에는 초기에 기독교 영성이 아시아, 특히 중국과 인도로 확장되는 내용을 기록했다. 제4장 "도시의 영성"에서는 (도시의 재출현과 관련해 12~15세기 사이의 영성의 주요 변화, 특히 수도원 밖으로 나온 영성 운동과 보다 주관적

---
* 이 책의 초판(2007)의 서문에 있는 내용 중 필요한 부분을 발췌하여 괄호 안에 첨가하여 번역했다.
** 하나님의 신비나 그분과 연관된 어떤 창조적 실재에 마음을 향함으로 하나님을 섬기고 예배하려는 인간의 자세.

인 "신비적 유형"의 출현을 보여 준다.) 피오레의 요아킴(Joachim of Fiore)을 포함하는 "묵시론 운동"에 대한 새로운 소제목을 추가했다. 노르위치의 줄리안(Julian of Norwich)에 대한 간단한 기록은 확장해서 새로운 소제목으로 독립시켰다. 끝으로 중세 스페인을 중심으로 기독교 영성에 대한 초기 이슬람의 영향을 새로운 소제목으로 첨가했다. 제5장 "종교개혁 시대의 영성"에서는 (종교개혁 시대와 15세기 중반에서 17세기 말까지의 서양 '기독교 왕국'의 붕괴를 탐구한다. 이 기간은 일상생활과 봉사를 통해 하나님을 발견하는 "능동적-실천적 유형"이라고 부르는 영성의 세 번째 형태가 우세하게 나타난다.) "급진 종교개혁 : 재세례파 영성"이라는 소제목이 추가돼 더 폭넓게 다룬다. 토마스 뮌처(Thomas Müntzer)와 한스 후트(Hans Hut)에 대한 새로운 자료들과 뮌처와 같은 일부 재세례파의 이슬람과 유대주의에 대한 개방적인 태도에 대해 언급했다. 또한 성공회 영성의 핵심을 설명하기 위해 조지 허버트(George Herbert)에 관한 내용을 새롭게 추가했다. "이냐시오 로욜라와 초기 이냐시오 영성"에서는 영적 식별(識別)과 기도에 대한 이냐시오 실행에 대해 새로운 자료를 첨가했다. 완전히 새로운 두 소제목이 첨가됐는데 첫째는 유럽 밖, 특히 인도, 중앙아메리카, 라틴 아메리카로 기독교 영성이 확장된 것에 관해 설명하고, 둘째는 독특한 러시아 영성의 출현인데, 수도원 운동과 영성이 나누어지는 내용을 다룬다. 제6장 "이성 시대의 영성"에서는 (18~19세기, 특히 기독교 영성과 지적 계몽주의 및 산업혁명 사이의 만남을 다룬다.) 19세기 말에서 20세기 초기까지 성공회-가톨릭주의에 속한 주요 인물들의 사회적 영성을 다룬 "옥스퍼드 운동"을 추가했다. 제7장 "모더니티에서 포스트모더니티로"에서는 (20세기의 영성을 다루면서, 마르크스, 다윈, 프로이드라는 인물들과 두 차례의 세계대전과 세기 중반의 전체주의라는 공포에 의해 상징화된 전통적 종교 세계관에 대한 도전을 탐구한다. 20세기에 사회 정의의 문제에 대한 관심의 증가로 네 번째 영성의 유형이 나타났다. 필자는 이것을 "예언적-비판적 유형"이라고 칭했다.) "샤를 드 푸코"와 20세기의 "동방 정교회 영성"을 새롭게 추가했다. 끝으로 "영성의 민주화 : 오순절 운동과 은사 운동"은 오순절 운동의 기원에 대한 자료를 포함시켰다.

초판의 서문에서 언급했듯이 필자는 30년 동안 대서양의 양쪽 대륙에서 학생들을 가르쳤다. 이 개정확장판은 그 경험에서 추출한 것이다. 그래서 다시 한 번 더 내가 가르쳤던 모든 학생이 보내 준 격려에 대해 감사한다. 필자는 국제기독교영성학회에서 동료들과 나눈 대화를 통해 사고를 발전시켰고 이는 연구에 큰 도움이 됐다. 케임브리지 신학협회의 웨스트코트하우스에서 일하는 나의 동료들이 우호적인 연구 환경을 제공해 준 것에 대해, 그리고 특별히 자료의 일부를 검토해 준 윌 램 박사(Dr Will Lamb)에게 따뜻한 감사를 드린다. 이 개정확장판은 파트너십과 사랑, 대화를 통해 가장 큰 격려를 제공해 준 수지에게 헌정한다.

목 차

역자의 글 5
서문 8

제1장 영성이란 무엇인가? 15
제2장 기초 : 성경과 초대교회 47
제3장 수도원 영성 83
제4장 도시의 영성 131
제5장 종교개혁 시대의 영성 177
제6장 이성 시대의 영성 229
제7장 모더니티에서 포스트모더니티로 271
제8장 21세기의 궤도 317

핵심용어 해설 347
색인 356

제1장
영성이란 무엇인가?

에블린 언더힐(Evelyn Underhill)은 자신의 대표작 『신비주의 : 인간 의식의 본성과 발전』에서 인간은 단지 도구를 만드는 동물이라기보다는 비전을 창조하는 존재라고 말한다.¹ 다시 말해 인간은 단순히 육체적 완벽이나 지적인 우월 그 이상의 목적에 의해 움직인다. 인간은 영적 성취를 원한다. 따라서 영성에 대해 지속적 관심이 일어나는 것은 당연하다.

이 책은 기독교 영성의 역사 연구를 위한 안내서로 기획됐다. '우리가 탐구하려는 것이 정확히 무엇인가?'라는 근본적인 질문을 제기할 필요가 있다. 만일 '영성'의 역사가 일반 종교사 및 문화사와 공통된 범주가 없다면 무엇을 다룰 수 있는가? '영성'은 기독교와 같은 종교의 역사에서, 그리고 실제로 더 넓은 문화의 역사에서 분명히 영향력을 발휘하는 범주다. 영성은 문화에 영향을 끼치기도 하고 받기도 한다. 비록 '영성'의 개념을 완전히 독립적으로 다룰 수는 없지만, 광범위한 기독교 역사 연구로부터 구별될 필요가 있다. 기독교 역사 연구는 교황제와 같은 종교 제도, 종교개혁과 같은 운동, 교회와 정치 혹은 사회적 사건들 사이의 상호작용(예 : 중세 십자군전쟁에서 교회의 역할 또는 19세기 사회 개혁 운동), 혹은 더 넓은 문화에 기독교가 끼친 영향(예 : 예술과 기독교의 관계) 등을 논한다.

이와는 별개로 기독교 '영성'의 역사는 '영적 삶'을 인도하는 방법에 대한 지혜를 증진시키는 데 직접 관계되는 실행과 사람, 운동, 문서, 유물 그리고 영적 삶이 서로 다른 시공(時空)에서 어떻게 이해되고 실천됐는지 다룬다.

'영성'의 어원

'영성'이라는 단어의 어원은 라틴어 형용사 '스피리투알리스'(spiritualis, 영적인)와 아울러 명사 '스피리투알리타스'(spiritualitas)다. 이 단어들은 궁극적으로 신약의 바울 서신에 나타난 그리스어 형용사 프뉴마티코스(pneumatikos)와 명사 프뉴마(pneuma)에서 파생됐다. 이러한 맥락에서 '영' 그리고 '영적'이라는 말은 '몸' 혹은 '물질'(그리스어 soma, 라틴어 corpus)의 반대말이 아니라, 하나님의 영을 거스르는 모든 것을 뜻하는 '육'(그리스어 sarx, 라틴어 caro)의 반대말이라는 점에 유의해야 한다. 따라서 몸과 영혼 사이의 의도적인 대조를 피하고 삶에 대한 두 가지 태도를 대조해야 한다. 그래서 "영적인 사람"(고전 1 : 14-15)이란 하나님의 영이 그 안에 거하고, 하나님의 영의 영향력 아래 사는 사람을 의미하는 것이다.

이처럼 '성령 안에 있는 삶'을 의미하는 '영적'이라는 말에 대한 바울 서신의 도덕적 이해는 12세기까지 서양에서 사용됐다. 12세기에 그리스 철학의 영향을 받은 스콜라주의 신학으로 '영적'이라는 말은 지성적인 인간과 비합리적인 피조세계를 구별하기 위해 사용되기 시작했다. 그러나 '영적'인 것에 대한 바울 서신의 도덕적 이해와 초물질적인 이해는 13세기 토마스 아퀴나스 같은 신학자의 저술에도 병존했다. 흥미롭게도 중세에 '영성'이란 명사는 주로 성직자의 신분을 언급하는 데 사용됐다. 그래서 '영성'은 곧 '성직자'를 의미했다. 이 명사는 오직 17세기의 프랑스에서만 '영적 삶'과 관련된 용어로 확립됐고, 때로 경멸하는 의미로 사용되기도 했다. 그 후 19세기 말에서 20세기 초반까지 신학 세계에서 사라졌다가, 프랑스에서 기독교적 실존의 핵심으로서 '영적 삶'을 언급하는 긍정적인 의미로 다시 사용됐다. 프랑스어 저술들이 번역되면서 영어권 세계로 들어왔다.

'영성'을 기독교 학문의 분야로 사용한 경향은 20세기에 들어 점진적으로 나타났다. 그러나 그것이 수덕(修德)신학과 신비신학과 같은 더 오래된 용어들을 압도하고 대체하기 시작한 것은 1960년대 초반 제2차 바티칸공의회 이후다. 기독교인의 삶에 대한 연구를 표현하기 위해 '영성'이란 단어를 선호했고, 1970년대를 거치며 지배적으로 사용했다. 이 용어는 은연중에 가치의 변화를 표현했다. 첫째, 초자연적이고 영적인 삶과 순전히 자연스러운 일상을 구별하는 과거의 방식에 반대했다. 둘째, '영적 삶'이란 대개 개인적이기보다는 본질상 공동체적이라는 이해를 회복했다. 셋째, 개인 내면에 국한되지 않고 인간 경험의 모든 측면을 통합했다. 넷째, 주류 신학, 특히 성경 연구와 다시 관련을 맺는다. 다섯째, 그것은 여러 기독교 전통 사이의 경계를 넘나드는 성찰의 영역이 됐고, 종종 에큐메니컬 성장을 위한 매개가 됐다. 20세기 말에 영성은 종교 간 대화라는 더 넓은 에큐메니즘으로 확장됐다.

현대적 의미

'영성'은 우리 시대를 규정하는 용어다. '종교'와 비교해서 '영성'에 호의적이고 매력을 느끼는 것은 우리 시대의 두드러진 특징이고, 그것은 모든 사람에게 개방된 것으로 여겨진다. 그렇다면 넓은 의미에서 오늘날 영성은 어떻게 정의되는가? 이 용어가 다양한 상황에서 광범위하게 사용되기 때문에 그 대답은 간단하지 않다. 그러나 '영성'에 대한 현대 문헌은 다음의 접근 방식의 일부 혹은 전체를 포함한다.

첫째, 영성은 통전적인 것, 즉 삶에 대한 완전히 통합된 접근과 관계한다. 이는 역사적으로 '영적인 것'이라는 개념이 '신성한 것'과 관계된다는 사실에 근거한다. 신성한 것은 '온전성'(whole) 또는 '완전'을 뜻하는 고대 영어 '할리그'(hālig)에 해당하고 이는 고대 그리스어 '홀로스'(holos)와 관계된다. 이러한 의미에서 '영성'은 인간 존재의 많은 요소 중 하나가 아니라, '온전성으로서의 삶'을 위한 통합적인 요인으로 이해하는 것이 적합하다. 둘째, 현대적 이해로 볼 때 영성은 '신성한 것'에 대한 탐구와 관련된다. 기독교와 같은 종교적 영성에서 '신성한 것'은 하나님에 관한 신앙과 밀접하게 연관되지만, 오늘날 더 넓은 문화에서는 오히려 (때로 자연과 예술 안에서 구현되는) 신비로움에 대한 광범위한 이해, 규정할 수 없는 인간 존재의 깊이, 우주의 무한한 신비다. 셋째, 영성이란 종종 삶의 목적을 포함하는 의미 추구와 삶의 방향을 이해하려는 탐구에 참여하는 것으로 이해된다. 이렇게 삶의 의미와 목적과 관련을 맺는 것은 여러 면에서, 특히 서양 사회 안에서, 전통적인 종교 혹은 사회적 권위의 쇠퇴에 대한 반응이다. 현대적 영성은 의미와의 관련성 때문에 인간의 정체성과 인격 개발에 대한 이해를 암묵적으로 제시한다. 이러한 현대적 영성 이해와 관련한 흥미로운 사례는 영국 교육기

준청이 중등학교를 위해 제작한 2004년의 일부 문서에 수록된 '영성 개발'의 개념이다. 여기서 '영성'을 "우리에게 생명을 불어넣고 유지시키는 인간의 비물질적 요소의 발전"으로 정의한다. 학교의 커리큘럼에 이것을 포함시킨 목적은 "⋯⋯정체성, 자기 가치(self-worth), 개인의 통찰력, 의미와 목적에 대한 이해를 개발하려는 것이다. 그것은 학생의 정신 개발에 관련된다."[2] 넷째, '영성'은 규칙적으로 '번성'의 개념, 즉 인간에게 번성하는 것은 무엇을 의미하고 어떻게 번성하는 것인지와 관련된다. 다섯째, 영성에 대한 현대적 정의는 삶을 도구적으로, 혹은 순전히 물질적으로 접근하는 것과는 대조적으로 궁극적 가치 추구와 영성을 관련시킨다. 따라서 '영성'은 자기 반성적인 삶뿐만 아니라 삶의 방법에 있어서 윤리적이고 도덕적인 비전을 제시한다.

이러한 현대적 영성 접근법은 몇 가지 중요한 질문을 일으킨다. 우선 영성은 본질적으로 개인적인 혹은 개인주의적인 문제인가, 아니면 선천적으로 사회적인 문제인가? 흥미롭게도 영성에 대한 웹 사이트의 정의 대부분은 내적 경험, 내성(內省), 내면의 여행, 개인의 행복, 내면의 조화 또는 행복을 강조한다. 이러한 영성은 우리의 사회적 실존과 긴밀히 연결되지 않는다. 이것은 또 하나의 질문을 일으킨다. 영성은 위안과 위로를 제공하는 또 다른 치료법을 뛰어넘는 어떠한 것인가? 다른 말로 하면 '고난'의 영성과 같은 것이 가능한가? 내지는 영성이 인간 실존의 파괴적인 면을 직면할 수 있게 하는가?

제레미 카레트(Jeremy Carrette)와 같은 현대 영성 현상에 대한 일부 비평가는 '영성'에 대한 현재의 열광이 소비주의의 또 하나의 파생에 불과하다고 주장하면서 이러한 전개에 대해 아주 회의적이다.[3] 체력, 건강한 삶 그리고 통전적 웰빙을 증진하는 소비주의 '생활 방식의 영성'

이라는 그의 주장은 신빙성이 있다. 그러나 새천년이 시작된 시점에 '영성'이라는 말의 의미가 자기 실현을 위한 개인주의적 추구를 넘어 확장되고 있다는 신호가 있다. 그것은 공공의 가치, 직업 영역의 추가 발전 그리고 사회 구조의 변혁에 관한 논쟁에서 점점 더 뚜렷하다. 예를 들어 건강 관리, 교육, 비즈니스와 경제, 미술은 물론이고 최근에는 도시와 도시 생활의 재창조 그리고 심지어 정치에서 영적인 이해를 회복해야 할 필요가 나타나고 있다. 학문적으로 '영성'은 신학이나 종교학의 범위를 넘어 가령 철학, 심리학 및 사회 과학과 같은 학문 분야에서도 도입되기 시작했다.[4] 이것은 기독교 영성과 같은 전문적인 연구 영역도 이제 많은 학문 분야, 방법론, 실천의 영역에 주목해야 한다는 것을 의미한다.[5]

영성에 대한 현대적 관심은 20세기 후반의 광범위한 문화적 변화 과정의 일부다. 상속된 종교적, 사회적 정체성이나 가치 체계는 여러 이유로 심각하게 의심을 받고 있다. 결과적으로 많은 사람이 전통 종교를 영적 탐구를 위한 적절한 통로로 보지 않고 새로운 자기 지향성의 출처를 찾는 상황에서, '영성'은 자아의 내면과 인생의 궁극적인 목적을 탐구하는 대안적 방법이 됐다. 전반적으로 영적 탐구는 '외부 지시적 권위'로부터 더 의지할 만하게 보이는 '내부 지시적 경험'으로 점차 옮겨가고 있다. 이러한 서양 문화의 '주체의 전환'(subjective turn)*은 영적 경험과 실행에 대한 다양한 접근을 창출했다. 오늘날 영성은 종종 대중 심리학뿐만 아니라 다른 종교 전통들로부터도 비롯되고 있다.

---

* 찰스 테일러(Charles Taylor)의 세속적 근대성에 대한 설명의 중심 개념이다. 즉 세속적 근대성 안에서 과거 신(the divinity)이 보장했던 진리는 개인과 인간에게 자리를 양보하고, 인간은 스스로를 내적 깊이를 지닌 존재로 여겨졌다는 주장이다.

자신을 더 이상 '종교적'이라고 여기지 않은 사람들은 종종 자신을 '영적'이라고 표현하고 싶어 한다. 그들은 자신이 신봉하는 가치에 근거해서, 그리고 의미 있는 삶을 추구하기 위해 택한 실행에 근거해 이렇게 표현한다. 이는 영국의 두 가지 사례를 들어 말할 수 있다. 영적 경험에 오랫동안 관심을 가져온 학자, 데이비드 헤이(David Hay)는 1987~2000년의 기간을 다루는 중요한 조사연구를 했다. 예배에 참석하지 않지만 '영적 실재'를 믿는 사람의 비율이 29%에서 55%로 증가했다고 말한다. 몇 년 후에 사회학자 폴 힐라스(Paul Heelas)와 린다 우드헤드(Linda Woodhead)는 노스웨스트 잉글랜드의 현대 종교와 영적 태도에 관해 연구했다. 그들은 자신들이 '통전적 영성'이라고 이름 붙인 것이 진화론적 발전을 통해 점차 종교를 대체하고 있다는 결론을 내렸는데, 그것이 현대의 필요에 더 부합하기 때문이라고 보았다. 하지만 이러한 진화론적 해석의 문제점은 그것이 매우 특별한 영역에만 적합하다는 것이다. 역사학은 과거와의 완전한 단절, 즉 과거 종교와의 완전한 단절을 가정하는 것은 위험한 행동이라고 가르쳐 준다. 심지어 우리가 현재의 순간을 인식하는 방법들조차도 불명료한 것이다. 서양 사회의 관점에서 볼 때, 점점 더 많은 사람이 비전통의 방식으로 영적 이론, 경험 및 실행의 다양성을 탐구하는 것은 사실이지만, 종종 젊고 지적인 사람들이 매우 보수적인 형태의 기독교 혹은 이슬람교로 개종하고 있으며, 그것을 혼란스럽고 위험하게 느껴지는 세상 속에서 궁극적 의미에 대한 해답으로 여기는 것 또한 사실이다. 우리가 서양 문화를 넘어서 아시아, 아프리카 및 라틴 아메리카를 살펴보면, 전통적인 종교가 최종 사망했다는 평가는 더욱 의심스럽다.

기독교와 자신들을 계속 동일시해 온 서방 국가의 사람들에게로 눈을 돌리면, 그들은 점점 더 혼합된 영적 장르를 택하고, 영적 전통뿐만 아니라 종교적 신앙의 경계를 넘어서 영적 자원을 차용한다. 예를 들어 네덜란드의 사회 인류학자 페테르 베르스테이흐(Peter Versteeg)는 네덜란드 로마 가톨릭 영성센터들의 현재의 작업을 분석했다. 그들은 제도적 교회와 대안적인 영성의 세계 사이 어딘가에 위치한 종교적, 영적 지형 위에 그들을 위한 흥미로운 장소를 만들었다. 그 센터들의 자격을 뜻하는 형용사 '크리스천'은 단지 기독교적 기원을 가졌다는 사실만을 언급할 뿐이다. 또한 센터들이 제공하는 내용은 기독교 신앙에 대한 명시적인 언급을 하지 않을 경우, 단순히 '영성'으로 여겨지는 경우가 많다.[6] 서양 세계의 도처에 있는 기독교 피정 하우스들과 영성센터들의 프로그램에서도 이와 비슷한 절충주의가 감지되는 것으로 보인다.

현대 기독교인들 사이에서 영성에 대한 이러한 접근은 철저하게 다원적인 상황에서 기독교와 같은 종교 전통이 기능하고 있는 방법을 어떻게 이해해야 할지에 대해 복잡한 질문을 제기한다. 프랑스의 사회 과학자이자 이슬람 전문가인 올리비에 로이(Olivier Roy)는 컴퓨터 언어에서 '포맷'(formatting)이라는 단어를 빌어 와서, 사람들이 종교와 영적 전통을 그들이 존재하는 여러 문화 규범에 맞게 '재설정'(reformatting)하는 과정을 분석하는 데 사용했다.[7] 종교 권력이 의식적으로 새로운 문화·사회 현실에 적응하려고 시도하는 경우에 이러한 '재설정'은 종종 '위로부터' 일어나지만, 그보다는 자주 '아래로부터' 발생한다. 아래로부터의 재설정은 비공식적이며 덜 이론적 방법으로, 때로는 종교 권력과는 대조되는 태도로 고전적 주제들을 재공식화하고, 이에 걸맞은 영적 실행들 또는 어떤 전통을 새롭게 표현하기 위해 새로운 삶의 방식들이 채택된다. 중요한 것은 '가톨릭' 또는 '프로테스탄트', '카르멜' 또는

'이냐시오' 같은 확인 가능한 명칭은 확실하게 남아 있지만, 동시에 그러한 명칭과 표현을 이해하는 근본 방식은 뚜렷하게 변화한다.

기독교 영성이란 무엇인가?

21세기는 세계화되고 철저하게 다원화된 세계다. 그러한 맥락에서 오늘날 기독교 영성은 명백히 수많은 문화와 종교가 공존하는 세계에 놓여 있다. 물론 기독교는 중동과 유대교에서 기원했고 후에 유럽의 관점들이 지배적이 됐다. 현대적 상황에서 기독교 영성은 종교 간 대화에서 중요한 부분을 차지한다. 이 과정은 제8장에서 자세히 논할 것이다.

그러나 절충주의를 선호하는 현대인의 취향은 기독교 영성의 독특성 또는 차이점에 대해 새로운 질문을 제기한다. 종교 영성들의 가치와 관심 사이에는 분명히 중첩되는 것이 있다. 명백하게 유신론적이든(아브라함의 가족에 해당되는 종교들처럼) 그렇지 않든 간에(불교처럼), 그것들은 모두 초월적 신앙의 틀에 근거해 있다. 종교 영성들은 또한 기초가 되는 경전, 일정한 가시적 구조, 성지 그리고 영적 실행과 그 외의 특징들을 공유한다. 그러나 각각의 종교 전통은 다른 전통들과 분명히 구별된다.

따라서 우리는 이 책 전체에서 기독교 영성이 유대적 기원을 가졌지만 곧 특유의 맛과 내용을 발전시켰음을 발견하게 될 것이다. 실제로, 앞에서 지적했듯이, 영성이라는 용어는 현재 다른 신앙 전통들, 특히 불교와 힌두교와 같은 동양 종교들에서도 사용되지만, 그 용어의 원천은 기독교에 있다.[8] 기독교 영성이란 우리가 인간의 변형이라는 맥락에서 하나님, 인간 정체성 그리고 물질세계에 대해 특별히 이해한 것을 근본 가치, 생활, 영적 실행에 반영하는 방식이다. 제2장에서 우리는 기독교 영성의 토대와 핵심적인 특징이 무엇인지 살펴볼 것이다. 모든 기독교의 영적 전통이 히브리어 성경(구약성경)과 기독교 성경(신약성경), 특히 복음서와 예수 그리스도의 삶과 가르침에 근거하고 있다는 것을 볼 것이다. 기독교 영성은 근본적으로 예수 그리스도의 길을 따르는 것과 관련된다. 그러나 역사 전반에 걸쳐 다양한 기독교 영적 전통은 또한 특정 상황과 문화 환경에서 이러한 성경의 가치와 가르침을 재해석하려는 시도이기도 하다.

영성과 신비주의

현대 영성 연구에서 자주 제기되는 특별한 질문은 '영성'과 '신비주의' 사이의 관계에 대한 것이다. 넓은 의미에서 현대 서양의 많은 접근법은 '영성'과 '신비주의'를 사실상 동의어로 취급한다. '영성'은 인간 실존의 깊이와 삶의 궁극적인 목적 그리고 보다 깊은 지혜의 탐구를 설명하는 것을 의미한다. '신비주의' 개념은 거기에 덧붙여 하나님 혹은 절대자의 신비와의 직접적인 만남과 에 대한 체험적 지식을 암시한다.

일부 기독교인에게 신비주의에 대한 인식은 영성보다 더 큰 문제가 된다. 최근까지도 대부분의 저술은 신비주의를 강렬한 종교 경험의 범주로 여기며 집중했는데 이것은 몇 가지 문제를 낳았다. 첫째, 우리가 하나님에 관해 말하고자 하는 방식인 신학에서 신비주의를 분리시킨다. 둘째, 공적 세계로부터 신비주의를 제거해 사적이고 내면의 영역으로 이동시킨다. 셋째, 깊은 묵상 실행과 수덕 훈련의 결과로, 제한된 소수만이 경험할 수 있는 지성과 정서의 상태로 소급된다. 이것은 일반적인 기독교인의 삶으로부터 '신비주의'를 분리시키는 경향이 있다.

'신비주의'(la mystique)라는 명사의 기원은 상대적으로 현대적인데, 17세기에 프랑스에서 처음 등장했다. 그리스어 미스티코스(mystikos)에서 파생된 형용사 '신비적'(mystical)은 더 고대적인 표현으로 기독교의 실행과 신학의 더 깊은 차원들을 설명한 것이다. 아주 단순화하면 2세기 이후로 이 용어는, 성경의 보다 깊은 영적 의미이든지 예배와 성례의 내적 능력이든지 간에, 기독교인의 삶의 숨겨진 실재를 나타내기 위해서 채택되기 시작했다. 제2장에서 볼 수 있듯이, 6세기 초에 위(僞)디오니시우스(Pseudo-Dionysius)로 알려진 익명의 시리아인은 하나님의 신비와의 연합(union)을 표현하려고 '신비신학'이라는 용어를 택했다. 그러나 기독교적 의미에서 중요한 것은 '신비주의'가 성경과 예전을 통해 하나님의 신비로 깊이 들어가도록 하기 위해 모든 기독교인을 세례로 초대하는 데 뿌리를 두고 있다는 사실이다. 동시에 신비주의는 인간의 노력을 통해 성취되는 것이 아니라 하나님의 선물이다.

기독교 신비주의에 관한 중요한 현대의 저자 버나드 맥긴(Bernard McGinn)은 신비주의의 다양한 형태에 주목하면서 작업 정의를 시도한다. 신비주의는 "하나님의 직접적이고 변형시키는 현존에 대해 고양된 인식을 준비하고, 그것을 자각하고, 그에 수반되는 결과와 관련되는 기독교 신앙과 실행의 요소들"을 나타낸다.[9] 신비주의자는 특별한 강렬함으로 그들의 기독교 신앙을 믿고 실천하는 사람일 뿐이다. 위대한 신비 저자들은 그들이 의식의 상태를 바꾸는 것이 아니라 삶의 과정을 묘사하고 있다고 단호히 주장한다.

요약하면 영성은 보다 넓은 개념으로 이해될 수 있다. 신비주의는 단지 기독교 영성의 한 측면이고, 기독교인의 영적인 경로를 강화시킨 것이다. 기독교 안에서 영성과 신비주의의 역사적 역할이 잘 구분되지 않는 것에 유의해야 한다. 서방 가톨릭과 동방 정교회 같은 많은 기독교 전통은 모두 가치가 있다. 그러나 일부 개신교 기독교인은 신비주의를 깊게 의심하는데 그것은 부분적으로 신비주의가 하나님과 우리의 관계성에서 경험의 중요성과 그 능력을 과도하게 강조하는 것으로 보이기 때문이다. 제4장에서 살펴보겠지만 중세와 그 이후의 기독교 신비주의에 대한 저술들은 순전히 경험적이지만은 않다. 그것들은 또한 하나님에 대한 인습적인 신학 언어가 타당한지 의문을 제기한다. 위대한 독일 신비주의자 마이스터 에크하르트(Meister Eckhart)는 하나님에 대한 강의에서 아우구스티누스를 인용하는 것을 좋아했다. "내가 그분에 대해 말했다면 나는 말한 것이 아니다. 그분은 말로 형용할 수 없기 때문이다." 기독교 신비주의는 '하나님'(에크하르트의 표현을 따르면 '하나님 너머의 하나님')의 진리는 궁극적으로 모든 신학적 범주와 교리적 정의를 초월한다는 것을 강조한다.

영성의 연구

오늘날 기독교 영성의 연구는 단순히 기독교 교리와 역사의 하위 분야가 아니라 그 자체로 학제 간 연구 영역으로 자리매김했다. 실제로 이 학제 간 연구라는 역할은 영성의 주요한 방법상의 원리가 됐다.[10]

영성은 정당한 학문적 정체성이 없기 때문에 가능한 한 많은 방법과 도구를 사용하려고 한다는 비판을 받고는 한다. 학문 분야에서 진정한 학식 없이 다른 분야의 언어를 단순히 표절하는 '값싼' 학제 간 연구가 분명히 있다. 그러나 진정한 의미에서 학제 간 연구는 편의의 문제가 아니라 원칙에 근거한다. 근대 후기 혹은 포스트모던 이론은 후기 계몽주의의 지식 체계에 근거한 폐쇄적인 분석 방식의 붕괴를 촉진시키고 있다. 여기서 후기 계몽주의의 지식 체계란 학문 분야가 명확하게 분리되고 자율적이고 독립적이고 순수해야 한다는 요구다. 최근에 일어난 이러한 폐쇄적인 사고 체계의 붕괴는 또한 우리의 사고방식이 필연적으로 권력 문제와 관계된다는 것을 강조한다. 따라서 이러한 맥락에서 학제 간 연구는, 예를 들어 영적 고전에 접근하는 방법을 풍요롭게 할 뿐만 아니라, 단순하지도 그렇다고 상대적으로 통제하기 쉽지도 않은 다차원적인 삶을 살아가는 것을 배우는 훈련(áskēsis)이 된다.

기독교 영성은 특정한 신앙 공동체의 전통들과 맞물려 있기 때문에 어떤 학문 분야는 반드시 영성 연구과 관련된다. 기독교 영성의 현대적 발전을 가져온 핵심 인물 중 하나인 샌드라 슈나이더스(Sandra Schneiders)는 이러한 학문들을 '구성적' 분야라고 기술하는데, 즉 본질적으로 영성 연구의 기독교적 본성과 연결되는 학문 분야다. 그는 기독교 역사와 성경을 '구성적 학문 분야'(constitutive disciplines)로 인정한다. 그 외에 '불확실한 학문 분야'(problematic disciplines)라고 부르는 것이 있다. 이것들은 특별한 영성 연구 주제 혹은 문제에 접근을 허용하는 학문 분야다. 슈나이더스는 영성 연구에서 주된 '불확실한 학문 분야'로 심리학, 사회 과학, 문학, 과학을 꼽는다. 슈나이더스는 영성 연구가 순전히 지적이거나 추상적인 것이 아니라고 확신한다. 그것은 자기 함축적이고 따라서 변형적이다. 그의 견해에 의하면 학문 분야로서 신학은 그 두 가지 범주 사이의 어딘가에 놓여 있다. 그러나 필자는 기독교 영성이 일부 간단한 방법을 통해 종교 교리와 근본 원리로부터 도출될 수 있다는 생각에서 벗어나는 것이 중요하다고 생각하지만, 그럼에도 불구하고 어떤 순간이라도 기독교 영성 연구에서 보다 일반적인 신학 이해를 떼어 내는 것은 불가능하다고 본다.[11] 마찬가지로 영성 연구의 자기 함축적 성질은 그것의 근본적인 변형 목적을 상기시키고 신학을 순전히 객관적이고 과학적인 방법으로 축소하려는 유혹에 저항함으로써 더 보편적인 신학의 영역에서 파괴적인 개혁 운동으로 작용할 수 있다.

영성과 기독교 윤리(또는 도덕신학)의 상호관계는 신학과 영성 사이에 유익한 대화를 할 수 있는 특별한 영역이다. 고전적인 로마 가톨릭 신학에서 영성의 전신인 수덕신학과 신비신학이 단지 도덕신학의 하위 분야로 간주됐다는 점에서 이 주장은 역설적이다. 실제로 윤리학이나 도덕신학에 대한 전통적인 접근 방식은 신학과 영성의 분열을 촉진시켰다. 도덕신학과 수덕신학은 모두 인간의 죄성과 연약한 본성에 열중했다. 이것은 기독교적 인간 이해 혹은 거룩성 탐구에 대한 더 깊은 신학적 고려를 무력화시켰고, 수덕신학은 신학적 관점에서 스스로 말할 권리가 거의 없다는 인상을 주었다. 그것은 교리신학에서 파생된 도덕적 삶에 대한 일부 보조적, 선택적 양상만을 다루는 것처럼 보였다.

그러나 오늘날 기독교 윤리는 더 이상 특정 행동의 옳고 그름에 초점을 두지 않는다. 그 초점은 추상적인 행위에서 행위자 인간으로 옮겨왔다. 이 지점에서 영성과 윤리는 인간(인류학)과 은총(세상 안에서 세상을 위한 하나님의 행동)을 다루는 새로운 신학 안에서 공통의 언어를 발견한다. 윤리적 삶과 영적 삶 사이에 기본적인 일치가 있다는 인식이 증가하고 있다. 현대 영성과 기독교 윤리학의 공동 과제에 중점을 둔 주제들 중에는, 온전한 인격체가 되기 위해서 "어떻게 '덕'(하나님의 은총에 도움을 받으면서 온전한 사람이 되도록 하는 것)과 '성품'을 이해할 것인가", "단지 무엇을 해야 하는가보다는 어떤 존재가 되는 것을 목표로 삼아야 하는가" 하는 것들이 있다. 기독교 윤리학자들은 우리를 선으로 이끄는 궁극적인 지침은 추상적 관례나 도덕적 규칙이 아니라 우리 안에 있는 하나님의 영의 현존이라는 것을 강조한다. 이러한 하나님의 내주(內住)는 윤리와 영성 사이의 유익한 관계를 회복시키는 근거가 된다. 그러나 이 두 분야가 전적으로 동의어는 아니다. 가장 포괄적인 의미에서의 영성은 한 개인과 한 집단의 영적 지향성의 온전함을 포함한다. 그런 점에서 영성은 윤리와 중복되지만 윤리로 축소될 수는 없다.[12]

영성과 역사

이제 기독교 영성의 역사로 돌아와서, 기독교가 명백하게 역사적 종교라는 것을 강조하는 것이 중요하다. 하나님께서 결정적으로 나사렛 예수라는 인격으로 실존을 취하셨다는 기독교의 핵심 교리인 성육신은 인류 역사의 한가운데 신성(神聖)을 위치시킨다.

삶과 현실의 중요성에 대한 모든 '의미' 있는 주장은 팔레스타인에서 짧은 기간에 일어난 우발적 사건들을 근거로 판단해야 한다고 주장함으로써 기독교는 자기도 모르는 중에 '초시간적 진리'로 가는 길을 봉쇄했다.[13]

따라서 기독교 영성은 '역사'를 영적 변형을 위한 배경이라고 단언한다. 심지어 가장 영향력 있는 기독교 역사 이론 중 하나인 아우구스티누스의 미래 지향적인 신학도 신적 역사와 세속적 역사를 구분하지만, 우발적인 역사를 무의미하게 만들지는 못했다. 그는 역사의 진보 모델을 거부하고, 어떤 시대도 다른 시대보다 하나님께 더 가까이 갈 수 있다고 믿지 않았지만, 신성한 역사의 맥은 인류 역사를 꿰뚫고 있으며 모든 순간은 똑같이 의미가 있는 것으로 생각했다.[14]

영성과 역사의 관계에 접근하면서, 우리가 '역사' 그 자체의 중요성을 어떻게 보는가 하는 것이 근본적인 요소다. 오늘날 서양 문화는 시대를 통해 내려온 전통의 흐름과 관련을 맺는다는 개념에 대해 싫증을 보인다. 현대인에게 역사란 단지 과거를 의미하는 흥미로운 것이지만 우리의 미래와 관련해서는 중요하지 않다고 믿는 것이 일반적이다. '전통'은 우리가 더 합리적인 존재로 살기 위해서 자유롭게 벗어나야 하는 어떤 보수적인 힘으로 인식된다. 소비주의에 의해 조장되는 직접성에 대한 갈망은 또한 기억이 결여된 문화를 만들어 내고 있다. 아마도 20세기의 가장 큰 충격은 진보하는 힘으로서의 역사에 대한 신념이 종결됐다는 것이다. 그 신념은 두 차례의 세계대전, 세기 중반의 전체주의 그리고 유대인 대학살과 히로시마의 공포와 직면하면서 증발해 버렸다.

현대의 불신에도 불구하고 역사 의식은 인간에게 필수적이다. 그것은 영적 가치가 상황성과 특수성이 있음을 상기시켜 준다. 실제로 역사의 복잡성에 주의를 기울인 것은 지난 30년 동안의 영성 연구의 중요한 발전이었다. 기독교 영성 연구가 오늘날 역사 해석의 복잡성에 더 많은 주의를 기울이는 이유는 1960년대 초 제2차 바티칸공의회와 관련한 중요한 언어 변화에서 기인한다. 교황 요한 23세가 신조어로 사용했고 공의회 문서들에서 반복되는 '시대의 징조'(signs of the times)라는 문구는 역사가 하나님의 활동에서 부수적인 것이 아니라 배경이 되는 것을 인정했다. 신앙은 역사와 대립하지 않으며, 종교사와 세계사의 분리는 불가능하다.[15]

영적 전통들은 역사를 초월해 어떤 이상적인 차원에 존재하는 것이 아니다. 영적 전통들의 기원과 발전은 관련한 사람들의 심리 상태뿐만 아니라 시간과 장소의 상황을 반영하고, 결과적으로 사회의 조건화된 가치를 구현한다. 예를 들어 13세기 프란체스코회 운동의 영성에서 급진적 가난을 강조한 것은 단순히 '있는 그대로의' 성경적 가치가 아니

라 그 시대의 사회와 교회의 특수한 상황, 특히 널리 퍼졌던 죄로 인식되는 것에 대한 반응이었다.[16]

이것은 영적 전통과 문헌들이 원래 상황을 초월하는 가치가 없다는 뜻이 아니다. 그것들의 풍요로움을 바르게 평가하기 위해서는 상황을 진지하게 파악해야 한다는 의미다. 상황은 영적 전통을 연구하기 위한 기본 틀이다. 영성은 어떤 것도 섞이지 않은 순수한 형태가 아니다. '상황'은 영적 경험이나 전통에서 더하거나 뺄 수 있는 '어떤 것'이 아니라 그것들을 표현하는 중요한 요소다.[17] 이것은 동일한 이론이나 이미지가 단순히 다른 모양으로 반복된다고 보는, 기독교 영성을 지속적인 진리의 흐름으로 이해하는 낡은 개념과 모순된다.

해석

영적 지혜를 얻기 위해 상황을 진지하게 고려하면서 다른 시대와 장소에 출현한 영적 전통에 접근하려고 할 때에 해석의 문제가 발생한다.[18] 다른 시대와 장소에 출현한 텍스트를 읽을 때 우리는 필연적으로 다른 문화와 신학의 관점을 깨닫는다. 현대적으로 유용한 해석을 하려면, 텍스트 안에 있는 가정을 어디까지 존중해야 하는지에 대해 질문해야 한다. 이에 대해 저자의 의도와 텍스트의 구조를 완전히 무시하고 단순히 우리에게 적합한 것만 선택하거나 정반대로 저자의 의도만이 중요하다고 여기는 순진한 반응도 있다. 우리가 저자의 의도를 정확하게 재구성할 수 있다고 가정하더라도, 그러한 접근 방식은 현재의 지평을 과거에 종속시킨다. 두 접근법은 모두 텍스트의 '의미'를 단순하게 가정하는 것이다. 더 유익하지만 더 복잡한 해석의 접근법은 텍스트와 비판적 대화에 참여하는 것이다. 이것은 텍스트의 지혜가 우리에게 도전할 수 있게 허용하는 동시에 우리의 지평이 적절한 위치를 갖도록 허용하는 것이다. 저자의 원래 의도를 넘어서는 텍스트의 가능성은 새로운 세계가 그것을 발견할 때 창조적으로 발생한다.

이런 접근 방식은 음악의 사례를 통해 이해할 수 있다. 음악가는 악보를 해석한다. 연주자가 단순히 연주하고 그것을 베토벤 교향곡이라고 부를 수 없다. 비록 작곡자의 지시대로 기술적인 결함이 없다고 해도, 훌륭한 연주는 그 이상의 것이다. 작곡가는 단순히 음을 내는 방법을 설명한 것이 아니라 경험을 형성하려고 했기 때문에, 연주는 창조적인 것이 된다. 이러한 연주의 이미지는 우리를 해석 과정의 핵심으로 인도한다. 우리는 텍스트의 전문성을 무시하지 않으면서 텍스트를 읽거나 연주할 때마다 더 풍부하고 새로운 의미를 발견한다.

영성과 관련해서, 이러한 해석학적 견해는 이제 널리 수용되고 있다. 특별히 20세기에 쓰인 세 가지 고전적 영성의 역사를 비교해 보면, 얼마나 중요한 변화가 일어났는지를 즉시 깨닫는다. 피에르 푸라(P. Pourrat)의 4권짜리 책 『그리스도교 영성』(*La Spiritualite Chrétienne*)은 제1차 세계대전 직후에 출판됐다.[19] 영적 교리에 대한 그의 통일된 접근으로 인해, 그는 기도, 덕, 영적 성장에 대한 동일한 신학이 모든 영적 전통 안에서 발견된다고 가정했다. 영성에 대한 서로 다른 접근법은 표현만 다르다고 생각했다. 푸라는 사실상 평신도 (혹은 대중) 영성에 대해 거의 언급하지 않았고, 수도원 제도와 신비주의에 관심을 두었다.

루이 보이어(Louis Bouyer)의 (영문번역판) 3권으로 이루어진 『그리스도교 영성사』(*A History of Christian Spirituality*)는 제2차 바티칸공의회가 열린 1960년 초반에 출판됐다.[20] 보이어는 당시 영성의 본질적 통일성에 몰두했고 영성 전통들의 차이점에 대한 인식이 부족했다. 그러나 그의 접근은 푸라의 것을 상당히 개선했다. 문화에 대한 그의 관점은 더 넓었고, 평신도 영성이 더 중요하게 취급됐다. 제3권은 정교회, 개신교, 성공회 영성에 대해 비교적 호의적으로 다루었다. 그러나 여성의 영성에 대한 논의는 여전히 눈에 띄지 않았다.

마지막으로 1980년대 후반 크로스로드 시리즈 중 3권으로 이루어진 『세계의 영성 : 종교적 탐구의 백과사전적 역사』(World Spirituality : An Encyclopedic history of the Religious Quest)가 출간된다.[21] 이 책은 로마 가톨릭의 관점에서 저술한 푸라와 보이어의 책들과는 크게 달랐다. 『세계의 영성』은 단일 저자의 거대한 연구 결과라기보다는 다양한 학자의 에큐메니컬적인 국제 연구 모음집이다. 여기서 영적 전통들의 역사는 특수 상황들과 연결된 복수형으로 이해됐다. 이 책은 동서양의 기독교 사이에 균형을 이루고 영성의 문화적 다양성을 표현하기 위한 노력을 했다. 평신도 영성과 여성의 관점도 잘 표현했다. 상대적으로 이 책의 약점이라면 아프리카, 아시아, 라틴 아메리카의 기독교 문화를 충분히 다루지 못한 점이다.

영적 전통에 대한 적절한 역사 분석을 하려면 많은 비평적 질문을 제기해야 한다.[22] 첫째, 특정 전통이나 텍스트 안에서 거룩성은 어떻게 진술됐는가? 어떤 범주의 사람들이 거룩하다고 인식됐는가? 어떤 장소 또는 사물이 특별히 신성한 것으로 간주됐고, 누가 또는 무엇이 '거룩한' 혹은 '신성한' 범주에서 제외됐는가? 예를 들어 성적 활동(결혼)이나 물질세계(육체노동 또는 상업)는 수세기 동안 거룩성과 연결되기가 어려웠다. 둘째, 누가 영성을 창안하거나 통제했는가? 예를 들어 영성의 언어가 성직자나 수도사와 같은 소수 집단의 관심과 경험을 어느 정도 반영했는가? 셋째, 어떤 경향들이 배제됐는가? 다시 말해 선택된 것들이 배제된 것들보다 얼마나 절대적으로 우월하다고 여겨졌는가? 예를 들어 중세의 여성 영성 운동인 베긴회를 이단으로 정죄했던 진짜 동기는 무엇인가? 평신도의 영적 안녕에 대한 진심어린 관심인가, 아니면 성직자들의 통제를 충실히 따르지 않는 평신도에게 씌운 혐의인가? 넷째, 적합하지 않았던 단체들은 어떤 위치에 있었는가? 예를 들어 서방 가톨릭 전통에서 영적 이론의 형성에 있어서 평신도와 여성의 경험이 최근까지도 무시당하는 이유는 무엇인가?

모든 역사 연구에는 선택이 필요하며 이것은 영적 전통에 대한 해석에 영향을 미친다. 첫째, 기간의 범위를 선택해야 한다. 다시 말해 영적 운동의 연대를 구분하고 그것을 이해하기 위해 적절한 범위를 결정한다. 예를 들어 중세와 종교개혁 시대의 영성 사이의 연속성 또는 불연속성에 대한 이해는 많은 분량의 역사를 어떻게, 어디서 구분했는지와 같은 아주 단순한 문제에 의해 영향을 받을 수 있다.[23] 둘째, 전통적 역사는 지리적 편견을 드러낸다. 영적 전통의 역사에서 '중심'과 '주변'을 가정한다. 예를 들어 최근까지 아일랜드 기독교의 영성은 그들 자신의 용어라기보다는 11~12세기경에 라틴 기독교에 동화된 것만을 취급했다. 셋째, 특정 증거를 중대한 것으로 선택한다. 예를 들어 영성 연구를 신비 문헌 또는 수도규칙 같은 영역으로 한정하면, 영성은 본질적으로 문학적이고 오직 특권 계급이 속한 것으로, 단순한 신심 혹은 '대중적' 종교와는 분리된다는 인상을 준다.

비록 현대 서양의 많은 사람은 제도권 종교에 대한 경계심이 있지만, 영성 연구에서 역사는 종교적, 영적 전통의 긍정적인 힘을 깨닫게 한다. 전통에 대한 이해가 없으면 영성에 대한 관심은 무언가 활력을 잃는다. 그것은 노골적으로, 그리고 때로는 은밀하게 서양 문화에 영향을 끼친 역사적인 기독교 영성들에 대해 새로운 주의를 기울여야만 획득할 수 있는 활력이다.

영성의 유형

기독교 영성의 역사를 서술하려고 할 때, 관계가 없어 보이는 일련의 주제들을 이해할 수 있는 하나의 틀로 조직해야 하는 방법상의 문제와 직면한다. 최초로 필자는 기독교 영성을 네 가지 주요 '유형'으로 분류하는 것이 유익하다는 것을 발견했다. 물론 유형이 세계의 주요한 종교들의 영성에서도 다른 방식으로 표현되고 있지만 말이다. 영성의 '유형'은 본질적으로 공통의 특징을 가진 독특한 지혜와 실행의 양식이다. 따라서 네 가지 유형을 비교하고 그 차이점을 이해할 수 있게 해 주는 비교 구조(유형론)를 개발하는 것이 가능하다. 그러나 유형론은 신중하게 사용해야 한다. 그것은 영성의 복잡함을 분석하는 데 유용한 도구이지만, 순수하게 서술적이기보다는 실재에 대한 해석임을 기억해야 한다.

네 가지 영성 유형은 '수덕적-수도원적', '신비적', '능동적-실천적', '예언적-비평적'이다. 이러한 유형들은 어느 정도 중복된다. 수덕적 유형의 영성은 신비적 요소를 가질 수 있다. 각 유형은 종교적 가정에 근거한 광범위한 세계관에 의해 특징이 형성되는 경향이 있다. 서로 다른 영성 유형들은 '비(非)진실'하다고 여겨지는 것으로부터 '진실'하다고 여겨지는 것으로 이동하는 운동을 통해 자기 초월을 일으킨다. 대체적으로 영적 성장의 측면에서 비진실은 자유가 제한되거나 결여된 것으로 요약할 수 있다. 네 가지 영성 유형은 각각 변형이 일어나는 **장소**(상황), 발생하는 **방법**(실행과 훈련) 그리고 궁극적 목적 혹은 종점이 무엇인지(유명 혹은 완성)에 대해 답을 추구하다

'수덕적-수도원적 유형'은 때때로 광야 또는 수도원과 같은 특별한 장소를 권한다. 또한 영적 성장과 도덕적 완덕(完德, perfection)에 이르는 통로로서 자기 부인, 엄격함, 세속적 쾌락으로부터의 절제를 위한 실행을 요구한다. 그 가시적 목적은 물질적 실존으로부터 초연한 상태에 이르는 영생의 길이다. 이 유형에 대해서는 제3장에서 자세히 다룬다.

'신비적 유형'은 관상적 실행을 통해 하나님의 현존의 직접적 대면을 갈망하는 것과 관련된다. 그것은 반드시 일상생활에서 벗어나지 않고도 일상이 경이롭게 변혁될 수 있음을 암시한다. 신비적 유형은 종종 논리적 추론과 분석을 넘어서는 하나님에 대한 직관적 지식과 관련 있다. 그것의 궁극적인 목적은 영적 조명에 이르고 존재의 깊이와 연결되는 것이다. 신비적 유형은 제4장에서 전개될 것이다.

'능동적-실천적 유형'은 영적 진로와 진실 탐구를 위해 기본 환경이 되는 일상생활을 다양한 방식으로 촉진시킨다. 이러한 영성 유형은 영적 진리나 깨달음에 도달하기 위해 일상의 관심사에서 물러날 필요가 없다. 영적 성장을 위해 필요한 것은 우리가 도달할 수 있는 범위 안에 있다. 예수님이 "하나님의 나라는 너희 안에 있느니라"라고 말씀하셨기 때문이다. 이 영성 유형은 일상생활 속에서 하나님을 발견하는 것을 강조하기 때문에, 특별히 수덕적인 삶에 헌신하거나 폭넓은 관상 실행을 할 수 있는 기회를 가진 집단만이 아니라, 모든 사람이 영성에 접근 가능하다. 이러한 유형은 이웃을 향한 봉사를 포함해 일상의 경험, 헌신, 활동을 매개로 영적 성장을 추구한다. 이것은 제5장과 제6장에서 핵심적으로 다룬다.

마지막으로, '예언적-비평적 유형'의 영성은 사회 변혁과 사회 정의를 영적 임무로 여기고 공개적으로 헌신하는 방향을 택함으로 단순한 실천적인 봉사를 뛰어넘는다. 제7장에서 보겠지만 역사적 영성에는 언제나 예언적, 비판적 요소가 있었다. 그러나 예언적-비평적 영성과 그것의 발전을 하나의 뚜렷한 유형으로 보고 주의를 기울인 것은 20세기에 와서, 사회 경제적으로 심각한 상황들에 대한 응답으로 일어난 것이다.

시대 구분과 전통

영성의 '유형' 개념과는 별도로 영성의 역사에서 가장 일반적으로 사용되는 조직적 구조는 '시대 구분'과 '전통'이다. 둘 중 어느 것도 간단하지 않기 때문에 약간의 설명이 필요하다.

'시대 구분'은 본질적으로 역사에 접근하는 것을 의미한다.[24] 그러나 영성의 역사를 구분하기 위해 특정한 시간의 경계를 정하는 일은 간단하지 않다. 예를 들어 '종교개혁의 영성'에 관한 부분을 쓰면서 우리는 중세의 역사적 관점과의 연속성을 강조할 것인가, 아니면 완전한 단절을 강조할 것인가, 보다 일반적으로 '주요 사건들'의 전후 맥락을 짧게 볼 것인가, 아니면 길게 볼 것인가를 선택해야 한다. 때때로 영적 운동이나 전통의 시작과 마침의 시기를 결정하는 것은 '공식' 역사와 구분된 독자적 관심을 가졌는지 여부와 지리적 중심을 어디에 두었는지에 달려 있다.

영성의 역사를 다루기 위해 자주 사용되는 또 다른 구조는 '전통'이다. 기독교 영성을 본질적으로 단일 실체로 취급해야 할지 아니면 여러 다른 전통의 복수형으로 취급해야 할지 논란이 있다.[25] 사실 단일성 또는 복수성은 관점의 문제다. 모든 기독교 영성은 예수 그리스도의 삶과 가르침을 근본적인 출발점으로 삼는다. 다른 한편 사람들이 자신의 시간과 장소의 맥락에서 예수 그리스도의 복음에 응답하려고 할 때 다른 영성 전통들이 나타난다.

　근본적인 관점에서 '영적 전통'은 일반적으로 일회적인 경건이나 신심의 실행보다 훨씬 더 많은 것을 의미한다. 오히려 그것은 다른 전통들과 차별화된 (보통 특정 텍스트 혹은 삶의 방식 안에 소중히 보호되는) 실질적인 영적 지혜를 구체화한다. 그러나 특정한 영성의 형태가 단순히 지나가는 국면이 아니라 완전한 의미에서 명확하게 **전통**이 되는 시점을 말하는 것이 가능한가? 이것은 단순하지 않다. 특히 그 형태가 비교적 최근에 출현한 경우에 더 어렵다. 그것을 결정하기 위한 일부 개괄적인 지침이 유용할 것이다. 첫째, 전통의 창시자 또는 그 기원을 직접 접하지 않은 한 세대의 실천가들이 존재했다는 분명한 증거가 있는가? 둘째, 그 전통은 전달되기 위한 특정 고전 텍스트나 문서 또는 구조를 확립했는가? 셋째, 그러한 영적 지혜는 그것이 기원한 시대와 장소를 뛰어넘을 수 있는 능력을 분명히 보여 주었는가?

　끝으로 '영적 전통'이 해석되고 전수되는 방법상의 개념은 북아메리카의 히스패닉 신학자들에 의해 발전된 '전통화하기'(traditioning)로 알려진 운동을 통해 더 확장됐다. 이러한 새로운 접근법은 역사적 전통들을 재평가하고 때로는 저항하는 복잡한 문제와 만난다. 기독교 영성이 어떻게 스스로를 전파하고 문화적 경계를 가로질러 수용되는가 하는 근본적인 질문이 제기된다. 전통에는 분명히 내용의 이슈가 있다. 즉 아주 특별한 무엇인가가 전달되거나 전통화된다. 그러나 '전통화하기'는 전달의 과정에 훨씬 더 초점을 둔다. 네 가지의 원리가 있는데, 첫째, 한 문화에서 만들어지고 이미 오랜 시대를 수많은 다른 문화를 거치며 재설정된 고전 전통들이 새로운 문화로 들어가는 과정에 더 주의를 기울여야 한다. 둘째, 매일의 삶(lo cotidiano)을 존중해야 한다. 즉 영적 전통들은 지역 공동체의 일상의 문제와 상황에 맞추어 재적용된다. 셋째, 유럽과 북아메리카 헤게모니 밖에서 기원한 종교 문화들에 있는 강력한 실재, 즉 대중적인 신앙을 더 높이 평가해야 한다. 기독교 영성과 특별한 영적 전통은 주로 개념적이거나 지적인 가정에 의해 제한됐다. 반면 대중적인 신앙은 예배, 경건, 제의적 대상, 성지 그리고 순례와 같은 실행에서 영적이고 신성한 것을 표현한다. 넷째, 영적 전통의 '전통화하기'가 성직자 또는 기술적인 '전문가'뿐만 아니라, 실제로 전통의 '평범한' 전달자들인 지역 기독교 공동체 안에 수용된 합의에 이르는지 고려해야 한다.[26]

결론 : 판단의 기준

결론적으로 '영성'이라는 제목 아래 나타날 수 있는 인물, 텍스트, 실행 그리고 가치의 방대한 다양성으로 인해 영적 지혜에 대한 주장을 평가할 수 있는 분명한 기준이 필요하다. 그 필요성은 특히 유사 영적 의식과 심지어 나치즘이나 이탈리아 파시즘 같은 유사 신비적 대망으로 인해서 분명하게 설명된다. 이러한 운동들은 때로 '영성'의 형태로 묘사됐다. 그러나 그러한 유사 영성적이고 파괴적인 운동은 차라리 반(反)영성으로 묘사되는 것이 올바르다. 위의 사례는 극단적이지만, 영적 취향이나 분명한 영적 주장을 담은 가르침, 실행 및 운동에 대해 진정성과 타당성을 판단할 능력을 갖는 것은 매우 중요하다. 일부 기독교 사상가들은 종교적, 영적 가르침을 판단하기 위한 기준을 개발했다.

미국의 신학자 데이비드 트레이시(David Tracy)의 연구는 중요한 사례가 될 수 있다. 첫째, 종교적, 영적 전통은 인간의 삶을 근대적이고 건강하게 이해하는 데 필요한 기본 요구를 충족시킨다는 것이 중요하다.

트레이시는 이러한 접근을 '적절성의 기준'(criteria of adequacy)이라고 부른다. 이러한 인간의 기본 수준을 넘어서면, 실재와 인간 존재에 대한 구체적인 기독교적 이해에 충실하려는 더 높은 차원이 있다. 트레이시는 이것을 '적합성의 기준'(criteria of appropriateness)으로 정의한다.

적절성의 기준을 기독교 영성을 순전히 세속적 규범에 맞게 축소시키는 것이라고 생각해서는 안 된다. 그것은 영성이 일반적으로 수용되는 인간 지식의 발전과 무관할 수 없다는 것을 의미한다. 또한 과거에 인간의 진보에 대한 자신만만했던 관점이 20세기의 고통스런 역사적 사건들에 의해 무너졌다는 것을 무시할 수도 없다. 이를 간단히 말하면, 우리는 19세기 이래로 전개된 진화론, 심리학, 사회, 정치 과학 그리고 좀 더 최근 우주론과 양자 이론에 의해 개방된 새로운 세계를 고려해야 한다. 마찬가지로 우리의 신학과 영성은 아우슈비츠와 히로시마의 공포 이전과 결코 동일할 수 없다는 것이다.

트레이시는 세 가지 적절성의 기준을 제시한다. 첫째, 경험에 대한 모든 종교적 해석은 인간적 의미가 있어야 한다. 즉 인간의 공통된 경험에 적절하게 근거해야 한다. 둘째, 경험에 대한 종교적 이해는 지적으로 일관성이 있어야 한다. 셋째, 영적 전통은 삶의 근본 조건을 조명해야 한다. 다른 말로 하면 삶에 대한 우리의 인간적 확신이 실제로 가치가 있는 것인가 하는 물음이다.[27]

트레이시의 적합성의 기준과 관련해서, 일반적으로 말하면, 어떠한 영성이라도 우리의 사랑을 받기에 합당하신 하나님과 우리를 관련시켜야 한다.[28] 마찬가지로 기독교 영성에 대한 타당한 이해는 고전적인 기독교 교리들과 관련이 있어야만 한다. 예를 들어 삼위일체와 성육신의 언어는 자기애적인 '자기 실현' 또는 '자기 개선'에 몰두하는 왜곡된 영성들에 대한 비판 작용을 한다.[29] 건강한 영성은 불균형하게 선택적이 되는 것이 아니라 합리적 다양성과 타당한 강조의 한도를 지키며 온전한 기독교 복음을 반영해야 한다. 몇 가지 질문을 통해 건강한 영성의 특징을 살펴볼 수 있다. 특정 영성이 어떠한 거룩성의 모델을 제시하고 있는가? 인간 본성에 대한 관점이 통전적인가, 아니면 인간의 구체성을 낮게 여기는 신학에 근거한 이원론적인가? 마찬가지로 인간의 성에 대해 균형 잡힌 건강한 평가를 하는가? 기도와 관상에 대한 이해는 기독교 영성의 핵심이다. 그렇다면 특정 영적 전통은 기독교인의 삶을 공통된 인류의 비전 안에서, 세례에 근거한 하나의 소명에 뿌리를 내리고 있는 것으로 보고 있는가, 아니면 특정 집단이나 생활 양식을 우선시하는 엘리트주의적인가? 영성은 관상과 행동 사이에 균형을 장려하는가? 기독교 영성은 본질상 전통의 문제를 피할 수 없다. 그렇다면 특정 영성에 대한 성경과 더 넓은 범주의 전통의 역할은 무엇인가? 끝으로 영적 전통이 궁극적인 인간의 목적과 운명(종말론)에 대해 발전된 이해를 가졌는가? 특별히 '지금'(now)과 '아직 아님'(not yet) 사이의 적절한 균형을 장려하는가?

● 미주

1 Evelyn Underhill, *Mysticism : The Nature and Development of Spiritual Consciousness*, Oxford : Oneworld Publications 1993 edition, pp. 16-17.

2. Office for Standards in Education, *Promoting and Evaluating Pupils' Spiritual, Moral, Social and Cultural Development*, London : OFSTED, 2004, p. 12.

3. Jeremy Carrette and Richard King, *Selling Spirituality : The Silent Takeover of Religion*, London : Routledge, 2004.

4. Kees Waaijman의 권위 있는 연구, *Spirituality : Forms, Foundations, Methods*, Dudley : Leuven : Peeters, 2002는 새로운 학문 분야의 넓이를 탐구한다.

5. 영성과 관련해 증가하고 있는 학문의 다양성과 정의에 대해서는 Peter Holmes, "Spirituality : Some disciplinary perspectives" in Kieran Flanagan and Peter Jupp, eds., *A Sociology of Spirituality*, Aldershot/Burlington : Ashgate, 2007, pp. 23-41을 보라.

6. Peter Versteeg, "Spirituality on the margins of the Church : Christian spiritual centres in The Netherlands" in Flanagan and Jupp, eds., *A Sociology of Spirituality*, pp. 101-114.

7. 예를 들어 Oliver Roy, *Secularism Confronts Islam*, New York : Columbia University Press, 2007을 보라.

8. '영성'이라는 용어의 역사에 대해, 그리고 기독교 영성의 역사 안에서 그와 같은 뜻을 가진 용어들의 역사에 대한 보다 세부적인 내용에 대해서는 Philip Sheldrake, *Spirituality and History : Questions of Interpretation and Method*, revised edition, London : SPCK/New York : Orbis Books 1995, 제2장 "What is spirituality?"를 보라.

9. Bernard McGinn, "Mysticism" in Introductory Essays, Philip Sheldrake, ed., *The New SCM Dictionary of Christian Spirituality*, London : SCM Press, 2005, pp. 19-25, p. 19에서 인용 (in North America, *The New Westminster Dictionary etc*,

Louisville : Westminster-John Knox Press). 또한 B. McGinn, *The Foundations of Mysticism : Origins to the Fifth Century*, New York : Crossroad Publishing, 1991, General Introduction, pp. xi-xx을 보라.

10. 이점에 대해서 Sandra Schneiders, "The study of Christian spirituality : Contours and dynamics of a discipline" in Elizabeth A. Dreyer and Mark S. Burrows, eds., *Minding the Spirit : The Study of Christian Spirituality*, Baltimore : Johns Hopkins University Press, 2005, pp. 5-24를 보라. 또 다른 유익한 논문은 Schneiders, "Approaches to the study of Christian spirituality" in A. Holder, ed., *The Blackwell Companion to Christian Spirituality*, Oxford/Malden : Blackwell Publishing, 2005, pp. 15-33. 이상의 두 권의 책은 또한 기독교 영성 영역과 영성학에 대한 중요한 논문들을 담고 있다. 영성의 전반적인 분야에 관한 다른 중요한 책은 네덜란드 학자 K. Waaijman의 권위 있는 저서 *Spirituality : Forms, Foundations, Methods*, Leuven : Peeters, 2002 ; B. Lescher & E. Liebert, eds., *Exploring Christian Spirituality : Essays in Honor of Sandra M. Schneiders*, New York : Paulist Press, 2006 ; D. Perrin, *Studying Christian Spirituality*, London/New York : Routledge, 2007 ; 그리고 Agnew, U., Flanagan, B., and Heylin, G., eds., *With Wisdom Seeking God : The Academic Study of Spirituality*, Leuven : Peeters, 2008.

11. Schneiders, "The study of Christian spirituality," 7-8을 보라.

12. 윤리학과 영성의 관계에 관한 탐구는 논문집 *Spirituality and Ethics*, Michael Barnes, ed., *The Way Supplement*, 88, Spring 1997을 보라. 또한 Anne E. Patrick, "Ethics and spirituality : The social justice connection" *The Way Supplement*, 63, 1988, 103-116을 보라. 윤리학으로 영성에 접근한 개신교 관점은 James M. Gustafson, "The idea of Christian ethics" in Peter Byrne and Leslie Houlden, eds., *Companion Encyclopedia of Theology*, London : Routledge, 1995, pp. 691-715를 보라. 로마 가톨릭 전통에서 최근의 접근은 William Spohn, *Go and Do Likewise : Jesus and Ethics*, New York : Continuum, 2000.

13. R. Williams, *The Wound of Knowledge*, London : Darton Longman & Todd and Boston : Cowley Publications, 1990, p. 1.
14. 아우구스티누스의 역사 이론에 대한 고전작 R. A. Markus, *Saeculum : History and Society in the Theology of St Augustine*, Cambridge : Cambridge University Press. 1970에서 특히 제1장 "History : Sacred and secular"를 보라.
15. G. Ruggieri, "Faith and history" in G. Alberigo, J-P. Jossua, and J. A. Komonchak, eds. *The Reception of Vatican II*, Washington DC : The Catholic University of America Press, 1987, pp. 92-95.
16. J. Le Goff, "Francis of Assisi between the renewals and restraints of feudal society," *Concilium* 149, 1981 ("Francis of Assisi today"), passim.
17. P. Sheldrake, *Spirituality and History : Questions of Interpretation and Method*, London : SPCK/New York : Orbis Books 1995, pp. 58, 84-86, 167-168 ; M. de Certeau, "Culture and spiritual experience," *Concilium* 19, 1966, pp. 3-31.
18. 과거의 본문과 전통을 해석하고 사용하는 것과 관련된 문제들에 대한 개요는 Sheldrake, *Spirituality and History*, 제7장을 보라.
19. P. Pourrat, *La spiritualité Chrétienne*, 4 vols., Paris, 1918.
20. L. Bouyer, *A History of Christian Spirituality*, 3 vols., London : Burns and Oates, 1968.
21. B. McGinn, J. Meyendorff, and J. Leclercq, eds., *Christian Spirituality : Origins to the Twelfth Century*, New York : Crossroad Publishing, 1985 ; J. Raitt, ed., *Christian Spirituality : High Middle Ages and Reformation*, New York : Crossroad Publishing, 1987 ; L. Dupré and D. Saliers, eds., *Christian Spirituality : Post-Reformation and Modern*, New York : Crossroad Publishing, 1989.
22. Sheldrake, Spirituality and History, 제3, 4, 7장.
23. Raitt, Christian Spirituality, Introduction.
24. Sheldrake, Spirituality and History, 제4장.

25. 이 논쟁에 대한 요약은 Sheldrake, Spirituality and History, pp. 196-198을 보라.
26. 'traditioning'의 원리에 대해서는 Orlando O. Espin and Gary Macy, eds., *Futuring Our Past : Explorations in the Theology of Tradition*, Maryknoll : Orbis Books, 2006을 보라.
27. David Tracy, *Blessed Rage for Order*, New York : The Seabury Press, 1975, pp. 64-71.
28. Tracy, *Blessed Rage for Order*, pp. 72-79.
29. Catherine LaCugna, "Trinitarian spirituality" in Michael Downey, ed., *New Dictionary of Catholic Spirituality*, Collegeville : The Liturgical Press, 1993, pp. 968-971을 보라.

제2장
기초 : 성경과 초대교회

c. 4 BCE	나사렛 예수의 탄생
c. 30	예수의 죽음
c. 50 – c. 64	바울 서신 기록
c. 70	최초의 복음서 마가복음 기록
c. 70 – c. 100	마태복음과 누가복음 기록
c. 90 – c. 100	요한복음과 요한계시록 기록
c. 60 – c. 150	사도행전 기록
c. 100	디다케 기록
107	안디옥의 이그나티우스 죽음
130 – 200	리용의 이레니우스 : 주교, 신학자
155	서머나의 폴리갑 사망
170 – 236	히폴리투스 : 『사도적 전승』의 저자로 알려짐

c. 185 - c. 254	알렉산드리아의 오리겐 : 신비신학자
313	콘스탄티누스 황제의 밀라노 칙령
325	니케아 공의회-니케아 신조 공식화
329 - 390	나지안주스의 그레고리 : 신비신학자
c. 330 - 379	대(大) 바질 : 수도원 창설자, 신비신학자
c. 335 - 395	니싸의 그레고리 : 신비신학자
354 - 430	히포의 아우구스티누스 : 신학자
381	콘스탄티노플 공의회에서 니케아 신조 개정
399	에바그리우스 폰티쿠스의 죽음 : 수도원주의 저자
451	칼케돈 공의회 : 그리스도의 양성론
c. 500	위(僞) 디오니시우스 『신비신학』 저술

기독교 영성의 기초와 그 특성을 이해하기 위해서는 하나의 틀을 가지고 시작하는 것이 중요하다. 기독교 영성의 기원이 성경 안에, 특히 신약성경에 있다는 것은 당연하다. 그러나 교회가 세워진 후 첫 5세기 동안에 하나님, 인간의 상태 그리고 세상에 관한 특정 교리들이 더 명확하게 규정되고, 처음부터 그 교리들은 기독교인의 삶의 방식과 관련해 이해됐다. 성경과 교리, 이 두 가지 기초를 바탕으로 일반적인 기독교 영성의 주요 특징을 간략하게 요약하며 결론을 내릴 것이다.

기독교 영성과 성경

어떤 의미에서 성경이 모든 기독교 영적 전통의 근거라는 주장은 너무 단순하게 느껴질 수 있다. 그러나 그 진술은 약간의 부연이 필요하다. 첫째, 우리는 어디서부터 시작해야 하는가? 기독교 성경(신약)의 배경에는 히브리어, 유대인 성경(구약)이 있다. 예수님과 그의 제자들이 유대인이라는 명백한 사실 외에도, 기독교 성경은 여러 다른 방식으로 유대인 성경에 의존하고 그것으로부터 발전했다. 2천 년에 걸쳐 유대인 성경은, 예전에서 시편의 사용, 신비·관상 저서에서 아가서의 사용 그리고 20세기 해방 영성에서 출애굽기의 역할에 이르기까지, 기독교 영성에서 신약과 동일하게 중요한 역할을 했다. 그러나 안타깝게도 이 간략한 영성의 역사 안에서 성경적 기원에 대한 긴 이야기를 공정하게 다룰 공간이 없다. 그래서 이 장은 좁은 의미에서 기독교 성경(신약)을 가지고 시작할 것이다.

둘째, 기독교 영성과 관련해서 우리가 얼마나 정확하게 성경에 접근하고 있는가? 예를 들어 성경은 어떤 의미에서 모든 영성의 근거가 되는가? 성육신 교리의 논리, 즉 하나님께서 특정 시기(1세기)와 장소(팔레스타인)에 나사렛 예수라는 인격으로 인류 역사 안에 오신 것은 하나님의 계시가 상황에 얽매인 현실에서, 그리고 그 현실을 통해 이루어졌음을 의미한다. 이것은 긴장을 일으킨다. 한편으로 기독교와 기독교 영성은 예수 그리스도의 공생애 출발 사건과 긴밀한 관계를 맺는데, 다른 한편으로 영성 역사의 형태는 그것이 속한 시대와 장소에 따라 독특해지기 때문에, 예수님의 삶의 반복이 될 수 없고, 따라서 공생애 사건과는 다른 것이 된다.

기독교 영성에 대한 전반적인 성경의 기초를 설명하는 것과 신약에서 영성을 탐구하는 일은 분명히 다르다. 첫 번째 경우에 우리는 쓸모없거나 부정확한 일반화를 피하려고 노력하면서 기독교 영성에 대한 개괄적인 성경의 표지들을 발견하는 데 관심을 둔다. 두 번째 경우에 우리는 특별히 마가복음이나 바울 서신의 독특한 영성에 관심을 둔다. 이 장의 첫 부분은 성경에 나타난 개괄적인 영적 표지들과 신약성경의 주요 책들에 표현된 영성의 핵심 요소에 대해 간단한 성찰을 시도할 것이다.

성경의 표지

성경에 나타난 기독교 영성의 근본적인 이미지는 제자직이다. 실제로 2천 년에 걸친 기독교 영성의 역사에서 '제자직'의 개념과 기독교적 삶을 영위하는 것은 사실상 상호 교환할 수 있는 것이었다. 기독교 영성은 근본적으로 경건한 실행이나 추상적인 교리의 틀로 축소될 수 없다. 그것은 완전한 삶의 방식이다. 다시 말해 기독교인이 되는 것은 세상에서 특정한 방식으로 살아가는 것을 뜻한다. 흥미롭게도 제자직의 '방식'은 복음서와 사도행전 안에서 그리스어 명사 마테테스(mathētēs, 배우는 사람)를 통해 가장 규칙적으로 표현된다. 그것은 단순히 지혜와 가르침이 전달되는 예수님과 제자들 사이의 교사·학생의 관계를 의미하는 것만은 아니다. 제자는 교사와 함께하며 존재의 방법을 배우고, 더 적절한 표현으로는 흡수한다. 이것은 제자직의 개념을 다룬 신약의 주요 단어, '따르다' 또는 '뒤따르다'는 뜻의 동사 아콜로우데인(akolouthein)과 연결된다.

제자직의 개념에는 두 가지 관련 요소가 있다. 첫째, 세상으로 들어오시는 하나님의 통치에 응답하라는 회개의 촉구다. "때가 찼고 하나님의 나라가 가까웠으니 회개하고 복음을 믿으라"(막 1:15). 둘째, 생명의 길을 택하고 하나님 나라의 건설 사역에 참여하는 것이다. "예수께서 (시몬과 그의 형제 안드레에게) 이르시되 나를 따라오라 내가 너희로 사람을 낚는 어부가 되게 하리라 하시니"(막 1:17). 회개와 제자직, 이 두 가지 부름은 마태복음에서는 예수님의 사역의 초기에 일어났고(마 4:17, 19),

비록 다르게 표현됐지만 누가복음과 요한복음에도 나타난다.

신약에서 제자가 되는 것은 찾는 자가 지혜롭고 믿을 만한 영적인 지도자를 선택하는 현대적 탐색과 같지 않다. 또한 스스로 활동하기에 충분한 자율적 지혜를 얻을 때까지 교사의 발 앞에 앉아 있기로 선택하는 문제도 아니었다. 예수님은 자신의 제자들을 선택하고 부르셨다(막 1 : 16-20, 마 4 : 18-22, 눅 5 : 1-11, 요일 35-42). 여기서 제자직의 네 가지 요소가 발견된다.

첫째, 제자직은 자신의 선택이 아니라 부름에 대한 응답이다. 신학적으로 말하면 하나님의 은혜에 대한 응답이다. 둘째, '제자'라는 정체성과 칭호는 사회적 지위나 종교적 또는 도덕적 완전성 때문에 주어지는 것이 아니다. 예수께서는 세리(마 9 : 9)와 모든 종류의 죄인 또는 사회적으로 용납하기 어려운 사람들을 제자로 부르신다(막 2 : 15). 그 당시로서는 이상하게 예수님의 주변에는 여성들도 있었다(눅 8 : 1-3). 여기에 긴장감이 감돌고 있다. 예수님은 각각의 사람들에게 회개하고 하나님의 왕국을 영접하라고 부르셨지만, 다른 한편 공식적인 제자직으로 자신과 연합하라는 부름은 오직 일부에게만 주어진다. 앞으로 보겠지만 부름 혹은 제자직의 개념은 예수님의 부활 후 초대교회 안에서 확대된다. 셋째, 제자직으로의 부르심은 우리가 회심이라고 칭하는 것, 즉 복음을 위해 가족, 이전의 일, 소유물(눅 14 : 26, 막 2 : 24, 10 : 21), 사실상 모든 것(눅 5 : 11)을 포기하는 과거와의 급진적인 단절을 암시한다. 이 급진적인 변화와 변형의 대가는 때로 십자가를 지는 것 혹은 생명을 얻기 위해 생명을 잃는 것(마 10 : 38-39)으로 나타난다. 넷째, 제자직으로의 부름은 하나님 나라를 가져오는 예수님의 사역을 나누어 감당하는 것을 의미한다. 따라서 마태복음 10장의 위대한 선교 담화에서 예수님은 제자들의 사역에 대해 복음을 선포하고, 병자를 고치고, 죽은 자를 살리고, 나병환자를 깨끗하게 하고, 귀신을 쫓아내는 것으로 설명한다 (마 10 : 7-8). 예수님의 사역과 생명을 나누어 갖는다는 것은 "뭇사람의 끝이 되는 것"(막 9 : 35), 봉사(디아코니아) 심지어 사랑 때문에 자기의 목숨을 버린다는 것을 포함한다(요 15 : 12-13).

　부활 이후 기독교 공동체에서 제자직에 대한 이해는 서로 관련되는 두 가지 방향으로 더 분명하게 나타났다. 첫째, 제자는 단순히 예수님의 가르침을 알고 따르거나, 혹은 예수님의 모범을 삶의 모델로 삼는(모방) 사람이 아니다. 제자는 예수님과 인격적으로 깊은 연합을 통해 성부와 예수님의 연합을 공유하는 사람이다. 따라서 제자는 세례의 죽음을 통해 새 생명으로 나아간 예수님의 이야기와 동일한 역동성에 참여한다. 예를 들어 바울 서신은 이것을 예수님의 십자가와 부활에 참여하는 것, 고난을 이긴 영광의 승리 및 죄와 죽음을 이긴 생명의 승리에 참여하는 것이라고 한다(롬 6 : 3-5, 빌 3 : 8-11). 세례의 역동성은 초기 기독교 공동체에서 성찬례를 거행함으로써 거듭 갱신되고 강화됐다. 또한 예수 그리스도와의 연합과 참여는 양자됨에 대해 말하는 바울 서신에서 더 발전된다. 기독교인 제자들은 이제 하나님의 아들과 딸로서 예수님 안에서 하나님의 약속의 공동 상속자가 된다(롬 8 : 15, 갈 4 : 6). 둘째, 이러한 참여의 용어와 밀접하게 관련된, 가족 또는 공동체의 일원으로서 제자직을 강조하는 것이다. '제자직'과 그것에 대해 언급하는 모든 것은 소수의 막역한 친구들을 넘어서, 세례로 시작해 성찬으로 양육되는 신자들의 공동체 안에서 예수님을 따르는 모든 사람으로 확대된다. 이 공동체는 살아 계신 그리스도의 몸으로서 연합과 참여라는 용어로 묘사된다(고전 12 : 12-13).

신약성경의 영성

기독교 영성에 대한 성경의 일반적인 표지로부터 신약성경의 저자들의 영성으로 관심을 돌리려고 할 때, 신약성경이 1세기의 문서라는 사실을 염두에 두는 것이 가장 중요하다. 신약성경은 기독교 영성에서 특권을 가지지만, 신약성경 각 책들을 통해 볼 수 있는 실제 영성은 구체적인 상황을 반영하고 있다. 예를 들어 사복음서는 예수님에 대한 초기 구전 또는 기록 전승들의 창조적인 개정 작업으로, 복음서 저자들은 자신들의 구체적인 청중의 상황과 필요가 상호 작용할 수 있게 했다. 이것은 사복음서가 예수 그리스도의 인격, 가르침 및 궁극적 의미에 대해 공통된 전통을 가졌으면서도 상당한 강조점의 차이를 보이는 것을 해명해 준다. 신약성경은 사복음서 (그리고 누가복음과 연결된 사도행전), 광범위한 편지 그리고 묵시적 계시록을 포함하고 있다. 우리는 간략하게 기독교 영성에 가장 큰 영향을 끼친 복음서, 사도행전, 사도 바울의 서신에 집중할 것이다.

세 복음서, 마태복음, 마가복음, 누가복음은 많은 내용을 공유하고 있으며 말씨와 구조의 유사성 때문에 일반적으로 '공관복음'으로 분류한다. 이러한 유사성은 공통의 구전을 바탕으로 할 뿐만 아니라 직접적인 문학적 연관성에서 비롯되는 것으로 인정된다. 그러나 세 본문의 강조점과 영성은 각각 매우 특별하다.

예를 들어 가장 짧고 초기의 것인 마가복음은 많은 부분이 설화로 돼 있고 상대적으로 비유가 거의 없으며 오직 한 개의 담화 형태(막 13장)의 금언 모음이 있다는 점에서 예수님의 설교보다는 행적에 관심이 있다. 그런 의미에서 예수님의 생애 자체가 가장 중요한 비유이며 하나님 나라의 본질에 관한 기본적인 가르침이다. 따라서 제자직은 첫 번째 추종자들처럼 예수님의 선교에 '함께 있는' 것이다. 마가의 진술의 핵심은 십자가다. 예수님은 고통당하시는 메시야다. 예수님의 행동, 치유, 가르침은 십자가의 빛 아래에서만 이해할 수 있다. 그러므로 마가복음이 예수님의 정체성을 둘러싼 비밀과 제자들이 예수님이 누구인지 이해하는 것에 대한 실패를 강조하는 것은 놀라운 일이 아니다. 수난과 부활 안에 계시된 예수님의 생애의 진정한 의미가 오직 지난 일에 대한 통찰로만 바르게 이해되는 것처럼, 하나님의 능력은 역설적으로 약함 가운데 드러난다. 이 사실은 마가복음에서 유래한 영성의 핵심이 십자가인 것으로 증명된다. 인자가 고난을 당해야 하는 것처럼(막 8:31), 제자들도 자기를 부인하고 예수님을 본받아 십자가를 져야 한다.

마태복음은 예수님을 구약 언약의 완성으로 강조한다. 예수님은 율법과 택한 백성을 향한 하나님의 요구에 대한 권위 있는 해석자다. 결과적으로 마태복음의 관심은 예수님 안에서 "우리와 함께하시는 하나님"(마 1:23)의 현존과 신자 공동체 안에 영원히 거하시는 예수님의 현존에 대한 응답으로 '의'의 삶을 실천하는 것이다. 그러나 '의'는 도덕적 정직으로 축소될 수 있는 것이 아니라, 회개하고 하나님의 요구를 수용하고, 외적, 실존적으로 하나님의 방법에 순종하는 것을 의미한다(마 5:6). 궁극적으로 하나님 나라의 백성을 다른 사람들과 구분 짓는 것은 언제나 의롭게 좁은 길을 택하고 궁핍한 사람을 섬김으로 하나님을 섬기는 것이다(마 25:31-46). 이와 관련해서 마태복음은 하나님 사랑과 이웃 사랑이라는 두 가지 계명으로 표현된 헌신의 완전성을 강조하고 있다(마 5:38-42).

누가복음-사도행전 전통에서 중요한 주제는 하나님의 신실함과 언약의 상속자들이 지닌 모든 것을 포용하는 본성이다. 메시야가 오심으로 이 시대는 하나님의 성령의 충만 가운데 우주적 구원이 가능해졌다. 그에 대한 응답은 감사와 기쁨이다. 예수님 자신의 태도는 다음과 같다. "그때에 예수께서 성령으로 기뻐하시며 이르시되 천지의 주재이신 아버지여 이것을 지혜롭고 슬기 있는 자들에게는 숨기시고 어린아이들에게는 나타내심을 감사하나이다 옳소이다 이렇게 된 것이 아버지의 뜻이니이다"(눅 10:21). 기쁨으로 구원을 환대하는 일은 예수님과 그의 가르침을 '복음'으로 받아들이는 '가난한 사람들'에게까지 확장된다. 예수님은 나사렛에서 이사야의 예언을 낭독하고 해석함으로 이 사실을 확증하셨다(눅 4:16-21). 누가복음에는 회심이라는 고전적인 신약의 주제와 예수님을 따르는 삶에 대해 증언하면서 복음에 가장 반응을 잘하는 사람들이 '가난한 사람들'이라는 의외의 전개가 있다. 그들은 육신적, 사회적 혹은 영적인 면에서 주변화된 사람들이다(눅 6:20-26). 누가복음-사도행전 전통은 또한 사도행전에서 사도와 교회의 역할 및 예수님의 공동체가 '땅끝까지' 복음을 전파하도록 하는 성령의 역할을 강조함으로써 예수님의 메시지와 하나님의 구원의 보편성을 설명한다. 이것은 제자들이 자신의 일상 세계와 종교적 전제들 밖에 있는 상황과 사람들 안에도 하나님의 성령의 임재와 활동이 있음을 인정해야 하는 고통스럽고 어려운 인식의 확장을 포함한다(행 10장의 베드로와 고넬료 이야기).[1]

요한복음은 다른 세 복음서와 구별된다. 요한복음의 강조점은 더 발전된 신학의 방향으로 전개된다(이 말은 공관복음서가 신학적이지 않다는 말이 아니다). 그것은 다른 말로 예수님과 하나님의 관계성, 즉 선재하신 하나님의 아들의 신분을 확인하는 것이 하나님 나라에 대한 예수님의 설교보다 전면에 부각된다는 뜻이다. 위로부터의 기독론이 훨씬 더 강조된다. 예수님은 인류와 창조세계를 위한 하나님의 사랑과 희망의 결정적 표현으로서 아버지께서 하늘로부터 보내신 분으로 표현된다. 그분은 육신이 되신 하나님의 말씀과 지혜다. 따라서 요한복음의 제자직은 아들이 행하는 '표적'(말씀과 치유 등의 행위)을 믿음으로써 예수님이 하나님 아버지와 맺는 관계(그의 신성한 삶)에 참여하는 것에 더욱 초점이 맞추어져 있다. 신자는 성령 안에서 영생으로 새롭게 태어난다(요 3:5). 즉 생명은 최종 운명인 죽음에 굴복하지 않는다. 그래서 제자직은 사랑과 지식 안에서 하나님과의 연합이고, 예수님의 '친구'가 된 모든 사람과의 연합이다(요 15:12-15). 지식은 빛이나 깨달음이라는 차원으로 표현되고, 구원은 제사이기보다는 빛과 생명을 나누어 주는 것으로 표현된다(요 9장에서 맹인의 치유에서 표현된 '표적'[sign]을 참조). 이러한 제자직의 유형은 표적들을 직접 목격하지는 않았지만 복음을 통해 예수님을 따르고 믿는 이후 시대의 사람들에게도 제시된다. 많은 사람을 복음으로 인도한 것은 단순히 도덕적 회심보다는 하나님의 현존, 상호 내재, 빛과 사랑의 연합을 강조하는 신약성경의 신비적 차원이다.[2]

사복음서 (그리고 관련된 사도행전) 외에 신약에서 기독교인의 삶과 제자직에 대한 인식에 가장 큰 영향을 미친 본문은 사도 바울의 서신 모음이다. 유명하고 중요한 일부 서신들(데살로니가후서, 골로새서, 에베소서)은 바울이 직접 쓴 것이 아니고, (바울의 통찰을 반영하는) '바울 학파'에 속한 것이기 때문에 '후기 바울 서신'이라고 부른다. 우선 바울 학파를 공관복음이나 요한복음과 구별 짓는 특징을 개괄하는 것이 유익할 것이다. 그 독특한 특징은 예수 그리스도의 인격과 역할에 초점을 둔 것이다. 공관복음은 역사적 예수와 행적과 가르침이 지배적이고, 요한복음은 선재하신 하나님의 말씀에 대한 이해를 근거로 하고 있는 반면에, 바울 서신의 영성은 부활의 예수, 즉 십자가에 달리신 예수님이 또한 부활하신 그리스도라는 사실에 초점을 두고 있다. 바울 사상의 핵심은 새 창조의 시작과 변형된 인류의 희망이신 십자가에 달린 예수님을 죽음에서 부활시키시는 하나님의 행동이다(롬 8 : 29, 고전 15 : 20, 고후 5 : 17). 따라서 거룩한 창조 행위의 결과인 인류의 상태와 미래는 '구원'이 오직 하나님의 행동이고, 기독교인의 삶이란 근본적으로 이 선물을 수용하는 문제라는 것을 암시한다. 부활 이후의 시대를 살아가는 기독교인에게 구원과 새 인류에 참여하도록 돕는 매개는 우리 안에서 현존하고 활동하시는 성령님이다. 성령님은 실제로 부활하신 그리스도와 조화를 이룬다. 고린도전서 15 : 45에서 "살려 주는 영"이 되신 분은 "마지막 아담"(예수 그리스도)이다. 그래서 기독교인 제자를 죽음, 부활, 변형된 삶으로 인도하는 분은 부활하신 그리스도의 영이다(롬 8 : 12-17). 그러므로 강조점은 그리스도를 '모방하는' 기독교인이 아니라 그리스도 안에서 그를 통해 하나님께서 주시는 새 생명에 참여하는 데 있다. 따라서 기독교인은 그의 죽으심과 합해 세례를 받고, 그와 같이 새로운 삶을 산다(롬 6 : 3-4). 마지막으로, '다른 그리스도들'을 만들어 가는 과정은 순전히 개인적인 것이 아니라, 그리스도의 '몸'인 교회 공동체의 구성원됨을 통해 이루어진다. 마찬가지로 기독교인의 생명은 고양된 영적 차원에서뿐만 아니라 육체적 차원이기도 하다. 그리고 그것의 실현은 몸의 부활이라는 관점에서 정의되는 새 인류의 궁극적 운명으로 남아 있다(고전 15장).[3]

영성과 초대교회

신약 시대 이후 5세기까지 초대교회의 영성의 발전은 특히 네 가지 요소와 관련 있다. 첫째, 기독교의 영성은 처음부터 공동체 전체의 '삶의 방식'으로, 특히 공동기도와 예배에서 가장 강력하게 표현됐다. 이것은 초기 기독교 영성의 특징인데 종종 사소한 것으로 취급되고 있다. 둘째, 기독교는 4세기에 공인될 때까지 지속적으로 공개 법정에서 적대감과 박해에 대응해야 했고, 이후 두드러지게 변화해야 했다. 셋째, 확장되는 기독교 공동체는 점점 더 내부 논쟁에 직면했고 더 정교한 교리적 정확성의 필요에 대처해야 했다. 넷째, 기독교가 특별히 공적인 역할을 수행한 결과 기독교 내부의 수덕적이고 대항 문화적인 경향이 증가해 수도원적인 삶의 방식 안에서 발전했다. 수도원 영성은 제3장에서 보다 개괄적으로 다루어질 것이다.[4]

전례(禮典)

매우 광범위하게 말하면, 초기 영성에 대한 대부분의 증거는 기록된 문서들이다. 그것들은 확실히 일반 기독교 공동체의 영적 삶의 통합적인 모습을 표현하지 못하고 그럴 수도 없다. 우선 이런 종류의 증거는 종종 (현시점에서는 그들에 대해 거의 알 수 없는) 여성들과 그들의 초기 활동과 기여를 배제하고 있다. 따라서 초기 전례 문서는 있지만, 그 기록들은 대체로 개별 기독교인들의 내면적이고 경건한 삶은 물론이고, 초기 공동체에서의 실제 예배나 일상 경험을 설명하지 못한다. 우리는 이미 가장 초기의 기독교 공동체의 영성은 그리스도와 함께 세례와 성찬의 역동성에 참여하는 데 중심을 두었다는 것을 살펴보았다. 분명히 가장 초기의 예배 형태는 유대교 전통에서 가져와 점차 개조됐다. 다양한 예술 형태와 독특한 찬송가 그리고 기도가 점차 나타났다. 그러나 4세기에 기독교가 박해에서 벗어나 활발한 공적 역할을 할 수 있었고, 이후로는 기독교 예배에 대한 상세한 내용을 쉽게 구할 수 있었다. 그 이전에 대해서는 동방의 『디다케』(Didache)와 서방의 히폴리투스의 작품과 같은 몇몇 초기 저작들에서 단서를 얻을 뿐이다.

현대의 전문가들은 일반적으로 『디다케』(교훈)가 1세기 후반 시리아에서 기록됐다고 생각한다. 엄밀하게 말하면 그것은 전례 문서가 아니라 기독교인의 생활(산상수훈을 인용), 주 2회 금식 그리고 주기도문에 근거한 하루 3회 기도에 대한 교훈을 포함한 기독교 실천과 도덕에 대해 광범위하게 다루는 문서다. 그것은 세례와 성찬에 대한 교훈도 담고 있는데, 현대의 관점으로 볼 때, 그 이후에 일반화된 것보다 훨씬 광범위하고 즉흥적이게 떡과 잔의 은총을 제시하는 성찬의 형태를 보여 준다.

히폴리투스(Hippolytus, 170-236)는 혼란스러운 역사적인 인물로서 그를 둘러싼 다양한 전통과 전설이 수집됐다. 그는 3세기 초 로마의 성직자이자 신학자였을 가능성이 높다. 이후 주교들과의 계속되는 충돌로 인해 일정 기간 박해를 받았고, 인생 후반에 가서 화해가 이루어졌다. 그는 신학적이고 성경적인 저작들을 남겼고, 논란의 여지가 있지만 종종 『사도적 전승』(The Apostolic Tradition)의 저자로 인정받고 있다. 이 책은 세례, 성찬, 안수식 전례를 포함하고 있다. 이 책의 성찬례 기도는 제2차 바티칸공의회 이후 개정된 로마 전례에서 두 번째 기도의 기초로 사용됐다. 이 본문들은 너무 투박해서 실제 로마 전례 양식이었다고 말하기 어렵지만, 초기 공동예배의 대표적인 사례로 생각할 수 있다. 그 저서는 단순성과 영적 깊이가 두드러지는데, 교회 일치의 상징으로서 성찬과 기독교 공동체의 삶 그리고 선교를 갱신하는 하나님의 영의 활동을 강조한다.

영성과 순교

콘스탄티누스 황제의 관용령(313)이 발표될 때까지 기독교는 계속되는 적대감과 적극적인 박해에 직면했다. 이것은 필연적으로 그리스도의 고난과 강력하게 동일시되는 순교 영성을 불러일으켰다. 그리스어 **마르투스**(martus) 또는 '증인'에서 파생된 '순교자'라는 단어는 원래 예수 그리스도의 삶의 증인, 특히 그의 부활에 대한 증인으로 첫 사도들에게 적용됐다(행 1 : 8). 그 용어는 점차 신앙 때문에 고난을 받는 기독교인들과 연결됐고, 결국에는 죽임을 당한 사람으로 제한됐다. 이와 같은 고전적 모델은 사도행전에서 돌팔매질당해 죽은 최초의 기독교 순교자인 스데반(행 7장)에게서 기원하지만, 더 핵심적인 기원은 이어지는 모든 순교의 모범으로 간주되는 예수님의 죽음이다. 그래서 순교는 신실한 기독교 제자직과 거룩성의 궁극적 상징이 됐다. 더 나아가 평안 중에 순교를 받아들이는 것은 하나님의 구원에 관한 복음을 수용한 모든 사람에게 주어지는 죽음으로부터의 승리와 부활에 대한 그리스도의 약속을 믿는 성도의 신앙을 확증하는 것이었다. 안디옥의 이그나티우스(d. 107)의 서신, 서머나의 폴리갑(d. 155)의 이야기, 카르타고의 페르페투아와 펠리시티의 이야기(c. 203 : 페르페투아의 옥중일기)와 같은 순교자 문학은 기독교인의 생명에 대해 더 다양한 개념을 불어넣었다. 이것은 희생의 덕, 그리스도에 대한 모방, 그리스도에 대한 충성의 대가 그리고 주변의 문화 규범에 대한 무비판적 수용에 대한 저항을 강조했다.

성지, 신심 그리고 순례

로마에 남아 있는 카타콤을 방문한 사람이라면 금방 알 수 있듯이, 순교자들의 매장지는 대중적 신심(信心)과 순례를 위한 성지이 초기 사례다. 이것은 부분적으로 성지와 성인 사이의 관계에 대한 기독교의 특별히 강조를 반영한다. 기독교는 유대인의 전통적인 성지를 존중했지만, 하나님께서는 약속의 땅이나 예루살렘 성전을 통해서가 아니라 나사렛 예수의 인격 안에서 계시됐다는 믿음에 근거를 두고 있었다. 가장 초기 성지 순례의 여정은 복음서의 내용에 의해 결정됐다. 이 장소들은 궁극적 의미의 원천이며 기독교 소망의 중심인 예수님의 삶, 죽음, 부활의 배경이라는 점에서 중요하다. 그리하여 성지는 구체적인 삶, 가르침 그리고 모범을 구현했다. 앞으로 살펴보겠지만 어떤 면에서 초기 기독교 순교자들과 후기 성인들에도 그러한 관점이 투사됐다. 즉 인간의 거룩성과 관련되기 때문에 장소가 신성화됐다고 말할 수 있다.

순교자 예찬은 성인을 향한 기독교의 보다 일반화된 신심의 시작이었다. 순교자는 하나님과 연합했기 때문에 세상에 있는 신자를 위해 중보할 수 있는 존재로 여겨졌다. 그들의 죽음 (또는 하늘에서의 생일)을 기념하기 위해 축일이 제정되고, 이것은 성인을 위한 교회의 전례력의 출발이 됐다. 순교자의 매장지는 기독교인이 도움을 구하고, 자신의 삶을 위한 영감을 얻고, 개별 기독교 공동체가 그 정체성을 수립한 전통의 흐름을 지속적으로 재확인할 수 있는 신심의 중심지가 됐다.[5]

거룩한 남자와 여자는 하늘과 땅 사이를 연결하는 현실적인 고리였다. 가장 초기 사도들과 그들이 사역하고 죽어서 매장됐다고 여겨지는 로마와 같은 장소들이 그랬다. 이러한 사례는 2~3세기의 순교자들에 의해 이어졌고, 이후 수세기에 걸쳐 거룩한 남녀의 세대가 이어졌다.[6] 거룩한 남자와 여자는 그들의 영적 가르침뿐만 아니라 치료와 중보로 인해, 고대 후기에서 중세를 거쳐 그 이후까지, 거듭되는 세대의 일반 신자를 위한 하나님의 현존과 능력으로 인격화됐다.[7]

영성과 교리

기독교 영성의 유형들은 하나님과 세상을 다루시는 하나님의 방식에 대한 특정한 이해를 표현한다. 그러나 구체적인 영성은 경험과 그에 대한 성찰에서 분리된 지적인 개념보다는 기독교인의 현실적 실천에서 자란다. 다른 말로 하면 영성은 인간 존재에서 비롯되는 것이지, 기존의 신앙 체계와 교리로부터 논리적으로 파생되는 이차적 실행이 아니다. 삼위일체 하나님과 성육하신 예수 그리스도와 같은 특징적인 기독교 신조들은 처음부터 지적인 지평의 변화에서 발생하지 않았다. 그것들은 예수님의 시대 이후 첫 세대 기독교인들이 예수님의 생애와 가르침에 따라 살아가려고 노력하는 방식에서, 그리고 어떻게 성령으로 현존하시는 그분을 경험할 것인지를 추구하는 방식에서 기인했다. 그 후에 기독교인들은 살아 계신 그리스도에 대한 이러한 경험과 '그리스도 안에서' 새로운 존재됨을 기도와 예수님의 모범을 따라 하나님 아버지께 순종하는 시도를 통해 표현했다. 교리와 삶은 분명히 하나로 연결되지만 삶의 방식이 먼저였다. 이 말은 초기 기독교인들이 진리에 무관심했다는 의미가 아니라, 진리 추구는 현실을 떠난 사색의 문제가 아니라는 것이다. 오히려 그들은 그리스도와 그리스도 안에서 하나님과의 관계의 충만함을 보존하는 데 관심을 가졌는데, 기독교인으로서의 정체성의 핵심이 그리스도라는 이해에 도달했기 때문이다.[8]

이러한 까닭에 예수 그리스도의 본성과 하나님과의 관계성에 대한 명확한 이해가 초기 기독교의 가장 중요한 신학적 쟁점 중 하나라는 사실은 놀라운 일이 아니다. 나사렛 예수의 인격 속에서 신성과 인성의 진정한 연합이 일어났다는 성육신 교리는 다른 모든 기독교 신조를 결정할 뿐만 아니라 기독교 영성의 기초이기도 하다.[9] 우리의 종착지는

'신화'(神化, deification)다. 리용의 이레니우스(Irenaeus, c. 130 - c. 200)의 말에 의하면, "하나님의 말씀은……우리를 그분과 같이 되도록 이끌기 위해서 우리와 같이 되셨다."[10] 그와 비슷한 시기에 기독교는 소위 영지주의와 싸워야 했다. 그것은 일관된 운동이라기보다는 다양한 형태를 취하는 경향이 있었다. 그 명칭은 지혜라는 뜻을 지닌 그리스어 그노시스(gnosis)에서 비롯됐는데, 하나님에 대한 참된 지식은 주도권을 가진 특별한 무리에 의해 보존된다는 의미다. 게다가 인간은 죄의 결과로 물질인 몸에 갇혀 있지만 실제로는 다른 세계에 속한 영적인 요소를 가지고 있다고 주장했다. 구원은 물질로부터 벗어나 신성한 세계로 복귀하는 것이었다. 기독교적 관점에서 그러한 신념은 물질의 창조주인 하나님 개념과 성육신 교리를 훼손시켰다. 그 당시 오랜 시간에 걸쳐 확립된 다양한 이원론 세계관이 있었고, 기독교에서 기원하지 않았으나 기독교에 엄청난 영향을 끼친 '영지주의' 신비 종파들이 있었다. 이에 대해 이레니우스와 같은 정통 신학자들은 강력하게 반발했다.

예수 그리스도에 대한, 그리고 하나님과 그 아들의 관계에 대한 고전적 신앙의 범위가 결정되는 데 약 4백 년이 걸렸다. 그리하여 325년 니케아 에큐메니컬 공의회는 하나님의 본성이 아들과 공유되거나 교류될 수 있다는 것을 부인한 아리우스주의 이단(이집트의 수도사 아리우스의 이름을 따라 붙인 명칭)을 정죄했다. 아리우스주의는 예수 그리스도의 신성을 부정하고, 하나님과 인간 사이에 실질적인 관계가 없다고 암시했다. 삶의 종국과 목적은 하나님의 생명에 참여하는 것이 아니었다. 인간과 하나님은 노예와 그에게서 멀리 떨어져 있는 냉정한 폭군의 관계가 유일했다. 따라서 니케아 신조는 이에 반대해 그리스도는 "하나님으로부터 나오신 하나님"이고 "하나님과 함께하셨던 분"이라고 확언했다.

이후 451년 칼케돈 공의회는 그리스도의 신성만 인정하고 인성을 부정하는 견해(단성론)를 정죄했다. 또한 칼케돈 공의회는 그리스도가 두 본성을 가지셨고, 어떻게 이것을 이해해야 하는지 정확히 결정하지 않는 대신, 역설적인 표현으로 참 하나님이며 참 사람이라고 확언했다. 결국 이 모든 논쟁의 기원은 실천적인 것, 인간 생명의 본성에 대한 것이고, 그 목적은 하나님께서 그리스도 안에서 진정으로 인간 육체의 본성을 취하고 인간성을 신적인 생명으로 끌어올리셨음을 확인하는 것이었다. 그 결과 성육신에 대한 정통적인 이해는 세계와 물질, 육체적 존재에 대한 긍정적인 이해를 유지할 수 있게 했다.

초기 수 세기 동안 많은 주요 인물이 동방과 서방 기독교 사상에서 기독교 영성에 미친 강한 영향이 두드러지게 나타난다. 이제 이들에게 관심을 돌릴 것이다.[11]

오리겐

알렉산드리아의 오리겐(Origen, c. 185-c. 254)은 개별 영혼이 일자(the One)—기독교의 하나님에 해당—와 연합하기 위해 회귀하는 영적인 경로를 강조하는 그리스의 신플라톤주의에 강하게 영향을 받았다.[12] 이것은 연합(union)을 향한 열망의 길을 방해하는 모든 것으로부터 윤리적 정화와 관상 그리고 성경에 대한 신비적 해석을 통해 도달할 수 있는 것이다. 오리겐은 고전적 신플라톤주의의 존재와 지성의 세 단계 위계에 근거해서, 성경 해석의 세 단계의 관상 모델(문자적, 도덕적, 영적)과 영적 진보를 위한 세 단계의 상승 모델, 즉 **초급자**(praxis, 실천), 숙련자(theōria, 관상), 완전자(theologia, 신학) 모델을 제시했다. 영적 여정은 물질적 영역으로부터 더 위대한 빛으로 상승하는 운동으로 영혼 안에 있는 하나님의 형상을 회복하는 것으로 생각했다.

에바그리우스

4세기 후반에 콘스탄티노플에서 유망한 성직자이자 신학자였던 에바그리우스 폰티쿠스(Evangrius, 345-399)는 이집트로 가서 수사가 됐다. 그는 신비적 성경 해석과 영적 발전을 설명하기 위해 오리겐의 언어를 채택했다. 그의 신학은 주로 하나님을 부정(否定)의 관점에서 묘사하는 '아포파틱'(apophatic) 방식으로 표현됐다. 그는 정념(情念, passion)을 극복하는 단계에서 시작해, 창조에 대한 관상의 단계를 지나 삼위일체와 신비적인 연합을 하는 '신학'의 단계로 끝을 맺는 오리겐의 영적 여정의 세 단계의 모델을 사용했다. 에바그리우스는 사색적인 신플라톤주의를 사막 수도원 실행과 결합해서, 특히 동방 기독교의 영성에 오랫동안 영향을 미친 이미지 없는 관상 기도에 대한 가르침을 만들어 냈다.[13]

카파도키아의 세 교부

에바그리우스는 두 명의 위대한 신학자 대 바질(Basil the Great, 330-379)과 그의 친구 나지안주스의 그레고리(Gregory Nazianzen, 329-390)의 학생이었다. 바질의 형제이자 또 한 명의 주요한 인물 니싸의 그레고리(Gregory of Nyssa, c. 335-c. 395)와 함께 카파도키아의 교부로 알려진 그들은 4세기의 소아시아의 수도자와 사상가 친족 집단의 중심이었다(바질의 누이 마크리나[Macrina]도 포함된다). 바질은 카이사레아의 주교가 됐고 수사들을 위한 수덕적 교훈집 『규칙』(Rule)을 저술한 것으로 유명하다. 이것은 제3장에서 다룰 것이다. 그의 금욕적 저작들은 동방 수도원 제도의 핵심으로 이어지고 있다. 바질의 설교를 포함한 저작들에서 강조하는 것은 최고의 우수성을 지닌 실천 윤리적(수덕적) 신학이다.

나지안주스의 그레고리는 초대교회 가장 위대한 신학자 중 한 명으로 더 잘 알려졌으나, (도시를 떠나 사막으로 향하는 것이나 은수자의 삶을 강하게 강조하지 않으면서도) 수도원적 수덕주의에 관심을 가지고 있었다. 오리겐의 신비신학 사상에 큰 영향을 받은 그레고리에게 영적 삶이란 물질을 떠나 일종의 영적 빛과 정화를 향해 가는 여정이었다. 그는 아리우스주의에 반대하는 정통파의 강력한 지지자였고 짧은 기간 콘스탄티노플 공의회(381)를 주재했다. 교리와 영성을 연합시키는 데 있어 그의 주요한 공헌 중 하나는 삼위일체 개념 안에서 성령론을 고도로 발전시킨 것이다. 그는 기독교인의 삶, 특히 신화(deification)의 과정에서 인간 존재의 변형을 충분히 이해하기 위해서 성령신학이 필수적이라고 보았다. 신화는 인간의 운명이 본성이나 의지에 의해서가 아니라 성령의 사역에 의해서 하나님의 영원한 영광의 생명에 참여한다고 보는 개념이다.

니싸의 그레고리는 특별히 신비신학 저서 『모세의 생애』(The Life of Moses)로 인해 최고의 영성신학자로 알려졌다. 그레고리는 단계와 상승이라는 용어를 사용해서 관상 여정을 설명하는데, 오리겐과는 대조적으로 그 여정은 빛을 향한 것이라기보다는 오히려 어둠을 향하는 것이다. 그는 출애굽기에 있는 모세의 이야기를 인용의 구조로 사용하는데, 그가 하나님을 만나기 위해 더 깊은 어둠의 구름 속으로 들어간 시나이산 등정을 은유로 사용한다. 니싸의 그레고리는 아포파틱(부정의) 방식으로 이해하기 때문에 관상적 상승의 절정에서 하나님이 경험되지만 결코 완전히 알려지지 않는 깊은 어둠이다. 영적 여정은 계속 더 노력하지만 결코 도달할 수 없는 완덕을 향한 끊임없는 전진이다. 영적 여정에 대한 그레고리의 설명은 오리겐의 사상과 함께 (6세기 위 디오니시우스의 저술과 결합하여) 동방과 서방의 영성에 상당한 영향을 주었다.[14]

아우구스티누스

히포의 아우구스티누스(Augustine of Hippo, 354-430)는 의심의 여지 없이 고대 서방 기독교의 가장 위대한 사상가로 그의 저술은 서방의 신학과 영성을 지배했다. 그의 영적 자서전 『고백록』(Confessions)은 특별한 영향을 미쳤다. 이 저작은 아우구스티누스의 초기 생애와 하나님과 개인의 쾌락 양쪽을 향하는 열망과 투쟁하는 그의 내적 갈등과 회심을 설명한다. 아우구스티누스에 관해 가장 의미 있는 행적은 그가 서로마 제국이 붕괴하는 과정을 맥락으로 글을 썼다는 것이다. 그는 이 저작에서 자신의 약점에 대한 이해와 결합해서 인간의 약함과 죄성에 대해 완고한 입장을 표현했다. 그는 인간 마음의 깊이와 사악함을 위대한 인식력으로 분석하고 하나님의 구원에 대한 감사를 강조했다. 서방 영성에서 두드러진 죄, 회심, 용서에 대한 강조는 아마도 아우구스티누스의 영향에서 기인했을 것이다. 보다 긍정적으로 본다면, 아우구스티누스는 열망(desire)의 신학자다. 그는 『고백록』에서 "내가 무엇이든 간에 내가 있는 곳은 나의 마음이다"[15]라고 언급했다. 아우구스티누스에게 있어 하나님께서는 자신의 형상을 인간의 마음에 두시고 인간을 창조하셨다. 「요한복음에 대한 논문」에서 그는 참된 자아와 재결합하라고 우리를 권한다. "그대의 마음으로 돌아가라. 그리고 거기에 무엇이 있는지 보아라. 그 안에 하나님의 형상이 있기 때문에 당신은 하나님을 인식할 수 있다. 내적인 사람 안에 그리스도가 거하신다. 내적인 사람 안에서 하나님의 형상을 따라 당신은 새로워진다."[16] 그러나 그 마음이라는 언어는 사유화된 영성을 의미하는 것이 아니다. 마음은 또한 하나님 안에서 우리가 인류 공동체와 연합되는 장소다. 아우구스티누스는 『창세기 주석』(Commentary on Genesis)에서 자신을 위해 사는 것을 아담의 죄라고 했다. 가장 교활한 죄는 남의 눈을 피하는 것 또는 자기 고립이다. 따라서 아우구스티누스에게 하나님의 도성은 나눔이 충만한 공동체다.[17]

위(僞) 디오니시우스

500년경 시리아에서 글을 쓴 익명의 수사의 신플라톤주의 신학은 아마도 동방과 서방 기독교 신비주의 발전에 가장 큰 영향을 끼쳤을 것이다. 그는 사도행전 17장에서 바울이 개종시킨 디오니시우스(Dionysius)라는 이름을 필명으로 사용했다. 9세기에 아일랜드 신학자 존 스코투스 에리우게나가 라틴어로 번역한 그의 가장 짧은 저서 『신비신학』(Mystical Theology)에서 다소 오해 소지가 있는 '아포파틱(부정의) 영성' 때문에 그는 서방에서 널리 알려졌다. 이 저작은 거룩한 어둠을 강조했는데, 하나님은 궁극적으로 이해될 수 없으며 모든 명칭과 확증을 초월한다는 것이다. 따라서 하나님은 우리가 통상적으로 사용하는 모든 상징이나 형상을 부인하거나 부정함으로써 역설적으로 '알려진다'. 그러나 디오니시우스의 '부정' 신학이나 영성을 고립적이라고 강조하는 것은 전적으로 오해하는 것이다. 그의 또 다른 논문 「거룩한 이름들」(The Divine Names)은 성경에서 많은 이름으로 계시되고 알려진 하나님을 다룰 뿐만 아니라 디오니시우스의 영성신학 전체가 전례에 중심을 두고 있음을 보여 준다. 『교회의 위계』(The Ecclesiastical Hierarchy)에서 전례는 신적인 자기 발현 안으로 신자를 인도하고, 피조된 실재와 하나님의 재연합을 가져오는 것으로 해석된다. 성례전은 신성에 대한 풍부한 상징을 제공할 뿐만 아니라 질서정연한 유형으로 하나님으로부터 오는 위계를 이 땅의 것으로 표현하는 것이다. 디오니시우스의 영성신학은 하나님께서는 부정은 물론 긍정 안에서도 만나 주지만, 궁극적으로 긍정과 부정 모두를 초월하신다는 점을 강조한다.[18]

변형과 선교로서 기독교 영성

이제 모든 형태의 기독교 영성의 근본적인 특징을 간략하게 기술하는 것이 가능하다. 우선 성경으로 돌아가자. 마가복음 1장에 의하면, 갈릴리에서 예수님의 첫 설교는 '제자직'으로의 부름이고, 자신의 길을 따르라는 것이다. 따라서 실제로 기독교 영성은 '제자직'에 기초하고 있다. 제자직은 (무질서로부터 돌아서서 예수 그리스도 안에서 하나님께서 주시는 새 생명으로 향해 가는) 회심을 하고, 예수님의 길을 따르면서 그처럼 하나님 나라를 선포하는 방법을 배우는 이중의 과정이다.

요한복음에서 예수님은 자신이 모든 제자를 위한 '길'(the way)이라고 말씀하셨고(요 14 : 6), 사도행전은 기독교를 '도'(the way), 기독교인을 '그 도를 따르는 사람들'(people of the way)이라고 설명한다(행 9 : 2, 18 : 25). 그 '길'은 제자들이 따르려고 찾는 예수님의 길이다. 그러나 예수님의 길을 따르는 데에는 수용적인 요소와 주도적인 요소가 있다. 제자직은 단순히 예수님의 생명의 길을 나눔으로써 그분의 하나님 나라에 대한 선포에 응답하는 문제가 아니라, 그분의 사역을 적극적으로 나누어 갖는 문제이기도 하다. 이것은 하나님 나라에 대한 예수님의 선포를 온 세계로 확장하라는 과제로 표현된다(마 28 : 18-20, 막 16 : 15, 눅 24 : 46-49). 기독교 영성은 지속되고 있는 예수님의 선교와 부차적이기보다는 본질적으로 연관된다.

이렇듯 하나님 나라를 선포하라는 부름을 단순히 하나님에 관한 정보나 인간 행위에 대한 도덕적 가르침을 전하는 정도로 이해하는 것은 너무 제한적이다. 예수님의 길을 선포하는 것은 처음부터 '예수 그리스도의 방식을 따라' 삶을 사는 것으로 이해됐다. 따라서 제자들은 그들이 속한 종류의 삶으로 예수님의 선교를 확장해야 했다. 이것은 살아 있는 메시지가 되는 것을 의미한다(고후 3:3). 하나님 나라를 선포하는 것은 교회가 개인적이든 집단적이든 삶의 길에서 복음을 구현하는 것이다.

앞으로 등장하는 영성의 본질에 대한 설명과 모든 영성 형태는 이러한 성경적 기초에 근거한다. 신약의 영성들은 1세기의 문서로 기록될 수밖에 없었기 때문에, 구체적 상황을 반영하고 있다. 따라서 이어지는 어떠한 영적 운동이나 전통이 성경적 근거를 언급할 때 그것은 항상 특정한 종교적, 문화적 상황 안에서 성경의 재해석이다.

이러한 전제에서 기독교 영성의 성경적 기초는 전반적으로 하나님 안에 있는 생명의 충만을 향해 나아가는 변형의 길을 제시하고, 동시에 예수의 길을 따르는 것을 통해, 그리고 내주하시는 하나님의 영의 능력에 의해 선교의 길을 제시한다고 말할 수 있다. 그러므로 변형과 선교는 기독교 영성을 이해하기 위한 핵심 주제다. 이 두 요소가 다양한 영성 유형 안에서 다르게 표현되는 것을 앞으로 살필 것이다. 기독교의 모든 영적 전통은 예수님을 충실히 따르는 신약의 '모델'을 구체적인 시간과 장소의 맥락에서 명확히 표현한 것이다. 이것은 예수님의 본을 따라 의식과 행동이 변형되는 것을 의미하지만 단순히 예수님의 행동을 재현하는 것은 아니다. 예수 그리스도의 '사건' 또한 특정한 시간과 장소에서 일어났다. 제자직은 반드시 예수 그리스도의 최초 '사건'과 관계를 맺고 있다. 그러나 기독교 영성의 고전적인 역사 유형들은, 가르침에 있어서, 그 최초의 사건에 충실하면서도 그것과는 필연적으로 다르다. 이 이유는 그것들 역시 특정한 시간과 장소에 있기 때문이다. 신실한 '뒤따름'의 제자직은 실제로 예수님의 행동을 지나서 가는 것을 뜻하지만 그들 각자에게 개방된 길로 가야 한다. 다른 말로 하면 예수의 생애의 특수성은 모든 진정한 형태의 기독교 영성을 판단하는 척도인 동시에 이후의 모든 제자직에 동등한 특수성을 허용한다.[19]

기독교 영성의 역사는 변형과 선교를 이해하는 방법에 대한 일종의 풍부하고 다양한 주석과도 같다. 넓은 의미에서 모든 고전의 영적 전통은 때로는 명시적이기보다는 암묵적으로 일정한 질문들을 다루었다. 첫째, 무엇이 변형돼야 하는가? 또는 우리는 무엇으로부터 변형돼야 하며 그 이유는 무엇인가? 다른 말로 하면 영적 전통은 인간이 지닌 무질서의 본성과 그것을 위한 치료에 대해 일종의 전망을 제공한다. 둘째, 변형의 과정에 어떤 요소들이 방해를 하는가? 비록 오늘날 심리적이고 사회적인 요소들에 주목해야 하지만, 이러한 요소들은 신학적으로 설명된다. 셋째, 변형은 어디서 일어나는가? 다시 말해 변형의 상황이 일상생활의 과정인가, 아니면 일종의 특수 상황(사막 또는 수도원)의 과정인가? 넷째, 변형은 어떻게 일어나는가? 이것은 변형을 돕는 생활 방식이나 영적 훈련에 관한 지혜와 함께 영적 성장에 관한 이론을 필요로 한다. 다섯째, 변형의 목적이나 종점은 무엇인가? 다시 말해 거룩함의 비전과 인간 완성의 비전은 무엇인가?

영적 변형의 이론

영적 성장에 대한 고전 이론의 일부를 개괄할 필요가 있다. 영적 전통들은 영적 변형 이론과 변형을 돕는 생활 방식이나 영적 훈련에 대한 지혜를 제공했다. 가장 일반화된 이미지 중 하나는 여러 단계와 차원을 가진 순례 혹은 여정이다. 이것은 다른 시대와 장소에서, 가령 신화(deification), 상승(산 또는 사다리), 태도의 회심(conversatio, 제3장에서 다루게 될 성 베네딕트의 『수도규칙』에서), 세 단계의 길(triplex via)과 같은 주제를 통해, 또 최근 현대 심리학의 발달 이론에서 채택한 용어로 표현됐다. 보다 넓은 차원에서 순례로서 기독교인의 삶이라는 주제는 5세기의 아우구스티누스의 『하나님의 도성』으로부터 17세기의 존 버니언의 『천로역정』 그리고 19세기 익명의 러시아인의 예수기도 영성에 대한 연구 『순례자의 길』(The Way of the Pilgrim)에 이르기까지 영성 문학에 있어서 매우 풍요로운 주제였다.

'여정'이라는 은유는 기독교인의 영적 삶의 아주 역동적인 본성을 표현한다. 때로는 영적 여정의 목표를 표현하기 위해 정적(靜的)인 두 개념, '완덕'과 '연합'이 사용되기도 했지만, 궁극적으로 시선의 끝은 하나님 안에 있는 신비롭고 역동적인 생명의 충만이었다.

2세기의 신학자 이레니우스는 조명(照明)을 정적으로 설명하는 교리(영지주의 이단)에 반대해 기독교적 삶의 역동적 이해를 발전시켰다. 이후 초대교회의 신학은 점차 영적 삶의 단계 이론을 발전시켰다. 알렉산드리아의 신학자 오리겐은 신플라톤주의 용어로 물질적 존재로부터 더 위대한 빛으로 나아가는 초급자(praxis, 실천), 숙련자(theōria, 관상), 완전자(theologia, 신학)의 세 단계의 상승으로 관상적 삶을 설명했다.[20] 그 여정의 목표는 창조된 본래의 하나님의 형상을 영혼 안에 회복시키는 것이다. 다음 세기에 카파도키아의 신학자 니싸의 그레고리는 그의 저명한 저서 『모세의 생애』에서 상승의 단계로서 관상 여정을 설명한다. 그러나 그의 경우에는 빛이 아닌 어둠으로 향하는 여정이다. 그는 모세가 시나이산에서 하나님과 만날 때, 점점 더 어두워지는 구름 속으로 들어가는 이야기를 은유로 사용했다.[21] 니싸의 그레고리는 관상 여정의 절정에서 하나님을 경험하되, 그것은 결코 완전히 알려지지 않는 깊은 어둠의 '아포파틱'(부정적) 방식으로 이해를 하기 때문에, 영적 변형에 대한 그의 가르침은 결론을 개방해 놓는 특징이 있다.

영적 여정에 대한 오리겐과 그레고리의 설명은 (위 디오니시우스 혹은 데니스로 알려진 6세기 익명의 수사의 저작들과 함께) 동방과 서방에서 상당한 영향력을 행사했다.[22] 영적 여정에 대한 중세 서방의 개념은 '세 가지 방법' 또는 '세 단계의 방법'(정화, 조명, 연합의 길)으로 발전했다. 그것은 연속적인 단계로 기술되지만, 변형의 차원이 적절하게 섞여 있다. 후속 영성 문학은 또한 영적 여정을 설명하기 위해 종종 고전적 '상승'의 은유를 사용한다. 예를 들어 16세기 십자가의 요한의 『갈멜산의 등정』(Ascent of Mount Carmel)과 14세기 월터 힐튼(Walter Hilton)의 『완덕의 사다리』(Ladder of Perfection) 혹은 『완덕의 계단』(Scale of Perfection)이 있다.

수덕주의와 수도원적 생활의 관점에서 볼 때, 7세기에 시나이의 성 캐서린 수도원의 원장 존 클리마쿠스(John Climacus)는 『거룩한 등정의 사다리』(The Ladder of Divine Ascent)에서 상승하는 미덕의 사다리 이미지를 차용했다. 유력한 서방의 수도규칙인 6세기의 베네딕트 『수도규칙』 역시 12단계의 겸손(제7장)에서 영적 여정을 "우리의 상승하는 행동의 사다리"로 묘사한다. 이 개념은 12세기의 시토 수도회(이하 시토회), 클레르보의 베르나르(Bernard of Clairvaux)의 『겸손과 긍지의 계단』(Steps of Humility and Pride)과 같은 수도원 문서를 통해 발전한다. 영적 여정에 대한 또 다른 영향력 있는 수도원적 묘사는 12세기 카르투지오

회귀고 2세(Guigo II)의 『수도사의 사다리』(Ladder of the Monks, c. 1188)다. 이것은 고대에 성경을 관상적으로 읽는 렉시오 디비나(lectio divina)의 실행을 참고해서, 읽기(lectio), 묵상(meditatio), 기도(oratio), 관상(contemplatio)이라는 네 가지 단계로 보다 조직적으로 구조화시켰다.[23]

'상승'이라는 고전적 은유는 불연속적인 경험의 연속이 아니라 연속적인 여행을 강조한다는 점에서 일정한 가치를 지니고 있지만, 참된 영적 존재로부터 물질세계를 분리할 것을 주장한다. 또한 이러한 연속적인 단계 개념은 보다 일반적인 문제가 있다. 첫째, 구별된 단계들(정화-회개, 조명-비전의 확장, 하나님과의 연합)로 표현되는 것들은 영적 여정의 모든 지점에서 서로 다른 비율로 존재할 수 있다. 둘째, 보다 근본적으로 하나님과의 연합의 단계는 다른 단계를 초월한 최고의 단계로 이해해서는 안 되며, 오직 관상을 통해 성취되는 것으로 이해해서도 안 된다. 다른 말로 기독교는 ('은혜'라는 용어로 표현되는) 하나님의 능력을 모든 영적 성장의 전제 조건으로 이해한다. 셋째, 구별된 단계 개념은 영적, 도덕적 가치에 서열을 적용할 위험성이 있으며, 그 결과 관상을 행위와 구분 짓고 더 우월하게 여기는 생활 태도를 지지할 수 있다. 따라서 20세기 독일의 예수회 신학자 칼 라너(Karl Rahner)는 인간 존재의 절정을 육체적 열정에서 완전히 분리된 상태로 여기는 낡은 신플라톤주의 인류학에 근거한 구별된 단계 개념에 의문을 제기했다. 또한 그는 신학적 차원에서 객관적이고 필연적으로 은혜를 증가시키는 접근법과 윤리적 차원에서 어떤 단계를 다른 단계보다 도덕적으로 우월하게 한정하는 접근법을 거부했다.[24]

기독교 영성에서 영적 여정에 대한 고전적 접근법들은 우리 시대에 가치 있는 지혜를 계속해서 제공하지만, 현대적 관점으로 볼 때, 내재된 개인주의적 색채는 공동체적으로 제자직을 이해하는 성경의 새로운 강조를 통해 보완해야 할 것이다. 제2차 바티칸공의회는 "성령의 인도로 아버지의 왕국으로 여행하는" 순례자인 백성은 전체로서 기독교 공동체라고 분명히 강조했다(현대 세계의 교회에 관한 사목헌장[Gaudium et Spes], 제1장). 영적 여정을 집단적으로 이해하는 노력의 회복은 1960년대 라틴 아메리카에서 등장한 해방신학이 추구하는 다른 사람들과의 연대의 지침을 제공했다. 이것은 구스타보 구티에레스(Gustavo Gutiérrez)의 저작에서처럼 하나님께서 노예 상태의 억압받는 민족을 토지를 소유하도록 인도하시는 구약의 출애굽, 사막 여행의 이미지를 차용하도록 이끌었다.[25]

결론

초대교회의 교리와 실행과 관련된 성경의 기초와 그 발전을 간단하게 살펴본 결과, 기독교 영성의 많은 독특한 특징이 강조된다. 첫째, 기독교 영성은 특별히 하나님에 대해, 그리고 하나님께서 세상과 인류와 맺는 관계성에 대한 구체적인 이해와 밀접하게 관련돼 있다. 하나님께서는 '위격들의 친교'(삼위일체) 안에서 역동적 상호 관계성으로 존재한다고 이해된다. 둘째, 이러한 하나님 이해는 하나님께서 개방적인 창조의 동력이 충만하시다는 믿음에 도달하게 만든다. 기독교 영성은 모든 물질적 실재를 사랑이 많으신 하나님의 선물이자 반영으로 이해한다는 점에서 창조 중심적이다. 셋째, 위의 특징과 관련해서 하나님과 인류의 연대는 특별히 하나님께서 예수 그리스도의 인격 안에서(성육신) 인간을 취하심으로 표현되는 믿음이다. 이 믿음은 모든 기독교 영적 전통이 각기 다른 방식으로 그리스도 중심적이 되도록 한다. 기독교 영성을 이해하기 위한 기본 틀은 회개하고 예수 그리스도의 생명의 길을 따르는 '제자직'이다. 넷째, 결과적으로 기독교 영성은 그 기초에 충실할 때 물질세계와 육체에 대해 긍정적인 시각을 갖게 한다. 그러한 영성 접근은 (우리의 구현된 자아와 일상적인 경험과 행동을 포함하는) 물질적인 실재가 하나님의 자기 계시와 인간과 하나님의 만남을 위한 매개가 된다는 의미에서 '성례적'이라고 할 수 있다. 다섯째, 물질세계를 신성의 계시로 보는 긍정적 견해에도 불구하고, 하나님의 창조성과 인류와의 관계에 대한 기독교적 이해는 결코 순진하게 낙관적이지 않다. 기독교는 세상의 무질서와 죄를 인식하고 결과적으로 하나님과 인류가 구속의 관계를 맺은 것으로 간주한다. 하나님께서는 예수 그리스도 안에서 회개를 요구하며 인간의 무질서와 대결하는 동시에 궁극적인 회복을 약속하시는 분으로 묘사된다. 제자는 회심하고 예수 그리스도의 길을 따르라고 부름받는다. 여섯째, 그리스도를 따르는 것은 본질적으로 개인주의적인 것이 아니고 성도들이 서로 삶과 예배를 공유하고, 사랑하고 수용하는 가운데 이상적으로 표현되는 공동체적인 것이다. 사실 기독교 영성의 핵심은 선험적 교리에 의한 추상적인 규칙이 아니라 정확하게 삶의 길이다. 일곱째, 영적 변형에 대한 기독교 이해의 중심에는 공동체 안에 하나님께서 현존한다는 것과 하나님께서 성령으로 모든 사람 안에 내주하여 힘을 주고 인도하고, 공동체와 개인의 여정에 영감을 주어 영원한 생명 안에서 하나님과의 궁극적 연합으로 이끄신다는 두 가지 개념이 있다.

● 미주

1. 공관복음의 영성에 대한 훌륭한 개요는 Stephen Barton, *The Spirituality of the Gospels*, London : SPCK 1992를 보라.
2. 요한복음의 영성에 대한 훌륭한 개요는 Sandra Schneiders, *Written That You May Believe : Encountering Jesus in the Fourth Gospel*, New York : Crossroad Publishing 1999를 보라.
3. 예를 들어 Tom Deidun, "Pauline spirituality" in *The New Dictionary of Christian Spirituality*, London SCM Press and Louisville : Westminster-John Knox Press 2005를 보라.
4. 초대 기독교 영성에 대한 훌륭한 논문은 Columba Stewart, "Christian spirituality during the Roman Empire 100-600" in Arthur Holder, ed., *The Blackwell Companion to Christian Spirituality*, Oxford/Malden : Blackwell Publishing 2005, pp. 73-89를 보라. 또한 Bernard McGinn, John Meyendorff, and Jean Leclercq, eds., *Christian Spirituality : Origins to the Twelfth Century*, New York : Crossroad Publishing 1985, 제2, 3, 4, 6장 그리고 Bernard McGinn, *The Foundations of Mysticism : Origins to the Fifth Century*, New York : Crossroad Publishing and London : SCM Press 1991, 제4, 5, 6, 7장을 보라.
5. 초기 순교 이야기에 대한 전문적 연구는 Alison Goddard Elliott, *Roads to Paradise : Reading the Lives of the Early Saints*, Hanover : University Press of New England 1987, 제2장을 보라. 로완 윌리암스(Rowan Williams)는 안디옥의 이그나티우스에 대한 부분에서 순교에 대해 통찰력 있는 언급을 했다. *The Wound of Knowledge : Christian Spirituality from the New Testament to St John of the Cross*, 2nd revised edition, London : Darton Longman & Todd 1990, pp. 14-23. 기독교 영성과 관련해 초기 순교 전통에 대한 간략한 일반적 개요는 John McGuckin, "The early Christian Fathers" in Gordon Mursell, ed., *The Story of Christian Spirituality*, Oxford : Lion Publishing 2001, pp. 50-54를 보라.

6. Peter Brown, "*A debate on the Holy*" in *The Making of Late Antiquity*, new edition, Cambridge MA : Harvard University Press, 1993.
7. Peter Brown, *Authority and the Sacred : Aspects of the Christianisation of the Roman World*, Cambridge : Cambridge University Press, p. 74를 보라.
8. 초대교회 안에서 영성과 교리 사이의 친밀한 관계에 대한 간결한 설명은 Williams, *Wound of Knowledge*, 제2, 3장을 보라.
9. 예를 들어 Rowan Williams, "Beginning with the Incarnation," in *On Christian Theology*, Oxford/Malden : Blackwell Publishing 2000, pp. 79-92를 보라.
10. Irenaeus, "Preface" in *Against Heresies*, Book 5, *The Ante-Nicene Fathers*, vol. 1, Edinburgh : T & T Clark, 1996.
11. 이어지는 인물과 신학에 대한 훌륭한 연구는 Andrew Louth, *The Origins of the Christian Mystical Tradition*, Oxford : Clarendon Press 1992을 보라.
12. 문헌의 선택은 Rowan Greer, ed., *Origen : An Exhortation to Martyrdom, Prayer and Selected Works*, Classics of Western Spirituality, New York : Paulist Press 1979을 보라.
13. 예를 들어 John E. Bamberger, ed., *Evagrius Ponticus : The Praktikos. Chapters on Prayer*, Kalamazoo : Cistercian Publications 1970을 보라.
14. 예를 들어 Abraham J. Malherbe and E. Ferguson, eds., *Gregory of Nyssa : The Life of Moses*, Classics of Western Spirituality, New York : Paulist Press, 1978을 보라.
15. Augustine, 제3장, in Mary T. Clark, ed., *Confession*, Book 10, *Augustine of Hippo : Selected Writings*, Classics of Western Spirituality, Ramsey NJ : Paulist Press 1984. 또한 Thomas Martin, *Our Restless Heart : The Augustinian Tradition*, London : Darton Longman & Todd and Maryknoll : Orbis Books, 2003을 보라.
16. Tractates on the Gospel according to St John, Tractate XVIII, 10, in Philip Schaff, ed., *A Select Library of the Nicene and Post-Nicene Fathers of the Christian*

Church, Volume VII, Edinburgh : T and T Clark, reprint 1991.
17. 이 점에 대해서는 R. A. Markus, *The End of Ancient Christianity*, Cambridge : Cambridge University Press, 1998, p. 78을 보라.
18. C. Luibheid and P. Rorem, eds., *Pseudo-Dionysius : The Complete Works*, Classics of Western Spirituality, New York : Paulist Press, 1987.
19. 이 개념에 대한 더 발전된 논거는 탁월한 프랑스 예수회 영성신학자 Michel de Certeau, "How is Christianity thinkable today?" in Graham Ward, ed., *The Postmodern God*, Oxford : Blackwell Publishing, 1997을 보라.
20. "The Prologue to the Commentary on the Song of Songs" in R. Greer, trans. and ed., *Origen*, Classics of Western Spirituality, New York : Paulist Press, 1979를 보라.
21. E. Ferguson and A. J. Malherbe, trans. and eds., *Gregory of Nyssa : The Life of Moses*, Classics of Western Spirituality, New York : Paulist Press, 1978을 보라.
22. C. Luibheid and O. Rorem, trans. and eds., *Pseudo-Dionysius : The Complete Works*, Classics of Western Spirituality, New York : Paulist Press, 1987을 보라.
23. E. Colledge and J. Walsh, eds., *Guigo II : The Ladder of Monks and Twelve Meditations*, New York : Doubleday Image Books, 1978을 보라.
24. Karl Rahner, "Reflection on the problem of the gradual ascent to perfection" in *Theological Investigations*, Vol. 3, London : Burns and Oates, 1967을 보라.
25. 예를 들어 Gustavo Gutiérrez, *We Drink from Our Own Wells : The Spiritual Journey of a People*, Maryknoll : Orbis Books, 1984. 기독교 영성에서 영적 여정에 대한 다른 접근들에 대한 논의는, 예를 들어 Lawrence S. Cunningham and Keith J. Egan, *Christian Spirituality : Themes from the Tradition*, New York : Paulist Press, 1996 ; Andrew Louth, *The Origins of the Christian Mystical Tradition : From Plato to Denys*, Oxford : Clarendon Press, 1981 ; 그리고 Margaret R. Miles, *Practicing Christianity : Critical Perspectives for an Embodied Spirituality*, New York : Crossroad, 1988을 보라.

제3장
수도원 영성 : 300~1150

c. 250	이집트 수도회의 시작
c. 269	이집트의 안토니가 사막에 은거
c. 290	『사도적 교회 직제』(Apostolic Church Order) 기록
c. 296-373	알렉산드리아의 아타나시우스
c. 306-373	시리아의 에프렘 : 신학자, 영성 저자
c. 320	파코미우스가 타베니시스에 수도원 설립
c. 356	이집트의 안토니 사망
c. 360-435	존 카시안 : 수도원 저자, 마르세유 근처에 정착 c. 420
371	투르의 마르틴 주교 서품
c. 451-525	킬데어의 브리지다
c. 480-547	누르시아의 베네딕트 : 베네딕트『수도규칙』의 저자
c. 500-c. 583	항해자 브렌던
c. 550	『사막 교부들의 금언집』라틴어판 출간
540-604	대 그레고리 : 교황, 신학자
c. 543-615	콜룸바 : 수도원 설립자, 선교사
563	콜룸바의 아이오나 공동체 설립
c. 580-662	고백자 막시무스 : 동방 신학자
597	캔터베리의 아우구스티누스 켄트 도착
c. 634-687	린디스판의 커스버트 : 수도원 설립자
730-787	이콘 파괴 논쟁
c. 747-821	아니아네의 베네딕트 : 수도원 개혁자
768-814	샤를마뉴 : 황제, 교회 개혁자
909	클뤼니 수도회의 설립

927-942	오도 : 클뤼니의 수도원장
949-1022	새 신학자 시메온 : 동방신학자
c. 970	『규칙적 합의』(Regularis Concordia) : 영국 베네딕트 수도사들의 공동 규칙
1007-1072	페트루스 다미아니 : 수도원 설립자
1023	로무알도가 까말돌리회 설립
1033-1109	캔터베리의 안셀름 : 수사, 철학자, 신학자, 캔터베리 대주교
1075-1148	성 티에리의 윌리엄 : 수도원 신학자
1080-1157	잉니의 게릭 : 시토회 저자
1084	브루노가 그랑드 샤르트뢰즈 수도원 설립
1098-1179	빙엔의 힐데가르트 : 수녀원장, 시인, 음악가
1098	시토회의 설립
1109-1167	리보의 엘레드 : 영국 시토회 영성 저자
1133	카르투지오회 규칙 승인
1152	시토회 규약 승인
1153	클레르보의 베르나르 사망
1169	스텔라의 이삭 사망, 시토회 저자
c. 1207-c. 1294	마그데부르크의 메히틸트 : 시토회 신비 저자
1221	뻬르세이느의 아담 사망
1240-1298	학케보른의 메히틀드 : 시토회 영성 저자
1256-1307	헬프타의 제르트루다 : 시토회 영성 저자
1296-1359	그레고리 팔라마스 : 헤지카스트 신학자

4~12세기는 유럽과 로마 제국을 구성했던 지중해 세계의 여러 부분에서 사회·정치적으로 중대한 변화가 일어나던 시기다. 첫째, 가장 중요한 사실은 이 시기의 초기부터 로마 제국은 내외적 요인들로 인해 붕괴되기 시작했다. 내부적으로는 3세기 후반의 디오클레티아누스 통치 기간에 로마 제국의 행정은 동방과 서방으로 나뉘었다. 콘스탄티누스 황제 시절에 동방의 수도는 고대 비잔티움에 세워진 콘스탄티노플(현재 이스탄불)로 정해졌다. 4세기 말경에 동서 로마의 분열은 완결됐다. 동방 비잔틴 제국은 정치적으로 살아남았으나 서방 제국은 5세기에 라인강과 다뉴브강을 넘어 온 게르만 부족들의 침략과 내부 불안정이 혼합되면서 붕괴됐다. 새로운 왕국들이 출현하고 스칸디나비아로부터의 유입이 더해지면서 서유럽 안에는 자체 방언을 사용하는 민족국가들이 탄생하고, 샤를마뉴의 새로운 신성로마제국이 탄생했다. 둘째, 아라비아의 주요 종교인 이슬람이 출현한다. 7세기 이후로 중동, 북아프리카,

로마의 이베리아 지역으로 이슬람의 정치·군사적 확장이 이루어진다. 그 결과 지중해 세계에서 이슬람과 역사적인 유대·기독교 문화 사이의 만남은 늘 복잡했다. 그들은 서로에게 적대적이고 폭력적이기도 하지만, 창조적이고 놀랍도록 조화롭기도 했다.

4세기 이후의 기간은 기독교 역사에서 주요한 통합의 시기였다. 우선 기독교는 콘스탄티누스 황제가 내린 관용령(313)으로 박해받는 위치에서 공적인 주류로 등장하고 비교적 짧은 시간에 제국의 공식 종교가 됐다. 박해받는 소수에서 공적이고 문화적인 국가 기구로의 변화는 필연적으로 기독교의 자기 이해와 영적 가치의 재조정을 가져왔다. 그 결과 중 하나가 최초로 수도원 제도를 탄생시킨 대항 문화적인 수덕주의 운동의 확장이다. 그 후 7세기 동안에 동서방의 기독교 영성의 역사는 여러 다른 방식으로 수덕적-수도원적 유형의 영성에 의해 압도됐다.

5세기 이후 서유럽의 수도원 공동체는 로마 제국의 붕괴, 야만인들의 침략, 결과적으로 새로운 왕국의 출현이라는 격동의 세계 속에서 그리스-로마 문화를 보호하는 일종의 '생존 캡슐'의 역할을 한다. 수도원들은 고전 문명을 로마 제국 이후 세계로 전달하는 중요한 중심지가 된다. 서방의 수도원 제도를 특징지은 『베네딕트 수도규칙』은 수사들이 라틴어를 읽고 쓸 수 있는 교육받은 사람이라는 것을 알려 주고, 그들이 성경, 초기(교부) 신학 저술들 그리고 일부 고전 저자들의 책을 포함한 일종의 도서관을 배경으로 기록했고 추측하게 한다. 베네딕트와 동시대의 수사들 중 한 명인 카시오도루스(Cassiodorus)는 수사들을 위한 연구 프로그램을 개발하며 베르길리우스(Vergilius)와 아리스토텔레스를 언급한다. 유명한 앵글로 색슨 수사인 가경자 비드(Venerable Bede, 673-735)는 플리니(Pliny), 베르길리우스, 오비디우스(Ovidus)와 같은 다른 고전 작가들을 인용한다.

수도원 공동체는 유럽 선교 활동의 중심지이기도 했다. 이 과정에서 성장하는 지역의 문화와 선교 이전의 지역 관습이 기독교 영성 안에 융합됐다는 것이 중요하다. 여기서 지역의 영적 문화의 사례로 아일랜드 기독교를 간략하게 탐구할 것이다.

끝으로 이 시기는 콘스탄티노플에 중심을 둔 비잔틴 제국과 관련해 동방 기독교의 발전에서 중요한 시기로, 동방과 서방의 기독교 영성 형태가 점차 달라졌다.

수도회의 출현

기독교가 수도원 제도를 독점하고 있는 것은 아니다. 대부분의 주요 세계 종교에서 어떤 형태로든 수도원적 생활은 존재해 왔으며, 그것은 일반적으로 엄격한 비물질적 생활 방식, 관상적 실행과 관련 있다. 기독교 수도원 제도는 근본적으로 주변부로 가는 운동이다. 광야(사막, 산, 숲, 바다)는 기독교 역사 전체에 걸쳐 독특한 매력을 발휘한다. 기독교 수도원 제도의 근본 특징 중 하나는 '물러남'(withdrawal)을 요구하는 것이다. 수도원 공동체를 위해 실제 사막이 선택된 이유는 무엇인가? '사막'이라는 주제는 많은 수도원 문헌에서 공통적으로 등장한다. 그곳은 사람들이 야생 동물과 조화롭게 살 수 있는 낙원이자 수도자가 내적이고 외적으로 마귀에게 시험을 받는 장소다. 사막은 변경 지역이다. 경계 지점에 사는 것은 물질적 세계와 영적 세계 사이에 존재하는 입구의 상태를 상징한다.

수도자 생활이 4세기 초반에 출현한 이유에 대해서 학자들이 줄곧 관심을 가져왔다.[1] 어떤 사람들은 유대인의 금욕주의 운동(쿰란 공동체)

이나 시리아 기독교의 초기 공동체들과 연속성이 있다고 주장한다. 다른 이들은 심지어 인도와의 무역 관계를 통해 기존의 불교 또는 힌두교 양식과 접촉이 있었을 것이라고도 주장한다. 보다 전통적인 관점은 기독교가 박해받는 소수파에서 제국의 지배적인 종교로 이동하면서 생겨난 여러 요인의 결합에서 기인했다고 본다. 첫째, 사회 정책적으로 기독교인의 수가 급속하게 확장하면서 방종이 증가했다. 둘째, 순교의 이상이 육체적인 죽음에서 영적인 것(백색순교)으로 대치됐다. 거룩성의 정점이 육체의 죽음을 이기는 승리에서 세상을 이기는 승리로 이동한 것이다.

과부와 동정녀

여기 또 다른 물음이 있다. 수도원이 어디서 시작됐는가? 전통적으로 수도원은 3세기 말에 이집트 사막에서 시작됐다고 알려져 있다. 그러나 그 전에 두 개의 집단이 이미 존재했다. 우선 초대교회에 헌신적인 여성들이 나타났다. 이들은 과부와 동정녀들이다. 신약성경의 증거(행 6:1-6, 딤전 5:3-16)는 과부들이 매우 초기에 나타났음을 암시한다. 그보다 어린 동정녀들은 과부 집단에서 분리된 범주로 발전한 것으로 보인다. 분명히 3세기가 끝나기 전에 두 집단은 모두 『사도적 교회 직제』에서 언급되고 있다. 이들 중 일부는 목회적이고 영적인 임무를 수행하는 공동체를 형성한 것으로 보인다. 그들은 팔레스타인과 이집트뿐만 아니라 로마 제국의 주요 도시들에 존재했다. 그들의 영적인 동기는 부분적으로 목회적인 것이었지만 동정을 택한 것은 주목할 만하다. 성경은 예수 그리스도를 따르는 데 있어 독신이 필수적이라고 하지 않았기 때문에, 동정의 선택에 대한 성경의 설명은 충분하지 않다. 어쩌면 그리스-로마 시대 신전의 동정녀들로부터 영감을 받았을 가능성이 있다. 독신주의는 기존의 사회적 역할로부터 여성을 자유하게 했으며, 영적 완덕의 추구를 남성과 공유할 수 있게 했다. 또한 현재의 세계 질서가 끝나는 '마지막 날'이 임박했다는 분위기가 있었을 수도 있다. 따라서 그들에게 동정은 인류의 육체적 연속성이 의미를 잃고, 모든 사람이 (천사와 같이) 조화롭고 자발적인 관계로 살 하나님 나라를 앞당겨 사는 것이었다.[2]

시리아의 은수자

이집트 수도회 이전에 존재했던 두 번째 집단은 시리아·팔레스타인에 있었다. 그러나 이집트 수도회의 명성이 높아지면서, 시리아 전통은 크게 잊혔다. 현재 우리가 알 수 있는 것은 시리아 수덕주의(금욕주의) 전통은 매우 이른 시기에 시작된다. 사실상 그것은 가난, 무소유, 독신으로 묘사된 예수님을 문자적으로 모방하는 것이 제자직이라는 누가복음의 이해에서 파생했을 것이다. 그래서 급진적 수덕주의는 머리 둘 곳조차 없는 분을 모방해 집을 비롯한 소유를 완전히 포기하는 값비싼 제자직에 가까웠다. '수도자'라는 영어 단어 monk는 금욕에 해당하는 시리아어 이히다야(ihidaya, 단독자)의 그리스어 모나코스(monachos)에서 파생됐다. 수덕적 '단독자'(the single one)는 분명히 가정생활을 뒤로하고 배타적으로 '오직 한 분' 그리스도에게 한마음으로 묶인 자다. 흥미롭게도 물리적 환경(시리아 광야에는 깊은 사막이 없기) 때문에 시리아 수사들은 마을에 가까이 머물면서 일부분 일상에 대해 가시적인 도전을 하고 안내자와 중재자로서 중요한 역할을 했다. 그들의 '타자성'은 기행이나 극단적 고행으로 표현되는 경향이 있었다. 초기 시리아의 수덕주의는 독거 은수자(隱修者)들의 삶에서 두드러지게 나타났다.[3]

이집트 수도회

이집트에서는 조직적으로 수도회가 출현했다. 그러나 이 운동은 본질적으로 평신도 운동이었다. 이집트에서 수도원적 생활이 출현한 이유는 지역적 요인 때문이다. 3~4세기 이집트에는 심각한 경제 위기가 있었고 이로 인해 많은 사람이 도시를 떠나 대안적인 생활 방식을 찾았다. 그러나 '수도원의 창시자'로 알려진 성 안토니(c. 356 사망)의 경우, 알렉산드리아의 아타나시우스가 남긴 유명한 저서 『성 안토니의 생애』에 의하면, 그의 영감은 순전히 영적이었다. 상대적으로 부유하고 종교적 기질을 지닌 젊은 농부였던 안토니는 결정적으로 교회에서 읽은 부자 청년의 이야기에 자극을 받았다.[4] 아타나시우스의 기록은 또한 탈소유의 이상과 복음이 완전히 실천될 수 있는 장소로서 사막을 강조한다. 이러한 강조는 이집트에서 신플라톤주의의 영향력, 특히 신학자 알렉산드리아의 오리겐의 가르침에서 기인한 것일 수 있다. 그는 인간의 영혼이 하나님으로부터 소외된 것을 강조하지만, 성경적 관상, 회개, 정화, 독신을 통해 하나님에게로 상승할 수 있는 인간의 잠재력 역시 강조했다.

이집트의 수도원은 지리적 위치와 관련해서 세 가지 형태로 광범위하게 발전했고, 수천 명의 남녀 수도자로 이루어진 4백 개 정도의 수도원이 있었다. 최초의 형태는 성 안토니가 원형이었던 은수 생활이다. 이런 형태는 특히 나일강 델타의 남쪽의 저지대 이집트로 불리는 곳에서 번성한다. 안토니는 269년경에 독거(獨居) 생활을 시작했고 서서히 사막의 황무지로 들어가는데, 이윽고 많은 제자를 끌어들인다. 여기서 전적인 독거라는 개념에 수정이 필요한데, 때로 은수자가 짝을 이루어 살기도 하고, 제자들은 자신들을 지도하는 '영적 아버지' 또는 '영적 어머니'와 근접한 곳에 머물렀다. 두 번째 형태는 나일강 델타 서쪽에 형성된 작은 고행자 집단이다. 여러 명의 수도자가 라브라(lavra) 또는 스케테(skete)라고 알려진 수도 마을 안에서 영적 아버지(압바) 혹은 어머니(암마)와 함께 살았다. 가장 유명한 정착지는 사막과 도시의 중요한 만남의 장소가 된 알렉산드리아 근처의 니트리아(Nitria)와 스케티스(Scetis)에 있었다. 존 카시안(John Cassian, 유럽에서 수도원 설립의 핵심 인물)과 같은 니트리아 방문자들은 처음으로 사막 전통을 경험한다. 그리스에 영향을 받은 더 교육 수준이 높은 수도원 제도는 에바그리우스(Evagrius, 345-399)와 같이 신학적으로 정교한 인물들 주위에서 발전한다. 세 번째 형태는 고대 도시인 테베(Thebes)와 가까운 고지대 (혹은 남부) 이집트에 있었다. 이 형태들은 상대적으로 질서정연하고 큰 규모의 남녀 공동체였다. 주요 인물은 파코미우스(Pachomius, c. 290-347)로, 전통적으로 조직화된 수도원의 기원으로 알려진 타베니시스(Tabennisis)에 수도원 정착지를 설립했다.

사막 교부들의 지혜

기독교 수도원의 영적 지혜에 대한 가장 초기 문헌은 위대한 창시자들의 생애(아타나시우스의 『성 안토니의 생애』 등), 수사들의 금언, 일화 모음집들이었다. 금언과 일화들은 주로 저지대 이집트의 은수자들과 니트리아와 스케티스에 있는 집단으로부터 수집됐다. 이것은 구전으로 전달되다 5세기에 이르러 문서화됐다. 『사막 교부들의 금언집』(Apophthegmata Patrum)에는 주제별 모음집(조직적 시리즈)과 유명 스승들의 이름에 따라 조직된 알파벳 모음집 두 가지가 있다.[5] 이 글들은 비공식적으로 기록되다가 대규모 공동체들의 설립과 제도화가 일어나면

서, 파코미우스의 『규칙』과 같은 규범적 텍스트가 나타났다.[6]

초기 사막의 수도자들은 모든 기독교인이 추구하는 삶을 살려는 열망에 의해 자극을 받았으나, 자신들만의 특별한 강렬함이 있었다. 그들이 추구한 것은 오로지 구원의 길이었다.

한 형제가 원로에게 물었다. "제가 구원을 받으려면 무엇을 해야 합니까?" 그는 옷을 벗고, 허리 부근에 띠를 매 양손을 펴고 말했다. "수도자는 이렇게 돼야 하네. 모든 것을 벗어 버리고, 유혹에 대해서는 십자가에 못 박혀야 하고, 세상과 전투해야 한다네."[7]

이 이야기는 수도원 전통으로 전해진 사막 영성의 두 가지 요소를 분명히 설명한다. 첫 번째는 영적 전투라는 주제다. 이것은 마치 싸움을 준비하는 권투 선수의 이미지를 연상케 한다. 다른 이야기들에서 그것은 유혹 또는 문자 그대로 마귀와 싸우는 전쟁 이미지다.

그들은 사라에 대해서, 그녀는 13년 동안 정욕의 마귀에게 맹렬한 공격을 당했으나 결코 전투가 떠나게 해 달라고 기도하지 않았고, 단지 "주님, 저에게 힘을 주십시오"라고 말했다고 전한다.[8]

사라와 같은 성숙한 수도자들은 유혹이 떠나게 해 달라고 기도하지 않았다. 그들은 때로 영적 투쟁이 그 자체로 가치가 있다고 믿었기 때문에 심지어 영적 안내자에게 유혹이 계속되도록 기도를 요청하기도 했다. 두 번째 주제는 수덕주의다. 이 단어는 훈련을 의미하는 그리스어 아스케시스(askēsis)에서 파생됐고, 따라서 사막 영성 이야기에는 운동선수의 이미지가 있다. 수덕주의는 바르게 이해하면 반육체적 태도가 아니다. 오히려 몸을 올바른 질서를 필요로 하는 영적 진보의 핵심 요소로 이해하고 진지하게 여긴다. 수덕 훈련의 목표는 파편화된 삶이라기보다는 적절하게 방향이 잡힌 삶이다. 그 훈련은 수도원 생활이 기대하는 하나님 나라를 위한 것이었다.[9]

사막에서 가장 훌륭한 지혜 교사는 수도자의 수실(修室, cell)이고 영적 아버지와 어머니였다. 수실에 머무는 것은 비록 지루하고 좌절하고 유혹을 받을 때라고 해도, 실제적인 훈련이었고 영적 상징이었다. 실천적으로 수실은 필요한 침묵, 고독을 제공하고 지속적으로 기도를 방해하는 외부적 산만함을 피하게 한다. 상징적으로 수실의 단순함은 세속적 소유와의 결별을 나타내고, 거기에 머무는 것은 내적 여정을 위한 기초로서 안정성과 인내의 가치를 나타냈다.

한 원로는 말했다. "수도자의 수실은 다니엘의 세 친구가 하나님의 아들을 발견했던 바벨론의 풀무불이다. 그것은 하나님께서 모세에게 말씀을 발하신 구름 기둥이다. (Ward 2003, p. 72, number 74)

스케티스에서 한 형제가 압바 모세에게 조언을 구하러 갔다. 그는 형제에게 말했다. "가서 너의 수실에 앉아 있으라. 그러면 너의 수실이 너에게 모든 것을 가르쳐 줄 것이다." (Ward 2003, p. 10, number 9)

두 번째 인용문은 또한 수도자와 영적 멘토와의 관계성의 장점을 표현하고 있다.[10] 은수자 또는 스케테(skete) 생활에서 영적 아버지 또는 영적 어머니를 의존하는 것은 사막 생활의 가혹함에서 생존하는 방법,

환상을 피하는 방법 그리고 마음의 길에서 지혜로워지는 방법에 대한 실천적 충고를 얻는 데 매우 중요했다. 이것은 사실 현대적 의미에서 '영성 지도'가 아니다. 영적 안내자들은 그들의 지혜와 경험 때문에 선택되고, 그래서 종종 '원로'라고 칭해졌다. 영적 안내의 목적은 하나님께 가르침을 받을 수 있도록 단순하게 제자의 마음을 열어 주는 것이었다. 일반적으로 긴 토론이나 가르침이 아니라 짧은 몇 마디 말과 간결한 금언을 선호했다. 그 관계성의 중심에는 순종이 있었다. 순종은 자기 능력에 의존하려는 경향을 고치는 훈련이고 하나님을 향한 수용성의 표현 둘 다였다.

> 한 원로가 말했다. "영적 안내자에게 순종으로 자기 영혼을 넘겨주는 사람은 홀로 암자로 칩거하는 사람보다 더 큰 보상을 받을 것이다." (Ward 2003, p. 147, number 19)

순종이라는 주제는 더 나아가 사막 전통의 두 가지 중심 가치인 겸손과 식별을 강조한다. 순종의 참된 의미인 정직과 자기 인식의 함양은 영적 진보를 위한 중요한 수단으로 간주됐다. 그것은 은수자들에게 고전적인 유혹으로 여겨지던 영적 교만에 대항하는 가장 좋은 방어 수단이었다. 겸손은 종종 타인의 결점을 용서할 수 있는 능력과 관련이 있었다.

> 한 원로에게 물었다. "겸손이란 무엇입니까?" 그가 대답했다. "겸손이란 위대한 하나님의 일이라네. 겸손의 길은 육체적으로 노동을 하는 것이고, 자신을 죄인으로 생각하는 것이고, 자신을 모든 사람의 종으로 여기는 것이라네." 그 형제가 말했다. "모든 사람의 종이 된다는 것은 무슨 뜻입니까?"

그가 대답했다. "모든 사람의 종이 된다는 것은 다른 사람의 죄를 보는 것이 아니라, 항상 자신의 죄를 보는 것이고, 쉬지 않고 하나님께 기도하는 것이라네." (2003, p. 167, number 82)

어떤 의미에서 적절하게 판단하고 바르게 선택하는 능력인 식별이나 영적 지혜는 겸손의 결과다. 식별(diakrisis)은 수덕주의 덕목 중에 가장 높이 평가된다. 사막의 수도자들의 마음속에서, 식별은 종종 하나님의 영감과 귀신들의 환상적인 선동의 차이를 구분하는 능력이었다. 식별은 깊은 기도와 수덕적 실천을 통해서 받는 하나님의 선물이었다. 그것은 불균형적인 방법으로 놀라운 인내의 행동을 수행할 수 있는 영적 체조 선수와 진정한 수도자를 구분해 주었다.

한 형제가 어떤 원로에게 물었다. "내가 어떻게 하나님을 발견할 수 있을까요? 금식을 할까요, 수고를 할까요, 철야를 할까요, 아니면 자비를 베풀까요?" 그가 대답했다. "그 전부를, 그리고 또한 식별을 가져야 발견할 수 있네. 들어보게. 많은 사람이 자신의 몸을 엄격하게 혹사했으나 식별 없이 했기 때문에 아무것도 얻지 못했다네. 금식 때문에 우리의 입에서 악취가 나고, 우리가 모든 성경을 배우고, 시편을 전부 암송한다고 해도, 우리는 하나님께서 원하시는 것을 늘 가지고 있지 못한다네. 그것은 겸손과 사랑일세." (Ward 2003, p. 111, number 94)

겸손이 하나님께서 원하시는 것이라면, 자선도 그러했다. 자기중심이 약해져야 타인을 향한 관심이 충만해진다. 사막의 아버지와 어머니는 자신들의 수덕 방법이 영적으로 자신에게 열중하는 방법이 아니라,

도움이 필요한 사람에게 더 민감해지고 더 자유롭게 반응하는 것임을 분명하게 밝힌다. 성경이 말하는 하나님 사랑과 이웃 사랑의 계명은 언제나 그들 앞에 있었다.

한 형제가 어떤 원로에게 물었다. "두 수사가 있는데, 한 수사는 많은 일을 내려놓은 채 6일 동안 금식하며 자신의 수실에 고요히 머물렀습니다. 다른 수사는 병자를 보살폈습니다. 그들 중 누가 하나님을 더 기쁘시게 했습니까?" 원로가 대답했다. "6일간 금식한 형제가 아무리 정진했다고 해도 병자를 보살핀 형제와 같아질 수 없을 것이네." (Ward 2003, p. 180, number 18)

영적 실행은 실천적 차원에서 수덕 생활의 근본적 가치인 규율, 영적 투쟁, 인내 그리고 무엇보다도 식별에 기여해야 한다. 우리가 사막의 아버지와 어머니의 금언과 삶에 대해 읽을 때, 침묵과 독거(특히 자기의 수실에 거하는 것)가 중심이라는 것이 분명히 드러난다. '끊임없는 기도'라는 개념은 시편 낭독이나 묵상 및 긴 철야를 암시하고, 육체노동 혹은 판매용 돗자리를 만드는 것과 같은 다른 임무를 하는 동안에 '마음으로' 기도하는 것을 의미하기도 했다. 실제로 육체노동은 실용적인 필요성 외에도 게으름에 빠지려는 유혹에 대항하는 영적 훈련의 한 형태였다. 금식이나 음식에 대한 폭넓은 검열은 낭비에 반대하는 신체적 자기 통제의 가치를 강조하는 것이었다. 그러나 금언과 일화들에서 자선이나 환대의 덕목이 우선 과제였다는 것도 주목할 필요가 있다. 수도자는 다른 사람들의 필요에 봉사하기 위해 기도와 같은 명백하게 영적인 활동을 제쳐 놓을 수도 있었는데, 이것 또한 '영적 실천'의 중요한 형태였기 때문이다.

수도규칙

파코미우스는 320년경에 타베니시스에 최초로 알려진 공동체 수도원을 설립했다. 그는 동방의 성 바질과 서방의 성 베네딕트의 규칙들에 큰 영향을 준 최초의 수도규칙을 작성한 것으로 여겨진다. 독거 생활에서 공동체 생활로의 변화는 개인이 순종해야 하는 수도원적 생활 방식과 위계로 성문화됐다. 그것은 공동체 생활이 지속되게 하는 수단을 제공했으나, 영적 아버지 혹은 어머니에 대한 자발적 순종에서 멀어지게 했다. 이제 순종의 문제는 장상(長上)을 영적 해석자와 법적 감독자로 규정해 놓은 수도규칙과 관계됐다. 일반적으로 규칙은 공동체를 인도하는 영적 원리를 규정해 놓은 규범서다. 규칙은 본질적으로 법률적인 문서가 아니라 영적 기풍을 전달하기 위한 매개다. 수도회는 그 광범위한 역사를 가로질러서 동방의 성 바질, 서방의 성 아우구스티누스와 성 베네딕트가 쓴 세 개의 수도규칙에 의해 다스려졌다.

성 바질의 규칙은 카파도키아의 교부로 알려진 신학자 중 한 사람인 대 바질(c. 330-379)에게서 비롯됐다. 그는 동방 수도원들이 여전히 기초로 삼고 있는 정신을 유산으로 남겼다.[11] '규칙'(Asceticon)이라는 제목은 그 자료가 기본적으로 충고의 모음집이라는 점을 감안할 때 아마도 오기(誤記)일 것이다. 심지어 바질이 살아 있는 동안에도 수많은 『규칙』의 번안이 유통됐고 신뢰성 여부를 따지기는 어렵다. 소『규칙』(Small Asceticon)은 가장 초기의 것이고 아마 베네딕트 규칙에 영향을 주었던 번안일 것이다. 가장 널리 보급된 형태인 대『규칙』(Great Asceticon)은 대부분의 현대 번역판에 영향을 미쳤다. 『규칙』에 대한 바질의 어조(語調)는 엄격하지만, 초기 사막 수덕주의의 극단과 비교할 때 상대적으로 온건하다. 그것은 공동생활과 전례, 노동과 다른 임무들의 균형을 강조한다. 또한 수도원에 대한 바질의 비전은 목회적이고, 그 조항은 어린이 교육 및 빈곤층 보호를 위해 마련됐다.

이른바 『아우구스티누스 수도규칙』은 서방에서 가장 오래된 규칙이다. 그것을 아우구스티누스 자신이 작성했는지는 논란의 여지가 있다. 어떤 경우이든 이 규칙은 성 베네딕트의 규칙에 영향을 주었고 오늘날까지 다양한 수도 공동체에 영감을 주었다. 아우구스티누스는 387년에 기독교로 개종한 후, 최종적으로 아프리카로 돌아와서 히포의 주교가 됐을 때 규칙을 쓴 것으로 보인다. 그의 '규칙'은 사실상 두 개의 본문을 뜻하는데, 더 긴 『계명집』(Praeceptum)과 보다 짧은 『수도원 규정서』(Ordo Monasterii)가 그것이다. 후자는 여성들에게 전해진 『계명집』의 번안으로 보이는데 아우구스티누스의 편지(letter 211)가 첨가됐다. 아우구스티누스 규칙의 영향력은 6세기 중반부터 성 베네딕트의 규칙에 의해 추월당하지만 11세기 후반에 큰 부활이 있었다. 성 아우구스티누스 규칙은 세상과의 엄격한 분리를 촉진하기보다 수도원 밖에서 적극적인 활동을 할 수 있도록 여지를 두었다. 그것의 근본적인 영적 강조점은 공동체인데, 사도행전의 초대 기독교 공동체의 삶이 모델이었다.[12]

어떤 것도 여러분 자신의 것이라고 부르지 마십시오. 모든 것을 공동으로 소유하십시오……사도행전에서 여러분은 "그들은 모든 물건을 서로 통용하고 각 사람의 필요를 따라 나누어 주었다"는 것을 읽기 때문입니다. (Praeceptum, 1.3)

이 규칙은 세부적이고 복잡한 구조가 없고 언어는 순종보다 사랑을 강조한다. 또한 (그 사회적 배경이 무엇이든 간에) 상호 우정의 결속으로 유지되는 평등한 공동체를 강조한다. 이것은 아마도 히포에서 아우구스티누스 자신의 경험을 반영한 것으로 보인다.[13]

베네딕트의 수도규칙은 성 바질과 성 아우구스티누스의 규칙을 따르며, 더 나아가 『마스터의 규칙』(Rule of the Master)을 따르기도 한다. 일부 전문가들은 그 반대 방향으로 영향을 주었다고 주장하고, 바질과 아우구스티누스의 규칙이 현재는 상실된 공동의 출처에서 근거했다고 주장하기도 한다. 또 다른 주요 영향은 이집트의 수도원 생활에 익숙했던 존 카시안의 저술이다. 카시안은 어느 시점에 팔레스타인에서 수사 생활을 했던 것으로 보이는 모호한 인물이다. 그는 420년경에 마르세유 근처에 정착해 신흥 수도원 관계망의 일부가 됐고, 그의 수도원 생활에 대한 유명한 두 개의 저작, 『수도원 제도』(Institutes)와 『영적인 담화』(Conferences)를 저술했다.[14] 카시안은 이집트 수도원의 지혜를 서방으로 전했다고 알려져 있다. 그러나 그 사실 관계는 보다 복잡하다. 그의 저술에는 분명히 오리겐과 에바그리우스의 지성주의의 영향이 나타나지만, 학자들은 그의 실천적 지식의 범위에 관해서는 진지한 질문을 제기한다.[15]

6세기에 이탈리아에서 기록된 베네딕트의 수도규칙은 서방교회 안에서 가장 영향력 있는 수도원 안내서가 된다. 6~10세기 그것은 점차 다른 전통들을 대체한다. 서방 수도회에서 그의 상징적인 지위를 감안할 때, 누르시아의 베네딕트가 6세기 중반에 살았고, 몬테카시노의 수도원을 설립했고, 수도규칙을 작성한 사실 외에는 놀랍게도 거의 알려진 것이 없다.[16] 베네딕트의 수도규칙은 상대적으로 온건하고 우아하고 균형 잡힌 것을 특징으로 하지만, 그럼에도 불구하고 외부 세계로부터의 물러난 생활을 전제로 한다. 비록 (그리스도로 염접해야 하는) 낮

선 사람에 대한 환대가 주요 명령이긴 하지만, 아우구스티누스 전통이 지닌 외향적인 기풍은 거의 부재하다. 수도규칙의 머리말은 "들으라"(Obsculta)로 시작한다.

> 오 아들아, 너의 스승의 계명을 들으라. 그리고 네 마음의 귀를 기울이라. 헌신적인 아버지의 충고를 기꺼이 받아들여 행동으로 옮기라. 그리하여 불순종의 타성으로 멀어졌던 그분께 순종의 노력으로 되돌아가라. (RB Prologue 1 & 2)

(하나님과 영적 스승인 수도원장 둘 다에게) 듣고 순종하는 것은 서로 엮여 있다. (비록 형제애적 사랑에 대해서는 수도규칙 제72장에서 언급되기는 하지만) 많은 면에서 베네딕트 수도규칙은 아우구스티누스의 규칙과 위계적 입장에서 대조를 이룬다. 수도규칙에서 표현된 하나님은 두려운 대상이며 '그리스도의 자리'에 있는 대수도원장은 '동등권 속에 우선'이 아니라 통치자다(제2장). 이 수도규칙은 또한 영적 지혜의 모음이 아니라 상세하고 프로그램화된 내용이다. 그 인기의 원인은 부분적으로 잘 짜인 구조와 질서 있는 우선순위 때문이다. 그러나 그 영적 성공은 또한 노동, 기도, 휴식 사이에 건강한 균형을 이루는 것과 수도원장의 권위 아래서 개인의 영적 여정과 공동생활의 가치 사이에 일어나는 창조적 긴장과 관계된다. 수사의 중심 임무는 공동기도 또는 성무(opus Dei)다. "어떤 것도 하나님의 일보다 낫게 여기지 말아야 한다"(제43장). 여기에 개인적인 묵상, 영적인 독서(lectio) 그리고 육체노동이 추가된다. 영적 진보의 주요 이미지(제7장)로서 순종과 겸손에 대한 강조 이외에도, 수도규칙은 또한 안정성(죽을 때까지 수도원에 거주함으로 표현되는 신

실성)이라는 보조적 영적 가치와 사실상 번역하기 어려운 '태도의 회심' (conversatio morum) 개념을 가르친다. 이것은 평생 동안 이루어지는 깊은 회심과 영적 발전을 포함하는 수도원 생활 방식에 대한 전반적인 헌신을 의미한다.

베네딕트회의 확장

6세기 이후 서방 수도원의 역사는 풍부하고 복잡하다. 그러나 간단하게 말하면, 베네딕트회 양식은 점차 우세해지고 10세기에 이르러 지배적인 수도원 기풍이 된다. 그 초기의 추진력은 대 그레고리 교황(540-604)으로부터 시작된다. 그는 6세기 후반에 베네딕트의 전기를 썼고 그의 수도규칙을 장려했을 뿐만 아니라 아우구스티누스(후에 캔터베리 대주교)의 지도 아래 있는 로마의 수도원 공동체를 잉글랜드의 선교사로 파견한다. 그러나 9세기까지 베네딕트 수도규칙은 다른 수도규칙 및 생활 방식과 공존하는데, 예를 들어 투르의 마르틴(Martin of Tours)과 콜룸바누스(Columbanus)의 규칙들이 있었다. 과거 로마의 군인이었던 마르틴은 푸아티에(Poitiers) 인근에 수도자로 정착했고, 371년에 투르의 주교가 됐다. 어느 정도 마르틴 계통의 수도원은 동방 수도원, 특별히 소아시아의 수덕주의를 반영했다. 또 한 명의 주요한 수도원의 인물은 제자들과 함께 골(Gaul)에 도착했던 아일랜드인 콜룸바누스(c. 543-615)다. 그는 스위스, 골을 거쳐 광범위하게 여행했고 이탈리아의 보비오(Bobbio)에 정착해 이후 그곳에서 생을 마감한다. 콜룸바누스의 수도규칙은 상당히 인습적인데 반해, 그는 종종 '여행'을 기독교인의 삶을 표현하는 은유로 사용했다. 기독교인은 이 세상에 온 손님이다. "그러므로 도상에서 우리는……여행자로, 순례자로, 세상의 손님으로 살아간다는 원칙을 지속해 가야 한다."17

아일랜드 수도원의 이상은 (563년에 아일랜드에서 온 콜룸바[Columba]에 의해 설립된) 스코틀랜드 아이오나 수도원의 영향을 받은 후 잉글랜드의 노섬브리아(Northumbria)에 나타났다. 그러나 7세기 중반부터 성 베네딕트의 수도규칙이 점차 지배적이 된 것으로 보인다. 유럽 대륙에서 샤를마뉴(768-814)의 통치는 결정적인 계기가 됐다. 그는 자기 제국 전역에서 세속적, 교회적 통일성을 추구하는 일환으로 수도회를 사용하고, 특히 베네딕트 수도규칙을 장려했다. 이 시기에 중요한 인물이 아니아네의 베네딕트(Benedict of Aniane)다. 그는 샤를마뉴의 지원 아래 (다른 고대 수도원 관습과 미묘하게 섞인) 많은 수도원에 베네딕트 수도규칙을 효과적으로 시행시켰다. 샤를마뉴의 후계자 시대에 베네딕트 수도규칙은 교회 공의회에 의해 제국의 모든 수도원에 적용됐다.

더 결정적인 순간은 10세기에 잉글랜드에서 일어난다. 주로 덴마크인의 침략으로 수도원 생활은 사실상 중단됐다. 그러나 10세기 중반에 캔터베리 대주교 던스턴(Dunstan)과 다른 두 명의 주교, 윈체스터의 에델웰(Ethelwold)과 우스터의 오즈월드(Oswald)에 의해 유럽 대륙 모델에 영향을 받은 개혁이 시작됐다. 결국 남녀 수도원들은 「규칙적 합의」(Regularis Concordia)라는 문서를 통해 베네딕트 관습에 동의한다. 대륙에서 초기 베네딕트 수도회의 확장은 강력한 가문들의 과도한 간섭 때문에 크게 감소한다. 그러나 909년에 부르고뉴의 클뤼니에 설립된 새로운 수도원을 중심으로 개혁 정신이 나타났다. 그들은 아니아네의 베네딕트의 개혁을 채택하고 자신들을 교황의 보호 아래 직접 둠으로써 세속적 간섭에서 벗어날 수 있었다. 클뤼니 수도회는 오도(Odo, 927-942)와 재능이 있고 덕망이 높은 그의 후임자들의 긴 대수도원장 임기 동안 높은 준수 기준을 채택했다. 11세기 말까지 클뤼니회는 약 1천 개의 수도원을 이루었고, 프랑스를 넘어 (몬테카시노를 포함해서) 이탈리아와 잉글랜드로 퍼졌다. 클뤼니회의 힘은 부분적으로 조직의 독립성과 중앙집권화에서 나왔다. 또한 수사 개인의 생활과 전례의 엄숙함을 유지하며 강력한 영적 기풍을 길러 냈다. 그러나 점점 복잡해지는 전례와 사실상 육체노동의 배제는 12세기보다 엄격한 수도원 개혁 운동의 자극제가 된다.

이러한 수도원의 시대에 일련의 중요한 영적 교사들과 인물들이 있었다. 대 그레고리, 안셀름(Anselm), 빙엔의 힐데가르트(Hildegard of Bingen)가 아마도 대표적인 인물일 것이다. 외교관이자 수도사이고 최종적으로 교황이 된 대 그레고리(540-604)는 아우구스티누스(훗날 캔터베리의 대주교)와 다른 수사들을 앵글로 색슨 잉글랜드에 선교사로 파송했을 뿐만 아니라 그의 중요한 영적 저술들로 인해 유명하다. 『대화집』(*Dialogues*)에는 우리가 성 베네딕트에 대해 알고 있는 모든 전기적인 내용이 포함돼 있고, 『서신집』(*Letters*)에는 특히 수도원 생활의 관상적인 성격에 대해 기록하고 있다. 『사목 규범』(*Pastoral Care*)의 경우 목회신학의 초기 본보기이고, 욥, 에스겔, 복음서 및 아가서에 대한 주석도 남겼다. 이러한 저술에는 중요하지만 체계화되지 않은 영성신학들이 등장한다. 그것들은 중세 영성에 큰 영향을 미치는데, 중요한 주제로 관상, 식별, 고난의 역할, 영적 성장의 단계, 가책, 즐거운 열망이 있다.[18]

캔터베리의 안셀름(1033-1109)은 수사였고, 나중에 노르망디에 있는 벡(Bec)의 대수도원장으로 일하다가 1093년에 캔터베리의 대주교가 된다. 중요한 철학자였으나, 특히 그의 저서 『기도와 묵상』(*Prayers and Meditations*)과 『토론』(*Proslogion*)에 나타난 중요한 수덕적 영성신학은 교부 사상과 서방의 중세 경건을 연결시켰다. 기도에 대한 접근은 지적이고(신학의 형태로서의 묵상), 성서적으로 사색적이고(렉시오 디비나를 위한 가르침과 자료를 제공), 헌신적이고(특히 성모 마리아에 관한 언급), 격렬하고, 체험적이고, 개인적이다.[19]

빙엔의 힐데가르트(1098-1179)는 최근 수십 년 동안 숭배에 준하는 지위를 얻었다. 독일의 귀족 출신으로 베네딕트회 대수녀원장인 힐데가르트는 환상적인 신비가(『스키비아스』[Scivias])이며 교회와 사회 개혁을 위한 예언자이고, 그 당시 여성으로서는 특별하게 교황의 승인을 받은 대중 설교자였다. 그녀가 일부 우리에게 매력적으로 다가오는 이유는 신학, 성경 주석, 자연 과학, 약초, 영적 가르침 및 시를 포함해 광범위한 주제를 다룬 다산의 작가이기 때문이다. 그녀는 또한 탁월한 악곡을 지닌 70곡 이상의 영가를 작곡한 재능 있는 음악가다. 마지막으로 힐데가르트는 놀라운 이미지와 디자인으로 이루어진 환상적 작품을 그리는 예술가이기도 했다.[20]

새로운 은수회들

서방 수도회의 확장과 개혁은 11세기부터 12세기 초까지 두 가지 현저한 대조를 이루는 방향으로 지속된다. 첫째, 많은 수도원 개혁이 초기 은수 전통으로 돌아가려고 했다. 그중 카말돌리회(Camaldolese)와 카르투지오회(Carthusians)가 현재까지 존재한다. 이들은 은수회의 이상을 지역 사회의 구조와 결합시켰다. 새로운 은수회들은 또한 가난, 단순한 전례, 독거 및 육체노동으로 표현되는 단순한 '사도적' 삶을 강조한다.[21]

카말돌리회의 기원은 두 사람과 두 장소로 거슬러 올라간다. 로무알도(Romuald, c. 950-1027)는 북부 이탈리아의 클라세 수도원(Classe)

의 수사가 되지만 베니스 근처에 은수자로 은거했다. 그는 카탈로니아(Catalonia)에서 독수(獨修) 시기를 보낸 후, 998년 대수도원장이 돼 클라세로 돌아간다. 그러나 그 공동체는 그의 관점을 수용하지 않았고 그는 은퇴해 다시 독수를 한다. 최종적으로 1023년경 그의 인생의 말년에 플로렌스 인근에 카말돌리회의 은수처와 지금까지 지속되는 공주(共住, cenobitic) 공동체를 설립했다. 로무알도의 글은 남아 있는 것이 없다. 다른 인물 페트루스 다미아니(Peter Damian, 1007-1072)는 로무알도에게 크게 영향을 받아서 폰테 아벨라나(Fonte Avellana)에 있는 그의 수도원을 카말돌리회와 비슷한 방식으로 그 기초를 개혁했다. 비록 카말돌리회의 가족들은 남녀 모두 초기의 은수 전통을 의존하지만, 최종적으로 베네딕트 수도규칙을 채택했다.[22]

1084년, 브루노(Bruno, 1032-1101)는 6명의 동료와 함께 그르노불(Grenoble) 인근 그랑드 샤르트뢰즈(Grande Chartreuse)에 수도원을 설립했다. 그는 이전에 쾰른 주교관구의 참사원과 고문이었고, 나중에 시토 수도원을 세운 몰렘의 로베르토(Robert of Molesme)의 지도를 받았다. 처음에 그랑드 샤르트뢰즈(나중에 카르투지오회의 중심)의 수사들은 특별한 규칙이 없었으나 생활 방식은 반(半)은수적이었다. 결국 제5대 부수도원장인 귀고 1세(Guigo I)는 1133년에 승인된 『카르투지오회 관습법』(Consuetudines Cartusiae)을 저술했고, 그것은 후에 약간의 첨가를 거쳐 수도규칙으로 남았다. 이것은 베네딕트회의 영감, 특별히 수도 임무와 고대 수도적 은수 문헌을 결합한 것이다. 카르투지오 수도사들은 엄격한 금욕, 관상, 은둔을 특징으로 하는 은수 생활과 공주 생활의 혼합을 채택했다. 수도회는 늘 수사와 수녀의 집을 갖춘 소규모 형태에 머물렀다. 카르투지오 수도자들은 본관 회랑과 연결된 은수처에 거주했다. 긴 야간 성무, 공동체 미사 그리고 만도(晩禱) 외에도, 일반적으로 낮 시간은 수실에 머물며 기도와 공부를 하거나 정원 가꾸기로 보냈다. 주일과 축일에만 공동 식사를 하고, 일반적으로 일주일에 한 번 공동의 오락(장거리 도보)을 갖는다. 독거와 익명성을 강조함에도 불구하고(그 표어는 "오 복된 고독이여"[O beata solitudo]다), 카르투지오 수도자들은 역설적으로 ('공유된 고독'으로 인식되는) 강한 공동체 의식과 글쓰기라는 중요한 전통을 가지고 있었다. 귀고 2세는 『수도사의 사다리』에서 후대에 체계적인 묵상 발달에 영향을 준 렉시오 디비나로 알려진 수도원의 묵상적 성경 읽기를 체계화했다.[23]

시토 수도회

끝으로 위대한 수도원 운동이자 아마도 중세 영성 전통 중 가장 중요한 하나는 12세기 시토회의 출현이다. 이것은 일종의 문화·종교적 돌출점이었다. 시토회는 수도규칙의 문자적 준수를 통해 베네딕트 전통을 정화하려고 의도한 한편, 그 기풍은 분명히 12세기라는 새로운 문화 흐름의 산물이었다. 이것은 사랑의 세기로 알려진 시대에 세속과 종교 두 영역에서 사랑을 강조했다는 점에서 특별히 그렇다. 이 시기는 종종 '12세기의 르네상스'라고 불리는 위대한 지적, 예술적인 번성의 시대였다. 그중 한 요소가 인간 본성의 가치, 인간 존엄성, 미덕에 중점을 둔 일종의 '인문주의'의 출현이다. 중세 학자들은 '개인'의 발견 또는 '자아'의 발견에 대해 말한다.[24] 사랑에 대해, 특히 궁정 연애에 대한 낭만적 강조가 출현한 것은 이러한 예술적 감수성의 변화의 한 측면이다.

시토회라는 단어는 라틴어 시토(Cîteaux)에서 유래했는데, 1098년 몰렘의 로베르토가 부르고뉴(Burgundy)에 설립하고 뒤를 이어 알베릭

(Alberic)과 영국인 스티븐 하딩(Stephen Harding)이 공고히 한 개혁된 베네딕트 수도원의 이름이다. 하나의 독특한 수도회를 발전시키는 과정은 복잡하다. 그러나 규칙 자체와는 별도의 주요 문서들, 특히 「설립문서」(Exordium), 「사랑의 헌장」(Carta Caritatis)은 1119년에 교황에 의해 최초로 승인되고, 1152년에 법령과 관습법에 의해 최종 승인됐다. 초기의 어려움이 지난 후 시토회는 1112년에 베르나르(후에 클레르보의 대수도원장)가 수사로 도착한 이후에 급속하게 확장한다. 그 열정과 이상은 엄한 단순성, 공동체와 형제애, 육체노동, 깊은 성경적, 교부적 영성의 재발견에 대한 강조로 표현되고, 그 세대 전체의 상상력을 사로잡았다. 시토회는 1153년에 클레르보의 베르나르가 죽을 때까지 339개의 수도원으로 늘어난다.

시토회 수사들은 베르나르가 쓴 8권의 논문집, 설교, 서신들과 같은 중요한 영적 저술들을 남겼다. 그의 저술은 대성당 학교와 대학에서 출현하는 '새로운 신학'과는 대조적으로 교부적, 수도원적 신학(성경에 대한 신비적, 관상적 응답)의 전형적인 표현이다. 베르나르는 시대의 정신과 조율하면서 인간 본성과 특별히 하나님을 향한 인간의 타고난 능력에 대해 낙관적 견해를 지지했다. 특별히 그는 하나님과 연합하려는 인간의 열망과 성취라는 아우구스티누스의 주제에 매혹됐다. 베르나르의 신비신학에서 가장 유명한 것 중 하나는 『아가서 설교』다.[25] 그의 친구인 성 티에리의 윌리엄(William of St Thierry, c. 1075-1148) 그리고 나중에 영국 수도사 호일랜드의 길버트(Gilbert of Hoyland)와 포드의 요한(John of Ford) 같은 시토회 수사들은 아가서에 대한 영적 주석 전통을 이어받았고, 이것은 시토회 영성의 특징이 됐다. 베르나르처럼 윌리엄도 하나님을 향한 인간의 탐구의 중심에 열망이 있다는 아우구스티누스의 신학에 크게 빚을 지고 있다. 중세 시토회 작가들의 목록은 길지만 그중에 잉니의 게릭(Guerric of Igny, c. 1080-1157), 스텔라의 이삭(Isaac of Stella, d. 1169), 뻬르세이느의 아담(Adam of Perseigne, d. 1221)을 들 수 있다. 그들의 영적 가르침은 특히 성경적 혹은 전례적 설교, 성경 주석, 서신에서 찾아볼 수 있다.[26] 가장 탁월하고 매력적인 인물 중 하나는 오늘날의 노섬벌랜드(Northumberland)에서 사제의 아들로 태어난 '북부의 베르나르' 리보의 엘레드(Aelred of Rievaulx, 1109-1167)다. 그는 스코틀랜드 궁중에서 어린 시절을 보낸 후, 요크셔에 있는 리보 수도원에 입회하고, 수련 수사의 교사와 대수도원장을 역임한다. 그의 재임 기간에 대수도원은 수적, 영적으로 번성한다. 그의 가장 유명한 저서들은 다음과 같다. 『사랑의 거울』(The Mirror of Charity)은 깊어지는 사랑의 능력을 영적 진보의 개념으로 탐구하는 시토회의 고전 신학이다. 『영적 우정』(Spiritual Friendship)은 하나님의 친밀성(하나님은 우정이다)에 대한 반영으로서 인간관계를 다룬다. 키케로와 아우구스티누스의 영향을 받은 이 책은 소크라테스식 대화법을 사용해서 엘레드와 다른 수도사들 사이에 대화를 기술한다.[27]

시토회 영성학파의 인상적인 면은 여성 수도원들이 공식적, 비공식적으로 확장됐다는 점이다. 13세기 후반에 시토회 여성들은 영성과 신비 저작에서 주목할 만한 전통을 발전시켰다. 예를 들어 독일 헬프타의 수녀 집단은 세 사람의 영적 거인을 배출한다. 마그데부르크의 메히틸트(Mechtild of Magdeburg)는 베긴회 수녀였을 때 지역 방언으로 그녀의 환상에 대한 저술 『하나님의 흐르는 빛』(The Flowing Light of the Godhead)을 기록한다. 하케본의 메히틸트(Mechtild of Hackeborn)는 『특별한 은총의 책』(The Book of Special Grace)을, 그리고 헬프타의 제르투르다(Gertrude of Helfta)는 『훈련』(Exercise)과 『하나님 사랑의 사자』 (The Herald of Divine Love)를 저술한다.[28]

시토회 영성의 두 가지 근본적 가치는 단순성과 사랑이다. 단순성은 최소주의(minimalism)에 대한 선호를 표현한다. 이것은 모든 종류의 전례적, 물질적, 사회적, 건축·미학적 첨가를 제거하는 것이다. 단순성의 중심에는 가난한 그리스도를 따르는 열망이 있었고, 그러한 생활 방식으로 육체노동을 강조했다. 그 결과 새로운 수사 계급인 **평신도 수사** (conversi)를 포함시켰다. 이것은 일반적으로 영적 지혜의 근원에 접근이 배제된 무지한 대다수의 사람에게 영적 삶을 개방하려는 단순한 구조적 혁신이 아니었다. 시토회는 단순성과 병행해 정서를 강조한다. 그것은 인간의 마음이 하나님의 마음 안으로 이동해 들어가는 영적 여정을 고안했을 뿐만 아니라, 예수 그리스도와 성모 마리아에 대한 신심의 발전을 가져왔으며, 다른 한편으로 공동체적 삶의 능력에 대한 강조로 연결됐다.[29]

수도회의 영적 가치

'수도회'는 단순하고 간단한 실체가 아니다. 그러나 기독교 영성의 '한 유형'으로서 전반적 영적 가치의 일부를 개괄하는 것은 가능하다. 수도원 영성의 기초는 어쩌면 '수덕주의'로 요약될 수 있을 것이다. 수덕주의란 **훈련된 삶**을 의미하지만, 육체적 단련이나 신체적 궁핍으로 축소될 수 없다. 그 중심에는 어떤 것보다 가치 있는 하나님의 나라를 위해 준비된 삶이라는 개념이 있다. 이것은 또한 기도에서 표현하는 하나님과의 교제를 암시한다. 삶의 여정에서 궁극적 목적인 하나님에 대한 신뢰는 분열된 마음을 멀리하고 하나의 마음을 가질 것을 요구한다. 하나님을 추구하는 것과 관련 없는 모든 것은 단순, 절제 및 절약의 삶을 통해 벗어 버린다.

수도회의 중심 가치는 관상이다. 비록 콜룸바누스와 같은 초기 수도회 창설자는 모든 인간이 **본성적으로** 관상으로 부름 받는다고 가르쳤지만 말이다. 기독교의 기본적인 덕인 단순성도 마찬가지다. 이것은 수도원적 생활이 일반 기독교인을 대리하는 것이 아니라, 기독교인의 삶의 **모범적인** 형태라는 것을 의미한다. 관상은 결국 하나님을 향해, 그리고 실제로 사건과 사람을 통해 하나님께서 말씀하시는 방법에 대해 세심한 주의(attentiveness)를 기울이도록 요구한다. 이 주의는 수도원의 침묵 실행의 핵심인데, 그 가운데서 마음의 언어를 배우고 또한 식별력 있는 지혜의 미덕을 기를 수 있다. 관상-세심한 주의-침묵의 패턴을 따라 살아가는 것은 산만함이 아닌 평정을 요구하는데, 안정성을 중요하게 여기는 수도원적 가르침으로 표현된다. 안정성은 단지 한 장소에 머무는 것보다, 분산되지 않고 집중하는 것, 영적 여정의 요구로부터 벗어나지 않고 신실함을 유지하는 것이다.

기독교 수도회는 독수 생활부터 조직화된 공주 공동체에 이르기까지 다양한 모습을 하고 있지만, 수도원적 생활이 전반적으로 낙원을 예기(豫期)한다는 개념은 자주 사용되는 주제다. 우리가 살펴보았듯이 초기 사막 수도자들은 그들의 삶이 낙원의 조화를 회복하는 것이라고 분명하게 말하고 있는 반면에, 성 아우구스티누스의 규칙과 같은 수도규칙은 서로 다른 집단의 사람들 사이에 장벽을 무너뜨리라고 촉구한다.[30]

수도회 내부의 특별한 전통들에 대한 영적 가치는 수도원 정착지의 구조와 건축물에 시각적으로 표현되는데, 그것은 일종의 돌에 표현된 영성이다. 아일랜드 수도원 정착지뿐만 아니라 이집트 공주 공동체 초기에는 웅장한 건축물이 없는 본질상 마을 형태의 건물 집단이었다. 여기서 독수 전통은 온건한 형태의 공동생활과 조화를 이루었다. 그와는 대조적으로, 베네딕트회 전통의 고전적인 수도원의 설계는 공동생활에 강조점을 두었다. 따라서 가장 큰 건물은 공동 전례의 중심성을 표현하는 교회, 공동체가 규칙을 읽고 사업을 수행하기 위해 매일 만나는 회의장 그리고 공동체가 전례의 등급에 따라 함께 식사하는 식당이었다. 이 복합 구조의 중심에는 예식 행렬과 묵상에 사용되며, 공동 건물을 편하게 오갈 수 있는 사각형 회랑의 통로로 둘러싸인 하늘 (그리고 무한자)로 열린 공간이 있다. 시토회의 변형 건축은 기본적으로 동일한 양식을 따르지만, 특히 평면과 사각형으로 된 교회 건물의 경직성을 통해 엄격과 단순성의 가치를 표현했다. 그와는 대조적으로 반(半)은수 생활 양식을 가지고 있는 카말돌리회와 카르투지오회는 공동 건물의 크기와 두드러짐을 제한했다. 예를 들어 카르투지오회의 교회, 회의장, 식당은 상대적으로 작은 반면, 수도사의 은수처인 2층짜리 주택들을 연결하는 거대한 회랑은 가장 크다는 특징이 있다.

  수도원의 영적 실행의 중심에는 렉시오 디비나로 알려진 성경적 묵상이 있다. 그것은 오래 전 초기 사막 수도회에서 기원하는데, 그곳에서 출현한 유명한 사막의 금언집들은 성경을 묵상하고 반추하는 것에 대해 자주 언급한다. 베네딕트 수도규칙에서도 렉시오를 영적 실행으로 언급하지만 그 이상의 발전은 없다. 렉시오 디비나의 과정은 고전적으로 4차원 혹은 4단계라는 관점으로 설명됐지만, 12세기에 카르투지오회의 수사 귀고(Guigo)에 의해서 체계적인 틀이 만들어졌다. 첫 번째 단계인 렉시오(lectio)는 원래 눈으로 성서 본문을 읽는 것이 아니라 조용히 입술로 본문을 음독하는 것을 의미한다. 두 번째 단계인 묵상

(meditatio)은 암기, 단어 또는 구문의 반복, 단어의 의미에 대한 성찰, 단어를 반추 혹은 씹거나 소화해 마음에 새기는 것과 같은 다양한 요소를 포함한다. 따라서 묵상은 일정한 시간 또는 정확하게 규정된 방법이 없는 자유로운 훈련이었다. 전반적으로 그것은 읽기의 연장이었고 수도자를 기도(oratio)로 이끌었다. 세 번째 단계는 문자적으로 '기도'를 의미하지만 근본적으로는 하나님께 진심으로, 자발적으로 헌신하는 것을 암시한다. 네 번째 단계는 관상(contemplatio)이다. 원래 이것은 상승된 영적 상태 또는 하나님에 대한 현존의 직접성 안으로 들어가는 것을 가리키는 말이 아니었으나 나중에 그렇게 바뀌었다. 오히려 그것은 렉시오 디비나의 전반적인 실천에서 비롯되는 심화된 영적 태도를 요약하는 말이었다.[31]

영성과 유럽의 회심

기독교는 거대한 규모로 선교하는 종교 중 하나로 인정돼 왔다. 기독교는 출발부터 하나님의 구원의 메시지를 온 세상에 적극적으로 선포하려는 본능이 강력했다. 11세기까지에 해당하는 중세 초기, 로마 제국 이후 유럽 부족민들의 점진적 회심이 나타났으며, 특히 서방 세계에서 기독교의 전반적인 확장이 일어났다. 유럽의 회심은 과거 로마 제국과 관계되는 일정한 '문명화'를 수반했기 때문에, 종교적일 뿐만 아니라 문화적이었다. 유럽의 회심 시기에 성인전기(聖人傳記)는 자주 기적과 비전과 연관된 기독교 신성의 선교 모델을 보여 주었고, 때로는 그 이전의 순교 전통의 갱신을 표현했다.[32] 기독교의 확산은 지역 '영성'의 발전을 이끌었다. 기독교 선교사들은 일반적으로 수사였다(예를 들어 영국의 아우구스티누스나 8세기 중반 '독일의 사도' 영국인 보니파스가 그렇다). 그들은 여왕이나 다른 고위 여성들과의 특별한 관계를 통해 지역의 족장들 또는 많은 왕과 협력해서 일했다.

유럽이 언제 완전하게 '기독교화됐는지' 또는 실제로 그랬는지에 관한 논쟁은 있지만, 한 가지 예외 말고는 영성 이야기와는 특별한 관계가 없다. 성 보니파스(St Boniface)의 전설처럼 이교도 사원을 파괴한 이야기에도 불구하고 기독교는 부분적으로만 성공했는데, 영성이 지역의 오랜 관습 및 신념과 융합했기 때문이다. 따라서 그 영성은 고대 마술적 요소를 흡수하고, 축일을 물려받고(11월 초, 모든 성인과 영혼의 축제에 대응하는 켈트 대축제 사민[Samain]), 기독교의 성인들은 과거 샤먼들이 했던 치유와 교육의 역할을 재생산하고, 이교 성지들을 점유함으로써 일정하게 연속성을 제공했다. 예를 들어 잉글랜드에서 이러한 융합은 때때로 (켈트족 여신 엘렌을 흡수한) 성 헬렌, (과거 만신전을 흡수한) 성 미가엘과 모든 천사에게 교회를 봉헌하는 것으로 나타났다.[33]

지역 영성 : 아일랜드

서방 기독교는 공식적으로 종교적 일치의 가치를 지원했지만, 이와 관련한 통일성의 출현은 9세기 샤를마뉴의 신제국주의에서 시작돼 오랜 시간에 걸쳐 발전한다. 실제 중세 초기의 영적 문화는 근본적으로 지역적이었다.

최근 수 년 동안 소위 켈트 영성이 많은 주목을 받고 있다. 그러나 '켈트' 영성이 다른 지역의 형태들(근접한 초기 영국 전통)과 완전히 구별되고, '로마 기독교'와도 반대된다는 개념은 최근의 창작이다. 켈트 기독교는 지역 관습들의 다양성이 일반적이던 시기에 로마의 주교에게 충성한 서방 '가톨릭' 교회의 한 변형이었다. 또한 '켈트'(Celtic)라는 명칭도 오해의 소지가 있다. 이것은 노르만족이 도착하기 전에 아일랜드, 스코틀랜드, 웨일스, 콘월, 브리타니, 맨섬(Isle of Man) 등 켈트 언어권의 6개 지역에 공통의 영적 문화가 있었다는 것을 주장한다. 하지만 이들은 문화적으로나 종교적으로 하나의 단위가 아니었다. '켈트 영성'으로 널리 알려진 것의 대부분은 실제로 아일랜드 및 스코틀랜드와 노섬브리아 안에 정착한 아일랜드 전통의 토대를 언급하는 것이다.

중세 초기 아일랜드 영성은 영적 문화와 자연과 사회 환경 사이에 뚜렷한 연관성이 있었다. 아일랜드는 로마 제국에 복속된 적이 없었고, 그래서 도시 전통이나 도로 시스템이 없었다. 사회생활은 주로 지역의 왕권과 부족으로 이루어졌다. 주거지의 중심부는 작았고, 큰 건물과 사유지나 장원으로 관리되는 토지도 없었고, 광범위한 지역이 황무지로 남아 있었다. 상대적으로 작은 섬에서 바다는 황량한 내륙을 가진 나라에 수송 루트를 제공했기 때문에 지배적인 특징이 됐다. 이러한 상황은 현실과 특정한 영적 '기질' 사이를 연결할 수 있는 엄청난 비약적 상상을 어렵게 한다. 아일랜드에서 교회 조직과 영성은 (잘 기록이 돼 있는데) 토착적인 형태로 번성했고, 특히 5세기 중반에 성 패트릭(St Patrick)의 선교부터 12세기에 노르만족의 침략으로 유럽 대륙 교회의 실행과 개혁 운동들을 알게 될 때까지 그랬다.

아일랜드 교회는 전통적인 부족의 중심지를 근거로 해 사회 조직의 일부로서 강력한 수도원 풍미를 지니고 있었다. 아일랜드 수도원 거류지들은 스코틀랜드(6세기 중반에 콜룸바[혹은 Colm Cille]가 정착한 아이오나), 노섬브리아(7세기 아이단[Aidan]과 커스버트[Cuthbert]가 정착한 린디스판) 그리고 서유럽의 많은 지역으로 퍼졌다(콜룸바누스). 아일랜드의 수덕주의는 독거를 가치 있게 여기고, 종종 단호한 참회가 동반되고, 인적

없는 갑(岬)과 섬을 추구했다. 그들의 독특한 특징은 수도원적 금욕주의가 지닌 종교적 중요성뿐만 아니라 사회적 중요성이었는데, 존 카시안과 골 출신 투르의 마르틴의 전통을 통해 중재된 동방 모델에 영향을 받은 것이다. 수도원적 '마을'에는 남성, 여성, 독신, 결혼한 사람들의 정착지가 있었고, 정치적, 사회적, 경제적, 교육적, 종교적 기능을 갖추고 있었다.

주민의 삶과 종교의 친밀감은 그들 주변을 둘러싸고 있는 삼위일체 하나님과 성인들과 천사들의 현존에 대한 심오한 감각에 반영돼 있었다. 기독교가 전파된 이후에도 풍요로운 기도와 시(詩)에는 자연의 이미지가 가득했다. 그러나 수도원의 은수자들이 기록해 놓은, 이른바 아일랜드 기독교의 자연 영성은 자연을 단지 상대적인 가치로 설명한다. 그들에게 중요한 것은 독거와 단순성 그리고 하나님과의 친밀이라는 고전적 수도원의 주제들이었다.

나는 기원하네. 오, 살아 계신 하나님의 아들이여.
오, 항상 계셨던 영원한 왕이시여.
광야에 있는 숨겨진 작은 오두막,
그곳은 어쩌면 나의 거처.

한 마리 회색빛의 나긋나긋한 한 작은 종달새
그 곁에,
성령의 은총을 통해
죄를 씻어 낼 수 있는 맑은 연못이 있으니.[34]

이와 비슷하게, 새와 야생동물과 친숙했던 글렌달로그의 성 케빈(St.

Kevin of Glendalough)과 같은 사람들의 전설은 아일랜드에서만 등장하는 독특한 것이 아니고, 초기 사막 수도원 문헌에서 재현된 낙원의 신화를 되풀이하는 것이다.

그런가 하면 고향과 친숙한 땅으로부터 멀리 떠나는 자발적인 타향살이가 있었다. 이러한 개별 수도사와 단체의 방랑은 때로 의도하지 않게 정착지의 사람들을 복음화했다. 기독교 영성의 전 역사를 통해 신앙의 탐험가들은 종종 일정한 형태의 '광야'에서 피난처를 찾았다. 아일랜드의 독특한 지형은 특별한 광야의 수도자와 항해자를 만들었다. 그러한 방랑의 궁극적인 목적지는 '부활의 장소를 찾는' 것이다. 이것은 그리스도를 위해 세상에서 이방인으로 살아가는 것과 관련 있다. 그 '부활의 장소'는 특별한 방랑자가 죽음을 기다리며 정착하도록 하나님께서 지정해 주시는 곳이다. 이 장소가 부족이나 문화에 의해서가 아니라 오직 하나님에 의해 결정되는 사실은 중요하다. 유명한 이야기『성 브렌단의 항해』(Navigatio Brendani)의 기원은, 비록 그 성인이 500~583년경에 살았지만, 아마도 9세기 후반으로 추정된다. 그 단순한 줄거리는 기독교 이전의 아일랜드 여행 전통, 민속, 웅장한 설화, 시, 수도원적 심상 등을 혼합하고 있다. 성 브렌단의 항해가 실재했다는 (그는 어쩌면 북아메리카까지 도착했을 것이라는) 것을 증명하려는 흥미로운 시도가 있었다. 그러나 이 특별한 이야기는 수도원의 내적 여정에 관한 비유일 가능성이 더 크다.

아일랜드의 영성은, 특별히 강한 수도원 기풍으로 인해서, 개인의 영적 필요에 세심한 주의를 기울였다. 이로부터 '영혼의 친구'(anamchara)에 의해 행해지는 '영혼의 우정'(soul friendship)으로 알려진 수도사와 평신도 사이에 영적 안내의 실천이 광범위하게 발전했다. 위대한 수녀원 지도자 중 하나인 성 브리지다(St Brigid)와 관련된 금언, "영혼의 친구가 없는 사람은 머리가 없는 몸이다"라는 말은 그 핵심을 잘 설명한다. 이 전통에서 사적 고해와 (고해 규정서와 관계된) 고해성사의 실행이 자라나고, 결국 아일랜드 교회에서부터 서방 가톨릭 전통의 계승자들에게 전파됐다.[35]

동방의 영성

이미 살펴보았듯이 초기 기독교의 영성의 주요 운동, 인물, 주제의 많은 부분은 동방교회에서 기원한다. 서방과 동방의 영성을 구분할 수 있는 의미 있는 지점을 고정하는 것은 어려운 일이고, 어떤 경우에서든지 절대적이지 않았다. 중요한 제도적, 정치적 변화에 의해 깊어진 양자의 분리는 한순간에 일어난 것이 아니라, 확장되는 과정에서 일어났다. 그런 중에 로마에서 일하는 동방인 인구 감소와 특히 시칠리아에서 황제 콘스탄스 2세가 죽고(668), 이후에 비잔틴 제국에서 이탈리아를 유지시키려는 마지막 시도가 끝나고, 이에 더하여 마지막 그리스 출신의 교황이 752년에 죽는다. 그 후 교황권은 사실상 서방과 동일시됐고, 샤를마뉴와 그의 후계자들로부터 파생한 새로운 '신성로마제국'과 점차 관련을 맺는다.

중세가 끝날 때까지 적어도 동방 기독교 영성은 콘스탄티노플에 기반을 둔 비잔틴 제국과의 관련성 때문에 종종 '비잔틴 영성'이라고 불렸다. 8세기에 이슬람이 세력을 확장할 때까지 비잔틴 제국은 발칸, 터키, 시리아·팔레스타인, 북아프리카를 포함한 로마 제국의 직접적 후계자를 자처했다. 비잔틴 영성은 1453년에 콘스탄티노플이 멸망당할 때까지 동방 제국과 관련돼 있었으며, 이후 형제 정교회 교회들을 통해 지속된다.

　문화적으로 다양한 동방의 영성 전통을 이 짧은 지면에 개괄하려는 시도는 위험하다. 그럼에도 비록 동방 전통에만 한정되는 것은 아니지만, 동방 기독교의 영성을 정의하는 많은 특징이 있다. 첫째, 그것은 신학적·신비적이다. 후기 서방 신학과는 달리, 동방 전통은 교리, 윤리, 목회적 실천, 영적 이론이 서로 연결되는 보다 통일된 접근법을 유지했다. 신학은 교리를 기독교인의 내적인 삶과 외적인 행동과 연결시켰다. 특히 동방 영성은 명백하게 삼위일체적이다. 기독교인은 신비로운 타자(他者)이지만 예수 그리스도 안에서 인간이 되고, 성령으로 내주(內住)하시는 하나님과 교제한다. 동방 영성의 가장 큰 특징 중 하나는 4세기 카파도키아의 신학자 중 하나인 나지안주스의 그레고리에 의해 만들어지고, 7세기 고백자 막시무스(Maximus the Confessor), 14세기 그레고리 팔라마스(Gregory Palamas)에 의해 발전된 신화(神化)의 개념이다. 신화는 인류와 창조된 질서 전체의 운명이 삼위일체 하나님과의 궁극적 교제라는 것을 가르친다. 실제로 그것은 본성에 의해서가 아니라 하나님의 은혜를 통해서 신적인 생명 그 자체를 나누는 것이다.

　둘째, 동방 영성은 수덕적이다. 4세기 이래로 동방의 영적 전통은 특히 수도원 영향 아래서 형성됐다. 동방의 기본 전례 관습은 금식과 회개에 중점을 둘 정도로 매우 수도원적이다. 수도원적 생활은 영적 지혜와 기도 전통을 전파하기 위한 탁월한 방법으로서 동방 정교회에서 중심적인 역할을 계속 해 왔다. 이후 장들에서 볼 수 있듯이, 그리스 아토스산의 수도원들의 광범위한 영적 영향력, 특히 『필로칼리아』(Philokalia)로 알려진 수도원의 수덕적이고 관상적인 문헌과 많은 평신도의 삶 속에서 러시아 수도원의 영성 지도자(staretz)*의 역할은 적절한 사례다.

셋째, 동방 영성은 성례적·전례적이다. 개인 기도가 강력히 권장됐지만, 개인적 경건의 많은 부분은 성경과 교부 문헌에 근거한 공식적 전례서를 반영한다. 기도와 찬송, 특정 이미지의 반복에서 나타나는 동방 전례의 특징은, 전례와 별개로 공식적인 묵상 기술을 발전시키려는 서방의 경향과 구분된다. 11세기의 새 신학자 시메온(Symeon the New Theologian, 949-1022)과 같은 인물은 하나님과 교제하는 인간의 궁극적 운명은 모든 기독교인에 의해 세례에서 예기되고 성찬에서 강화된다고 보았다. 따라서 신비주의와 교회의 일상의 성례적 삶은 분리되지 않고 묶여 있다. 동방 영성의 성례적·전례적 차원은 고교회적 관점에, 그리고 그에 참여하는 개별 신자들의 지위 안에서 풍성히 드러난다. 기독교 공동체에 대한 동방의 개념은 앞서 세상을 떠난 사람들과 하늘의 궁전까지 확대된다. 그래서 '성인의 통공'(聖人의 通功), 그것과 우리의 관계 그리고 성인의 역할이 강조된다.

넷째, 동방 영성의 중심에는 수덕적인 요소와 균형을 이루는 미학적 차원이 있다. 이것은 시각적으로나 음악적으로 풍부한 전례와 위대한 종교적 시문(詩文)으로 표현되기도 하지만, 이콘(icons) 전통을 통해 가장 잘 표현된다. 8~9세기 이콘 존숭(尊崇)의 타당성에 대해 소위 이콘 파괴 논쟁이라 부르는 폭력적인 전투가 발생하지만, 종교 예술에 대한 고도로 신학적이고 영적으로 풍부한 이해는 동방 영성의 특징이었고 현재도 그렇다. 그러한 예술의 역할은 근본적으로 교육적인 것이 아니고 영적인 것이다. 즉 이콘은 하나님의 능력의 통로로 이해된다. 또한

---

* 러시아 정교회 수도원의 장로이자 영적 지도자.

이콘과의 상호 작용을 통해 기독교인은, 그것이 그리스도이든 성모 마리아든, 이콘이 나타내는 것과 어떻게든 결합될 수 있다는 유사 신비감을 갖는다.

다섯째, 동방 영성은 신비적으로 생각할 수 있다. 즉 하나님에 대한 이해와 하나님과의 교제에 관심을 갖는다. 이 신비로운 요소는 앞선 모든 요소와 특별히 신학적인 것과 연관을 맺으며, '헤지카즘'(hesychasm, '평정'[平靜]과 '고요'를 뜻하는 그리스어 hesychia에서 유래) 전통과 관련된다. 사막의 아버지, 어머니의 시대로부터 중세까지, 이 개념은 사실상 수도원적인 물러남(withdrawal) 및 관상과 동의어였다. 그러나 점차 하나님과의 교제로 들어가는 준비 행위로서, 심상(心像)과 욕망으로부터 해방되게 하는 영적 실행을 통해 성취되는 평정의 '상태'를 뜻하는 보다 기술적인 의미를 갖는다. 13세기 후반에, 아토스산이나 시나이산의 수도원 정착촌과 그레고리 팔라마스(1296-1359)와 같은 인물의 영향 아래서 '헤지카즘'은 보다 독특한 전통이 된다. 동방 영성에서 끊임없는 기도를 강조하는 마카리우스 전통(위[僞] 마카리우스가 쓴 50편의 영적 설교)이 더해진, 성령님의 내적 임재를 강조하는 초기 시리아 전통은 마음의 평정을 주장하는 보다 넓은 동방 비잔틴 전통과 융합됐다. 그 결과 부분적으로 예수기도(또는 예수 이름의 기도)가 점점 강조된다.[36]

동방의 기독교는 서방의 기도에 대한 가르침과는 달리 방법이나 기술을 강조하는 것을 꺼린다. 그렇지만 예수기도는 특별히 내적 침묵을 추구하고 성육하신 하나님의 아들과 자신의 인격적 관계를 깊게 하는 데 도움이 된다고 여긴다. 일반적으로 이 기도는 "하나님이 아들, 주 예수 그리스도시여 이 죄인을 불쌍히 여기소서"라는 탄원을 자주 반복한다. 또는 "주 예수시여 자비를 베푸소서"라고 짧아질 수 있다. '예수'

의 이름만을 부르는 것은 일반적인 기도 방식이 아니다. 예수기도는 공식적인 기도로 낭송되거나 일상 업무에 동반될 수도 있다. 이런 기도의 형식은 단순히 기술적인 방법으로 이해되지 않았고, 복합적인 내적 변형을 수반하고 신중한 안내를 필요로 한다. 예수기도는 19세기 익명의 영성 탐구자가 기록한 러시아 서사 『순례자의 길』에 분명하게 드러났고, 이를 통해 서방 세계에 그 전통이 친숙해진다.[37]

시리아 영성

비교적 최근까지 동방의 영성은 오직 그리스·비잔틴 전통을 언급하는 것으로 간주됐다. 그러나 초기 동방교회에는 또 다른 영적 문화가 있었는데, 바로 시리아 전통이다. 이 전통의 방대한 문헌이 구별된 영성으로 인정받은 지난 1백 년 내의 일이다.[38]

시리아 전통의 중심은 현대 시리아의 안디옥과 에데사지만, 터키 동부, 이라크 북부, 이란의 많은 지역을 망라한다. 그 전통의 기원은 불분명하지만 이 장의 앞부분에서 언급했던 엄격한 수덕주의적 경향이 있었던 것으로 보인다. 2세기로 추정되는 『도마행전』(*Acts of Judas Thomas*)과 『솔로몬의 송가』(*Odes of Solomon*)와 같은 초기 저작들에서 세례와 성적 금욕은 밀접하게 관련돼 있다. 이것은 동정(童貞)과 심지어 결혼 절제의 우월성을 강조한다. 4세기의 『계단의 책』(*Book of Steps* 또는 *Book of Degrees*)은 시리아 전통의 또 다른 중요한 주제인 성령의 중심성과 결합했다. '의인'은 (결혼을 포함해) 평범한 삶을 살아가는 사람들로 단지 성령 충만의 보증만 받는다. 그러나 '완전자'는 결혼하지 않고 극기의 삶을 살아간다. 이들은 실제 성령 충만을 받는다.

성 에프렘(St Ephrem, c. 306-373)은 시리아 전통에서 가장 유명하고 위대한 영적 교사이자 작가다. 그는 메소포타미아의 니시비스에서 태어나 에데사에서 활동했다. 신학적으로 풍부한 그의 저술은 특별히 시에서 잘 나타난다. 그리스를 비롯한 서양의 영성에 광범위한 영향을 미친 그의 찬송 모음집은 문체적으로는 은유를 사용하고 지성적으로는 역설의 개념을 사용하는 것이 특징이다. 하나님께서는 내재적이지만 초월적이고, 접근할 수 없지만 그리스도의 삶뿐만 아니라 자연적인 상징들을 통해서 다가갈 수 있다. 다시 말해 여기서 성령님의 역할과 기독교인의 삶의 절정에 해당하는 하나님의 영 안으로 최종 흡수돼 가는 운동이 강조된다.[39]

결론

4~12세기는 일반적으로 기독교 영성이 견고해지고 특별히 수도원적 유형의 영성이 발전하는 데 중요한 시기이다. 후기에 이르러 여러 이유로 서방교회가 동방 기독교와는 상당히 다른 고유한 방식을 발전시킨다. 또한 동방 시리아 기독교가 초기에 인도와 중국과 같은 아시아의 일부 지역으로 확장한 것에 주목해야 한다. 전승에 의하면 사도 도마는 1세기에 인도에 도착하고, 4세기에 이르러 현재의 케랄라에 해당하는 지역에 조직적인 기독교 공동체가 확실히 생겨난다. 7세기경 기독교는 중국에 도착하고 몇 개의 수도원을 설립한다. 제5장에서는 유럽, 북아프리카, 중동의 영성에 대한 독특한 접근들을 다룰 것이다.

서유럽의 이야기로 돌아가면, 12세기까지 문화·사회적으로 중요한 변화가 일어나는데, 특히 이른바 12세기 르네상스와 도시들의 부활이 그것이다. 이러한 변화들은 분명히 중세의 괄목할 만한 영성의 발전에 상당한 영향을 끼쳤다. 제4장이 주목해 다룰 부분이 이것이다.

● 미주

1. 수도원 제도의 기원과 초기 역사에 대한 최근 연구는 Marilyn Dunn, *The Emergence of Monasticism : From the Desert Fathers to the Early Middle Ages*, Oxford : Blackwell Publishing, 2003을 보라.

2. 초기 과부와 동정녀에 대해서는 Rosemary Rader, "Early Christian forms of communal spirituality : Women's communities" in W. Skudlarek, ed., *The Continuing Quest for God*, Collegeville : Liturgical Press, 1982, pp. 88-99 그리고 Jo Ann McNamara, "Muffled voices : The lives of consecrated women in the fourth century" in J. Nichols and L. Shank, eds., *Distant Echoes : Medieval Religious Women*, Kalamazoo : Cistercian Publications, 1984, pp. 11-30을 보라.

3. 시리아의 금욕 전통에 대해서는 예를 들어 Gabriele Winkler, "The origins and idiosyncrasies of the earliest form of asceticism" in Skudlarek, The Continuing Quest for God, pp. 9-43 ; Peter Brown, "The rise and function of the holy man in Late Antiquity" in *Society and the Holy in Late Antiquity*, London : Faber, 1982 ; 그리고 Robert Murray, "The features of the earliest Christian asceticism" in Peter Brooks, ed., *Christian Spirituality : Essays in Honour of Gordon Rupp*, London : SCM Press, 1975를 보라.

4. 안토니의 생애에 대한 상대적으로 최근 번역판은 Robert C. Gregg, ed., *Athanasius : The Life of Antony & The Letter to Marcellinus*, Classics of Western Spirituality, New York : Paulist Press, 1980.

5. 초기 수도원 제도를 연구한 학자 Benedicta Ward 수녀에 의해 번역되고 소개된 탁월한 발췌물은 양쪽의 모음집에서 뽑은 사례들을 포함하고 있다. Benedicta Ward, trans., *Desert Fathers : Sayings of the Early Christian Monks*, London/ New York : Penguin Books, 2003을 보라.

6. 사막 수도원 제도에 대한 가장 종합적인 최근 연구는 William Harmless, *Desert Christians : An Introduction to the Literature of Early Monasticism*, Oxford/New

York : Oxford University Press, 2004. 초기 사막 영성에 대한 최고의 연구들 중 하나는 Douglas Burton-Christie, The Word in the Desert, Oxford/New York : Oxford University Press, 1993. 사막 영성에 대한 탁월한 간략한 개요는 Andrew Louth, *The Wilderness of God*, London : Darton Longman and Todd 1991, 제3장.

7. Benedicta Ward, trans., *The Desert Fathers : Sayings of the Early Christian Monks*, London/New York : Penguin Classics, 2003, p. 57, number 16.
8. Ward, *The Desert Fathers*, p. 36, number 10.
9. 사막 전통에서 수덕주의와 몸의 역할에 대한 간략하지만 최고의 개요는 Peter Brown, *The Body and Society : Men, Women and Sexual Renunciation in Early Christianity*, London : Faber & Faber 1991, 제11장을 보라.
10. 사막 수도원주의의 영적 안내에 대한 탁월한 연구 Irénée Hausherr, *Spiritual Direction in the Early Christian East*, Kalamazoo : Cistercian Publications, 1990을 보라. 이 출판은 Kallistos Ware가 쓴 서문 안에 그 전통에 대한 훌륭한 개요를 담고 있다. 또한 Benedicta Ward, "Spiritual direction in the desert fathers" *The Way*, 24/1, January 1984, pp. 61-70을 보라.
11. 성 바질의 『수도규칙』의 핵심 구절들을 번역하고 주석한 자료는 Augustine Holmes OSB, *A Life Pleasing to God : The Spirituality of the Rules of St Basil*, London : Darton Longman & Todd, 2000을 보라. 전체적 배경에 대해서는 Dunn, *Emergence of Monasticism*, pp. 34-41을 보라.
12. R.A. Markus, *The End of Ancient Christianity*, Cambridge : Cambridge University Press, 1998, p. 78을 보라.
13. 수도규칙의 본문과 그 관련 문서들에 대해서는 George Lawless, *Augustine of Hippo and his Monastic Rule*, Oxford : Clarendon Press, 1987을 보라.
14. Colm Luibheid가 번역한 *John Cassian : Conferences, Classics of Western Spirituality*, New York : Paulist Press, 1985를 보라.
15. Dunn, *Emergence of Monasticism*, pp. 73-81을 보라.
16. 베네딕트의 생애에 대한 대부분의 내용은 6세기 그레고리 교황(Gregory the

Great)의 『대화집』(*The Dialogues*)에 나온다. 그레고리가 아마도 전문적인 베네딕트회 수사는 아니었지만 '베네딕트 방법'을 크게 촉진시켰다. 베네딕트의 『수도규칙』은 번역되고 학문적 주석이 첨부된 훌륭한 몇 권의 출판물들이 있다. 최고의 것들 중 하나는 Terrence C. Kardong OSB, ed., *Benedict's Rule : A Translation and Commentary*, Collegeville : The Liturgical Press, 1996. 베네딕트 영성과 수도규칙에 대해 신뢰할 수 있고 이용 가능한 안내서는 Columba Stewart OSB, *Prayer and Community : The Benedictine Tradition*, Traditions of Christian Spirituality Series, London : Darton Longman & Todd and Maryknoll : Orbis Books, 1998을 보라. 또한 Esther de Waal, Seeking God : The Way of St Benedict, Collegeville : The Liturgical Press, 1984. 수도원 신학과 문화에 대해 탁월한 연구는 Jean Leclercq OSB, *The Love of Learning and the Desire for God : A Study of Monastic Culture*, new edition, New York : Fordham University Press, 2003.

17. Sermon VIII, 2 in G. S. M. Walker, ed., *Sancti Columbani Opera*, Dublin : The Dublin Institute for Advanced Studies 1970, p. 97, lines 11-13. 이 책은 또한 콜룸바누스와 관련된 세 가지 수도규칙들을 포함한다.
18. Jean Leclercq, *The Love of Learning and the Desire for God : A Study of Monastic Culture*, third edition, New York : Fordham University Press, 1982, 제2장, "St Gregory, Doctor of Desire"를 보라.
19. Benedicta Ward, ed., *The Prayers and Meditations of St Anselm with the "Proslogion,"* London/New York : Penguin Books, 1984.
20. C. Hart and J. Bishop, eds., *Hildegard of Bingen : Scivias*, New York : Paulist Press, 1990을 보라. 또한 Barbara Newman, *Sister of Wisdom : St Hildegard's Theology of the Feminine*, Berkeley : University of California Press, 1989.
21. 이에 대한 걸작은 Henrietta Leyser, *Hermits and the New Monasticism*, London : Macmillan, 1984.
22. 레이저(Leyser)의 책에서 카말돌리회 개혁에 대한 자료를 제외한 나머지에

대해서는 Peter-Damian Belisle, ed., *The Privilege of Love : Camaldolese Benedictine Spirituality*, Collegeville : The Liturgical Press, 2002 and Peter-Damian Belisle, *The Language of Silence : The Changing Face of Monastic Solitude*, London : Darton Longman & Todd and Maryknoll : Orbis Books, 2003, 특히 제8장을 보라.

23. 카르투지오회 영성에 대해서는 E. Colledge and J Walsh, eds., *Guigo II, The Ladder of Monks & Twelve Meditations*, New York : Doubleday, 1978 그리고 Dennis Martin, ed., *Carthusian Spirituality : The Writings of Hugh of Balma & Guigo de Ponte*, Classics of Western Spirituality, New York : Paulist Press, 1997 ; Belisle, *Language of Silence*, 제9장을 보라.

24. 이 주제에 대한 비평적 논의는 Caroline Walker Bynum, "Did the twelfth century discover the individual?" in *Jesus as Mother : Studies in the Spirituality of the High Middle Ages*, Berkeley : University of California Press, 1984, pp. 82-109를 보라.

25. 성 베르나르의 저서에 대한 번역과 소개는 G. R. Evans, ed., *Bernard of Clairvaux : Selected Works*, Classics of Western Spirituality, New York : Paulist Press, 1987.

26. 초기 시토회 영성 저작들에 대한 유용한 발췌 영어 번역서는 Pauline Matarasso, ed., *The Cistercian World : Monastic Writings of the Twelfth Century*, London/ New York : Penguin Books, 1993. 이것들과 다른 시토회 저자들의 글을 현대 비평적으로 번역한 가장 완전한 모음집은 미국에서 Cistercian Publication에 의해 Cistercian Fathers Series로 출판됐다. 이와 병행해 수도원 역사와 영성에 대한 연구 시리즈가 Cistercian Studies Series로 출판됐다.

27. 현대 번역들은 E. Connor, trans., *Aelred of Rievaulx : The Mirror of Charity*, Kalamazoo : Cistercian Publications, 1990 그리고 M. E. Laker, trans., *Aelred of Rievaulx : Spiritual Friendship*, Kalamazoo : Cistercian Publications, 1977을 보라.

28. 시토회 여성들에 대한 훌륭한 연구는 Bynum, "Women mystics of the thirteenth

century : The case of the nuns of Helfta" in *Jesus as Mother*를 보라. 두 개의 현대적 번역서는 Frank Tobin, ed., *Mechtild of Magdeburg : The Flowing Light of the Godhead, Classics of Western Spirituality*, New York : Paulist Press, 1998 그리고 Margaret Winkworth, ed., *Gertrude of Helfta : The Herald of Divine Love*, Classics of Western Spirituality, New York : Paulist Press, 1993.

29. 시토회 영성에 대한 광범위한 개요는 Louis Lekai, *The Cistercians : Ideals and Realities*, Kent OH : Kent State University Press 1977 ; André Louf, *The Cistercian Way*, Kalamazoo : Cistercian Publications 1989 ; Esther de Waal, *The Way of Simplicity : The Cistercian Tradition*, London : Darton Longman & Todd and New York : Orbis Books, 1998을 보라.

30. 예를 들어 낙원으로서 수도적 삶의 개념은 "Life of Onnophrius" in T. Vivian, *Journeying into God : Seven Early Monastic Lives*, Minneapolis : Fortress Press, 1996, 제7장을 보라.

31. 렉시오 디비나에 대한 현대의 연구는 Michael Casey, *Sacred Reading : The Ancient Art of Lectio Divina*, Ligouri : Trijmph Books, 1996을 보라.

32. Ian Wood, *The Missionary Life : Saints and the Evangelisation of Europe 400-1050*, London : Longman 2001을 보라.

33. 기독교 이전의 형태들과의 융합에 대해서는 Valerie Flint, *The Rise of Magic in Early Medieval Europe*, Oxford : Clarendon Press, 1991 ; Philip Sheldrake, *Living Between Worlds : Place and Journey in Celtic Spirituality*, 2nd edition, London : Darton Longman & Todd and Cambridge MA : Cowley, 1997 ; 그리고 Anton Wessels, *Europe : Was it ever really Christian?* London : SCM Press, 1994를 보라.

34. Patrick Murray, ed., *The Deer's Cry : A Treasury of Irish Religious Verse*, Dublin : Four Courts Press 1986, pp. 36-37의 은수자의 노래.

35. 켈트와 아일랜드 영성에 대해 일반적으로 신뢰할 수 있는 연구들은 Thomas O' Loughlin, *Celtic Theology*, London/New York : Continuum, 2000 그리고 그

의 *Journeys on the Edge : The Celtic Tradition*, London : Darton Longman & Todd and New York : Orbis Books, 2000 ; Ian Bradley, *Celtic Christianity : Making Myths and Chasing Dreams*, New York : St Martin's Press, 1999 ; Oliver Davies, ed., *Celtic Spirituality*, Classics of Western Spirituality, New York : Paulist Press, 1999 ; 그리고 Philip Sheldrake, *Living between Worlds : Place and Journey in Celtic Spirituality*, 2nd edition, London : Darton Longman & Todd and Cambridge MA : Cowley, 1997.

36. 동방의 영성 전통에 대해서는, 예를 들어 John McGuckin, *Standing in God's Holy Fire : The Byzantine Tradition*, London : Darton Longman & Todd and New York : Orbis Books, 2001 ; John Chryssavgis, *Light Through Darkness : The Orthodox Tradition*, London : Darton Longman & Todd and New York : Orbis Books, 2004 ; C. Luibheid and N. Russell, eds., *John Climacus : The Ladder of Divine Ascent*, Classics of Western Spirituality, New York : Paulist Press, 1982 ; 그리고 John Meyendorff, ed., *Gregory Palamas-The Triads*, Classics of Western Spirituality, New York : Paulist Press, 1983을 보라.

37. 최근 출판은 Aleksei Pentkovsky, ed., *The Pilgrim's Tale*, New York : Paulist Press, 1999를 보라.

38. R. Murray, *Symbols of Church and Kingdom : A Study of Early Syriac Tradition*, Cambridge : Cambridge University Press, 1975를 보라. 그리고 Roberta Bondi, "The spirituality of Syriac-speaking Christians" in Bernard McGinn, John Meyendorff, 그리고 Jean Leclercq, eds., *Christian Spirituality : Origins to the Twelfth Century*, New York : Crossroad Publishing, 1985, pp. 152-161.

39. 에프림(Ephrem)의 찬송들은 the Classics of Western Spirituality series : Kathleen McVey, ed., *Ephrem the Syrian : Hymns*, New York : Paulist Press, 1989에서 이용할 수 있다.

제4장
도시의 영성 : 1150~1450

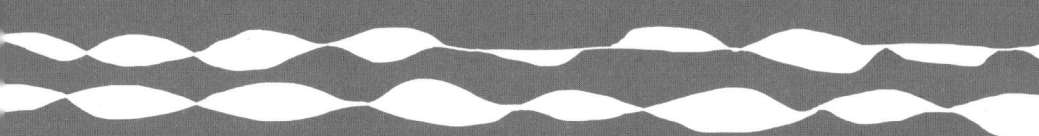

c. 1050-c. 1250	서유럽 도시들의 재탄생
1073-1085	교황 그레고리 7세의 그레고리안 개혁
c. 1080-1134	크산텐의 노르베르토 : 복음적 삶 운동의 지도자
c. 1081-1151	쉬제 : 생 드니의 수도원장, 고딕 양식의 창시자로 알려짐
c. 1096-1164	피터 롬바르드 : 신학자
12세기	12세기 르네상스
c. 1135-1202	피오레의 요아킴 : 시토회의 원장, 묵시적 예언자
1141	성 빅토의 휴의 죽음 : 신비신학자
c. 1160-1240	자크 드 비트리 : 주교, 개혁자, 베긴회의 연대기 기록자
1170-1221	도미니크 데 구즈만 : 도미니크회의 창립자
1173	성 빅토의 리처드의 죽음
1177-1213	오위니즈의 마리아 : 베긴회의 저자
1182-1226	아시시의 프란체스코 : 작은 형제회의 설립자(규칙, 1223)
1194-1253	아시시의 클라라 : 성 프란체스코의 협력자, 가난한 클라라회의 창립자(규칙 승인, 1253)
13세기	하데위치 : 베긴회의 시인, 신비가
1204	제4차 십자군전쟁 동안 콘스탄티노플 약탈

1217-1274	보나벤투라 : 프란체스코회의 신비신학자
c. 1232-c. 1315	라몬 유이 : 이슬람과의 대화를 시도한 종교철학자
1247	카르멜회 수도규칙 승인
c. 1260-c. 1328	마이스터 에크하르트 : 도미니크회의 신비신학자
c. 1293-1381	얀 뤼스브룩 : 플랑드르의 사제, 신비신학자
1295-1366	헨리 수소 : 도미니크회의 신비신학자
c. 1300-1361	요한네스 타울러 : 도미니크회의 신비신학자
1304-1374	페트라르카(프란체스코 페트라르카) : 르네상스 사상가
1310	마르그리트 포레트, 베긴회, 화형으로 처형
1311-1312	비엔 공의회의 베긴회 운동 정죄
c. 1342-c. 1417	노르위치의 줄리안 : 영국 신비가, 영성 저자
1347-1380	시에나의 카타리나 : 신비가
c. 1350-1450	이탈리아 르네상스
1433-1499	마르실리오 피치노 : 르네상스 철학자
1439	플로렌스 공의회에서 동서방교회의 재연합 추구
1453	튀르크족의 콘스탄티노플 함락, 비잔틴 제국의 멸망

12~15세기의 중세 영성을 개괄하려면 다섯 가지 중요한 종교적, 문화적 요인을 가지고 시작해야 한다. 그것은 그레고리안 개혁, 묵시론 운동, **복음적 삶**(vita evangelica) 운동, 소위 12세기 르네상스 그리고 도시의 재탄생이다. 이러한 요인들은 다양한 방법으로 향후 3세기 동안 교회의 생활과 영성에 막대한 영향을 미쳤다. 또한 이 시기는 도시에 더 적합한 새로운 종단들의 설립과 함께, 필자가 기독교 영성의 두 번째 유형으로 소개한 '신비적 유형'이 서유럽에서 성장한다.

그레고리안 개혁
　그레고리안 개혁은 교황 그레고리 7세(1073-1085)의 이름을 따서 붙인 것으로 11세기 중반과 12세기 중반 사이에 중요한 역할을 했다. 개혁의 핵심은 교회를 세속적이고 정치적인 지배로부터 정화하는 것이었다. 그러나 개혁 과정은 특별히 부편적 독신을 통해 평신도와 성직자를 분리하고, 중앙집권적 교황권을 통해 교회의 통일성을 확보한다는 점에서 근본적으로 구조적이고 제도적인 것이었다. 이 개혁의 결과 중 하나는 성직자의 통제 아래 있는 성례전 제도에 점점 더 초자연적인 힘을 집중시킨 것이다.

개혁의 내용은 성직 생활과 목회적 보살핌의 질에 대한 관심 같은 영적이고 도덕적이었지만, 교회의 위계 제도에서 발견하기 어려운 복음적 열정이 일어나게 했다. 그렇지만 그레고리안 개혁이 평신도들과 그 시대에 두드러졌던 종교 정신을 만족시키는 데는 실패했다고 말할 수 있는데, 이로 인해 두 가지 결과를 초래했다. 첫째, 복음의 단순성과 경건을 지지하는 새로운 영적 분위기가 발전했다. 둘째, 수도원 세계로부터 외부로 향하는 운동이 일어났고, 영적 삶을 조직화된 제도 속에 강제하는 것에 대한 저항이 증가했다. 이러한 불만은 가장 극단적인 형태로 발도파(종교개혁 시대에 이탈리아에서 개혁교회의 하나로 재등장)와 후밀리타티(Humiliati)*와 같은 반제도권 운동의 탄생에 기여했다. 심지어 그리스도의 임박한 재림이나 새로운 세계 질서의 수립을 예언하는 대중적인 급진 묵시론 단체들이 제도권 안에서도 등장했다.[1]

묵시론 운동

신약성경의 요한계시록에 근거한 묵시론 운동은 그리스도의 임박한 재림에 관심을 갖는 강렬한 종말론적 열정을 불러일으켰다. 이러한 운동들은 성 아우구스티누스 시대 이후로 기독교 역사 전반에 지속적으로 나타났다. 묵시론 사상은 종교적 또는 사회적 대변동과 변화의 시기

---

* 이탈리아 수도 종단으로 1571년 교황교서에 의해 금지됐다.

에 두려움과 불안에 대한 응답으로 대안적 희망을 제시했다. 또한 그 상징적인 힘은 인간 조건이 처한 전반적으로 불확실하고 불안정한 상태에 더 광범위하게 반응했다.

12세기 이탈리아 시토회의 대주교인 피오레의 요아킴(Joachim of Fiore)의 저서는 묵시론 영성 운동을 명백히 보여 준다. 요아킴이 사망한 1202년쯤, 그는 시대의 가장 유명한 인물 중 하나가 된다. 요아킴은 모든 묵시 예언자처럼 자신을 새 시대의 비밀스런 전달자라고 생각했다.[2] 그는 성령의 제3시대의 도래가 임박했다고 믿었다. 우선 임박한 위기의 시대에는 적그리스도와 그의 세력에 맞서기 위해 두 개의 새로운 종단, 즉 설교 종단과 은수 종단이 일어날 것으로 보았다. 그리고 마지막 날에 이르러 육체에 대한 영의 승리, 세속적 사상에 대한 관상의 승리를 점진적으로 가져올 전체 교회의 수도원화 과정이 일어날 것으로 전망했다. 이러한 가르침은 『인물들의 책』(The Book of Figures)에서 발견된다. 그는 이 책의 목차 12번 "하나님의 새로운 사람들의 재배열"에서 교회가 7개의 수도회로 나누어지는데 그중 7번째가 성 아브라함 족장과 모든 거룩한 족장의 수도회라고 했다. 요아킴은 "이 수도회의 이름 아래, 결혼한 사람들이 자녀들과 함께 모여 공동생활을 할 것이다"라고 논평했다. 그들은 별개의 집에 살지만, 음식과 옷을 나누고 (전체 공동체를 다스리는) 영적 아버지에게 순종할 것이다. 이 삶의 모델이 사도행전의 초기 예루살렘 공동체라는 것은 성경의 암시를 통해 분명히 알 수 있다.[3]

복음적 삶

이른바 **복음적 삶**(vita evangelica)의 탄생은 조직된 운동이 아니라 광범위한 영적 열정을 묘사하는 방법이었다. 그것은 단순성, 즉 가난하고 집 없는 예수님에 대한 문자적 모방(탁발과 방랑) 그리고 설교로 표현되는 복음의 가치로 회귀하는 것에 중점을 두었다. '복음적 삶'의 초기에 여성들이 적극적인 역할을 하지만 결과적으로 상당히 축소된다. 이것은 일부 여성 수도회의 설립(가난한 클라라회)과 다른 여성 단체(베긴회)에 대한 일반적인 의심에서 확인할 수 있다.

복음적 삶을 조성했던 여러 요소 중 일부는 영적 주류에 흡수됐다. 따라서 탁발 수도 단체들은 13세기 프란체스코회와 같이 새로운 종단으로 공식 승인을 받아 제도화된다. 크산텐의 노르베르토(Norbert of Xanten)처럼 급진적 방랑 설교자로 시작한 일부 사람들은 결국 정통적인 수도원 생활에 정착했다. 노르베르토는 프레몽트레(Premontré)에 의전 수도회(Canons Regular)*를 창립했다. 탁발 수사들은 상대적 단순성, 이동성 및 대중 설교와 같은 핵심은 유지하면서도, 종단으로 구조화된 생활 양식을 취했다. 그러나 그들은 완전한 수도 생활을 택할 수 없는 남녀들을 위해 '제3수도회'(Tertiaries)로 알려진 유관 단체들을 설립해 평신도들과 긴밀한 관계를 유지했다. 일부 제3수도회는 공동생활을 했으나, 대다수는 가정에서 평범한 결혼생활 및 근로 환경에서 살면서, 일상의 헌신에 적합한 기도 생활과 자선 활동을 했다.

그레고리안 개혁과 '복음적 삶' 사이의 격차를 좁히는 한 범주는 의전 수도생활(canonical life)이었다. 그것은 의전 수도회로서 공동체 안에 살아가면서 사목을 하는 사제단 혹은 여성 단체였다. 가장 주목할 만한 점은 5세기의 성 아우구스티누스 규칙의 부흥이었다. 의전 수도회의 부

---

* 전례 생활을 주목적으로 고유한 회칙에 따라 공동생활을 하는 사제들로 구성된 수도회.

활은 새로운 복음적 열정을 요소로 특별히 적극적 봉사의 영성을 격려하는 성직자 개혁과 통합된다. 새로운 남녀 공동체 중 많은 단체가 가난한 사람, 병든 사람, 순례자들을 보살펴 주었다. 일부 남성 공동체는 지역에서 목회적 보살핌을 담당하고, 또 다른 남녀 의전 수도회는 목회적 보살핌과 관상적 수도회 규율을 통합시켰다. 프레몽트레 의전 수도회(Premonstratensians)는 특별히 시토회의 엄격주의 요소에 영향을 받았고, 파리의 빅토 수도사들(Victorines)은 아우구스티누스 신학 전통과 위 디오니시우스의 신비신학 및 그 학파의 새로운 '과학'신학을 결합시킨 관상적 신비주의 전통의 설립으로 유명하다. 가장 두드러진 두 대표자는 이 독특한 영성신학의 발전에 큰 영향을 끼친 성 빅토의 휴(Hugh, d. 1141)와 리처드(Richard, d. 1173)다. 리처드의 가르침은 두 가지 중요한 저서, 『벤저민 마이너』(Benjamin minor)와 『벤저민 메이저』(Benjamin major)에 농축돼 관상 여행을 묘사한다. 리처드와 그의 제자들은 위 디오니시우스의 가르침에 대한 정해진 해석을 신비로운 삶의 방식을 판단하는 척도로 삼았다. 리처드는 신비신학에 상당한 영향을 끼쳤는데, 예를 들어 보나벤투라의 『하나님을 향한 영혼의 순례』(Journey of the Mind into God)와 14세기 영국의 신비신학 문헌 『무지의 구름』(The Cloud of Unknowing)이 그것이다.[4]

12세기 르네상스

'12세기 르네상스'라는 표현은 이제 일반적으로 창조적인 지적, 영적, 미학적 사조의 변성을 묘사하는 방법으로 인정받고 있다. 지적으로 보면, 이때는 소위 스콜라주의의 아버지인 피터 롬바르드(Peter Lombard)의 『명제집』(Sentences), 『그라티아누스 교령집』이 완성되고, 도미니크와 프란체스코와 같은 영적 거장들이 태어났다. 파리의 노트르담 대성당 건축이 시작되고, 대수도원장 쉬제(Suger)의 지도 아래 생 드니 대성당(the Abbey church of St Denis)과 함께 고딕 건축술의 위대한 시대가 시작된다. 신학은 시골 수도원에서 도시 대성당 학교로, 그리고 궁극적으로 새로운 도시의 대학으로 옮겨갔고, 궁정 시(時)를 비롯한 영적으로 풍부한 문학이 나타났다.

영성의 관점에서 많은 특징이 두드러졌다. 첫째, 신학적 강조뿐만 아니라 감수성에도 종교적 기반을 지닌 인문주의의 발전을 향한 변화가 일어났다. 예를 들어 승천 후 영화로워진 그리스도보다는 예수님의 인성에 대해 강조했다. 십자가에서 고난을 겪는 예수님의 표상이 왕이신 그리스도의 형상을 점차 대체하면서 종교적 이콘학(iconography)에 영향을 주었다. 동시에 그리스도의 인성을 강조하면서 예수님의 어머니인 성모 마리아에 대한 신심이 강화됐다. 나중에 보겠지만 이러한 감수성의 변화는 경건한 실행을 위해 점차 더 큰 역할을 했다. 둘째, 12세기에는 종교와 세속의 문화 양쪽에서 사랑의 주제가 두드러지게 나타난다. 이러한 하나님의 사랑과 인간의 사랑에 대한 대비되는 발견은 주관적 신비주의와 궁정 연애 안에 표현됐다. 후자가 전자에 어느 정도 영향을 주었는가 하는 것은 논란거리다. 그러나 구약성경의 아가서에서 발견되는 것처럼, 낭만적이고 에로틱한 사랑의 이미지가 관상적인 영적 친밀감을 표현할 수 있는 준비였다는 것을 알 수 있다. 나중에 베긴회의 저작에서 볼 수 있듯이, 이러한 경향은 '사랑 신비주의' 또는 '신부 신비주의'로 알려진다. 셋째, 12세기의 기독교 인문주의는 인간 개인이라는 개념과 (비록 근대적이고 자율적이고 심리적인 의미는 아니지만) 주관성에 대한 관심을 증가시켰다.[5] 이것은 의심의 여지없이 정감적 신비주의의 발달로 이어졌고, 그다음 영적 안내의 발전에 큰 관심을 불러일으켰다.

도시의 재탄생

11세기부터 13세기에 이르기까지, 서유럽은 로마 제국 시대 이래 처음으로 도시의 부흥을 경험한다. 이것은 종교적 전망에 중대한 영향을 미친다. 새로운 도시화 현상은 거대한 시골 인구에 비해 여전히 상대적으로 적은 수지만, 성장하는 교육받은 상인층을 배출했다. 상인 집단의 필요와 유럽 사회의 복잡성은 주로 농촌의 전통적 수도원 밖에서 새로운 형태의 기독교적 삶과 다양한 영적 실행이 확산된 이유를 부분적으로 설명해 준다.

새로운 영성은 예수님과 초기 제자들을 모방한 복음적 삶에 대한 모색으로 요약할 수 있다. 이것은 때로 (가령 베네딕트회로부터 시토회의 성장과 같은) 구(舊)수도회의 개혁과 새로운 수도회(프란체스코회와 도미니크회와 같은 설교와 목회를 하는 탁발 수도회)와 베긴회와 같은 평신도 단체들의 설립으로 이어졌다. 새로운 수도회, 평신도 운동, 대성당의 확산, 새로운 고딕 양식의 건축물 그리고 대학 안의 새로운 신학적, 지적 시설의 탄생은 모두 도시와 연관돼 있었고 도시의 감수성을 반영했다. 도시의 성장은 또한 '도시' 그 자체가 거룩한 곳으로 이해할 수 있다는 개념을 발전시켰다.

대성당과 도시의 비전

도시의 재탄생의 결과 중 가장 명백한 것은 거대한 '고딕' 양식의 대성당의 출현이다. 대성당은 지리적 변화뿐만 아니라 신학적, 영적 변화를 표현했다. 그 전까지 '신성한 것'은 당연히 에덴동산의 재창조인 낙원의 이미지가 우세한 시골 수도원 공동체 안에 있었다. 이제 '신성한 것'의 이미지는 창세기부터 요한계시록으로, 에덴동산에서 새 예루살렘으로 바뀌었다.[6]

도시의 대성당 내부는, 천국을 떠올리는 것뿐만 아니라, 사실상 요한계시록 21장을 연상케 하는 하늘에서 내려온 천국이었다. 대성당에 들어가는 것은 공간의 광대함에 의해, 유리 바다와 빛의 홍수를 지닌 벽의 점진적인 비물질화를 통해 그리고 성례적으로 살아 있는 교회와 하늘의 궁전을 연합시키는 점점 더 정교해지는 전례에 의해 땅 위에 있는 하늘로 옮겨지는 것을 의미했다. 초기 고딕 양식의 후원자 중 하나인 파리의 생 드니 대성당의 수도원장 쉬제에게 교회 건물은 다른 도시 건물보다 더 인상적인 것이어야 했다. 그 보물들은 하늘의 찬란함을 불러일으키고, 사제들은 천국에서 축복받은 것처럼 실크와 금으로 옷 입어야 했다.

대성당의 예술은 우주 가운데 소우주처럼 작동하며, 창조주와 창조물 사이의 평화로운 단일성을 불러일으키려고 시도했다. 이것은 하늘에서만 실현되는 이상적인 조화를 지금 여기서 미리 맛보게 하는 유토피아의 공간이었다. 그러나 그것은 이상화된 것이었다. 저명한 프랑스 중세 연구자 조르주 뒤비(Georges Duby)가 상기시켜 주듯이 "13세기가 왕관을 쓴 동정녀 혹은 미소 짓는 천사들의 빛나는 얼굴을 하고 있다고 가정하는 것은 실수일 수 있다. 그 시대는 힘들고 긴장감이 돌고 매우 거칠었다. 그리고 그 시대가 혼란스럽고 분열하고 있었다는 것을 인식할 필요가 있다."[7] 따라서 대성당의 사회적 상징주의 역시 모호했다. 대성당은 인간과 신성의 일치에 대한 기독교적 비전을 상징하는 반면, 사회 질서의 분열을 공고화했다. 중세 고딕 양식의 대성당은 자신들에게도 유익을 가져다준 새로운 도시의 부를 인정하고, 그 디자인과 외형을 통해 주교의 권력과 종교적 정통의 실재를 의도하고 배치한 대로 선포했다.

하지만 무엇보다 대성당은 기껏해야 2차원적이고 정적이던 도시의 '전체 모습'을 그 이상으로 승격시켰다. 그것은 수직면과 수평면으로 구성된 공간을 통과하는 운동이라는 3차원과 시간의 흐름을 통과하는 인간의 변형이라는 4차원으로 표현됐다. 대성당은 축적된 기억의 저장소이고, 끊임없이 새로워지는 공동체의 대망이었다. 심지어 오늘날에도 그러한 건물에 들어가는 것은 수세기에 걸친 인간의 고통, 업적, 희망, 이상에 연동되는 것이다. 미국의 철학자 아널드 버린트(Arnold Berleant)는 대성당이 현대 도시의 단조로움과 대비되는 '도시 생태학'의 안내자 역할을 해 "인간이 지속적으로 위협받는 한 장소에서 빠져나와 지속적으로 성취, 확대되는 장소로 변혁되도록 돕는다"고 제시한다.[8] 그러한 도시의 '시설'은 질서 있는 공적 생활을 위한 필요를 제공하는 것보다 더 깊은 영적인 교제를 제공한다. 대성당은 '이 세상의 필수 조건'에 대해 말한 것이다.

신성한 장소로서 도시

도시에서 '신성'의 개념은 대성당과 같은 제의적 장소에 국한되지 않았다. 조성된 환경으로서 도시는 대성당보다 더 넓은 '신성한 세속의 풍경'을 품고 있다고 이해됐다. 중세 사람들은 종종 천상의 예루살렘을 물질적인 도시에 적용할 수 있는 모델로 삼으려고 했던 것이 확실하다. 신성한 도시라는 개념을 대성당과 교회의 구조물뿐만 아니라 도시의 배치에서도 가시화하려고 다양한 시도를 했다. 예를 들어 1339년 플로렌스의 법령은 12개의 신성한 성문에 대해 언급하고 있다. 비록 그 도

시는 단계적으로 성문을 15개로 확장됐지만 말이다.⁹

이탈리아는 또한 시민 생활 그 자체가, 즉 조화로운 삶을 살고 있는 조직화된 공동체가 수도원처럼 하나님을 향한 길이 될 수 있다는 개념을 창안했다.¹⁰ 도시는 종종 천상의 예루살렘의 이미지였던 이상적인 형태의 사회생활을 효과적으로 이 세상 안에 구현한 것이라고 여겨졌다. 도시 예찬(laudes civitatis)은 도시 생활의 유토피아적 이상을 표현한 시(詩)로서 하나의 문학 장르다. 예찬 시에서 인간의 도시도 천상의 도시의 영광과 마찬가지로 여러 사람이 함께 평화롭게 살 수 있는 장소로 묘사된다. 도시는 모든 시민 혹은 단체가 전체 공동체를 건설하는 데 기여할 수 있는 특별한 장소를 제공함으로써 공동체적 삶의 질을 높이는 곳으로 명성을 얻었다. 마침내 중세 도시는 열심히 일하는 장소라고 정식으로 칭송을 받았다. 중요한 것은 도시 자체가 하나님의 도시에 대한 일종의 은유로서 이상화됐다는 것이다.¹¹

오늘날에도 가톨릭이 우세한 국가의 거리에는 중세 시대의 종교적 기념 명판(銘板)과 동상이 남아 있다. 예를 들어 이탈리아의 바리(Bari) 시의 시타 베치아(città vecchia)에 있는 12세기부터 현재에 이르는 거리 성소들(shrines)의 다양한 유물은 학문적 저술의 주제가 돼 왔다.¹²

도시 전체를 신성한 풍경으로 이해하는 것은 행렬과 기도를 통해 강화됐다. 중세 도시에서 성찬식은 공적인 사건(public drama)이었다. 이것은 교회 안에서뿐만 아니라, 축일 가장행렬, 신비극, 그리스도의 몸(Corpus Christi)의 축일에 거리 행진에서도 행해졌다. 사순절 이전과 예수 승천 축일 전 3일간 기도일(Rogation Days)에 행하는 행진이나 각 교구의 경계를 나타내는 땅 밟기 의식은 모두 악령에게서부터 도시를 정화하는 것을 상징했다.¹³

신성한 공간으로서 대학

흥미롭게도 도시 예찬은 도시의 신성한 특징을 공급하는 사람들 가운데 교사를 언급한다. 12세기에 지적이고 신학적인 탐구의 중심지는 새로운 대성당 '학교'로 점차 이동하고, 결국 위대한 유럽의 대학이 탄생했다. 이것은 학습의 지리적 중심지가 시골에서 도시로 이동했음을 의미한다. 그러나 그 이동은 지리적인 것 이상을 포함한다. 신학적 작업들이 결코 종교적 삶의 방식에 헌신하는 시설 안에 집중되지 않았다. 주로 교육과 학습을 장려하기 위해 새로운 대학들이 존재했다. 새로운 신학은 지성적 훈련이 규율적 생활 방식, 금욕 또한 우리가 '영성'이라고 부르는 것과 분리될 수 있다는 신념을 점차 출현시켰다.

새로운 탁발 수도회들은 근본적으로 도시적 현상이었다. 여러 면에서 그들의 기반은 대학의 탄생과 병행됐고, 머지않아 새로운 종단들은 교육에 깊게 관여했다. 실제로 그들은 대학 발전에서 주도적인 역할을 담당했다. 이러한 연결은 필연적으로 영성에 있어서 지성주의적 변화를 가져왔다. 예를 들어 도미니크회 수사들은 처음에 그들의 회원들을 효과적인 설교자로 교육하기 위해 대학에 들어갔다. 그러나 그들은 지성적인 사역을 점차 발전시켰고, 지적인 생활은 영적인 길이라는 생각을 창안했다. 도미니크회 수사들은 그리스 철학, 특히 (토마스 아퀴나스의 연구에서와 같이) 아리스토텔레스 철학의 재발견에 대해 신학적으로나 영적으로 대처하는 방법을 탐구했다.

비록 16세기에 종교개혁자들은 영성이 부족한 신학으로 학생들을 준비시킨다는 이유로 중세 후기 대학들의 커리큘럼과 강조점을 크게 비난하지만, 중세의 많은 기간 동안 도시의 대학들은 서방 세계의 종교적 삶과 영성의 전달자로서 기능했다는 것을 기억해야 한다.

복음적 삶과 도시의 감수성

복음적 삶의 이상을 모아 놓은 새로운 도시의 영적 운동은 상인 계급의 감수성과 복잡성을 잘 이해할 수 있게 한다. 아시시의 성 프란체스코가 철저한 가난을 복음적 가치로 선택한 것은 (성 보나벤투라의 프란체스코 전기에서 말하는 것처럼) 단순히 교회에서 성경을 읽는 동안 갑자기 영감을 얻은 결과는 아니라고 말할 수 있다. 그것은 부분적으로 도시 사회의 부와 권력 그리고 프란체스코 자신이 속한 사회 계급의 특징적인 죄에 대한 영적인 반응이었다. 그와 동시에 새로운 탁발 수도회와 새로운 도시의 정치 계급 간에 긴밀한 관계가 발전해 도시 성인(특히 새로운 수도승단 자신들의 회원)들을 공경하고 지역 공동체에 대한 사랑을 강조하는 새로운 시민 종교를 탄생시킨다.

중세 후기 이탈리아의 대도시 광장의 점진적인 발전은 탁발 수사 공동체와 그들의 설교용 교회에 큰 빚을 지고 있는데, 광장의 교회는 대량 전달을 위해 건축되고, 더 큰 관중을 수용할 수 있는 상대적으로 넓고 열린 공간을 제공했다. 광장은 처음에는 설교자들의 명성에 끌리는 군중이 모이기에 적합한 도시 환경을 제공했다. 플로렌스에는 산마르코, 산타마리아 노벨라, 산타크로체 및 산티시마 안눈치아타 광장과 같은 많은 사례가 있다. 고대 로마의 주랑(柱廊, colonnades)*이 수도원의 회랑(回廊, cloister)**을 낳은 것처럼, 중세 후기의 평신도화된 새로운 도시 영성 안에서 수도원의 회랑은 도시 밖 주랑화된 광장을 낳았다. 기능적인 설교 공간으로 시작된 광장은 점차 사람들이 다양한 목적으로 모여

---

* 벽이 없고 일정한 거리를 두고 배열된 기둥으로 이어진 복도.
** 종교 건축이나 궁전 건축에서 열린 공간 주위를 둘러싸고 있는 지붕이 달린 복도.

어울릴 수 있는 공공의 공간 개념을 탄생시켰고, 특히 르네상스 시대에 도시의 전경을 지키고 향상시키는 수단이 됐다.

새로운 도시는 같은 시기에 평신도 영성 운동을 낳았다. 예를 들어 주로 새로운 도시의 상인 계급 출신이며, 북부 독일, 네덜란드, 벨기에, 북부 프랑스에서 번성한 베긴회로 알려진 여성 단체와 같은 운동들이 그것이다(일부 학자들은 그 범위를 이탈리아 및 영국까지 확장한다). 이 단체들은 도시 생활과 환경에 완전히 동화됐다. 이것은 그들의 폐쇄적이지 않은 생활과 소녀들을 위한 학교 운영, 가난하고 병든 사람들을 위한 사역 그리고 레이스 무역과 같은 방식으로 도시 생활에 참여한 것을 통해 분명하게 나타난다. 그들 중 일부는 가족과 함께 살았고, 쾰른과 같은 곳에서는 건물에서 소그룹 생활을 했다. 베긴회가 거주하거나 건축했던 개별 건물을 살펴보면 분명하게 도시적 특징이 나타난다.[14]

탁발 수도회 운동

탁발 혹은 구걸은 13세기 새로운 종교 단체들의 특징이었다. 이것은 (형제를 뜻하는 라틴어 fratres에서 기원된) '수사'(friars)로 알려진 남성 회원들로 구성된 새로운 많은 종단의 삶의 방식으로 자리 잡았다. 가장 중요한 단체는 1208~1209년에 아시시의 프란체스코가 창립한 작은 형제단 또는 프란체스코회, 1215년 스페인 사람 도미니크 데 구즈만(Dominic de Guzman)이 프랑스에서 설립한 수사 설교 단체 또는 도미니크회, 기원이 모호하지만 성지의 은수 단체에서 기원한 것으로 알려졌고 1247년에 수도규칙이 승인된 카르멜회, 1244년경에 설립된 아우구스티누스회(Austin Friars) 그리고 나중에 14세기에 플로렌스에서 설립된 성모의 종 수도회(Servite Friars) 등이다.

이러한 '복음적 삶'을 사는 공동체들은 그리스도의 발자취를 따라서 초기 사도들처럼 회개의 복음을 전파하고 특히 가난과 순회를 강조했다. 이 새로운 탁발 수도회들 사이에는 공통점이 있지만 강조에 있어서 차이점도 있다. 예를 들어 도미니크회원들은 성 도미니크의 원래 사명이었던 의전 수도회의 삶의 요소들을 유지하면서 이것을 시토회의 영향력과 결합시켜 다른 단체들보다 더 공동체적이고 전례적인 삶의 양식을 발전시켰다. 그들은 공개적으로 선교에 헌신하며 연구와 지적 생활에 가치를 부여했다. 반면에 카르멜회는 자신들의 은수적 기원을 기억하며 멀리 떨어진 장소에 있는 일부 집에 거하면서 관상적이고 준수도원적인 삶을 강하게 유지했다. 성직자의 기원을 지닌 도미니크회를 제외하고 탁발 공동체들은 평신도 단체로 시작한다. 도미니크회를 포함한 탁발 수도회 운동은 여성과도 관련 있다. 프란체스코회 가족들의 경우에 아시시의 클라라(Clare of Assisi) 전통의 형성과 (가난한 클라라회로 널리 알려진) 제2수도회의 취지에 잘 드러난다.

일반적으로, 탁발 수사들은 영적·목회적 결속력을 강하게 발전시켰던 마을의 평신도들에게 강한 영향력을 끼치는데, 이미 제3수도회로 알려진 평신도 단체들의 설립으로 표현됐다. 탁발 수도회 운동은 동시대의 두 개의 영적 필요에 부응했다. 첫째, 과거 수도회의 지배로부터 영성을 해방시키려고 시도했다. 둘째, 새로운 도시와 전통적인 교외의 교회들은 재산을 소유하지 않고, 과거 수도원처럼 대규모 건물 단지를 유지할 필요가 없는 설교자가 필요하다고 자각했다. 탁발 수사들은 고정된 경계를 넘어서 자유롭게 거리를 활보하며 유행에 흡수될 수 있었는데, 그것은 초기 단계부터 나타난 도시 생활의 특징이다.

탁발 수사들은 관상과 활동을 혼합한 삶의 옹호자로서, 동시대의 도시인들이 관상적인 가치를 이용할 수 있게 했다. 그들은 설교, 교육, 영적 지도를 통해 전통적 수도원들과는 다른 방식으로 일반인들과 교제했을 뿐만 아니라, 그들의 종교적 거처들은 건축학적으로 외부에 더 잘 접근할 수 있도록 설계되고, 그들의 교회는 도시 인구의 영적 필요를 염두에 두고 설교를 듣는 회중석을 크고 개방적으로 만들고, 예전을 위한 성가대석은 상대적으로 작고 소박하게 배치했다.[15]

도미니크회, 프란체스코회, 클라라, 보나벤투라

두 개의 가장 큰 탁발 수도회인 도미니크회와 프란체스코회의 특징은 두 설립자의 인격과 설립 배경을 반영하고 있다.

성 도미니크(1170-1221)는 카스티야의 오스마(Osma)에 있는 성 아우구스티누스 의전 수도회의 수사였다. 그와 주교는 1203년에 프랑스 남부에서 외교 업무를 수행하는데, 카타리 혹은 알비파로 알려진 이원론 이단들에 대응해 교황청의 설교 임무를 수행하고 있었다. 디에고 주교와 도미니크는 영적 열정으로 복음적 가난의 삶을 선택한 헌신적인 설교자들을 모아 그 임무에 힘을 더했다. 1206년 초에 프루이유(Prouille)에 유관 여성 공동체가 설립된다. 1207년에 주교가 사망하자 도미니크는 프랑스에 남아 함께 임무를 수행하던 설교자 단체를 수도회로 발전시켰다. 기본적으로 도미니크는 의전 수도회의 경험을 따랐다. 그리하여 전례, 관상, 사목을 결합하려고 했다. 설교자 수도회는 1216년에 공식적으로 승인되고, 처음부터 여성과 평신도를 받아들였으나, 도미니크 사후 다음 해에 최종 편입이 이루어졌다. 도미니크회 영성은 고차원적 이론이나 체계화된 기술을 지닌 특정한 영적 지혜에서 비롯된 것이 아니다. 사실상 도미니크의 비전은 구체적인 목회적 필요에 부응하는 것이었다. 기존 구조를 통한 영적 삶에 대한 그의 접근이 근본적으로 실용주의와 기능주의라는 것을 보여 준다. 도미니크회의 구조는 위계적이기보다는 상대적으로 단순하고 민주적이었다. 복음 전파를 위한 수단인 설교는 도미니크회 영성의 핵심이었다. 그러한 의미에서 도미니크회 영성은 복음적이고 선교적이다. 도미니크는 육체노동을 영적 훈련으로 중시했던 전통적 수도원의 강조점을 대체해 설교를 위한 기초로서 공부를 강조했다. 베리타스(Veritas, 진리)는 일종의 모토가 됐는데, 복음 사역에서 지적 고결성의 가장 깊은 이상을 표현하는 것이다. 효과적인 사역을 할 수 있는 능력 뒤에는 전례에 중점을 둔 관상적 정신이 놓여 있다. 관상과 행동 사이의 이러한 연결은 관상의 열매를 다른 사람들에게 전하는 것(contemplata aliis tradere)이라는 전통 문구에서 표현된다.[16]

아시시의 성 프란체스코(1182-1226)는 새로운 도시의 르네상스와 그 시대의 영적 격동이 낳은 자식이다. 그는 중앙 이탈리아 언덕 도시의 한 부유한 상인의 아들이었다. 가난에 대한 그의 영적인 강조는 부분적으로 자기 계층의 특징이었던 물질적 성공을 향한 관심에 대한 대응으로 볼 수 있다. 또한 그의 영적 기질은 그를 둘러싼 주변의 영적 흐름들을 반영했다. 그것들은 단순성과 복음적 경건을 통해 교회를 갱신하도록 부름 받았다는 이해, 부분적으로는 성 베르나르와 같은 인물의 '인문주의'와 (동시대 십자군 정신으로 촉진된) 예수님의 성지에 대한 자각에서 영감을 받은 그리스도의 인성에 대한 감수성, 고전적 수도원의 용어로 해석된 것이 아니라 동시대의 방랑 설교자의 삶의 관점에서 해석된 세상에서의 탈출에 대한 강조와 같은 것이었다. 이를 반영하듯 프란체스코는 『후기 규칙』에서 "이 세상에서 가난과 겸손으로 주님을 섬기는 순례자와 이방인으로서, 그들(수사들)이 완전한 신뢰를 가지고 구걸하게 하라"라고 말한다. 전반적으로 1209년에 교황에게 제출된 초기 형태부터 1223년에 규칙이 최종 승인되기까지 프란체스코회의 발전은 무엇보다도 예수와 초기 제자들에게 영감을 받아 복음에 부합하는 존재로 살아가려는 열망을 반영한다. 그들의 핵심 주제는 가난하고 주변화된 사람들 안에서 그리스도를 섬김으로 만인의 형제인 그리스도, 특히 가난하고 십자가에 달리신 그리스도를 모방하는 것이었다. 모방의 영성은 프란체스코의 신비 경험의 격렬함, 특히 1224년에 프란체스코의 몸에 나타난 십자가형의 표시(성흔)에서 상징적으로 표현된다.

그는 죽기 직전, 1226년에 쓴 「유언」(Testament)의 첫 구절에서 자신의 회심의 동기를 이렇게 회상한다.

1. 주님은 나 프란체스코 수사에게 이러한 방식으로 참회를 시작하도록 허락하셨습니다. 죄 중에 있는 동안에 나병환자들을 돌보는 것이 너무나 역겨웠습니다. 2. 그런데 주님이 친히 나를 그들 가운데로 인도하셨고 나는 그들에게 자비를 행했습니다. 3. 내가 그들을 떠날 때에는 나에게 역겨웠던 것이 도리어 영혼과 몸의 단맛으로 변했습니다. 그 후에 나는 우물쭈물 하지 않고 세속을 떠났습니다.

길에서 만난 나병환자를 포옹한 그의 유명한 일화는 단지 인간의 고통에 대한 반응이 아니라 중세적 표현으로 배제된 '타자'와의 만남이었다. 나병환자는 단지 무서운 질병에 감염된 것만이 아니었다. 그들은 중세 사람들이 영적으로 순수한 공동체에서 배제해야만 하는 다양한 두려움, 의혹, 유죄를 투사하는 실존의 어두운 측면을 상징했다. 나병환자들은 사회에서 내쫓긴 추방된 사람들이었다.『추기 규칙』에서 명령하는 것처럼, 프란체스코와 함께한 형제들은 "가치 없고 멸시당하는 사람, 가난하고 무력한 사람, 병자와 나병환자, 길가에 있는 거지 가운데 살고 있을 때에 기뻐해야만 했다." 그 유명한 「피조물의 찬가」(Canticle of Creation)에서조차도 자연 세계에 대한 다소 낭만적인 사랑 그 이상의 것을 표현한다. 기본 의미는 더욱 복잡하지만, 핵심은 우리의 동료인 창조세계가 형제자매로서 우리에게 그리스도의 얼굴을 반영한다는 것이다. 처음 9행은 창조의 모든 요소에 대한 우주적 형제애에 대해 말한다.

당신이 지으신 모든 피조물과 더불어 찬미를 받으소서.
그중에도 가장 탁월한 태양(우리의 형제)의 찬미를 받으소서.
그를 통해 당신은 우리의 낮을 빛으로 가득 채우셨습니다.
아름답고 장엄한 광채로 빛나는 태양은
지극히 높으신 당신의 모습을 생각나게 합니다.

이러한 우주적 형제애에 대한 개념은 예언자적 날카로움을 감추고 있다. 10~11행은 상호 용서 또는 화해에서 나오는 평화를 기뻐한다.

내 주님,
당신의 사랑 때문에 용서하는 사람을 통해,
연약함과 고통과 고난을 겪는 사람을 통해
찬미를 받으소서.
평화 안에서 이를 견디는 사람들을
당신은 왕과 여왕으로 만드실 것이니,
지극히 높으신 주님.[17]

창조된 세상은 그리스도 안에서 만물의 형제애로 인해 '화해된 공간'이어야 한다. 폭력, 싸움, '타자'에 대한 거부의 공간은 없다.

프란체스코의 삶과 저술이 프란체스코 영성의 주된 원천이긴 하지만, 아시시의 클라라(1194-1253)는 프란체스코회 전통의 기원에 있어서, 단지 예속적인 인물이 아니라 자신의 입장을 가진 중요한 인물이라는 사실이 현재 널리 알려져 있다. 클라라는 프란체스코의 설교에 감명을 받아서 1212년에 복음적 삶에 헌신했고, 그 수도회의 첫 여성 회원이 됐다. 그녀는 교권의 상당한 반대에도 불구하고, 가난과 복음적 삶의 동일한 비전을 견지했다. 일부 역사가들은 클라라가 원래 자신의 수녀들이 베긴회의 평신도 운동의 노선을 따라 비봉쇄적인 봉사의 삶을 살기를 희망했다고 주장한다. 사실이 어떠하든 클라라와 수도회의 수녀들은 베네딕트 수도규칙을 수용하도록 강요받았지만, 1216년에 교황의 허락을 받아, 수사들과 마찬가지로 동일한 가난의 '특권'을 유지할 수 있도록 수도규칙이 완화됐다. 즉 일반적인 수도원의 소유, 건물, 토지, 수도원 단지 같은 재정에서 자유를 얻은 것이다. 그러나 가난한 자매회(가난한 클라라회)를 위한 그녀의 온건한 수도규칙은 1253년 그녀의 임종 시에 비로소 최종 승인된다. 수녀들은 관상의 삶에 헌신하지만 이것이 가난하게 살면서 설교하는 수사들의 헌신과 대조되는 것은 아니었다. 가난한 클라라회의 삶에서 최종 목적은 봉쇄된 수도 생활이 아니라 가난과 관상의 결합이었다. 즉 가난 속의 관상이고 복음 중심적 관상의 한 형태로서의 가난이었다. 클라라는 자신의 유명한 저서 『프라하의 아그네스에게 보내는 편지들』에서 그리스도는 관상자가 관조하고 거기서 그리스도의 가난과 십자가에서 표현된 세상을 향한 강력한 사랑을 발견하는 거울이라고 기록했다. 그리고 수녀는 세상의 사람들이 복음적

삶을 볼 수 있게 하는 거울이어야 한다고 주장했다.[18]

프란체스코회 영성을 강화시킨 주요 인물은 신학자이자 신비가 그리고 프란체스코회의 장상(長上)이었던 보나벤투라(1217-1274)다. 1257년에 총장으로 선출돼 2년이 지나, 보나벤투라(후에 세라핌 박사로 호칭)는 프란체스코가 신비로운 경험을 했던 알베르나산(Mt Alverna)의 은수처에서 일정 기간을 머물렀다. 그는 그곳에서 프란체스코의 영적 여정이 다른 사람들을 위한 모델이라고 이해했다. 이러한 신념은 빅토 학파를 통해 중재된 위 디오니시우스의 신비신학과 접목되고, 그의 신비신학의 가장 위대한 저작인 『하나님을 향한 영혼의 순례』(The Soul's Journey into God)를 낳았다.[19] 여기에서 관상적 방법은 남녀 모두에게 개방된다. 하나님과 연합하는 영적 여정은 사다리이신 그리스도와 함께 상승하는 고전적인 은유로 표현되고, 프란체스코회의 두 가지 관상의 주제, 즉 창조세계 안에 내주하시는 하나님과 십자가에 달린 그리스도에 대한 강력한 사랑을 결합한다.

베긴회

새로운 도시 영성과 복음적 삶의 고전적 가치를 더 두드러지게 표현한 것은 베긴회로 알려진 여성 평신도 운동이다. 베긴회는 북유럽에서 12세기 말에 등장했다. 베긴회는 단일 창설자도, 생활 규칙도 없고, 때로 수도원 밖에서 급진적으로 기독교의 삶을 추구하는 개인이나 단체와도 구별하기가 어렵기 때문에 '운동'으로 칭하기는 애매하다. 이들 중 많은 사람이 초기 기독교 공동체의 모방, 가난한 사람을 위한 봉사, 복음적 단순성 그리고 순결과 같은 복음적 삶의 고전적 가치에 기반을 두고 있었다.

베긴회는 본질적으로 도시의 현상이었다. 그들의 출현은 평신도, 특히 상대적으로 부유하고 교육받은 사람들의 영적 개혁 운동의 요구를 반영하고 있었고, 교육받지 못한 사제들의 목회에 만족하지 못하면서, 상대적으로 전통적인 수도원 생활에 접근하기 어려웠던 마을 사람들이 신앙의 문제에 더 적극적으로 참여하려는 열정과 조화를 이루었다. 그 결과 교육받은 다수의 평신도가 영적 가르침과 심지어 비공식적 설교에 참여했다. 그들은 또한 기도와 자선 활동을 위한 단체를 만들고 자신들의 언어로 성경을 읽기 시작했다. 특정 여성들은 전통적인 수녀원 생활의 대안으로 상호 영적 지원을 할 수 있는 단체에 소속됐다. 베긴회의 삶은 여성들에게 자신들의 영적 경험을 육성할 수 있는 가능성과 성직자들의 통제에서 어느 정도 벗어난 자유를 부여했다. 그들 중 일부는 가족과 함께 살았지만, 다른 이들은 공동으로 구입한 집에서 공동생활을 했다. 최종적으로 13세기에 두 종류의 우세한 조직이 나타났다. 독일의 베긴회는 거대한 규모의 모임보다는 3~20명 사이의 개인이 함께 거주하는 작은 집의 형태를 취한다. 플랑드르(Flanders)*에서 베긴회는 종종 '베긴회 수녀원'(beguinages)으로 알려진 상당히 규모 있는 수녀원 단지를 이루었고, 독립적 교구가 되기에 이른다. 이들은 브뤼허(Bruges)의 베긴회처럼 그 중심에 큰 교회를 가지고 있거나, 헨트(Ghent)의 베긴회처럼 나무로 둘러싸인 마을 광장을 가진, 도시 내부의 다른 건물과 구별되지 않는 모습을 하고 있었는데, 모두 도시 내부에 있는 성벽 도시의 모습을 지니고 있었다. 두 경우 모두 건축은 종교적, 수도원적으로 고풍스럽지는 않았고, 자기 나라의 방식이거나 도시

---

* 현재 벨기에 북부의 네덜란드 언어권에 속한 지역에 있는 중세 나라.

적이었다. 베긴회의 삶은 구조화돼 있었지만 수녀원보다는 훨씬 덜 조직적이었다. 예를 들어 베긴회 회원들은 거주 기간 동안 수녀원의 법규와 원장에게 순종해야 하지만, 종종 개인 소유물이 허용되고 엄격한 봉쇄와 공식적인 수도 서원도 요구하지 않았다.

베긴회는 두 가지 특별한 종교적 동기, 순결에 대한 예찬과 자발적 가난에 대한 열망을 표현했다. 후자는 단순한 삶의 방식뿐만 아니라 자기 노동으로 얻은 자족의 미덕을 이끌어 냈다. 결국 베긴회는 직조 및 레이스 제작으로 유명해졌다. 여기에 가난한 사람을 위한 봉사와 성례적 신심에 대한 관심을 첨가할 수 있는데, 이것은 정서적 영성에 대한 갈망과 그리스도의 인성의 강조를 표현한 것이다. 실제로 일부 베긴회 회원들이 모진 금욕을 실천했다고 해도, 그 동기는 신체에 대한 부정이라기보다 그리스도의 인간적 삶과 인류를 위한 고난을 모방하려는 열망이었다. 그리스도의 수난과 성찬에 대한 강조는 특별히 정서적 신비주의로 나타나는데, 그들은 수시로 프란체스코회와 시토회의 자료들에 영감을 받았다. 베긴회는 이 두 종단과 관련을 가지고 있었다. 이러한 특징들은 오위니즈의 마리아(Mary of Oignies, 1177-1213) 같은 사람에게서 나타난다. 그녀는 벨기에 리에주 주변 지역을 새로운 평신도 영성의 중심지로 만들고, 개혁적 성향의 자크 드 비트리(Jacques de Vitry, 훗날 주교와 교황청 고문) 신부에게 영감을 주어 큰 후원자이자 가장 저명한 베긴회의 기록자 중 하나로 만들었다. 마리아는 성찬에 대해 관상하는 동안 보았던 그리스도에 대한 환상으로 유명해졌다. 베긴회는 성직자의 통제로부터 상대적인 자유, 독립적인 영적 실행 그리고 자국어 영성 문학 창작으로 인해 교권의 의혹을 불러일으킬 수밖에 없었다. 14세기에 이르러 그들은 이단 혐의로 기소되는데, 특별히 사람이 하나님과 연합한 존재가 될 수 있고, 그 결과 도덕법을 무시할 수 있다는 것 때문이었다. 유명한 인물인 마르그리트 포레트(Marguerite Porete)는 1310년에 파리에서 이단으로 판결받아 화형에 처해지고, 베긴회는 비엔 공의회(1311-1312)에서 정죄됐다. 그럼에도 불구하고 마르그리트의 책 『단순한 영혼의 거울』(The Mirror of Simple Souls)은 현재까지 영적 고전으로 널리 읽히고 있다. 베긴회는 비엔 공의회 이후에 쇠퇴하고, 큰 공동체들은 전통 수녀원으로 점차 전환되지만 소수의 작은 베긴회 단체들은 벨기에와 네덜란드에서 살아남았다.[20]

하데위치(Hadewijch)라는 신비한 인물은 베긴회 영성의 신비주의 흐름에서 전형적인 예다. 실제로 하데위치에 대해 거의 알려진 것은 없다. 그녀는 아마도 앤트워프(Antwerp) 출신의 플랑드르인으로, 필시 13세기 전반기에 집필 활동을 했다. 그녀는 고등교육을 받았고, 귀족적이고 음악적인 바탕에서 쓴 궁정 연애시의 풍습에 익숙했다. 그녀는 또한 아우구스티누스, 시토회, 빅토회의 영향을 받은 것으로 보인다. 그녀의 확실한 저서들은 스탠자(stanzas)* 형식으로 쓴 45편의 시, 대구(對句)로 된 16개의 시, 영적 안내와 영적 소논문이 담긴 31편의 편지, 14번의 환상이다. 하데위치는 서방 전통에서 사랑의 신비주의를 가장 잘 나타내는 사례 중 하나다. 그녀의 글은 체계적이지는 않지만 세 가지 기본 주제를 추구한다. 첫째, 사랑(하나님의 본성과 인간의 영혼의 반응으로서), 둘째, 심연에 들어감으로 절정에 이르는 하나님과 우리의 관계(그녀는 심지어 하나님이 돼 간다고 말하는 위험을 무릅쓴다), 셋째, 그리스도의 고난에 참여하는 것이다. 사랑은 그녀의 시 안에서 가장 두드러지게 나타나는

---

* 4행 이상이 같은이 있는 시구.

용어다. 우리는 오직 사랑으로만 하나님을 붙잡을 수 있고, 이것은 귀부인(하나님)과 관련된 궁정 연애의 용어로 표현된다.[21]

14세기 신비주의

일반적으로 1150~1450년은 신비주의가 크게 번성했던 시기다. 이런 주장은 몇 가지 조건을 전제로 한다. 첫째, 프랑스 예수회의 미셸 드 세르토(Michel de Certeau)의 연구에 따르면 '신비주의'라는 단어는 (그리고 영적 경험이나 영적 지식의 독특한 분야에 대한 아이디어도) 17세기에 프랑스에서만 나타났다.[22] 둘째, '경험'이 중세 신비주의자들 사이에서 교육이나 권위의 기초가 되지만, 주관적 경험에 몰두하는 것은 19세기 후반 현대 심리학의 출현과 윌리엄 제임스의 『종교적 경험의 다양성』(Varieties of Religious Experience, 1902)과 같은 유력한 저작에서 심리학을 다루면서부터다. 훗날에 이러한 개인의 '경험'을 강조한 것은 신앙 및 종교적 실행의 체계와 신비주의를 구분하는 역할을 했다. 그러나 중세 사람들에게 이것은 완전히 이질적이었을 것이다.[23] 이 시기 신비주의가 번영하고 '신비적 유형'의 영성이 출현했다고 말하는 것은 이러한 조건을 염두에 둘 때에 가능한 것이다.

이 시기에 개인의 영적 여정에 대한 관심이 증가한 것은 대체로 두 가지 요소에 기인한다. 첫째, 신학에 대해 지성주의적 접근이 발전했다. 새로운 신학을 체계화하면서 철학적 범주들(특히 아리스토텔레스의 범주들)과 변증법적 방법이 지배적이 됐다. 보다 '과학적' 방법을 사용하는 새로운 신학은 불가피하게 신학에서 영성을 점차 분리시켰다. 둘째, 우리가 이미 살펴보았듯이 6세기의 익명의 인물인 위 디오니시우스의 신비신학에 대한 관심의 회복과 재해석이었다. 14세기에는 중요한 신비 저자들이 많이 등장한다. 에크하르트와 그의 제자인 헨리 수소, 요한네스 타울러, 얀 뤼스브룩, 시에나의 카타리나, 노르위치의 줄리안(Julian of Norwich)과 같은 인물이나 그들의 저작이 중요한 예가 될 수 있다.

독일의 도미니크회 신학자이자 설교자인 에크하르트(Eckhart, c. 1260-1328)는 '마이스터'(Master)라는 학문적 명칭으로만 알려져 있다. 그는 쾰른과 파리에서 공부하며, 스승인 알베르투스 마그누스(Albertus Magnus)를 통해 아퀴나스의 아리스토텔레스주의로 완화된 위 디오니시우스의 신플라톤주의를 맛볼 수 있었다. 에크하르트는 그의 역설적인 종교 언어 때문에 기독교 밖의 현대인들에게도 매력적인 대상이다. 한편 그에게는 우리와 초월적 하나님을 분리시키는 절대적인 심연이 있었다. 따라서 에크하르트는 신적인 '근거' 그 자체, 즉 '하나님 너머 하나님'(God beyond God)이라고 칭할 수 있는 것과 접촉하기 위해서, 하나님에 대한 우리의 이해와 개념을 필연적으로 부정의 언어로 말했다. 그러나 동시에 에크하르트는 대담하게 우리와 하나님 사이의 신비적 동일성을 주장했다. 그는 더 깊은 의미를 드러내기 위해 모순적인 방법으로 은유를 사용한 자신의 자국 독일어 설교에서 가장 역설적으로 말했다. 그의 모호한 언어는 이단성에 대한 의심과 그의 가르침 중 일부에 대한 비난을 야기했다. 그러나 그것은 현재에 이르러 오해에서 비롯된 것으로 여겨지는 게 일반적이다.[24]

헨리 수소(Henry Suso, 1295-1366)는 쾰른에서 도미니크회 수사로 훈련을 받은 후 주로 콘스탄스(Constance)와 울름(Ulm)에서 일했다. 그는 도미니크회 삼인조 중에서 가장 학문에 뛰어났고, 많은 논문, 서신, 설교, 자서전을 남겼다. 수소는 『진리의 작은 책』(Little Book of Truth)에서 에크하르트의 부정신학과 하나님과의 연합에 대한 사상에 직접적인 영향을 받은 흔적이 보이나, 『영원한 지혜의 소책자』(Little Book of Eternal Wisdom)에서 매우 다른 영성을 제안한 신학적 신비주의자다. 사랑의 신비주의와 그리스도 중심적 신심의 요소들을 강하게 가지고 있는 이 책은 영성의 고전이 됐다.[25] 스트라스부르 근처에서 태어난 도미니크회 수사인 요한네스 타울러(Johannes Tauler, c. 1300-1361)는 설교로 유명했다. 잔존하는 그의 설교 80편은 훗날 마틴 루터에게 영향을 미쳤다. 타울러는 에크하르트의 부정의 신비주의를 보다 실용적이고 능동적인 영성의 관점에서 해석했다. 그는 인간의 생명 안으로 영원의 분출을 말하면서, 그에 대한 유일하고 적절한 반응은 하나님의 타자성 앞에서 지속적으로 회개하는 과정이며, 우리에게 필요한 겸손을 확고하게 강조하는 것이라고 했다.[26] 에크하르트, 수소, 타울러는 라인란트 지역에서 영적 통찰력을 분명하게 서로 교환하는 남녀 평신도, 수녀 공동체, 무엇보다도 베긴회 집단을 넘어서는 광범위한 관계망을 발전시켰다.

얀 뤼스브룩(Jan Ruusbroec, 1293-1381)은 베긴회와 특히 하데위치의 저작에 영향을 받은 플랑드르 신비주의에서 가장 영향력 있고 중요한 인물이다. 에블린 언더힐(Evelyn Underhill)은 그를 가장 위대한 기독교 신비주의자 중 하나로 묘사한다. 원래 브뤼셀의 교구 신부였던 뤼스브룩은 50세의 나이에 두 명의 동료와 함께 은수 생활을 하기 위해 그로넨달(Groenendaal)로 가 아우구스티누스 의전 수도회를 설립했다. 뤼스브룩은 하데위치와 같은 방언으로 글을 쓰는데, 그의 주요 저서들 중 『영적 결혼』(The Spiritual Espousals)은 브뤼셀에서 사역할 때 저술했다. 그는 그로넨달에서 「번쩍이는 돌」(The Sparkling Stone)을 비롯한 많은 논문을 쓰면서 이 책(영적 결혼)을 구상했다. 하데위치와 마찬가지로, 뤼스브룩은 융합으로가 아니라 사랑의 교제로 본질의 변화가 없는 하나님과의 관상적 연합에 대해 기술했다. 그의 사랑의 신비주의는 헌신적이기보다 신학적이고, 인간의 영혼 안에 삼위일체의 이미지를 강조하는 것으로 유명하다. 뤼스브룩은 또한 기독교인의 행동, 윤리적 행위, 교회의 성례적 삶과 관상을 분리시키는 경향에 대해 강하게 비판했다.[27]

시에나의 카타리나(Catherine of Siena, 1347-1380)는 어린 시절에 결혼을 피하기 위해 가족과 싸웠던 신비주의 활동가이자 환상가이고, 18세에 집에 거주하는 도미니크회 제3수도회의 평신도 회원이 됐다. 그녀의 조숙한 영적 삶(6세의 명백한 환상 체험, 7세의 개인 서원)과 식욕 부진을 겪을 정도의 극한의 금식은 심리적으로 부정적인 해석을 불러일으켰다. 그러나 그녀는 많은 편지와『대화집』(Dialogue)에서 표현된 풍부한 영적 가르침, 병자와 가난한 자와 소외된 자를 위한 힘든 수고, 이탈리아 도시 국가들 간에 평화를 위한 기여, 교황 그레고리 11세를 아비뇽에서 로마로 돌아오도록 중재한 공적인 영향력 때문에 유명해졌다. 하나님과의 관상적 연합에 대한 그녀의 경험을 바탕으로 기록된『대화집』에서, 카타리나는 그녀가 기록한 하나님을 접촉하는 몇 안 되는 방법 중 하나인 인간의 열망(desire)의 긍정적인 힘에 대해 가르쳤다.[28]

노르위치의 줄리안

노르위치의 줄리안(c. 1342-1417/1420)은 특별히 중세 후기 신비주의의 풍부한 모범이다. 그는 많은 사람에게 가장 위대한 영국 신학자 중 하나로 평가받으며, 엄청난 사회적, 종교적 대변동 기간 동안에(흑사병, 백년 전쟁, 농민 반란, 롤란드 이단, 대립 교황들에 대한 충성으로 나눠졌던 서방 교회의 대분열) 번성했던 14세기의 소위 영국 신비주의자들 중 가장 독창적인 존재다. 다른 주요 인물로는 월터 힐튼(Walter Hilton), 리처드 롤(Richard Rolle), 마저리 캠프(Margery Kempe) 및 『무지의 구름』(The Cloud of Unknowing)을 쓴 익명의 저자가 있다.

줄리안에 대해서는 알려진 바가 거의 없다. 심지어 그녀의 이름조차도 그녀가 은수자가 된 노르위치 교회의 봉헌식에서 가져온 것이다. 질병으로 인해 죽음이 임박했던 1373년 어느 날, 그녀는 24시간 동안 병실에서 십자가에 달린 예수상이 일으킨 16개의 환상을 보았다. 그녀의 짧은 책 『환시』(Showings)와 보다 유명하고 긴 책인 『하나님의 사랑의 계시』(Revelations of Divine Love)(LT로 인용)가 현재까지 읽히고 연구되고 있다. 긴 책은 구조적이지는 않지만 20년의 관상적 성찰을 거친 후에 기록된 매우 정교한 신비적이고 목회적인 저작이다.

『환시』의 전반적인 가르침은 모든 줄리안의 동료 기독교인들에게 전달된다. "이 모든 일에서 나는 내가 보았던 것과 같은 것을 보고 알기를 바라는 동료 그리스도인들에 대한 사랑으로 크게 마음이 움직였다. 모든 사람을 위해 보인 이 환상들이 그들에게 위로가 되기를 바란다"(LT, 제8장). 줄리안에게 하나님의 실재는 심판이나 분노이기보다 사랑이다. 그녀는 주님의 수난에 대한 환상으로 시작한다. 환상들의 요점은 예수 그리스도의 깨어진 재형상 안에서 하나님의 실재를 발견하는 것이다. 예수 그리스도를 통해 모든 인류, 창조세계, 영원한 미래가 삼위일체 하나님의 생명 안에 포착된다. "같은 계시에서, 갑자기 삼위일체께서 가장 큰 기쁨으로 내 마음을 채우셨고, 나는 하늘에서는 그곳에 올 모든 사람도 영원히 그렇게 될 것이라고 이해했다. 삼위일체는 하나님이기 때문에, 하나님께서는 삼위일체이시다. 삼위일체는 우리의 창조주이고, 삼위일체는 우리의 보호자이고, 삼위일체는 우리의 영원한 애인이고,

우리 주 예수 그리스도에 의해, 그리고 우리 주 예수 그리스도 안에서, 삼위일체는 우리의 끝없는 기쁨과 행복이 되신다"(LT, 제4장).

줄리안은 십자가에 달린 그리스도에 대한 환상으로부터 모든 것이 하나님으로 채워지고 그분에 의해 둘러싸여 있음을 배웠다. 또한 하나님에게는 동경(憧憬, longing)이 있으며, 이 속성은 하나님의 영원한 선하심의 일부다. "진실로 하나님 안에 동정과 연민이 있는 것처럼, 그렇게 진실로 하나님 안에는 갈망(thirst)과 동경의 속성이 있다……그리고 이러한 동경과 갈망의 속성은 하나님의 영원한 선하심에서 나온다"(LT, 제31장). 우리를 향한 하나님의 고통스러운 동경 때문에, 우리가 느낀 동경은 하나님을 향한 우리의 채워지지 않는 요구(desire)고, 우리 안에서 활동하는 하나님 자신의 요구인 것이다.

어머니이신 하나님에 대한 가르침에서 줄리안은 완전히 삼위일체적이다. 어머니이신 예수님은 통치자나 심판자로서 성부로부터 분리되시지 않는다. 궁극적으로 삼위일체는 우리의 어머니이시다. "우리를 창조하심에 있어 전능하신 하나님께서는 사랑하는 아버지이고, 모든 지혜이신 하나님께서는 성령의 사랑과 선하심을 지닌 사랑하는 어머니이시다. 모두는 한 하나님, 한 주님이시다"(LT, 제58장).

줄리안은 또한 하나님께서 보시는 방법을 분명하게 표현하고자 한다. 이 때문에 그녀는 인간 존재를 포함해 창조된 실재에 대한 근본적이고 대안적인 전망을 제시한다. 그 결과 두 가지 놀라운 주장이 나온다. 첫째, 하나님 안에는 비난이나 분노가 없다(LT, 제45-49장). 둘째, 그 사실과 관련해 죄는 '행위'가 아니다(LT, 제11장). 줄리안은 만물 안에서 하나님을 보면서(LT, 제11장), 하나님 안에서 만물을 보았다. 그러므로 "만물 안에서 죄는 보이지 않는다." 후에 죄가 어떻게 하나님을 향한 그녀의 갈망을 방해하는지를 생각했을 때(LT, 제27장), 그녀는 그리스도의 수난을 관상할 때에는 죄를 볼 수 없었다는 사실을 배운다. 왜냐하면 "그것은 실체도 없고 존재하지도 않으며, 그로 인한 고통 외에는 인식할 수 없기 때문이다." 죄는 인간의 고통과 그리스도의 수난의 원인이다. 그러나 "죄는 필요하다." 결국 하나님께서는 죄를 '보지' 않고 우리의 행복이 되실 것이다. 하나님의 관점에서 이것은 인간 존재의 궁극적인 진리다. 그래서 비록 인간의 삶과 경험에서 죄의 결과가 어떠한지를 알지만, 그녀가 하나님의 눈으로 보았을 때 죄를 볼 수 없는 것이다.

유명한 주인과 종의 비유(LT, 제51장)는 모든 것이 우리가 보는 방식에 달려 있음을 분명하게 보여 준다. 이 비유에서 종은 주인의 뜻을 행하려고 서두르지만 도랑에 떨어진다. 그곳에서 그는 사랑하는 주인을 보지 못하고, "사랑하는 주인의 관점에서 자신이 무엇인지 진실로 알지 못한다." 실제로 다음 장(LT, 제52장)에서 줄리안이 제안하듯이 "하나님께서는 한 가지 방법을 보시는데 사람은 다른 방법을 보고 있다." 본질적으로 하나님께서는 그의 아들의 관점에서만 인류를 보실 수 있다. "아담이 떨어졌을 때, 하나님의 아들은 (마리아의 자궁)에 떨어졌다. 하늘에서 이루어진 진정한 연합으로 인해서, 하나님의 아들은 아담과 분리될 수 없었다. 나는 아담을 통해 모든 인류를 이해한다"(LT, 제51장).

이러한 관점에서 아담(타락)과 예수 그리스도(성육신)의 이야기는 하나의 현실로 보아야 한다. 아담이 타락하는 그 순간은 마찬가지로 구원의 순간이 된다. 하나님께서는 우리를 '그리스도 안에' 있는 것처럼 보시기 때문에, 마지막 완성, 즉 치료되고 죄가 없는 영화로운 상태로 우리를 보신다. 영원에 비추어 우리는 항상 하나님과 연합하고 있다. 요약하면 이것은 허물이 없으신 하나님의 돌이킬 수 없는 사랑의 신학이다.

인류의 죄와 고통은 예수, 우리 어머니의 재창조 작업에 의해 끊임없는 궁극의 행복으로 변화된다. 줄리안의 말에 따르면, 현재의 인간 존재의 고통에도 불구하고 "모든 것은 잘될 것이고, 모든 것의 방식이 잘될 것이다."29

영성의 경계를 넘어 : 이슬람의 영향

중세 후기 신비주의에 대한 이러한 탐구의 결과로, 이슬람 신비주의가 특별히 스페인의 기독교 영성 저자들에게 끼친 영향을 주목하는 것은 흥미롭다. 역사가들은 13세기 카탈루냐의 사상가 라몬 유이(Ramon Llull, c. 1232-1315)가 무슬림을 개종시키려는 목적으로 아랍어를 배웠다는 사실을 당연하게 여겨 왔다. 그러나 오늘날 그 문제는 훨씬 더 복잡하다는 것이 인정되고 있다. 이슬람 사상과 그의 저술 사이에 어떤 의견 교환이 있었던 것으로 보인다. 이슬람의 위대한 사상가 알-가잘리(Al-Ghazzali)가 유이에게 영향을 끼쳤다는 것은 사실이다. 그의 신비 저서 『사랑하는 자와 사랑 받는 자의 책』(The Book of the Lover and Beloved)에서 유이는 수피(Sufis) 사상가들로부터 영감을 얻었다고 분명하게 인정했다. 또한 루세 로페스 바랄트(Luce Lopez-Baralt)의 최근 연구에서, 영적 조명과 정신적 취함에 중점을 둔 수피즘의 알-안달루스(Al-Andalus) 학파는 15세기 알룸브라도스(alumbrados)*와 프란체스코회 신비주의자 프란시스코 드 오수나(Francisco de Osuna, 1497-1541), 베르나르디노 드 라레도(Bernardino de Laredo, 1482-1540)에게 영향을 주었고, 그 두 사람은 차례로 아빌라의 테레사에게 영향을 미쳤다고 주장

---

* 스페인의 기독교 신비주의.

한다. 또한 바랄트는 논란의 여지가 있지만 수피즘이 십자가의 요한의 언어와 상징에 미친 영향에 대해 세부적인 평가를 한다.[30] 또 다른 이론적인 가능성은 이냐시오 로욜라의 『영신수련』의 부록에 나오는 세 번째 기도(호흡의 기도)에 대한 수피의 영향력인데, 이것은 신뢰할 수 있지만 증명되지는 않았다.

신심의 영성

신심(信心, devotion)은 일반적으로 생각보다는 감정과 관련 있다. 그래서 몸이나 정서보다는 지성을 가치 있게 여기는 영적 문화에서 종교적 신심은 종종 과소평가된다. 특별히 종교의 정서적인 면에서 영적 실행은 '대중적 신심'으로 언급됐다. 이것은 '영성'보다는 '대중적 경건'으로 여겨졌고, 지금도 그런 면이 없지 않다. 그러나 이러한 실행과 정서에 대한 부주의한 연구는 영성의 역사에 대해 매우 치우친 접근을 유발한다. 또한 '고도의' 신비적 영성과 대중적 신심의 영성 사이를 엄격하게 구분하는 것은 도움이 되지 않는다. 프란체스코회와 베긴회가 모두 분명히 보여 주듯이, 신심의 주제와 실행은 종종 신비 저작의 중요한 배경이었다.

1150~1450년 서방 영성의 가장 두드러진 요소 중 하나는 신심과 경건한 심성의 고양이다. 다시 말하면 이것은 교회 안의 개혁 운동, 수도원 밖의 평신도 영성의 증가, 도시의 영적 분위기에서 자극을 받은 강렬한 종교적 열정의 결과였다. 도시의 평신도 기독교인의 문해력이 증가함에 따라 경건 소책자의 출판이 주목할 만한 발전을 이루었다. 이것들은 성인전기(가령 야코부스 데 보라지네[Jacopo de Voragine]의 『황금 전설』[*Golden Legend*]), 기도 안내서(공공 전례의 사적인 이용을 가능하게 하

는), 영적 안내서와 입문서 그리고 특별히 그리스도의 생애에 대한 체계적인 묵상선집을 포함한다. 주목할 만한 예로 13세기『그리스도의 생애 묵상』(Meditationes Vitae Christi)은 한때 성 보나벤투라가 쓴 것으로 간주됐고, 여전히 프란체스코회 출신 작가의 저술로 여겨진다. 제5장에서 살펴보겠지만 묵상 의식서와 묵상 안내서는 14세기 중반부터 영향력 있는 영적 개혁 운동인 새로운 경건 운동에서 더 중요한 역할을 했다.

기록 문헌과는 별개로, 신심의 영성은 순례 여행(주로 예수님의 성지, 로마, 콤포스텔라, 캔터베리와 같은 장소), 행렬(성례전), 종교 예술의 생산 및 교회나 도시 거리의 종교적 동상이나 이콘 숭상, 성자의 유물이 있는 전당의 방문, 유명한 영국 신비극과 같은 야외 종교 드라마 등의 활동을 통해 표현됐다. 예를 들어 이 시기에는 그리스도의 몸(Corpus Christi)의 축제와 관련된 성찬 행렬 외에도, 크리스마스의 구유, 묵주 기도, 십자가의 길에 있는 14개의 기도처와 같은 세 가지 심신을 위한 실행이 지금까지 이루어지고 있다. 구유는(분명히 아시시의 프란체스코에서 파생한 것으로) 성육신의 교리, 즉 하나님께서는 예수님의 인격 안에서 인간이 되셨다는 것에 대한 신심을 표현한다. 묵주 기도는 마리아에 대한 신심의 발전, 그리스도의 생애와 구속사에 대한 묵상과 관련 있다. 14개의 기도처는 그리스도의 수난에 대한 신심과 성지 순례와 십자군 운동으로 고무된 그리스도의 생애와 관련한 성지에 대한 집중을 반영한다.

역사가 오래된 성인들에 대한 신심 외에도, 주제별로 보면 이 시기의 신심의 영성은 특히 그리스도의 인성에 대한 관심의 증가에서 유래됐다. 이것은 그리스도의 고난과 수난에 대한 강조, 마리아와 그리스도의 인성의 근원에 대한 신심의 강조, 성찬에 대한 전례적이며 신비적인 신심에 대한 강조로 확대됐다.[31]

영성과 동방 기독교

제3장에서 살펴보았듯이 동방 기독교 영성의 중요한 요소는 '이콘 전통'이다. 교회의 벽면에 걸린 나무판의 그림이나 프레스코화, 모자이크에 그려진 이미지는 하나님과 성인들의 직접적인 연대 또는 교제의 매개이고, 성화 또는 은혜의 원천이고, 신성한 영역에 접촉하는 특별한 창으로 여겨진다(이콘에 묘사된 인물은 관찰자와 직면하고 신자를 직접 응시하는 방식으로 강력하게 표현된다). 이콘 작가는 자신의 역할을 예술적인 혁신이 아닌 준성례적 전통의 전달로 여겼다. 그들의 이콘 제작 방식은 기도의 맥락이고, 그 목적은 신성과의 교제다.

동방 영성에는 (전례 의식과 음악, 이콘을 포함한) '이미지의 방법'과 함께 생각과 이미지를 초월하려는 중요한 흐름이 있다. 사막의 수도원에서 헤지키아(hēsychia) 또는 고요함을 추구하면서 시작된 이래로, 내면의 평정(平靜)을 돕기 위한 기도 방법이 점차 발전했다. 넓은 의미에서 이 기도는 시나이산의 성 캐서린 수도원에서 발전하고, 7세기 존 클리마쿠스(John Climacus)에 의해 촉진되는데, 그는 특별히 호흡과 예수의 이름 사이의 연관성을 가르쳤다. 이미 언급했듯이, '예수기도' 또는 예수 이름의 기도의 고전적인 형태는 마태복음 9:27에 근거한 "주 예수 그리스도, 하나님의 아들이여, 죄인인 저를 불쌍히 여기소서"다. 헤지카스트 영성 전통은 새 신학자 시메온(949-1022)에 의해 더욱 정제됐다. 시메온은 콘스탄티노플의 정부 관료로 있는 동안 초기 수도원의 가르침에 영향을 받아 조용한 기도를 오랜 시간 드렸다. 어느 순간 그는 빛으로 가득 차는 경험을 하면서 신성한 빛에 참여하는 경험을 했다. 시메온과 다른 저자들은 이러한 물리적 현상을 다볼산에서 예수님의 변형과 연결시켰다. 이후 시메온은 수사가 되고 그의 저작들은 그리스 반

도의 아토스산에서 성장한 수사 공동체들에게 특별히 영향을 끼쳤다.[32]

헤지카스트 전통에 대한 반대자들이 있었다. 그들은 부분적으로 아토스산의 수사들이 하나님과의 연합의 경험에 대해 사용하는 과장된 언어에 자극을 받았다. 그러나 그레고리 팔라마스는 그 전통의 중요한 방어자이자 타고난 신비신학자였다. 그레고리는 20세에 아토스산의 수도원 중 하나에 입회해 헤지카스트 전통에 철저히 몰두했다. 그는 튀르크족의 급습을 피해 일정 기간 떠나 있다가 1331년에 자신의 가르침을 출판하기 시작했을 때 아토스로 돌아갔다. 가장 유명한 저작은 『거룩한 헤지카스트를 위한 변증의 트리아드』(*Triads for the Defence of the Holy Hesychasts*)인데, 거기서 그는 온전한 헤지카스트 전통에 대한 설명과 함께 신학적으로 방어한다.[33] 그레고리와 헤지카즘 반대자들 사이의 논쟁에서 중요한 문제는 하나님의 직접적 현존을 경험할 수 있는지의 여부였다. 그레고리는 잘 알려진 대로 하나님에 대해 언급할 때 (인간 경험이나 지식을 필연적으로 초월하는) 신적 본질과 이 세상에 직접적이고 즉각적인 현존을 수반하는 하나님의 '에너지'(또는 행동)를 신학적으로 구별함으로써 긍정적인 대답을 옹호했다. 게다가 그레고리는 시메온과 마찬가지로 하나님에 대한 신비적 경험은 어떤 방식으로든 관상하는 자의 몸을 변형시켜서 실제 신성한 빛 그 자체 안에 육체적으로 참여할 수 있다고 믿었다. 그레고리의 견해는 많은 교회 공의회에 의해 옹호됐고, 그는 테살로니키 대주교로 삶을 마쳤다.

슬프게도 영성은 동방과 서방 기독교를 더 크게 분리시키는 원인이 됐다. 여러 관점에서 그 분열은 문화적이고 정치적인 것이었다. 그레고리 팔라마스의 신학적 견해는 서방 주류 신학에 어울리지 않아서 의심을 받았다. 또한 헤지키아 영성의 몸에 대한 긍정적인 견해는 몸으로부터의 초월을 주장하는 서방 신비주의의 경향과도 일치하지 않았다. 소위 1054년의 대분열(로마와 콘스탄티노플 사이의 상호 파문)은 후대의 관점에서 볼 때 상징성은 지니지만 사소한 사건으로 간주될 수 있다. 그보다는 십자군 전쟁 기간에 확대된 분열의 긴장과 특히 1204년 제4차 십자군 전쟁 때 발생한 용서할 수 없는 십자군의 콘스탄티노플 약탈과 비잔틴 교회를 서방화하려는 꾸준한 시도가 더 지속적이고 치명적인 피해를 입혔다. 13세기 후반과 1439년 플로렌스 공의회에서 그 상처를 치료하려는 시도들이 있었으나 그것은 지속되지 않았다. 그리고 1453년에 튀르크족의 콘스탄티노플 함락은 비잔틴 제국의 종말을 보게 했을 뿐만 아니라, 서방에 대한 동방 정교회 기독교인들의 의심을 강화시켰다. 오늘날 그 의심은 서서히 극복되고 있다.

르네상스

약 1350년부터 1450년에 이르기까지의 한 세기와 그 이후까지 중세 후기의 서방 영성은 특별히 르네상스에 영향을 받았다. 르네상스와 그 지적이고 예술적인 인문주의는 기독교 영성의 역사에서 거의 고려되지 않았다. 그것은 기독교 영성이 르네상스와 영성의 본질을 오해했기 때문에 일어난 불행이다. 대체로 르네상스는 14세기의 이탈리아 도시를 휩쓸고 결국 알프스 전역으로 확산된 기념비적인 지적, 미학적 운동이다. 전통 신학의 출처에 대한 명백한 무관심, 고전적인 고대 로마와의 재결합 그리고 인간을 타당한 연구 대상으로 보는 개념(인문주의)은 일부 사람들로 하여금 르네상스가 기독교로부터 일종의 새로운 무종교로 후퇴했다고 잘못 믿게 했다. 이것은 르네상스에 대한 잘못된 인상이다.

프란체스코 페트라르카(Francesco Petrarca, 1304-1374)는 르네상스

시대의 가장 위대한 인물 중 하나로, 고전 문화를 회복한 초창기 동인(動因)이다. 그는 신학에 대해서도 깊은 관심을 가졌으나 당시 후기 스콜라주의의 건조한 합리주의를 공격했다. 다른 인문주의자들과 마찬가지로, 페트라르카는 많은 동시대 종교인의 사상적 빈곤 때문에 거부당했다. 그는 추상에서 벗어나 인간과 미학으로 타당한 관심을 돌리기 위해 방향을 재조정하려고 했다. 이것은 하나의 영적인 원리였다. 왜냐하면 페트라르카에게 논리학과 지적 질서의 강조는 이 세상에서 활동하시는 하나님에게서부터, 하나님의 형상 가운데 있는 인간 본성의 영광으로부터 사람들의 관심을 벗어나게 만들고, 일상의 인간 경험과 무관한 종교 분위기를 불러일으키는 것이었기 때문이다. 페트라르카는 그 시대 고전 수사학의 대가로 여겨지던 아우구스티누스의 모습을 보여준 『고백록』에 강한 영향을 받았다. 페트라르카와 다른 인문주의자들은 수사학의 중요성을 강조하는데, 순수한 문학적 도구로서가 아니라 그것이 지닌 설득력 때문이었다. 후기 스콜라주의 신학과는 다르게, 수사학은 마음을 뚫고 들어가서 의지를 변형시키고, 정서적 반응을 불러일으키고, 행동을 고무시킨다고 보았다. 르네상스 시대, 고대 문헌의 복귀는 성경 문헌의 진정성에 대한 관심도 불러일으켰다. 예를 들어 페트라르카는 신약성경에 대한 풍부한 주석들을 수집하고 성경 본문을 원어로 공부하는 것의 중요성을 강조했다.

여러 면에서 메디치 가문의 후원을 받은 도시 플로렌스는 르네상스의 중심지였다. 이 도시에서 마르실리오 피치노(Marsilio Ficino, 1433-1499)는 플라톤의 저작 전체를 라틴어로 번역하는 작업을 의뢰받았다. 깊은 영성을 지닌 피치노는 이 작업을 통해 철학자가 일종의 영적 안내자라는 개념을 부활시켰다. 피치노에게 인문주의는 기독교에 반대하는 길이 아니고 오히려 진정한 종교를 갱신하기 위한 매개였다.

 인류 혹은 창조된 질서에 대한 인문주의 연구는 우리가 과학과 예술이라고 부르는 것에 관심을 가지게 했다. 우리는 인간으로서 하나님의 창조 활동을 공유한다. 따라서 미켈란젤로나 레오나르도 다빈치와 같은 예술가, 건축가, 기술자는 단순한 공예가가 아니라 하나님과 함께 활동하는 공동 창작자의 지위로 승격됐다. 인문주의자들에게 인간의 개성은 더 높은 지적 능력에 의해 통치되는 축소된 지성이 아니었다. 종교적인 관점에서 볼 때, 하나님에 대한 추구는 정서적이고 예술과 시를 통해 효과적으로 표현할 수 있었다. 인간의 육체를 매우 긍정하는 견해는 진정한 영성의 척도로서 수덕적 고행을 지나치게 강조하는 것과는 대조적이었다. 종교 예술의 측면에서 그러한 강조는 그리스도의 인성을 더 부각시키고, 예술가들은 그의 삶에서 가장 인간적으로 가슴 아픈 일화를 각색했다. 그렇게 풍부하고 구체화된 틀 안에서 미학 그 자체는 영적 담론의 한 형태가 됐다.[34]

결론

 전반적으로 14세기 후반부터 16세기 초반의 종교개혁의 폭발까지의 기간은 느리게 전개된 서방 기독교의 파편화라고 표현하는 것이 어울린다. 무엇보다 이 기간 '중세적 종합'이라고 일컬어지던 것이 서서히 해체되는 것을 볼 수 있다. 그것은 교회와 정치적 제국 사이의 균형에 근거해서 세워진 일관된 세계관, 단일 '기독교 왕국'에 대한 이해, 철학과 신학의 건축학적 체계, 상대적으로 안정된 사회적 서열 그리고 신중하게 구조화된 권위 개념과 결속돼 있었던 것이다. 논란의 여지는 있지만, 그 종합은 현실적으로 종종 표현되는 것처럼 시종일관 유지되지는 않았다. 그러나 중세 후기의 파편화의 경험은 충분히 사실이었다. 1350~1500년 유럽을 황폐하게 만든 것들의 목록을 생각해 보아야 한다. 흑사병, 백년 전쟁, 봉건 제도의 점진적인 붕괴와 부유하고 교육받은 도시 계급의 성장, 신성로마제국의 쇠퇴, 새로운 민족주의의 출현, 교황청 분열로 인한 도덕의 약화, 중세 후기 신학의 지적 건조, 넓은 의미에서 힘을 잃고 개혁을 절실히 필요로 하는 종교 제도 등이 그것이다.

이러한 환경에서 영성이 평신도화되고 교회의 권위 체계보다 개인의 내적 경험을 점차 선호한 것은 놀랄 일이 아니다. 이러한 변화는 종종 교회 내부의 개혁 요구와 관련된 복음적이고 성경적인 경건의 운동의 동력이 됐다. 중세 기독교의 최종적 붕괴를 되돌릴 수 없게 만든 비판과 열정에 대해 교회 제도는 영적으로나 구조적인 차원에서 신속하고 적절하게 대응하는 데 무능했다.

● 미주

1. 그레고리안 개혁이 영성에 끼친 영향에 대해서는 Karl Morrison, "The Gregorian Reform" in Bernard McGinn, John Meyendorff, and Jean Leclercq, eds., *Christian Spirituality : Origins to the Twelfth Century*, New York : Crossroad Publishing 1985, pp. 177-193을 보라. 12세기 르네상스에 대해서는 Robert Benson, Giles Constable and Carol Lanham, eds., *Renaissance and Renewal in the Twelfth Century*, Toronto : University of Toronto Press 1991 ; 그리고 R. W. Southern, *Medieval Humanism and Other Studies*, Oxford : Blackwell 1970 ; 그리고 Caroline Walker Bynum, *Jesus as Mother : Studies in the Spirituality of the High Middle Ages*, Berkeley : University of California Press 1984, 서문과 제3장을 보라.

2. Marjorie Reeves, *Joachim of Fiore and the Prophetic Future*, London : SPCK, 1976을 보라.

3. Bernard McGinn, ed., *Apocalyptic Spirituality-Treatises and Letters of Lactantius, Adso of Montier-en-Der, Joachim of Fiore, The Spiritual Franciscans, Savanarola*, New York : Paulist Press, 1979, pp. 142-148의 영어 번역을 보라.

4. 의전 수도회 영성에 대해서는 Bynum, *Jesus as Mother*, 제1장을 보라. 빅토주의에 대해서는 Stephen Chase, *Contemplation and Compassion : The Victorine Tradition*, London : Darton Longman & Todd and New York : Orbis Books, 2003을 보라.

5. Bynum, *Jesus as Mother*, pp. 82-109를 보라.

6. Colleen McDannell and Bernhard Lang, *Heaven, A History*, New Haven : Yale University Press, 1988, pp. 70-80을 보라.

7. Georges Duby, *The Age of the Cathedrals : Art and Society 980-1420*, Chicago : University of Chicago Press, 1981, p. 95.

8. Arnold Berleant, *The Aesthetics of Environment*, Philadelphia : Temple University Press, 1992, p. 62를 보라.

9. C. Frugoni, *A Distant City : Images of Urban Experience in the Medieval World*, Princeton : Princeton University Press 1991, p. 27.
10. 중세 도시들의 발전에 대해서는 Jacques Le Goff, *Medieval Civilisation*, Oxford : Blackwell, 1988, pp. 70-78을 보라.
11. Peter Raedts, "The medieval city as a holy place" in Charles Caspers and Marc Schneiders, eds., *Omnes Circumadstantes : Contributions towards a History of the Role of the People in the Liturgy*, Kampen : Uitgeversmaatschappij J. H. Kok, 1990, pp. 144-154를 보라.
12. Nicola Cortone and Nino Lavermicocca, *Santi di strada : Le edicole religiose della città vecchia di Bari*, 5 vols, Bari : Edizione BA Graphis, 2001-2003.
13. Peter Ackroyd, *The Life of Thomas More*, London : Random House, 1999, p. 111을 보라.
14. 베긴회에 대한 최근 연구들은 Walter Simons, *Cities of Ladies : Beguine Communities in the Medieval Low Countries 1200-1565*, Philadelphia : University of Pennsylvania Press, 2001 ; Saskia Murk-Jansen, *Brides in the Desert : The Spirituality of the Beguines*, Traditions of Christian Spirituality, London : Darton Longman & Todd and New York : Orbis Books, 1998 ; 그리고 Phillip Sheldrake, "Context and conflicts : The Beguines" in *Spirituality and History*, New York : Crossroad, 1992를 보라.
15. 탁발 수도회들과 그들의 영성에 대해서는 Jill Raitt, ed., "The mendicants" in *Christian Spirituality II : High Middle Ages and Reformation*, New York : Crossroad Publishing, 1987 그리고 C. H. Lawrence, *The Friars : The Impact of the Early Mendicant Movement on Western Society*, London : Longman, 1994를 보라.
16. 도미니크 영성에 대해서는 Richard Woods, *Mysticism and Prophecy : The Dominican Tradition*, London : Darton Longman & Todd and New York : Orbis Books, 1998 그리고 Simon Tugwell, ed., *Early Dominicans : Selected Writings, Classics of Western Spirituality*, New York : Paulist Press, 1982를 보라.
17. 중세 이탈리아어에서 번역, by Frances Teresa OSC in *Living the Incarnation : Praying with Francis and Clare of Assisi*, London : Darton Longman & Todd,

1993, p. 129.

18. (이 장에서 인용된 본문을 포함해서) 초기 프란체스코회 문헌들에 대해서는 Regis Armstrong and Ignatius Brady, eds., *Francis and Clare : The Complete Works*, New York : Paulist Press, 1982. 일반적 프란체스코회 영성에 대해서는 W. Short, *Poverty and Joy : The Franciscan Tradition*, London : Darton Longman & Todd and New York : Orbis Books, 1999 ; Jacques Le Goff, *Saint Francis of Assisi*, English translation, London : Routledge, 2004 [1999] ; Marco Bartoli, *Clare of Assisi*, English translation, London : Darton Longman & Todd,, 1993 [1989]를 보라.

19. Ewert Cousins, ed., *Bonaventure-The Soul's Journey into God, The Tree of Life, The Life of St Francis*, New York : Paulist Press, 1978을 보라.

20. 베긴회와 그들의 영성에 대해서는 C. Hart, ed., *Hadewijch : The Complete Works*, Classics of Western Spirituality, New York : Paulist Press, 1980 ; E. Babinsky, ed., *Marguerite Porete : The Mirror of Simple Souls*, Classics of Western Spirituality, New York : Paulist Press, 1993 ; Murk-Jansen, Brides in the Desert : The Spirituality of the Beguines, 제6장을 보라.

21. Columba Hart, ed., *Hadewijch-The Complete Works*, New York : Paulist Press, 1980.

22. Michel de Certeau, *The Mystic Fable : The Sixteenth and Seventeenth Centuries*, Chicago : University of Chicago Press, 1992.

23. 경험주의자들의 신비주의 이해로의 전환에 대한 비평적 해석은 Denys Turner, *The Darkness of God : Negativity in Christian Mysticism*, Cambridge : Cambridge University Press, 1995 그리고 Bernard Mc Ginn, *The Foundations of Mysticism : Origins to the Fifth Century*, New York : Crossroad Publishing, 1991, 특히 General Introduction and Appendix를 보라.

24. B. McGinn and E. Colledge, eds., *Meister Eckhart : The Essential Sermons, Commentaries, Treatises and Defense*, New York Paulist Press, 1985 그리고 B. McGinn and F. Tobin, eds., *Meister Eckhart : Teacher and Preacher*, New York : Paulist Press, 1987. 또한 B. McGinn, *The Mystical Thought of Meister*

Eckhart, New York : Crossroad Publishing, 2001을 보라.

25. F. Tobin, ed., *Henry Suso : The Exemplar, with Two German Sermons*, New York : Paulist Press, 1989.

26. M. Shrady, ed., *Johannes Tauler : Sermons*, New York : Paulist Press, 1985.

27. J. Wiseman, ed., *John Ruusbroec : The Spiritual Espousals and Other Works*, New York : Paulist Press, 1985.

28. S. Noffke, ed., *Catherine of Siena : The Dialogue*, New York : Paulist Press, 1980.

29. E. Colledge and J. Walsh, eds., *Julian of Norwich : Showings*, New York : Paulist Press, 1978. 영국 신비주의자들에 대한 더 넓은 연구는 Joan Nuth, *God's Lovers in an Age of Anxiety : The Medieval English Mystics*, London : Darton Longman & Todd and Maryknoll : Orbis Books, 2001을 보라.

30. L. López-Baralt, *San Juan de la Cruz y el Islam : Estudios sobre las filiaciones semíticas de su literatura mística*, Madrid : Hiperion, 1990 그리고 *The Sufi "trobar clus" and Spanish Mysticism : A Shared Symbolism*, Lahore : Iqbal Academy, 2000을 보라. 일부 십자가의 요한 연구자들은 바랄트(Baralt)가 문헌을 과도하게 해석했다고 의심한다. 그럼에도 불구하고 일부 이슬람의 영향이 있었을 거라고 믿는다.

31. Richard Kieckhefer, "Major currents in late medieval devotion," Ewert Cousins, "The humanity and the Passion of Christ," 그리고 Elizabeth Johnson, "Marian devotion in the Western Church," in Jill Raitt, ed., *Christian Spirituality : High Middle Ages & Reformation*, New York : Crossroad Publishing, 1987을 보라.

32. C. J. de Catanzaro, ed., *Symeon the New Theologian : The Discourses*, New York : Paulist Press, 1980.

33. N. Gendle, ed., *Gregory Palamas : The Triads*, New York : Paulist Press, 1983.

34. 직접적으로 르네상스 혹은 기독교 인문주의의 영성을 다루는 연구는 드물다. 유익한 연구 논문은 (이탈리아에 한정되지만) William J. Bouwsma, "The spirituality of Renaissance humanism" in Jill Raitt, ed., *Christian Spirituality II : High Middle Ages and Reformation*, New York : Crossroad Publishing, 1987.

제5장
종교개혁 시대의 영성 : 1450~1700

1300-1378	작센의 루돌프 : 카르투지오회, 『그리스도의 생애』의 저자
1340-1384	히어트 호로터 : 새로운 경건 운동의 지도자
1433-1503	닐 소르스키 : 러시아 수도원의 창립자
1440-1515	이오시프 볼로츠키 : 러시아 수도원의 창립자
1469-1536	데시데리우스 에라스무스 : 기독교 휴머니스트, 개혁자
1483-1546	마틴 루터 : 독일 종교개혁의 조직가
c. 1484-1566	바르톨로메 데 라스 카사스 : 스페인 도미니크 수사, 멕시코 치아파스 주교, 사회 개혁자
1484-1531	울리히 츠빙글리 : 스위스 종교개혁자
c. 1488-1524	토마스 뮌처 : 과격파 종교개혁의 지도자
c. 1490-1527	한스 후트 : 과격파 종교개혁의 지도자
1491-1556	이냐시오 로욜라 : 『영신수련』의 저자, 예수회의 창립자
1492	크리스토퍼 콜럼버스의 신대륙 도착, 그라나다의 함락과 무슬림 국가 알-안달루스의 멸망
1497-1560	필립 멜란히톤 : 마틴 루터의 협력자
1509-1564	장 칼뱅 : 지도적 프랑스인 종교개혁가, 『기독교 강요』(초판 1536)
1515-1582	아빌라의 테레사, 카르멜회의 개혁자, 신비가, 저자
1521	프라하 선언(토마스 뮌처)
1524	독일의 농민전쟁
c. 1525	재세례파 운동 시작
1529	루터의 소교리문답
1530	아우구스부르크 신앙고백
1542-1591	십자가의 요한 : 카르멜회 신비가, 주요 스페인 시인
1545-1563	트랜트 공의회 : 개신교에 반격하고 서방 기독교를 개혁하기 위한 가톨릭 공의회
1552	토마스 크랜머의 『공동기도서』
1552-1610	마테오 리치 : 예수회의 중국 선교사
1556-1621	요한 아른트 : 지도적인 루터교 사제
1560-1609	야쿠부스 아르미니우스 : 네덜란드 개혁주의 신학자

1567-1622	프란시스 드 살 : 제네바의 주교, 영향력 있는 영성 저자
1572-1641	요안나 드 샹탈 : 프란시스 드 살의 협력자, 방문 수도회의 창립자
1572-1631	존 던 : 성공회 지도적인 시인, 설교자, 세인트 폴 대성당의 수석 사제
1572-1656	로베르토 드 노빌리 : 예수회 인도 선교사
1574-1629	피에르 드 베륄 : 프랑스 오라토리회의 창립자, 추기경, 개혁자
1580	『콩코드의 책』 : 루터교 교리성명
1580-1660	빈센치오 드 폴 : 가난한 사람들과 함께한 설교자, 빈센치오회, 라자로회의 창립자
1585-1645	메리 워드 : 이냐시오 영성을 따르는 영국 여성 공동체 창립
1585-1638	코르넬리우스 얀센 : 이퍼르(Ypres)의 주교, 얀센주의 사상의 창립자
1586-1617	리마의 로사 : 라틴 아메리카 최초의 성인
1591-1660	루이즈 드 마리약 : 빈센치오 드 폴의 협력자, 자비의 수녀회의 창립자
1594-1597	리처드 후커의 『교회정치법』
1599	이냐시오 로욜라의 『영신수련』 공식 규칙서
1604-1664	아이작 암브로스 : 청교도의 영성 저자
1607	성공회 주교 조셉 홀의 『거룩한 묵상의 기술』
1608-1657	장 자크 올리에 : 신부 수도회 슐피스회의 창립자
1611	베일리 주교의 『경건의 실천』
1615-1691	리처드 백스터 : 청교도 신학자, 찬송가 작가, 시인
1620	청교도가 미국 매사추세츠주에 거류지 건설
1621-1695	헨리 본 : 형이상파 시인, 성공회의 영성 저자
1624-1691	조지 폭스 : 퀘이커의 창립자
1627-1704	자크베니뉴 보쉬에 : 주교, 설교자, 영성 저자
1627	존 코신 주교의 『개인 기도 모음집』
1633	조지 허버트의 시 모음집 『성전』 출판
1636-1674	토마스 트래헌 : 성공회 사제, 영성 저자
1649-1660	영국 연방(공화제)
1650	제레미 테일러 주교의 『거룩한 삶의 규칙과 훈련』
1678	존 버니언의 『천로역정』

15세기 중반에서 17세기 말까지는 역사적으로 복잡한 시기다. 중세적인 종교 세계는 산산조각이 나고 근대 초기를 탄생시켰다. 르네상스는 새로운 지식의 길을 열었다. 민족 국가의 탄생으로 유럽의 정치 지형은 변화되고 마침내 봉건제는 무너졌다. 종교적 권위의 위기는 교황청 대분열을 시작으로 15세기 내내 지속됐다. 교회 개혁에 대한 요구와 함께 새로운 평신도 운동이 나타났다. 이 모든 것으로부터 종교개혁이 성장했다. 동시에 비교적 억제돼 있었던 유럽은 1492년 콜럼버스가 소위 아메리카 대륙을 발견함으로써 신세계로 개방됐다. 같은 해 무슬림 왕국인 그라나다가 붕괴하지만, 기독교 유럽은 콘스탄티노플의 함락(1453) 이후 16세기 내내 오스만 튀르크를 매개로 이슬람과 대립했다.

오늘날 역사학자들은 '종교개혁'과 '반종교개혁'이라는 표현보다는 개신교 종교개혁과 가톨릭 종교개혁이라는 말을 더 많이 사용한다. 이것은 종교개혁 운동이 마틴 루터보다 앞서 시작됐고, 가톨릭과 개신교가 이러한 추진력을 계승했다는 것을 상기시킨다. 종교개혁은 언제 시작되고 언제 끝이 났는가? 통상적으로는 루터와 함께 시작해 1648년 독일 30년 종교전쟁의 종식으로 끝마친 것으로 본다. 그러나 풀뿌리 관점에서 볼 때 종교개혁의 영향은 1600년경에 결정적이었고 1700년경에 가서 완료됐다. 이 기간 동안 세 번째 유형의 영성이 수도원적이고 신비적으로 등장했다. 이것은 평신도 기독교인들에게 호의적인 영적 환경을 조성하는데, 일상생활과 타인에 대한 실질적인 봉사를 통해 하나님을 발견할 것을 강조하는 '능동적 – 실천적 유형'이다.

개혁의 씨앗 : 새로운 경건과 기독교 인문주의

중세 후기 영성의 두 가지 중요한 흐름인 새로운 경건(devotio moderna)과 기독교 인문주의가 종교개혁에 양분을 공급했다. 새로운 경건 운동은 14세기 후반부터 플랑드르와 네덜란드에서 번성했다. 이 운동은 도시 중산층의 가치를 대표하며, 교육받은 평신도와 개혁적 정신을 지닌 성직자를 끌어들였다. 이 영성은 다소 반지성적이지만 교육을 강조하는 흥미로운 혼합물이었다. 또한 새로운 경건은 플랑드르의 신비주의에 빚지고 있으나, 신비적 열정보다 조용한 경건을 선호했다.

이 운동의 창시자는 어린 시절에 회심을 체험하고, 성직자의 물질주의에 대해 비판적이었던 데벤테르의 히어트 호로터(Gerard Groote, 1340-1384)다. 위트레흐트에서 설교를 하는 부제인 그는 그리스도 중심의 훈련된 경건을 옹호하고 온건한 교회 개혁을 지지했다. 그는 신비주의자 얀 뤼스브룩을 알고 있었고 그의 저서의 일부를 라틴어로 번역했다. 그는 평신도를 위한 글을 쓰고 널리 사용된 자국어 『기도서』(Book of Hours)를 만들었다. 그는 기독교 인문주의자들과 함께 고결한 삶을 장려하는 교육에 대해 수준 높은 견해를 공유했다. 흐로터는 인격 중심의 교육 방법, 개인의 도덕적 형성의 중요성, 강한 공동체 의식을 고취하기 위한 기초로서 성경을 강조했다. 흐로터와 성직자 친구 플로렌스 라더베인스(Florens Radewijns)가 창설한 공동생활 형제단은 초기 기독교 공동체에서 영감을 받아 공동체 생활을 하는 성직자와 평신도 단체들이었으나, 수도규칙을 지키거나 서원을 하지는 않았다. 후에 여성 단체, 공동생활 자매단이 출현했다. 비록 공동생활 형제단들은 드물게 학교를 운영했으나, 흐로터의 교육 철학에 참여했다. 그들은 학교 관리자로서의 소임을 다하고, 영적 안내와 교육을 병행할 수 있는 기숙사를 운영했다. 새로운 경건 운동은 종교적 삶의 개혁을 고무시켰다. 특히 성 아우구스티누스 의전 수도회의 수사와 수녀들의 관상적이고 목회적인 공동체들을 개혁했다. 그중 가장 유명한 것은 빈데스하임 수도원(Windesheim Congregation)이다.

새로운 경건 운동은 문필 문화를 낳는데, 뤼스브룩, 수소, 타울러, 작센의 루돌프(1300-1378)의 문헌들을 보급했다. 루돌프의 『그리스도의 생애』(복음서들에 기초해 합성된 문헌)는 16세기 『영신수련』의 저자 이냐시오 로욜라에게 중대한 영향을 미쳤다. 새로운 경건은 또한 기도에 대한 방법론적 접근법을 장려했다. 예를 들어 라더베인스와 히어트 판 죗편(Gerard van Zutphen)의 묵상 의식서가 있다. 이 운동의 가장 유명한 저술은 토마스 아 켐피스(Thomas à Kempis)의 『그리스도를 본받아』다. 이 책은 그 후 20세기에 이르기까지 가톨릭과 개신교 모두에서 인기 있는 고전이다.[1] 일반적으로 이 운동의 복음적 경건과 평신도에 대한 강조는 개신교와 가톨릭의 종교개혁 모두에 중대한 영향을 주었다.

종교개혁에 중대한 영향을 준 중세 후기 영성의 두 번째 형태는 기독교 인문주의다. 이것은 평신도에게 기독교인의 삶에 대한 새로운 이상을 더 효과적으로 제시했다. 이탈리아 르네상스 밖에서 가장 영향력 있던 인물은 사제이자 신학자이며 종교개혁자인 데시데리우스 에라스무스(1469-1536)였다. 사제들의 무지와 대중의 미신에 대한 그의 신랄한 비판 때문에 복음적 영성에 대한 그의 진지함은 가려져 있었다. 그러나 그의 가장 중요한 관심사는 기독교의 미덕을 되살리는 것이었으며, 이 정신으로 『엔키리디온』(*Enchiridion*, 『기독교 군사의 표본』, 1518), 교부문헌 편집, 그리스어 신약성경의 비평판을 집필했다. 에라스무스에게 있어서 진정한 경건은 성경에 올바른 주의를 기울이는 것이었다. 에라스무스는 그의 영국인 친구이며 런던의 세인트 폴 대성당의 수석 사제였던 존 콜렛(John Colet)과 훗날 영국의 대법관이자 가톨릭 순교자가 된 토마스 모어와 함께 성경과 윤리에 근거한 경건인 '그리스도의 철학'을 촉진하려고 했다. 에라스무스는 개신교가 우세한 바젤에서 가톨릭 신앙을 가지고 죽었다.[2]

새로운 경건 운동과 에라스무스의 인문주의는 모두 교회 개혁에 대한 강한 열망을 가지고 있었다. 교회 지도자들이 이러한 강렬한 열망에 대해 미온적으로 응답한 것은 비극이었다. 그로 인해 좌절감을 맛본 일부 개혁자들은 급진적 입장을 택하면서 교회의 파편화가 불가피해진다.

중세 영성의 위기

16세기 종교개혁은 일반적으로 형식주의와 외적인 것에 과도하게 의존하는 대신에 마음의 종교를 추구하는 사람들에게 지지를 받았다. 그 대표적 인물이 에라스무스다. 그는 넓은 의미에서 외적인 것('공로'의 종교)에 대한 강조를 비판하고, 보다 개인적이고 묵상적인 영성을 옹호했다. 에라스무스와 그의 친구들에게 외적인 것이란 전례, 유물 숭배와 성인을 향한 기원, 행렬과 순례, 수난에 대한 헌신 그리고 고해성사에 대한 지나친 의존을 의미했다. 인문주의자들은 이러한 것들의 중심에 하나님의 은총보다 인간의 노력에 대한 의존을 강화시키고, 낙담을 불러일으키는 더 깊은 영적 불안이 있다는 것을 감지했다. 간단히 말하면 에라스무스가 비판한 영성은 실패와 저주에 대한 두려움에 끌려다니는 것이었다.

마틴 루터(개신교 종교개혁의 아이콘)의 영적 위기와 새롭게 회심한 이냐시오 로욜라(가톨릭 종교개혁의 아이콘)의 절망의 유혹은 근원은 같지만 다른 방식으로 나타났다. 두 사람은 열정적인 금욕 생활에도 불구하고 하나님께 용납될 수 있는지에 대한 확신에 있어서 무력감을 경험했다. 그들은 각자 영적 삶에 대한 다른 시각을 탐구함으로써 악순환을 피하려고 했다.

영성과 루터주의 종교개혁

마틴 루터(1483-1546)는 어린 시절 공동생활 형제단의 수사들에게 영향을 받았고, 개혁된 아우구스티누스 수도원에 입회하여 비텐베르크에서 신약 교수가 된다. 알려진 바로는 루터가 1517년에 비텐베르크 성교회의 문에 95개 조항의 반박문을 붙이며 처음으로 개혁에 관한 논쟁을 불러 일으켰고, 이내 이것은 교권과 충돌로 이어진다. 루터는 1519년에 교황의 수위권을 부정하고, 1520년에 견책을 받고, 1521년에 공식적으로 파문을 당했다. 그 후 몇 년 동안 그는 성경을 독일어로 번역하고(1534년 완성), '종교개혁' 신학과 교회 개혁 프로그램을 더 발전시켰다. 그는 더 급진적인 개혁자들과 맞서기 위해 망명 상태에서 비텐베르크로 돌아와 대학 교수직을 다시 시작하고, 이듬해인 1524년에 결혼해 마침내 아우구스티누스 수도회를 떠났다.

루터의 1517년 논제 가운데 가장 잘 알려진 것은 죽은 가족을 대신해 연옥 기간을 단축하는 방법으로서 '면벌부' 판매에 관한 것이다. 루터는 '영적 상품'의 판매를 반대하는 것 외에도 하나님의 용서가 인간의 공로에 의해 영향을 받는다는 개념을 비판했다. 우리는 어떻게 하나님의 자비를 확신할 수 있고, 하나님의 은총을 획득하는 자격에 대한 염려에서 벗어날 수 있는가? 루터는 인간의 행위(선행)는 하나님께 드리는 제물로서 가치가 없지만, 하나님께서 은혜로 주신 용서에 대한 감사의 표현으로 볼 수 있다고 결론지었다.

루터의 이신칭의 교리는 바울 서신에서 유래했다. 그것은 성경을 교회 전통의 권위보다 높였다. 루터는 신학적 기초와 모순되는 영적 실행의 개혁을 옹호함으로써 이 원리를 따랐다. 진정한 영성의 열쇠는 첫째, 인간의 죄성과 하나님의 은혜로운 죄 용서에 대한 확신이다. 둘째, 하나님의 은총의 수단인 성경과 성례에 규칙적으로 참여하는 것이다. 성찬은 수동적으로 예전적 행위를 준수하는 것이 아니고, 모든 기독교인이 자기 언어로 성경의 말씀을 듣고 정기적으로 참여하는 것이 됐다. 성찬은 '실재 임재' 교리로 개정됐음에도 불구하고, 그리스도의 생명에 진정 참여하는 것이었다. 루터는 유물 숭배와 마리아와 성인들의 중보의 능력을 의존하는 것에 반대하지만, 개인적인 죄 고백을 유지하고 성상 파괴에 반대해 종교 예술과 음악을 변호했다.

루터는 (특별한 생활 방식이 우월하다는) 거룩의 이중성을 거부하고 노동, 가정, 시민의 일상생활의 거룩성을 지지했다. 따라서 안수받은 직제는 특별한 역할을 가지지만 특별한 지위는 아니고, 모든 기독교인은 타인에게 봉사하는 것을 포함해서 공동의 소명(모든 신자의 제사장직)을 가지고 있다. 그러나 루터는 하나님께서 인간적 중재를 무시하고 신자 개인과 직접 대면한다는 견해를 지지하지 않는다. 교회 생활은 영성의 핵심 원천으로 남아 있었고, 교회와 가정에서 읽을 수 있도록 설교집이 제작됐다. 1522년 루터의 『기도서』는 평신도 독자층에게 교회력, 삶의 단계, 루터의 교리문답을 반영하는 기도를 제공했다. 1526년 독일 미사는 모국어 찬송과 성가를 회중 예배에 중심이 되게 했다. 루터는 중세 신비주의의 가르침(가령 타울러의 가르침)에 관심이 있었고 믿음으로 그리스도에게 신비적으로 참여한다고 가르치지만, 물질로부터의 '상승'을 강조하는 신플라톤주의는 거부했다.

루터의 가까운 동료 필립 멜란히톤(1497-1560)은 기독교 인문주의의 영향을 받았고, 그 시대에 가장 학식 있는 사람 중 하나였다. 멜란히톤은 가톨릭의 신인협동설에 대해서 루터보다 친근했고 전례의 부정적인 영향에 대해서는 루터보다 염려가 적었다.

루터 이후 '루터주의'는 스웨덴에서 가톨릭의 구조와 전례를 유지하는 형태부터 17~18세기 '복음주의적' 경건주의에 이르기까지 다양한 형태를 채택했다. 그러나 루터교 영성의 중심에는 아우구스부르크 신조(1530), 루터의 『소요리문답』(1529) 그리고 루터 사후에 교리를 더 강조하는 시대에 쓰인 『일치서』(The Book of Concord, 1580)와 같이 그 가치를 구현한 공통의 문헌들이 있다. 개신교에서 루터교는 독일에서 보다 지배적이었고 거기로부터 스칸디나비아 반도와 발트해 연안으로 퍼져 나갔다. 가장 잘 알려진 루터교 영성의 사례 중 하나는 경건주의 양상들을 미리 보여 준 17세기 초 요한 아른트의 『참된 기독교』에서 말하는 기독론 중심의 신비적 경건이다.[3] 루터교 영성의 가장 아름다운 표현은 쉬츠(Schütz)와 북스테후데(Buxtehude), 천재적인 바흐와 같은 작곡가를 낳은 풍부한 음악 전통이다.[4]

장 칼뱅과 개혁주의 영성

프랑스인 장 칼뱅(1509-1564)은 원래 미래의 예수회 창설자 이냐시오 로욜라와 동시기에 파리에서 공부하는 동안 루터교 사상으로 회심했다. 파리를 떠나야 하는 상황에서 칼뱅은 제네바 종교개혁을 도와달라는 요청에 설득됐고 스트라스부르에 단기간 체류한 기간을 제외하고는 죽을 때까지 제네바에 머문다. 칼뱅은 루터와 다르게 인문주의의 영향을 받았고, 에라스무스의 찬미자였다. 또한 스트라스부르에서 루터교 지도자 마르틴 부서로부터 영감을 받아 초대교회 교부들을 깊게 연구했다.

칼뱅은 아마도 가장 영향력 있는 종교개혁 지도자였고, 그의 신학은 주로 그의 대표작『기독교 강요』(1539, 이후에 계속 개정), 성경 주석, 신학 논문들 안에서 발전했다.[5] 칼뱅은 인간의 죄성과 인간의 노력으로 하나님의 요구를 성취할 수 없다는 믿음을 루터와 공유했다. 그러나 루터와는 달리, 하나님의 율법은 인간의 타락을 통제하는 것 이상의 역할을 한다고 믿었다. 신자가 성령에 의해 그리스도에게 이끌리는 영적 성장, 즉 진정한 '성화'의 과정이 있다는 점에서 성경의 도덕적 가르침은 또한 긍정적 기능을 하는 것이다.

칼뱅의 영성에는 세 가지 주요 특징이 있다. 그것은 어떤 의미에서 신비적이고 공동체적이고 사회적이다. 첫째, 칼뱅은 신자와 그리스도 사이의 신비한 연합에 대한 이해를 가지고 있었다. 칼뱅은 개인적으로 단순한 예배를 선호하고 복잡한 위계를 혐오한다는 면에서 간소한 사람이었다. 동시에 인간의 감정에 대해 긍정적인 시각을 갖고 진심 어린 신앙심을 가르쳤다. 어떤 면에서 그는 하나님의 초월을 이해하려는 지적 능력에 대해 회의적이고 무정념적(아포파틱)인 중세 신비주의를 공유했다. 『기독교 강요』가 주장하는 것처럼 하나님에 대한 참된 지식은 사랑의 결합 안에 놓여 있다. 하나님께서는 단지 재판관이 아니라 신자를 부드럽고 온화하게 끌어들이는 분이다.

둘째, 칼뱅의 영성은 공동체적이다. 그는 고(高)교회적 관점을 가지고 있었다. 회심은 교회 공동체의 공동생활로 수용되는 것이다. 어떤 의미에서 칼뱅은 초기 스위스 종교개혁자 울리히 츠빙글리(1484-1531)의 개혁을 계속 이어갔으나, 종교성에 있어서 츠빙글리보다 개인적이거나 내면적이지 않았다. 또한 성례의 신학에서도 츠빙글리와 달랐다. 칼뱅은 제네바에서 매주 성찬 집행을 위해 노력했으나 성공하지 못하고, 츠빙글리의 연 4회 성찬례를 계승했다. 칼뱅은 가톨릭과 루터교의 성찬론이 지나치게 물질적인 언어를 취한다는 이유로 거부하면서, 성령의 역사로 그리스도의 능력이 수찬자와 연합하는 '실재적 현존'의 개념을 가르쳤다.

셋째, 칼뱅의 영성은 사회성이 짙었다. 특히 제네바에서 영성은 공적인 문제였다. 그는 제네바를 시민권과 영성이 융합된 기독교 국가로 만들려고 했다. 공직자와 장로의 역할은 하나님과 기독교 시민 사이의 언약을 성실하게 관리하는 것이었다. 도덕적이고 영적인 삶은 모든 공적이고 사적인 요소와 관련돼 있었다. 그 이면에는 하나님의 성령이 세상과 모든 인간 활동에 작용하고 있다는 이해가 있었다.

칼뱅은 하나님께서 구원 사역의 모든 것을 시작하고 완성하신다는 개신교 종교개혁 영성의 기본적인 특징을 받아들이지만, 네덜란드 신학자 야코부스 아르미니우스(Jacobus Arminius, 1560-1609)는 칼뱅주의 영성 안에 신인협동의 개념을 가져왔다. 17세기 초 영국 국교회에 영향을 준 사상은 보다 개방적인 '아르미니우스' 칼뱅주의다. 17세기 개혁주의 영성의 가장 풍부한 표현의 일부는 나중에 다룰 영국 청교도주의에서 발견된다. 한편 칼뱅주의는 스위스와 네덜란드의 많은 지역에서 두드러졌으며 스코틀랜드의 국교가 된다. 또한 다른 나라에서도 중요한 종교가 되는데, 특히 프랑스의 개혁주의자들은 위그노라고 알려져 있다.[6]

급진 종교개혁 : 재세례파 영성

세 번째 종교개혁자들의 흐름인 재세례파는 전통적 영성의 역사에서 자주 간과된다. 그들의 명칭은 성인(成人) '신자' 세례의 관습과 관련 된다. 그들에게는 단일 창설자가 없고 공식적인 조직의 방식도 거의 가지고 있지 않았기 때문에, 언제 재세례파가 시작됐는지를 정확하게 말하는 것은 어렵다. 그러나 성인 세례에 대한 최초의 기록이 있는 1525년경부터 그 무리들은 오스트리아와 모라비아에 있는 고립된 지역을 포함해서 스위스로부터 네덜란드까지 라인강 위아래로 퍼져 나갔다. 이 전통은 오늘날에도 아미쉬파(Amish), 메노파(Mennonites), 후터파(Hutterites)에 존속한다. 그들은 주로 철저한 단순성과 세속 권력에 대한 거부로 인해 가톨릭뿐만 아니라 주류 개신교도들에 의해서도 심하게 박해를 당했다. 16세기에는 수천 명의 사람이 순교했다. 이른바 급진 종교개혁은 '가난한 사람들의 개신교'로 묘사됐다.

초기에 이 운동은 늘 그랬던 것처럼 그리스도의 임박한 재림과 새 시대의 출발에 대한 격렬한 열정을 수반하는 일종의 묵시론을 포함하고 있었는데, 특히 토마스 뮌처(Thomas Müntzer)와 한스 후트(Hans Hut)

와 같은 인물들에게서 나타난다. 원래 마틴 루터의 추종자이던 뮌처는 계시의 지속성과 급진적 예언의 우선순위에 대한 자신의 믿음 때문에 루터의 무리를 떠났다. 흥미롭게도 그는 성모 마리아에 대해 강한 신학적이고 헌신적 애착을 가졌으며, 누가복음의 성모 찬가는 그가 가장 좋아하는 본문 중 하나였다. 그의 프라하 선언(1521)은 명백하게 종말론적이다. 그는 구약성경의 다니엘서를 또 다른 선호하는 본문으로 언급하면서 자신을 새로운 다니엘로 묘사했다. 뮌처는 모든 것을 공유해야 한다고 단언하면서 현존하는 사회 질서를 반대하며 1524년의 농민전쟁에 참가했다. 이듬해 농민전쟁의 실패 후, 그는 투옥돼 처형당했다. 한스 후트는 그의 예언적 발언에서 뮌처의 주장을 되풀이했고, 비엔나의 성문에 무슬림 튀르크족이 도착한 것을 그리스도의 임박한 재림의 신호로 보았다. 뮌처와 마찬가지로 후트는 자신의 설교에서 다니엘서와 요한계시록을 인용했다.

원래 재세례파의 전통은 네 가지 중요한 특징을 가지고 있다. 첫째, 하나님께서는 진정으로 회개하는 자를 외면하시지 않는다는 이해를 가지고 유아 입교를 반대하고, 성인(成人)의 신앙을 회심에 근거한 자발적 과정으로 보았다. 이것은 루터주의나 칼뱅주의와 배치되는 주장이었다. 둘째, 영적 변형의 내적 과정은 순수한 내면의 영성으로 인도하는 것이 아니고, 신약의 가르침에 대한 철저한 해석에 근거해 삶의 외적 변화로 이끈다고 보았다. 불행한 사람들과 물질적 재화를 나누는 것이 요구됐다. 재세례파 공동체는 신앙의 실패자들이 삶의 잘못을 고칠 때까지 공동체에서 격리되는 엄격한 규율을 가지고 있었다. 삶의 단순성은 또한 예배로 확장됐다. 때때로 세족식이 실행됐다. 주의 만찬은 서로 그리고 그리스도와 맺는 언약 갱신의 형태로 간주됐고, 공식적 교회보다 가정이나 공동 건물에서 거행됐다. 셋째, 함축적인 의미에서 기독교인의 길은 회개와 신앙과 중생과 하나님을 향한 순종의 여정이었다. 넷째, 세속적 권위가 부패했다는 신념과 비폭력 철학이 결합돼서, 공적 지위나 군대에 참여하는 것을 거부했다.

재세례파 영성은 중세 후기 신비 운동에 많은 영향을 받았다. 특히 요한네스 타울러의 영향을 받았는데, 재세례파들은 그로부터 인내 및 하나님을 향한 신뢰의 자기 포기(Gelassenheit)의 교훈들을 끌어내어 개조했다.[7]

첨언하면 흥미롭게도 일부 재세례파는 유아 세례를 거부하는 입장에서, 도덕적 책임이 없는 나이의 모든 어린이는 그리스도에 의해 구원을 받는다는 교리로 이동했다. 어떤 사람들은 종교와 인종에 상관없이 모든 어린이는 구원을 받는다고 덧붙인다. 아주 극소수의 사람에게 이것은 더 폭넓은 함의를 가지고 있었다. 토마스 뮌처는 코란을 읽고 나서 무슬림이 하나님의 영에 의해서 참된 신앙으로 옮겨질 수도 있다고 믿었다. 또한 경건한 유대인들은 분별없는 기독교인들보다 그들의 신앙으로 칭의를 얻을지도 모른다고 믿었다. 또 다른 재세례파 자콥 팔레올로구스(Jacob Palaeologus)는 의로운 기독교인, 유대인, 무슬림으로 구성된 종교 간 교회에 대한 아이디어를 발전시키고, 스트라스부르의 유명 설교자 클레멘트 지글러(Clement Ziegler)는 마지막 날에는 예외 없이 모두가, 심지어는 마귀도 구원받기를 희망했다.

성공회 영성

유럽 대륙과 비교해서 영국의 종교개혁은 보다 정치와 결부됐다. 그것은 헨리 8세(1509-1547)의 통치로부터 시작됐고, 에드워드 6세 때에 개신교의 우세와 메리의 시대에 가톨릭 복원을 거쳐서 엘리자베스 1세 (1558-1603)의 통치 아래 최종적인 타협이 이루어진다. 엘리자베스가 받은 가정 교육은 개신교적이었지만, 그녀 자신의 종교적 입장은 애매하거나 적어도 신중하고, 개인적인 것으로 유지됐다. 엘리자베스는 철저하게 개혁주의 제도를 채택하라는 압력에도 불구하고, 역사적 주교 제도와 약간 수정된 크랜머 대주교의 1552년판 『공동기도서』를 신중하게 유지했다. 영국 교회의 종교적 일치는 엄격한 교리의 형태보다는 교회 질서와 관련 있다.

17세기에 발전한 영국 교회의 영성은 대륙의 종교개혁자들의 원칙에 의해 형성된 것이 분명하지만, 종교개혁 이전의 요소들도 유지됐으며, 가톨릭 종교개혁의 영성적 견해를(예: 프란시스 드 살의 저서들) 사용할 준비가 돼 있었다. 성경이 권위의 중심이었으나, 『공동기도서』의 공동예배에서 분명하게 표현되는 교회 전통의 권위와 이성도 함께 배치됐다. 예를 들어 엘리자베스의 통치 기간에 리처드 후커(Richard Hooker)의 독창적인 저서 『교회정치법』이 그렇다.

'성공회' 영성은 캐롤라인 신학자(Caroline Divines)로 알려진 저자 집단과 함께 독특한 전통으로 부상했다. 이 명칭은 그중 많은 사람이 찰스 1세와 찰스 2세의 통치 기간에 활약했다는 것을 반영한다. 그들의 영적 가르침은 체계적이지 않으나 설교, 기도 모음, 목회 활동 그리고 아마도 가장 유명한 최고 수준의 시로 나타났다. 그러나 무엇보다 영국 성공회 영성은 『공동기도서』에 의해 전달됐다. 이것은 단순히 종교개혁 이전의 예배에 대한 개혁만이 아니라 특정한 영적 태도를 촉진하려는 의도로 작성된 교리 지침서였다. 여기서 개인 영성은 교회와 시민으로 구성된 공동체의 일부로 살아가고 예배드리며 형성되는 것으로 인식되면서도, '공동'이라는 개념은 적합한 신자로 구성된 정화된 공동체를 추구하는 것을 반대한다는 뜻이다. 또한 영성이 절기와 금식으로 이루어진 교회력의 리듬에 따라 만들어진 인간 삶의 공동의 표지들과 관련된다고 제시한다.

성공회 영성에는 『공동기도서』 외에도 또 다른 강조점들이 두드러지게 나타난다. 성공회 영성은 매우 그리스도 중심적이다. 물론 예수 그리스도는 하나님의 계시이며 하나님의 유일한 구원의 통로다. 그러나 그리스도는 기독교인의 삶의 모범이다. 성공회 영성에서 그리스도의 십자가에 대한 강조는 때때로 세상 죄를 자기 몸에 흡수한 그리스도가 하나님의 의로운 심판을 지연하고 있는 것으로 표현하지만, 그보다는 그리스도의 고난에서 계시된 하나님의 사랑이 지배적으로 나타난다. 다른 중요한 주제들로는 창조에서 계시된 하나님, 음악과 예술뿐만 아니라 인간의 일상생활을 중요하게 여기는 기독교적 인문주의가 있다.

캐롤라인 저술에는 다양한 장르가 있다. 베일리(Bayley) 주교의 『경건의 실천』(*The Practice of Piety*), 제레미 테일러(Jeremy Taylor)의 『거룩한 삶의 규칙과 훈련』(*The Rule and Exercises of Holy Living*)과 같은 목회·윤리적 논문들이 있는가 하면, 조셉 홀(Joseph Hall) 주교의 『거룩한 묵상의 기술』(*The Arte of Divine Meditation*)과 같은 종교개혁적이면서도 중세적 원천에서 뽑아낸 묵상서들도 있다. 존 코신(John Cosin) 주교의 『개인 기도 모음집』(*A Collection of Private Devotions*)과 같이 '경건의 간격'을 채우기 위해 의도된 책들과 19세기에 뉴먼 추기경에 의해 매일 사용된 란슬럿 앤드류스(Lancelot Andrewes) 주교의 『개인 기도들』(*Preces privatae*)과 같은 다양한 고대 출처에서 수집된 기도 모음집들도 있다. 토마스 트래헌(Thomas Traherne)의 『묵상의 세기들』(*Centuries* of Meditations)은 하나님의 창조 안에 있는 영적 갈망의 풍부한 기쁨의 영성을 제공했다. 조지 허버트, 존 던(John Donne), 헨리 본(Henry Vaughan)의 정교한 시는 아마도 영국 성공회의 영적 기질을 가장 잘 나타내는 작품일 것이다.

20세기 초의 신비주의 저자 바론 폰 휘겔(Baron von Hügel)은 성공회 영성을 비(非)신비주의로 묘사했다. 그러나 허버트와 본의 숭고한 시와 트래헌의 묵상들을 읽어 보면, 그가 그릇된 판단을 한 것 같다. 18세기 초 기인(奇人) 윌리엄 로(William Law)의 『경건하고 거룩한 삶으로의 진지한 부르심』(A Serious Call to a Devout and Holy Life)에도 신비적 관심사가 나타난다.

조지 허버트

조지 허버트(George Herbert, 1593-1633)의 인격과 저서는 영국 성공회의 영적 전통의 훌륭한 본보기다. 조지 허버트는 영향력 있는 귀족 펨브로크(Pembroke) 가문의 일원으로 케임브리지의 트리니티 칼리지의 특별회원, 대학 강연자, 의원, 끝으로 1630년에 안수를 받고 교구 사제가 되는 다양한 삶을 살았다. 그의 위대한 두 저작은 성직자의 삶과 목회에 관한 산문체의 논문 『시골 목사』(The Country Parson)와 위대한 시 모음집 『성전』(The Temple)이다. 오늘날 허버트는 영국의 가장 위대한 시인 중 한 명으로 간주된다. 그는 또한 17세기 '성공회'(Anglican)의 독특한 영성의 출현에서 주요 인물이다. 물론 허버트 당시에는 19세기에 등장한 '앵글리칸'이라는 단어를 사용하지 않았다.

허버트는 가까운 친구 니콜라스 페라(Nicholas Ferrar, 준수도단체 리틀 기딩[Little Gidding] 공동체의 창시자)에게 『성전』에 대해 다음과 같이 묘사했다고 전해진다. "(그 책은)……나의 주인 예수님의 뜻에 내 뜻을 복종시킬 수 있기 전에, 하나님과 내 영혼 사이에 있었던 수많은 영적 대립의 모습을 보여 준다네. 그리고 나는 이제 복종 가운데 완전한 자유를 발견했네." 이 책에서 사용된 단어들의 어조에서 개인적인 진정성이 느껴지지만, 허버트의 사망 직후 1633년에 출판된 『성전』은 신앙 교육을 위한 작품으로 의도된 구조를 가지고 있다는 견해가 일반적이다. 많은 시가 허버트 자신의 경험의 표현인 것은 거의 확실하지만, 그 목적은 우리의 현대적 감각으로 볼 때 자전적인 것은 아니다. 허버트에게 개인 경험은 독자들을 더 큰 찬양과 깊은 반응으로 인도해 하나님을 전달하려는 단순한 수사학적 장치였다.

시들은 매우 질서정연하게 구성돼 있는데, '교회 현관', '교회', '전투하는 교회'라는 세 구조로 돼 있다. 그중 가운데에 해당하는 '교회'가 가장 분량이 많고, 영적으로 가장 풍부하고 역동적이다. 이 세 부분의 제목은 '성전'이나 '교회'의 세 가지 다른 의미에 부합한다. 첫째, 성전은 하나님께서 현존하시는 물리적 건물이다. 일부 시들은 교육을 위한 틀로서 건물의 특징(제단, 교회 바닥, 창, 교회 기념물)을 사용한다. 이렇게 함으로써 시는 그리스도인의 삶에서 질서와 아름다움의 중요성을 강조한다. 둘째, 성전은 그리스도 공동체이자 그리스도의 몸이다. 따라서 다른 시들은 공동체가 자기 정체성을 표현하고 공고히 하는 교회의 절기와 전례를 표현한다(만도[晩禱], 조도[早禱], 사순절, 성찬). 셋째, 성전은 성 바울이 '성령의 전'(고전 3:16)이라고 기술한 개별적인 인간의 영혼이다.

최종적으로 개인 인격을 강조한 것은 허버트의 가르침의 중요한 특징이다. 『성전』은 분명히 독자들에게 기독교인의 영적인 길을 전하려고 의도했다. 이런 의도를 가진 시들은 근본적으로 교훈적이지 않다. 『성

전』의 세 부분 중 첫 부분인 '교회 현관'에는 도덕적인 권면이 있다. 그러나 광범위한 가운데 부분, '교회'의 서정시들은 그렇지 않다. 대다수의 시는 하나님을 향하고 있기 때문에 문체에 있어서 묵상 또는 친밀한 대화의 형식을 취하고 있다. 시들은 독자들이 정서적으로 반응하고 그 결과 삶의 변화를 결단하기를 추구한다. 이 시들은 다른 사람을 위한 허버트 자신의 순수하고 영적인 삶을 게시하기 때문에, 또한 모든 기독교인의 문제와 열망에 공감한다.

비록 산문체 논문 『시골 목사』가 영적인 문학 작품으로서 명예를 회복할 자격이 충분하지만, 그의 시는 현대 독자들에게 보다 더 큰 영적이고 심미적인 영향을 미친다는 것은 의심의 여지가 없다. 왜냐하면 그의 시에는 내적인 영적 투쟁의 고통스런 현실이 매 장마다 나타나기 때문이다.

한 가지 예를 든다면, "기도 I" 시에서 기도에 대한 놀라운 표현들이 나타난다. 이 비범한 단시(短詩)는 동사 없이 은유로만 이루어져 있다. 이 시의 감화는 마지막 정의(定義)보다 은유가 누적되며 발생하는 효과에 있다. 허버트에게 은유는 표현의 한계를 뛰어넘을 수 있는 더 큰 상상의 범위를 제공했다. 역설적으로 허버트는 기도에 대한 많은 이미지를 제시하면서도, 하나님과의 관계로서 기도는 궁극적으로 묘사될 수 없다는 근원적 진리를 제시했다. 기도는 우리가 궁극적 신비와 닿을 수 있게 해 주는 신비로운 과정이다.

기도, 교회의 향연, 천사의 나이,
　자신의 탄생으로 회귀하는 이 안에 있는 하나님의 숨결,
　　의역(意譯) 중인 영혼, 순례 중인 마음,

하늘과 땅에 울리는 기독교인의 중압감 ;

전능자에 대항하는 엔진, 죄인의 탑,

 반대로 향한 천둥, 그리스도의 옆구리를 찌르는 창,

 한 시간 안으로 옮겨지는 6일의 세계,

만물이 듣고 두려워하는 그런 곡조 ;

부드러움과 평화, 기쁨과 사랑과 행복,

 고귀한 만나, 최고의 기쁨,

 평범한 천국, 잘 꾸며진 사람,

은하수, 낙원의 새,

 별들 너머 들리는 교회 종소리, 영혼의 피,

 묘미의 땅 ; 무엇인가 이해되는 것.

 비록 순간적이지만 기도할 때 다른 영역으로 옮겨지는 것이 가능하다. '천사의 나이', '은하수' 그리고 '별들 너머'의 곡조는 기도가 무한(無限)과 닿는 것을 의미한다. 이 시는 '이해할 수 있는 어떤 것', 즉 하나님의 신비적 타자성과의 심오하지만 파악하기 어려운 만남으로 결론을 맺는다.[8]

청교도 영성

 청교도로 알려진 개신교의 한 줄기는 17세기 잉글랜드와 후에 미국, 특히 18세기 위대한 종교적 부흥의 대명사로 해석되는 뉴잉글랜드에서 번성했다. 신학적으로 칼뱅주의자인 청교도들은 영적이고 도덕적인 갱신을 강조하는데, 주류 영국 국교회 안에서 결코 편안을 느끼지 못했다. 예를 들어 작가인 아이작 암브로스(Isaac Ambrose)와 같은 다수의 주요 인물은 성공회 사제로 시작하지만, '비국교도'가 된다. 일부 청교도들은 1620년 초에 잉글랜드를 떠나 북아메리카로 갔고 매사추세츠 식민지를 유토피아 기독교 사회로 건설했다. 잉글랜드에서 청교도주의는 영연방 기간(1649-1660) 동안 단기간의 우위를 누렸다. 군주제의 복구와 영국 국교회의 재건 후에 더 많은 청교도가 잉글랜드를 떠나 대륙이나 북아메리카로 갔고, 남은 사람들은 우리가 지금 회중주의자, 장로교인, 침례교인으로 알고 있는 다양한 전통의 소수자가 된다.

청교도 영성은 매우 성경적이다. 비록 청교도들이 인류의 부패를 강조했다고 하더라도, 진지하고 규율 있는 도덕적 삶을 강조한 그들을 우울하게 표현하는 것은 다소 불공평하다. 청교도들은 하나님과 인간의 관계 안에 사랑과 갈망은 물론, 하나님의 자비와 하나님과의 즉각적인 교제의 가능성에 대해서도 강조했다. 칼뱅주의자로서 청교도들은 하나님의 뜻에 일치하는 영적 과정으로서 성화를 받아들였다. 가톨릭 교인과 개신교인들에게 동일하게 알려진 청교도 문학의 위대한 영적 고전은 존 버니언의 『천로역정』(Pilgrim's Progress)이다. 이는 기독교인의 삶을 그리스도와 연합을 향해 시련, 유혹, 고생을 통과하는 여정이나 순례로 묘사한다.

영적인 삶을 소통하기 위한 중요한 매개는 영적으로 해설하고 환기시키는 설교다. 그러나 정기적인 개인 기도, 성경 공부, 영적 독서, 리처드 백스터와 같은 작가들이 장려하는 묵상, 양심의 점검 그리고 금식 역시 중요하게 생각했다. 청교도들의 다소 금욕적인 영성은 보다 관상적 입장과 아이작 암브로스와 같이 신비적 황홀을 지닌 사람들에 의해 보충됐다. 이러한 관상적이고 신비적인 요소들은 아가서 설교와 신부 신비주의를 지닌 시토회 전통에서 파생했는데, 청도교들의 유사한 저술에 반영되고, 아이작 암브로스에 의해 직접 인용되기도 했다.

존 버니언과 리처드 백스터의 저서들 외에도 잉글랜드 청교도 정신은 아마도 존 밀턴의 위대한 시에 가장 잘 드러날 것이다.[9]

초기 퀘이커

퀘이커 영성을 어디까지 청교도로 정의할 수 있을지 판단하는 것은 어렵다. 후에 공식적으로 친우회로 알려진 퀘이커 운동은 조지 폭스(George Fox, 1624-1691)의 영감 있는 가르침에서 비롯됐다. 그는 청교도들 가운데서 자신의 영적 탐구에 대한 응답을 찾았지만 누구도 대답할 수 없다는 것을 알았다. 결과적으로 그는 어둠 속에 있으나 그것을 극복하는 '무한한 빛과 사랑의 바다'에 대한 믿음을 갖는다. 이 빛은 그리스도다. 정식 교육을 받지 못한 방랑하는 설교자 폭스는 단순하고 규율적이고 윤리적인 삶에 대한 청교도의 강조점을 공유했다. 그러나 청교도들과는 달리 인간이 본질적으로 선하고 죄로 인해 타락한 것이 아니라고 믿었다. 또한 모든 사람 안에 신성한 '내면의 빛'이 있다는 것과 이것으로부터 이어지는 내적 평화가 있다고 가르쳤다. 이 내면의 빛에 대한 믿음은 퀘이커 영성의 여러 특징을 이끌어 냈다. (개인적 거룩성을 요구하지만 성례전의 필요성을 피하는) 개인이 직접 하나님을 만나는 경험, (하나님을 기다리는) 조용한 공동 예배의 강조, (하나님의 성령의 음성에 대한 식별을 근거로 합의 의사결정을 이끄는) 확실한 영적 민주주의가 그것이다.

비록 폭스의 경험은 격렬하면서도 내면적인 것이었으나, 또한 하나님의 권능이 인간의 갈등을 근절한다고 가르쳤다. 따라서 진정한 내적 경험은 사회 질서의 변혁을 위해 일하고자 하는 열망을 낳는다. 퀘이커 영성은 심오하게 관상적일 뿐만 아니라 평화와 사회 정의에 있어서 적극적이라는 점에서 윤리적이다. 퀘이커는 재세례파와 함께 비폭력 교리를 공유한다. 퀘이커 생활의 유토피아적 차원에 대한 주목할 만한 예는 펜실베니아에서 완벽하고 질서 정연한 사회를 창안하려고 한 윌리엄 펜(William Penn)의 활동이다. 1687년에 퀘이커들은 잉글랜드에서 종교적 자유를 획득하고, 산업혁명 기간 동안 탁월한 기업 기술과 노동자의 사회 복지를 결합시킨 것으로 유명하다. 그들은 잉글랜드에 부흔느빌르(Bourneville)와 같은 적절한 주거 및 학교 교육을 갖춘 계획된 정착촌을 세웠다. 19세기에 퀘이커 교도들은 감옥 개혁(예 : 엘리자베스 프라이의 활동)과 노예 제도 폐지에 관여했고 20세기 두 번의 세계대전 중 평화주의 그리고 세계 평화와 종교 간 이해를 위한 노력으로도 유명해졌다.[10]

가톨릭 종교개혁

'반종교개혁'보다는 '가톨릭 종교개혁'으로 언급하는 것이 일반적인데, 그것이 단지 프로테스탄트에 대한 단순한 반응이 아니라 더 광범위한 의제를 가진 과정이기 때문이다. 이 과정은 17세기 말에 이르러 자리를 잡았다.[11] 가톨릭 종교개혁의 주요 사건을 트렌트 공의회(1545-1563)라고 주장하지만, 그것은 교리와 규율 문제에 맞춰져 있기 때문에, 여기서 가톨릭 개혁의 영적 안건의 의미를 도출하기가 어렵다. 가톨릭 종교개혁 영성에는 새로운 수도회의 창립과 일상생활과 얽혀 있는 새로운 형태의 평신도 삶과 경건의 발전이라는 두 가지 주요 요소가 있다.

새로운 수도회들

가톨릭 종교개혁 영성은 부분적으로는 수도원적 생활에서 나타났다. 수많은 기존 수도회는 원래의 엄격함으로 돌아가려고 했다. 예를 들어 프란체스코회에서 분파된 개혁적인 카푸친회는 극단적으로 단순한 삶을 살았다. 카푸친회 수사들은 불안한 출발 이후에(부총장 베르나르디노 오치노[Bernardino Ochino]와 일부 사람들이 1542년에 조직을 떠나 칼뱅주의에 합류했다), 최종적으로 독립적 권리를 가진 성공적인 종단으로 발전했다. 또한 교양 있고 지성적이고 영향력 있는 평신도 단체들의 영적 필요를 제공해 줄 새로운 단체들이 필요하다는 사실이 분명해졌다. 지적 형성을 강조하고, 인문주의의 가치를 인정하고, 기독교 신앙을 확장하는 적극적인 삶을 이끌어주는 데 기존보다 더 능력이 있는 새로운 종단들이 설립됐다. '율수성직자'(律修聖職者, Clerks Regular)라고 불리는 새로운 형태의 성직자 공동체가 등장했다. 그 최초의 단체들에는 개인 수덕주의와 기도를 우선시하는 테아티노회(Theatines)와 바나바회(Barnabites)가 있다. 그러나 새로운 수도회 중 가장 급진적이고 가톨릭 종교개혁 영성과 가장 관련된 것은 1540년에 이냐시오 로욜라가 설립한 예수회다.

이냐시오 로욜라와 초기 이냐시오 영성

이냐시오 로욜라(Ignatius Loyola, 1491-1556)는 예수회의 창설자로 잘 알려져 있다. 그러나 이냐시오 영성의 주요 가치와 그것을 담고 있는 유명한 문헌인 『영신수련』이 시작부터 더 광범위하게 기독교인들에게로 퍼져 나갔다. 그런 의미에서 예수회는 하나의 새로운 수도회라기보다 더 넓은 의미에서 영적 전통의 특별한 표현이다.

스페인의 로욜라 출신의 바스크 귀족이던 이냐시오는 인습적으로 군대와 왕실에서 출세를 꿈꿨다. 그러나 팜플로나의 전투(1521) 중 부상을 당하면서 군대 경력은 끝이 났다. 그 후 가족의 저택에서 재활을 하는 중에 종교적 회심을 경험했다. 그리고 바르셀로나 근처의 만레사(Manresa)에서 은수자로 살면서(1522-1523) 신비적 통찰력을 얻었고, 몬세라트(Montserrat)의 수도원에서 영적 안내를 받았고, 과도한 금욕주의 경향을 천천히 벗어나면서 영적 식별의 교훈을 얻었다. 그의 영향력 있는 저서인 『영신수련』의 기본 틀은 아마도 이 시기에 기록됐고, 계속적으로 사람들을 인도하면서 다듬어졌을 것이다. 단기 성지 방문 후에 이냐시오는 스페인에서 영적 사역을 수행했고 알칼라(Alcalá)와 살라만카(Salamanca)의 대학들에서 공부했다(1524-1528). 그는 남녀의 추종자들을 모았고, 그 일로 종교 재판소에서 조사를 받았다. 이냐시오는 파리 대학으로 가서 7년간 신학을 공부했다(1528-1535). 거기에서 그는 다른 동료 집단을 모았는데, 그들은 사제로 안수를 받는 것과 새로운 종단을 형성하는 것이 그들의 영적 이상을 증진시키는 데 가장 효과적인 방법이라고 결정했다. 1537년경 이냐시오와 동료들은 이탈리아에 있었고 1540년에 그들의 새로운 수도원이 교황의 승인을 받았다. 『영신수련』은 1548년에 정식으로 승인됐다. 이냐시오는 예수회의 장상으로 로마에 머무르면서 수도회의 급속한 발전을 감독하고 다양한 청중에게 많은 영적 안내의 편지를 썼다. 그는 1556년에 사망했다.

이냐시오 영성의 정확한 영향력에 대해서는 논쟁의 여지가 있다. 그러나 자신의 경험과 다른 사람을 지도한 경험은 『영신수련』의 발전의 핵심이었다. 이냐시오는 스페인에서 이슬람을 향한 수세기의 십자군 운동에 의해 영향을 받은 문화에서 자라났다. 이것은 아마도 그의 심상에 영향을 미쳤을 것이다. 그는 회심 기간 동안 보라지네(Voragine)의 성인전기 그리고 작센의 루돌프가 쓴 『그리스도의 생애』를 읽었다. 『그리스도의 생애』는 새로운 경건 운동이 선호하던 문헌으로 상상력을 사용하는 복음서 관상의 형태를 제시하는데, 그 형태는 『영신수련』에서 더 발전했다. 새로운 경건은 다른 여러 방식으로 이냐시오에게 영향을 준 것으로 보인다. 그는 만레사에 있는 동안 『그리스도를 본받아』를 애독(愛讀)했다. 최근에 학자들 사이에는 새로운 경건에 끌렸던 몬세라트의 대수도원장 시스네로스(Abbot Cisneros, 1455-1510)가 영성 훈련에 관해 쓴 글에 이냐시오가 영향을 받았다는 의견이 되살아나고 있다. 이냐시오는 파리에 있는 동안 새로운 경건 운동의 지지자들에 의해 설립된 몽테규 대학(Collège de Montaigu)에 입학했다. 또한 알칼라와 파리에 에라스무스 서클에 속한 친구들이 있었는데, 에라스무스의 『엔키리디온』을 읽었을 것이고 아마도 『영신수련』에 반영됐을 것이다. 이냐시오는 에라스무스에 대해서 한때 그렇게 믿어진 것처럼 적대적이지 않았다.[12]

이냐시오와 관련된 중요한 저작들이 있다. 「예수회 회헌」(*The Constitutions of the Society of Jesus*), 그의 신비적 조명의 일부가 기록된 『영성일기』, 1538년까지 구술되고 (아마도 신중하게 완화시켜) 작성된 『자서전』 그리고 광범위한 사람들에게 영적 안내를 제공하고, 그의 영적 지혜에 대한 풍부한 통찰의 원천이 되는 수천 통의 편지가 그것이다. 그러나 가장 유명하고 널리 사용되고 있는 저작은 『영신수련』이다.[13]

『영신수련』은 모든 시대에서 가장 영향력 있는 영적 문서 중 하나다. 그것은 가톨릭 종교개혁의 기원임에도 불구하고, 오늘날 에큐메니컬 범위 안에서 기독교인들의 영적 안내와 피정을 위해 사용되고 있다. 이 책은 영감을 주려고 의도된 것이 아니고, 각 사람의 필요에 따라 과정을 어떻게 바꿀 수 있는지 알려 주는 일련의 피정 안내를 위한 실용서다. 그 목표는 보통 한 달 동안 일상의 부담에서 떨어져 있는 것이지만 '일상생활의 한가운데서' 사용할 수 있는 수정된 형태가 허용된다. 본문은 대부분 기도 기간의 구조와 내용(하루 5회, 1개월), 영적 식별에 관한 지침, 삶에서 선택의 문제, 기도, 고해성사의 온건한 사용, 식사에 관한 규칙, 양심에 관한 규칙과 같은 실천적 지침들로 구성돼 있다.

『영신수련』의 분명한 목적은 그리스도의 부름에 응답하기 위해 영적 자유 안에서 성장하도록 사람을 돕는 것이다. '주간'(Weeks)이라고 부르는 네 가지 단계가 있다. 각 단계별로 구체적인 초점을 가지고 과정이 전개된다. 『영신수련』의 독창성은 상세한 내용이나 기도 방법에 있는 것이 아니라 구조와 역동성에 있다. 첫째 주는 인류와 개인의 죄성을 가지고 시작하지만, 하나님의 확고부동한 사랑과 용납에 대한 인식이 커지는 맥락에서 진행된다. 수련자는 하나님의 부르심이 죄인에게 주어지며, 우리의 부적절함이 응답에 장애가 되지 않는다는 사실을 인식하도록 요청받는다. 둘째 주는 선교에서 그리스도와 '함께 있도록' 부름을 받았다는 느낌을 깊게 한다. 이것은 그리스도의 생애와 사역에 관한 일련의 복음서 묵상을 통해 발전한다. 이 주간에는 수련자가 그리스도와 세상 사이의 대치되는 가치에 대한 세 가지 고전적 묵상을 통해 드러나는 '선택'을 직시하도록 인도한다. 이렇게 그리스도와 대치되는 가치는 수련자가 그리스도를 따르는 희생을 고려하도록 인도하는데, 그것은 셋째 주에 그리스도의 수난과 죽음에 대한 성경적 묵상에서 표현된다. 넷째 주는 수련자가 하나님을 향한 그리스도의 신뢰의 복종에 참여하고, 이것을 통해 그리스도의 부활의 기쁨과 소망을 경험하도록 초청하는 데 초점이 맞추어져 있다. 『영신수련』은 이제 모든 것 안에서 하나님의 현존을 발견하는 상황으로 변혁된 일상생활로 돌아가는 다리 역할을 하는 '하나님의 사랑에 대한 관상'으로 끝난다.

『영신수련』에서 이냐시오 영성의 근본 특징을 감지할 수 있다. 첫째, 무엇보다 그 자체가 '영신수련'이 되는 일상의 실행에서 하나님과 만난다. 둘째, 예수 그리스도의 삶과 죽음은 기독교인의 삶의 기본 패턴으로 제공된다. 셋째, 그리스도 안에서 계시된 하나님께서는 치료와 해방과 소망을 제공한다. 넷째, 영성은 수덕주의의 문제일 뿐만 아니라 하나님에 대한 깊어지는 갈망의 문제이고(본문에서 '갈망'은 빈번하게 사용된다), 반대로 하나님의 승인을 받는 경험의 문제다. "모든 것에서 하나님을 발견한다"는 주제는 관상과 행동의 통합이 증진되는 것을 의미한다. 그리스도의 본을 따른다는 개념은 세상을 향한 하나님의 선교를 적극적으로 나누는 데, 특별히 어려운 사람을 섬기는 데 초점을 맞추고 있다. 끝으로 모든 것의 중심에는 영적 식별의 은사가 있는데, 즉 사람의 가장 깊은 내면의 진리에 적합한 방식으로 지혜롭게 판단하고 선택하는 능력의 성장이다.

그리스어 디아크리시스(diakrisis)에서 파생한 단어인 식별은 '사물을 구별하는 것' 또는 '무엇인가를 인식하는 것'을 의미한다. 이 사실은 기독교의 식별이 과거 아리스토텔레스의 『니코마코스 윤리학』에서 말하는 세 번째 종류의 지식인 프로네시스(phronesis), '실천적 지식'이나 토마스 아퀴나스와 같은 후대의 기독교 사상가들에게서 되풀이되는 '신중한 판단'과 연관된다는 것을 보여 준다. 아리스토텔레스는 이런 종류의 실천적 지혜는 우리가 일상의 인간사에 몰두하는 것을 통해 성장한다고 주장했다. 식별은 단순히 기도에만 관심을 갖는 것이 아니다. 4세기로부터 식별은 초기 수도회의 핵심 가치였다. 어떻게 우리가 영적으로 살 수 있는가? 아리스토텔레스를 반영하는 중요한 단어는 '균형'인데, 그것을 위한 지도 원리가 식별이다. 존 카시안은 『영적인 담화』에서 균형이 다른 영적 가치의 과도함을 피하게 하는 미덕이라고 장려했다. 카시안은 또한 식별의 관계적 특징을 설명하는데, 그것은 사회적 행동으로서 책임 있게 결정하는 것이다. 그것은 또한 순수한 개인적 지혜이기보다는 공동체적인 것과 관계된다.

이냐시오 영성에서 식별은 삶을 지도하는 행동 과정과 잠재적으로 하나님과 우리의 관계의 조화를 깨뜨릴 수 있는 파괴적인 행동 과정의 차이를 인식하는 지혜를 의미한다. 우리는 선택에 직면해서 내적, 외적으로 모순된 영향들에 종속되기 쉽다. 그들 중 일부는 생명을 주는 것 또는 믿을 수 있는 것(이냐시오가 '영성적 위로'[consolation]라고 부른 것)으로 우리를 이끌리게 하고, 다른 것들은 거짓된 것 또는 결함이 있는 것(그가 '영성적 고독'[desolation]이라고 부른 것)으로 이끌리게 한다. 이냐시오 로욜라에게 식별은 일종의 연속된 과정이다. 첫째, 영적 통찰에 대한 관상적 촉진은 둘째, 선한 영과 악한 영을 구분하는 기술로 이어진다. 셋째, 영적 삶과 덕의 실천을 위해 진정한 균형을 이룰 수 있는 능력을 낳는다. 이것은 이냐시오가 '초탈'(超脫, detachment)이라는 표현으로 의미하려고 한 것이다. 이냐시오가 인식한 바와 같이 갈망은 우리의 영성에 능력을 제공한다. 각 사람에게 어떠한 갈망은 진지한 선택과 그에 따른 삶의 방향을 제시하는 잠재력을 가지고 있다. 식별은 우리가 경험하는 모든 종류의 갈망을 깨달을 수 있도록 해 준다. 이냐시오 로욜라는 『영신수련』 전체에 걸쳐서 늘 더 건강한 선택을 할 수 있도록 주문하는 갈망의 주제를 거듭해서 언급했다.

이냐시오 영성은 『영신수련』과 이냐시오의 광범위한 서신들에 포함된 다양한 영적 실행과 기도법을 장려했다. 거기에는 '이냐시오 기도'라고 설명할 만한 한 가지 방법은 없다. 『영신수련』에서 최소 열 가지가 언급되는데, 그중 대부분은 새로운 경건 전통에서 유래하고, 더 멀리는 수도원 렉시오를 번안한 것들이다. 세 가지는 특히 주목할 가치가 있다. 첫째, 복음서 관상은 성경을 가지고 기도할 수 있는 구조화된 접근을 제공하고, 묵상을 하기 위해 복음서의 장면으로 들어가는 상상력을 권장한다. 둘째, 매일의 경험에 대해 우리가 하나님께 응답하고 실패하는 순간들에 대해 주목하면서 간단하게 성찰할 것을 제안한다. 셋째, 우리가 이미 살펴보았듯이, 기도의 세 가지 방식이라는 이름이 붙은 『영신수련』의 부록에 '호흡기도'가 있다. 이것은 각각의 단어를 리듬 있는 호흡에 연결시켜 '우리 아버지'와 같이 친숙한 기도를 천천히 리듬 있게 암송할 것을 제안한다. 이러한 접근은 서방 영성 전통에서는 생소하고 동방 기독교의 헤지키아 실행이나 중세 후기 스페인에서 알려진 알-안달루스 수피의 묵상 전통에 더 가깝다.

이냐시오 영성은 그 역동성에도 불구하고 강력한 관상적 태도도 장려하는데, '행동하는 관상'이라는 독특한 사상으로 요약된다. 이냐시오는 스스로 '섬김의 신비주의'를 삶으로 증명했다. 그가 사망한 후 관상적 정신을 지닌 예수회 수사들이 증가했다. 예를 들어 아빌라의 테레사의 영성 지도자였던 발타자르 알바레스(Balthasar Alvarez)와 17세기 루이 랄르망(Louis Lallemant)이 있다. 이 전통의 후속 역사는 특히 예수회 총장 메르쿠리안(Mercurian, 1573-1580)과 아콰비바(Acquaviva, 1580-1615)의 시대에 와서 관점이 좁아졌다. 메르쿠리안의 지도 아래 예수회는 라인란트와 플랑드르의 신비 저작을 사용하는 것을 금지하고,

1599년판 『영신수련』 공식 규칙서에 의해 예수회의 노선은 관상적이기보다 금욕적이고 방법론적이 된다. 예외는 있지만 일반적으로 볼 때 『영신수련』에 대한 금욕적 해석은 20세기 후반에 큰 부흥이 일어날 때까지 이냐시오 전통을 상당히 제한했다. 비록 이냐시오는 처음에 두 여성이 예수회로 들어올 수 있도록 허락하지만, 이러한 급진적 실험은 지속되지 않았고, 그는 병행하는 여성 수도회를 지원하지 않았다. 그러나 17세기 초반에 영국 여성 메리 워드(Mary Ward, 1585-1645)는 자신이 설립한 비공식적 소녀학교가 예수회 회헌(會憲)에 따라 활동할 수 있는 여성 수도회가 될 수 있도록 노력했다. 대륙에 많은 시설이 세워지지만, 그녀의 혁명적인 제안은 거절되고 그 학교는 억압받는다. 길게 보았을 때, 그녀의 비전은 승리했고, 16세기 말에 동정성모회가 승인된다. 그들은 20세기 후반에 공식적으로 예수회 회헌을 채택했다. 이것은 이냐시오 영성에서 영감을 받아 18~19세기에 설립된 활동적인 여성 공동체 중 첫 번째 사례다.

이냐시오 영성의 중요한 주제는 세상을 향한 그리스도의 선교를 나누는 것이다. 결과적으로 예수회는 전통적인 수도원 구조들을 포기하고, 세상으로 파송받는 것과 관련해 교황에 대한 순명으로 표현되는 제4의 선교(mobility)의 서원을 덧붙였다. 초기부터 예수회는 아메리카, 아프리카 및 아시아에서 일하기 위해 자원했다. 가장 유명한 초기 선교사는 인도와 일본에서 일하고 중국에 들어가기 전에 죽은 이냐시오의 파리 동반자 중 하나였던 '인도의 사도', 프란시스코 하비에르(Francis Xavier)다. 17세기에는 캐나다의 예수회 회원들의 순교 그리고 논쟁이 된 로베르토 드 노빌리(Roberto de Nobili, 1577-1656)의 남인도 사역과 마테오 리치(Matteo Ricci, 1552-1610)의 중국 사역에서 선교와 문화 투착화라는 이냐시오의 대조적인 두 주제가 나타났다. 이 두 사람은 어느 정도 선교지의 복장과 생활 양식을 채택함으로써 그들이 살았던 문화의 가치를 긍정했다. 그들은 힌두교도와 유학자들과 대화를 나누고, 교회는 예배에 있어서 현지 언어와 의식을 사용해야 한다고 제안했다. 드 노빌리와 리치의 상대적으로 개방적인 태도는 그 당시에는 일반적이지 않았다.

유럽 밖의 영성

기독교 영성의 역사가 고대 이집트 수도회 연구를 제외한 유럽 밖, 예를 들어 중국, 인도, 아프리카(예 : 에티오피아)에서 고대 기독교의 존재에 대해 사실상 관심을 기울이지 않았다는 것은 놀라운 일이다. 그러나 고대 이집트 수도원 운동도 '아프리카적인 것'이나 토착적인 것으로 취급되지 않았다. 상대적으로 많은 수의 네스토리우스파 기독교인이 아주 초기부터 중앙아시아의 대초원 지대와 중국에 존재했고, 아르메니아 기독교인들도 아시아 무역로를 따라 이동했음을 알고 있지만, 사실 이들 공동체에 대해 거의 아는 바가 없다.

16세기 이후 아시아, 아프리카, 아메리카 대륙으로 유럽 기독교의 확장이 이루어졌으나, 사실상 원주민 기독교 영성의 발달에 대해서는 거의 알려진 바가 없고, 오직 유럽 중심의 '선교' 영성에 관해서만 언급됐다. 예를 들어 15세기 후반에서 16세기 초반에 남인도에서 유럽의 기독교인들, 특히 포르투갈인과 오랜 토착 시리아 도마 기독교인 사이의 만남은 전반적으로 그리 행복하지 않았다. 한편 유럽의 침략자들은 자신들의 종교 구조와 전례를 강요했다. 그들은 지역 기독교인들 안에서 '힌두교' 관습으로 보이는 것, 복장 및 축제에 혐오감을 느꼈다. 반면에 (지역 유대인과 이슬람 공동체와 연대해) 상대적으로 토착화된 도마 기독교인들은 쇠고기를 먹고, 형상을 존숭하고, 성직자 옷을 입고 독신 생활을 하는 서양인 사제와 수사를 보고 충격을 받았다.

　스페인 가톨릭이 중앙아메리카와 남아메리카에서 미친 영성의 복잡한 이야기를 설명하기 위해, 몇 가지 대조적인 사례를 제시하려고 한다. 첫째, 페루에서 도미니크회 수녀 리마의 성 로사(St Rose of Lima, 1586-1617)는 아메리카 대륙 최초로 시성(諡聖)된 성인이다. 그녀의 부모는 정착민으로 그녀가 실행한 엄격한 참회는 페루의 것이나 토착적인 것이 아니라 스페인에서 유래한 영성이었다. 둘째, 그러나 멕시코에서는 뭔가 다른 것이 나타났다. 원래 도미니크회 성직자이자 치아파스(Chiapas)의 주교이며, 스페인의 정착민 기업가였던 바르톨로메 데 라스 카사스(Bartolomé de las Casas, c. 1484-1566)는 '인디언의 보호자'로 알려졌고, 이른바 신세계 안에 원주민의 권리에 대한 주도적인 지지자가 됐다. 그는 노예 제도와 토착민에 대한 식민지 억압에 반대해 많은 정착민 적을 만들었고, 스페인으로 돌아가야만 했다. 그는 후에 원주민들의 완전하고 평등한 인간 지위를 강하게 주장했던 바야돌리드(Valladolid) 논쟁으로 유명해졌다. 라스 카사스는 종종 해방신학의 선구자라고 불린다. 또 다른 주목할 것으로는 아메리카 대륙에서 가장 유명한 기독교 성소이며 순례지인 멕시코시티 근처의 과달루페의 성모(Our Lady of Guadalupe)다. 이곳에서는 가난한 멕시코 인디언 후안 디에고(Juan Diego)가 1531년에 성모 마리아에 대한 환상을 보았고, 그다음에 그의 외투에 성모 모습이 기적적으로 등장했다는 말이 전해졌다. 그 후에 테페약이라는 도시의 이름은 스페인에 있는 유명한 마리아 성소의 이름을 따라 과달루페로 개명되고, 일반적으로 공식 예식은 광범위하게 유럽화됐다. 그러나 흥미로운 것은 테페약이 원래 멕시코의 어머니 여신인 토난친(Tonantzin)의 신전이 있던 곳이라는 사실이다. 그 환상을 본 사람은 억압받는 현지인 중 한 명으로, 후안 디에고의 외투에 나타난 성모의 모습은 놀랍도록 토착적이었는데, 전반적으로 여신 토난친에 대한 지역적인 숭배의 영향이 묻어난다.[14] 광범위한 관점에서 인류학자들은 스페인 침략자들의 '섞이지 않았던' 신앙이 궁극적으로 선교사들이 통제할 수 없었던 역동적 혼합주의를 지닌 지역 신앙과 빠르게 섞였다는 것에 주목한다. 기독교 전래 이전의 지역 성소와 기독교 성인들이나 성모의 성소가 결합되는 현상은 꽤 일반적이었다.[15]

카르멜회 신비주의

이냐시오 영성 외에 가톨릭 종교개혁에서 가장 눈에 띄는 영성 운동은 스페인의 카르멜 수도회의 개혁과 신비적 가르침이다. 아빌라의 테레사(1515-1582)와 십자가의 요한(1542-1591)의 저서들은 서양 신비주의 문학에서 가장 훌륭한 고전에 속한다. 둘 다 아가서와 영적 결혼 전통에 영향을 크게 받았다. 요한의 죽음 이후에 테레사의 개혁 운동은 맨발의 카르멜회로 알려진 별도의 수도회가 됐다.

아빌라의 테레사는 스페인 카르멜 개혁 운동의 창시자다. 십자가의 요한이 분담했던 이 개혁 운동은 카르멜회를 원래의 관상적이고 반(半)은수적 기원으로 되돌리려고 했다. 그녀는 일부 유대인 혈통을 가진 부유한 가정에서 태어났고, 매력적이고 독립적인 기질로 유명했다. 그녀는 1535년에 온건파 카르멜 수녀회에 들어갔으나 수년간의 강열한 기도와 뒤따르는 환상을 경험한 이후에 더 엄격한 수도회의 삶에 이끌렸다. 결국 그녀는 개혁을 장려하고 새로운 수도원들을 세우는 데 다소간 최대한의 시간을 사용했고, 젊은 십자가의 요한을 만나 그를 설득해서 자신을 돕게 했다. 테레사는 따뜻하고 매혹적인 언어로 수많은 저술을 남겼는데, 가령 『자서전』(Life), 『완덕의 길』(The Way of Perfection), 그 외의 저작들이 있다. 그녀는 자신의 위대한 고전 『영혼의 성』(The Interior Castle)에서 영적 여정을 생생하게 묘사했다. 거기서 영적인 순례는 영혼의 '성' 안에서 세 단계의 길(정화-조명-연합)에 해당하는 다양한 방들과 저택들을 통과하는데, 영적 결혼으로 이어지는 변형의 연합이 일어나는 5~7번째 방들에서 절정에 도달한다. 어떤 의미에서 그녀의 신비주의는 정통적이고, 그리스도 중심적이고, 삼위일체적이다. 그러나 그녀가 유대인 조상을 가졌다는 것과 『영혼의 성』이 조하르(Zohar)*와 같은 유대 신비 저서들의 영향을 받았을 가능성이 있다는 주장이 오늘날보다 자유롭게 제기되고 있다. 환상가인 테레사는 기독교인의 삶을 기도와 일상생활 및 다른 사람들을 위한 자선에 충실한 것이라고 강조한 활동적이고 현실적인 사람이었다.

십자가의 요한은 테레사와는 대조적으로 가난한 가정에서 태어나 수습 장인이 된다. 그는 17세에 한 후원자의 지원으로 메디나 델 캄포(Medina del Campo)의 예수회 학교에 다니고, 카르멜회 수도원에 입회하기 전에 고전 교육을 받았다. 테레사와 만나면서 그의 삶은 변화했고, 그녀처럼 개혁 운동에 이끌려 들어갔다. 요한은 신학 교육을 받았고 수도회에서 몇 가지 고위 직책을 맡았지만 개혁을 반대하는 수사들에게 박해를 받아 두 차례나 옥에 갇힌다. 요한의 저술들 중, 가령 『갈멜산의 등정』(Ascent of Mount Carmel), 『어둔 밤』(The Dark Night), 『영혼의 찬가』

---

* 유대교 신비주의 카발라의 경전.

(The Spiritual Canticle), 『살아 있는 사랑의 불꽃』(Living Flame of Love)은 테레사의 것들보다 밀도가 높고, 영적 여정에 관한 고차원적 질서와 체계적인 주석을 지닌 신비적 시를 포함하고 있다. 십자가의 요한은 결코 '모든 것'(everything)이 될 수 없으면서 '모든 것'(all, todo)이신 하나님과의 연합을 방해하는 '사물'(things)에 집착하는 우리의 욕망을 제거하는 과정을 강조했다.

모든 것(all) 안에서 만족에 도달하기 위해
그 소유가 무(無)가 되기를 원하라.
모든 것을 소유하는 데 이르기 위해
그 소유가 무가 되기를 원하라.

모든 것이 되는 데 도달하기 위해
무가 되기를 원하라.
모든 것에 대한 지식에 이르기 위해
무에 대한 지식을 원하라.
당신이 가지지 못한 즐거움에 이르기 위해
당신이 즐기지 못하는 길을 가야 한다.
당신이 가지지 못한 지식에 이르기 위해
당신은 알지 못하는 길을 가야 한다.
당신이 가지지 못한 소유에 이르기 위해
당신이 소유하지 않는 길을 가야 한다.

당신이 아닌 존재가 되기 위해

당신이 속해 있지 않은 길을 통과해야 한다.
(『갈멜산의 등정』, 제1권, 제13장, 11).

『갈멜산의 등정』에서 영적 여정을 묘사하기 위해 산을 등정하는 고대의 은유를 사용했다. 요한의 경우, 영적 진보는 감각적 경험에 근거한 기도로부터 멀어져서 감각을 벗어나는 것, 영적 어둠 그리고 (십자가에 못 박힌 그리스도를 우리와 묶어 주는) 정화와 같은 다양한 '어둔 밤'을 거쳐 하나님과 영혼의 영적 결혼인 변형시키는 연합의 '절정'으로 가는 것이다.

제4장에서 간단히 언급했듯이, 십자가의 요한의 언어와 상징에 나타나는 알-안달루스 수피즘의 영향은 현재 일부 학자들에 의해 인정되고 있지만, 세부 사항은 여전히 논쟁의 대상이다. 예를 들어 루스 로페스-바랄트(Luce López-Baralt)는 요한의 시『살아 있는 사랑의 불꽃』에서 황홀한 불꽃과 사랑의 불타는 화염의 개념 그리고『영혼의 찬가』에서 흐르는 물과 영혼과 같은 표현이 수피즘의 영향을 받았다고 지적한다.[16]

17세기의 한 프랑스 카르멜회 수사의 저서들은 베스트셀러가 됐고 오늘날에도 여전히 인기가 있다. 로렌스 형제(Lawrence, 1614-1691)는 약 50년간 파리에 있는 맨발의 카르멜회의 평신도 수사로 지냈다. 그는 요리사와 샌들 제작자로 일했다. 그러나 그의 단순성은 깊은 지혜와 관련이 있었고, 17세기 영성의 또 다른 중요한 인물인 대주교 페넬롱(Fénelon)을 포함한 많은 사람을 끌어당겨 영적 안내를 구하도록 했다. 로렌스의 편지와 다른 단편들은 그의 죽음 이후에『하나님의 임재 연습』(The Practice of the Presence of God)으로 편집됐다. 로렌스는 페넬롱과의 연관 때문에 불공정하게 정적주의(Quietism)* 논쟁에 휘말렸다. 그는 하나님의 뜻에 대한 자기 포기를 강조하고 가장 평범한 일상 가운데서조차도 하나님의 임재를 기도하는 연습을 통해 하나님과의 연합의 가능성을 강조했다.17

평신도의 신심

새로운 종단의 출현과 그들의 영성에 대한 성찰에서 본 것처럼, 평신도의 영적 발전은 가톨릭 개혁의 주된 관심사였다. 이러한 새로운 영적 분위기는 평신도 자발단체(confraternities)와 소달리티(sodalities)** 그리고 새로운 신심의 촉진을 통해 전파됐다.18 그중 한 형태가 예수회에 의해 지도를 받으면서, 기도, 행동 및 매일 양심의 점검을 결합시키는 이냐시오 영성에 근거한 성모회(Sodalities of Our Lady)다. 소달리티는 좁은 의미에서의 신심이 아니라, 개인적인 영적 개발, 만남을 통한 집단적인 지원 그리고 상당한 자선 활동을 결합시킨 넓은 의미에서 평신도 영성을 고취시키려는 것이었다. 모든 소달리티에는 성직자 지도자가 있지만, 다른 임원들은 회원들에 의해 선임된 평신도였다. 소달리티는 가톨릭 국가 안의 대부분의 유럽 도시에 연결망을 가지고 평신도를 대상으로 하는 개인적인 영적 안내의 전통을 발전시켰다.

평신도 영성의 성장을 장려하는 또 하나의 중요한 활동은 설교였다.

---

* 자신을 하나님께 전적으로 맡김으로 도달하는 영혼의 정적(靜寂) 상태에서 완덕이 이루어지고, 이 상태에 도달한 사람은 도덕과 성사가 필요 없다고 보는 극단적인 신비주의.

** 모달리티(modality)와 소달리티(sodality)는 선교학자 랄프 윈터(Ralph Winter)가 구분한 두 개의 선교 구조다. 모달리티는 지역 교회로 구성된 공식적이고 보편적 구조고, 소달리티는 특별한 선교적 목적을 이루기 위해 헌신된 공동체다.

효과적인 설교자가 개신교 성공의 핵심 이유라는 것과 그것의 부재를 교권이 확인하면서, 가르치고 개인적 회심으로 초대하는 설교에 대한 강조가 가톨릭 개혁의 일부가 됐다. 또한 교구 선교가 확장되는데, 선교 활동은 보통 방문하는 사제들이 며칠 또는 일주일간 머물면서 이루어졌다. 그들의 목표는 가톨릭 실행의 갱신(예 : 성찬에 자주 참여하도록 권유)과 보다 일반적인 신앙과 신심의 중심 주제들을 전달하는 것이었다. 예를 들어 예수회의 회원들은 종종 이냐시오의 『영신수련』에서 주제를 선택해서 설교 사역의 기초로 사용했다. 교구 선교는 또한 교리 문답 교실, 특별 미사, 행렬 등과 같은 다른 사목 기술을 포함했다. 그러한 교구 선교는 평신도 영성을 유지시킨다는 가장 중요한 맥락에서도 지역 교구를 강화시켰다.

묵상서와 기도서 외에 교리문답서들이 개신교의 것과 경쟁할 수 있도록 제정됐다. 예를 들어 예수회 피터 가니시오(Peter Canisius)가 1560년에 만든 독일 교리문답서는 16세기에 200회의 재판(再版)을 거듭했다. 성인 교리문답서 이외에 아이들을 위한 소교리문답서가 출판되고, 여러 단체나 부류의 사람을 위한 특별 교리문답서들도 제정됐다.

마리아와 성인들에 대한 전통적인 신심은 계속해서 중요한 역할을 했다. 새로운 것은 그리스도 중심적 신심이 더 강조된 것인데, 이것은 성찬례에서 그리스도의 현존에 대한 믿음을 더 강화하는 맥락에서 성찬을 더 자주 받도록 장려하는 것으로 나타났다. 많은 신심 행위가 성찬례에 초점을 맞추고 있었다. 가령 성체회(Confraternities of the Blessed Sacrament), 성체 행렬, 매주 행해진 성체강복기도(Weekly Benediction) 그리고 드물게 행해진 40시간 기도(Forty Hours) 같은 교구에 기반을 둔 성체조배(services of adoration)가 있었다.

거룩한 아기 예수상은 (그의 인성 및 무죄와 자기 소멸의 미덕을 강조하면서) 예수의 유년기에 대한 신심을 격려했다. 17세기 프랑스에서는 예수의 인성과 긍휼의 상징인 성심(聖心)을 향한 강한 신심이 발전했다. 그러한 신심의 공식화는 특별히 1670년대 파레 르 모니알(Paray-le-Monial) 지역의 봉쇄 수녀인 마르그리트 마리 알라코크(Margaret Mary Alacocque)의 환상과 관련이 있으며, 그것은 향후 3세기 동안 대중적 가톨릭 영성에서 지배적인 주제가 된다. 그러나 흥미롭게도 같은 시기에 영국 청교도들 사이에서 그리스도의 성심을 향한 놀라울 정도로 유사한 신심이 있었다. 예를 들어 그것은 올리버 크롬웰의 목사들 중 하나인 토마스 굿윈(Thomas Goodwin)의 저서들 가운데 나타난다.[19]

새로운 종단들 안에서 목회 영성의 변화와 평신도 신심 유형의 다양화와 더불어 건축 양식에서 변화가 일어났다. 사실상 개신교와 가톨릭 양쪽 공동체는 (중세의 고딕 양식을 단순히 상속하지 않고) 르네상스 시대에서 영감을 얻은 다양한 신고전주의 건축 양식으로 그들의 영성을 가시화했다. 개신교 교회의 경우 시각적 장식을 의심하고 설교된 말씀을 듣는 것을 강조하면서 미학적 선들을 상대적으로 단순하게 정돈했다. 로마 가톨릭교회의 경우 (예를 들어 이탈리아와 독일의 거대한 예수회 교회들의 내부처럼) 설교를 듣는 공간에 대한 강조가 있었으나, 이러한 '청각적' 영성은 복잡한 성가 음악을 위한 음향에도 관심을 기울였다. 가톨릭 건축물은 시각의 중요성을 유지하고 사실상 그것을 끌어올렸다. 바로크 건축 양식과 디자인은 하나님의 영광에 대한 감각을 표현하는데, 시각적인 드라마와 결합된 신성하고 화려한 영성을 자아냈다.

17세기 프랑스 영성

17세기 프랑스에서는 스페인의 이냐시오 영성과 카르멜 신비주의에 부분적으로 영향을 받으면서도 독자적인 풍미를 지닌 두 번째 탁월한 가톨릭 개혁의 물결이 일어났다. 그러나 '프랑스 영성학파'를 단일한 개념으로 보는 것은 오해의 소지가 있다. 그들 사이에는 몇 가지의 구별되면서 심지어는 충돌되는 경향들이 있었다. 가장 이론적으로 발전된 두 전통은 피에르 드 베륄(Pierre de Bérulle, 1575-1629)과 프란시스 드 살(Francis de Sales, 1567-1622), 요안나 드 샹탈(Jeanne de Chantal, 1572-1641)과 관련 있다. 또 다른 흐름에는 빈센치오 드 폴(Vincent de Paul)과 루이즈 드 마리약(Louise de Marillac, 1591-1660)과 이단적이라는 비판을 받은 두 개의 운동 얀센주의(Jansenism)와 정적주의(Quietism)가 있다.

베륄은 1611년 필리포 네리(Philip Neri)의 이탈리아 오라토리오회에 영감을 받아 서원 없이 설교, 교육, 성직자 규범의 개선에 종사하는 사제들의 공동체인 프랑스 오라토리오회를 설립했다. 신학자이자 귀족인 그는 궁정의 목사로 일했으며 최종적으로 추기경이 됐다. 베륄과 그의 오라토리오회는 교구 사제직의 개혁에 중점을 두고 자신들이 교육받았던 예수회와 유사한 방식으로 학교 제도를 발전시켰다. 그의 영향은 다음 세기 동안 프랑스 영성의 기풍을 조성했다. 베륄은 그리스도 중심의 성육신 영성을 발전시켰다. 그는 디오니시우스 신비주의와 삼위일체 신학을 혼합해 기독교인이 그리스도를 통해 삼위일체인 하나님의 영광에 이끌린다고 가르쳤다. 그리스도의 '겸손' 안에서 하나님께서는 첫째, 인간이 되고, 둘째, 죽음의 고난을 받으심으로, 인간은 하나님의 생명에 접근할 수 있다. 그에 대한 인간의 적절한 반응은 비하이며, 심지어 하나님의 위엄 앞에서의 자기 망각이다. 이것은 하나님의 뜻에 대한 '영적 노예 상태'의 개념으로 발전했다. 그 결과 그의 사상은 일부 주석가들이 얀센주의에 가깝다고 생각할 정도로 인간 본성을 근본적으로 죄악 되게 보는 엄격한 아우구스티누스의 견해를 따랐다.

탁월한 몇 사람 가운데, 장 자크 올리에(Jean-Jacques Olier, 1608-1657)는 가장 주목받은 베륄의 '제자'다. 그는 신학교를 운영하면서 교구 사제들의 영성 형성을 개선한 생 쉴피스회(the Society of St Sulpice)를 설립했다. 올리에는 베륄의 엄격한 신학과는 대조적으로, 예수 그리스도에 대한 개인적인 경험과 우리를 그리스도와 연합시키는 성령의 역할에 주의를 기울였다. 그는 빈번한 성찬을 장려하고 얀센주의적 엄격주의와 충돌했다. 기도에 대한 그의 가르침은 지적이기보다 정서적이었는데, 그의 신비적인 감수성은 1960년대 제2차 바티칸공의회에서 영적 부흥이 있기 전까지 도덕적 영성을 선호하는 그의 제자들에 의해 포기됐다.[20] 광범위한 베륄 학파에서 또 다른 중요한 인물들은 예수 마리아 수도회의 창립자 요한 에우데스(John Eudes), 성모 신심을 강화시킨 루이즈 그리그농 드 몽포르(Louis Grignion de Montfort) 그리고 기독교 교육의 영성을 발전시키고, 유명한 교육 수사 수도회인 그리스도 학교 수도회(the Brothers of the Christian Schools, 드 라살 수도회로 널리 알려진)를 창립한 대성당 참사회원 장 바티스트 드 라살(John Baptist de la Salle)이다.

프란시스 드 살이 모든 시대에 가장 인기 있는 영성 고전 중 하나인 『신심생활 입문』(Introduction to the Devout Life)을 썼다는 것은 주목할 만하다. 그 영향력은 로마 가톨릭교회의 경계를 넘어 확대됐다. 어쩌면 그의 접근 방식은 베륄보다 더 중요한 영향을 미쳤다. 사보이의 귀족이었던 프란시스는 원래 사제가 되기 전에 법률가로 교육을 받았다. 비록 그는 제네바의 주교가 되지만(1602), 그 단호한 칼뱅주의 도시에 거주할 수가 없었다. 그는 대중 설교, 성직자 개혁, 효과적인 평신도 영성 개발을 통해 가톨릭 개혁을 장려했다. 프란시스는 방문 수녀회(Order of the Visitation)를 설립한 과부이자 남작 부인인 요안나 드 샹탈과 깊은 우정을 발전시켰다. 그들은 모든 상황에서, 특별히 일상에서 남성과 여성에게 적합한 영성의 형태를 발전시켰다. 살레시오 영성(Salesian spirituality)*은 관상 전통을 존중하지만, 이웃에 대해, 특히 도움이 필요한 사람들에 대한 봉사도 강조했다. 프란시스는 단순히 성직자를 위해서가 아니라 평신도를 위한 영성 지도를 장려했다. 이냐시오 영성에 영향을 받지만, 그 고유한 특징을 지닌 살레시오 영성은 창조세계 안에 계신 하나님과 모든 인류를 향한 하나님의 사랑과 용서를 구하는 모든 자를 용서하시려는 하나님의 갈망을 강조했다. 그 영성의 중요한 주제는 '마음'인데, 인간의 마음에 하나님을 중재하시는 그리스도의 마음이다. 영적 삶은 예수님의 마음의 방식에 순응해야 하는 것이다. 프란시스와 요안나의 영성의 매력은 과도한 감정을 피하는 따뜻함에 있다. 또한 그들은 겸손의 개념을 강조하지만, 그 접근법은 베륄의 '노예 상태'와 같은 엄격함과는 거리가 있었다.

19세기 중반에는 살레시오 영성의 부흥이 일어났다. 특히 불우한 청년들과 함께 일하는 데 관심을 가진 이탈리아인 돈 보스코(Don Bosco)가 설립한 '살레시오'로 알려진 평신도 조력자들과 함께하는 남녀 수도 공동체가 생겼다. 그 외에도 이 시기에 살레시오 영성을 바탕으로 한

---

* 드 살에게서 기원한 영성.

작은 남녀 수도 공동체들이 출현했다.[21]

빈센치오 영성 전통은 빈센치오 드 폴(Vincent de Paul, 1580-1660)과 루이즈 드 마리약과 관련 있다. 드 폴은 가난한 가정에서 태어났으나 안수를 받고 왕실의 지도 신부가 된다. 일련의 도전적인 경험을 통해 그는 가난한 사람들의 고난에 공감하고 자신의 삶을 가난한 사람, 고아, 노예, 전쟁의 희생자들에게 헌신했다. 그는 그 과정에서 프란시스 드 살의 영향을 받았다. 그의 영성은 신학적으로 지성적이기보다는 사회 참여적이었다. 그 핵심은 가난한 사람 안에서 그리스도를 섬김으로써 하나님과 연합을 이루는 것이었다. 빈센치오 영성은 빈센치오 또는 바오로 전교회로 알려진 사제 공동체와 루이즈가 설립한 자비의 수녀회(Daughters of Charity)로 알려진 여성 공동체에 의해 확장된다. 그 수녀회는, 실천적인 종단이었지만, 매년 약속을 하고 봉쇄를 피해서 가난한 사람들과 함께 집약적으로 일했다. 빈센치오회의 비전은 자기 집에서 가난한 사람을 도우려고 헌신하는 평신도들의 자발적 공동체의 발전으로 나타났다. 이들은 19세기에 프레데릭 오자남(Frédéric Ozanam)이 설립한 유명한 성 빈센치오 드 폴 수도회의 선구자들이며, 오늘날 전 세계적으로 활동하고 있다. 오자남은 모든 기독교인이 거룩과 선교로 부름 받았다는 제2차 바티칸공의회의 가르침을 앞당겨 실천했으며, 독특하게 평신도 봉사 영성이 출현하는 데 중심적인 역할을 한 인물이다.[22]

얀센주의와 정적주의는 서로 대조되는 기독교인의 삶에 대한 17세기의 접근 방식으로, 비록 정죄되지만 영성에 장기적인 영향을 끼쳤다. 얀센주의의 반(反)신비적이고 참회적인 요소들은 인간에 대한 비관적인 견해에 기초한 신아우구스티누스주의에 속한 영적 엄격주의의 형태였다. 그 명칭은 루뱅의 교수이고, 그 이론의 주창자이며, 후에 이퍼르

(Ypres)의 주교가 된 코르넬리우스 얀센(Cornelius Jansen, 1585-1638)의 이름을 따서 명명됐다. 얀센주의자들은 예정론과 제한 속죄를 가르치고 특별히 도덕적 자유주의를 가르친다고 여겼던 예수회와 (참회 없는 방종을 장려한 이유로) 빈번한 성찬을 주장한 올리에와 같은 사람을 공격했다. 1620년대 후반부터 얀센주의 정신은 생 시랑 수도원(the Abbé Saint-Cyran)과 (자신의 유명한 『시골 벗에게 보내는 편지』[Provincial Letters]에서 얀센주의를 방어했던 블레즈 파스칼[Blaise Pascal]을 포함해서) 베르샤유 근처의 포트-로얄(Port-Royal)의 시토 수녀원과 관련된 사람들의 서클로부터 두드러진 지지를 받았다. 얀센의 주장은 사후에 비난을 받았고, 포트-로얄의 수녀들은 처음에는 복종을 거부했으나, 마침내 그들의 입장을 조정하기로 동의했다. 그러나 얀센주의자들의 태도는 오랜 기간 영향력이 있었다.

　정적주의는 그 엄격한 형식에 있어 스페인의 사제 미겔 데 몰리노스(Miguel de Molinos)의 가르침과 관련이 있으며, 보다 온건한 형식에서 마담 귀용(Madame Guyon, 1648-1717)의 서클과 연관돼 있었다. 마담 귀용은, 그녀에 대한 평가가 공정했든지 불공정했든지 여부에 관계없이, 수동적인 관상과 하나님의 주권에 대한 완전한 복종에 과도하게 치우쳐 있었다. 기도에 대한 그녀의 저서(예:『짧고 쉬운 기도 방법』)는 페넬롱 대주교와 같은 저명한 인물에게 영향을 주었고 폭넓은 지지를 얻었다. 귀용의 기도에 대한 가르침은 정서적이고 불명료하고 목적 없는 신비주의 관상을 강조했다. 또한 신부 신비주의라는 오랜 전통을 따랐다(예:『찬미에 대한 주석』). 그녀에게 문제가 된 것은 (그리고 궁극적으로 그녀를 정죄로 이끈 것은) 하나님과의 연합에서 영혼의 완전한 '소멸'이라는 개념과 영적 삶에서 그리스도의 구원의 역할에 대한 이해가 부족했다는 것이다

러시아 영성

여러 세기에 걸쳐 동방 기독교 세계에서 일어난 가장 두드러진 발전 중 하나는 그리스 비잔틴 제국의 황금기에 성장한 러시아 교회의 설립이다. 키예프의 성 안토니(983-1073)는 아토스산의 영성을 러시아로 가져와 키예프의 페체르스키(Pechersky)에 최초의 수도원을 세웠다. 거기서 러시아 최초의 주교, 선교사 및 영성 저자들이 광범위하게 출현했다. 수도원 제도와 신학 문화는, 몽고의 침략으로 특징되는 13세기에 고통스런 기간을 보낸 후, 14세기에 모스크바 근처에 지금도 유명한 삼위일체 수도원을 건립했던 라도네즈의 성 세르지오(St Sergius of Radonesh, 1314-1392)의 지도 아래 다시 소생했다. 이것은 성 세르지오와 그의 추종자들에 의한 새로운 수도원 창립의 물결을 일으켰다. 성 세르지오는 러시아의 탄생에서 신비가이자 중요한 사회적인 힘이었다.

15세기에 세르지오의 두 제자 성 닐 소르스키(St Nils Sorsky, 1433-1508)와 성 이오시프 볼로츠키(St Joseph Volotsky, 1440-1515)는 수도원 운동과 영성 둘 다의 분기(分岐)를 광범위하게 대표한다. 16세기에는 이 두 영성학파의 불행한 전투가 시대를 지배했다. 넓은 의미에서 아토스산에서 훈련을 받은 헤지카스트 신비주의 운동을 대표하는 성 닐은 수도자의 일이 주로 예수기도를 드리고, 성경과 교부신학 공부에 집중하고, 단순하게 사는 관상적인 것이라고 믿었다. 그의 전통은 특히 북부 숲에서 번성하는데, 침묵을 장려하고 모스크바의 제후들의 정치 권력과의 연결을 피했다. 이러한 관상적 유형의 영성은 러시아 이콘이 강력하게 발전하는 배경이 됐다.

다른 영적 전통은 아주 다른 방향으로 전개됐다. 성 이오시프와 그의 추종자들은 영적 삶의 근거를 하나님에 대한 순종의 의무, 종교 의식,

전례 예배에 대한 엄격한 준수에 두었다. 이오시프파 사람들은 순수하게 관상적이고 신비적이기보다는 능동적이고 실제적이었다. 그들의 수도원들은 영지와 농장을 소유한 큰 규모의 기관이었고, 일부 수도사는 모스크바 제후들의 유명한 사회·정치적 조언자가 됐다. 이오시프파 학파는 정치 계급과의 긴밀한 연관성 덕분에 단기간에 교회를 지배할 수 있었다. 그들은 교회로부터 의식적 체계와 분명한 사회적 규율을 제공받는 국가를 세우는 것을 강조했다. 관상적이고 신비적인 닐 학파는 큰 박해로 인해 200년 동안 공적인 시야에서 사라졌다가 18세기 후반에서 19세기에 이르러서야 주요 영적 부흥의 요소로 다시 부상했다.[23]

결론

얀센주의와 정적주의는 비록 모두 정죄되지만, 어떤 면에서 온건한 형태의 얀센주의적 도덕주의와 참회적 수덕주의는 20세기에 이르기까지 로마 가톨릭 영성에 계속 영향을 미쳤다고 말할 수 있다. 17세기는 가톨릭 종교개혁 정신의 승리만이 아니라 반(反)신비주의적 영성의 우세로 마감했다. 이것은 프랑스의 페넬롱 대주교에 대한 보쉬에 주교(Bishop Bossuet, 1627-1704)의 승리로 상징된다. 유명한 설교가, 신학자, 지식인이었던 보쉬에는 어떤 면에서 자기 시대의 논쟁들을 화해시켰다. 그는 아르망 드 랑세(Armand de Rancé)와 친한 친구였다. 아르망은 시토회 전통의 신비적 해석보다는 극도로 참회적인 해석에 입각해 라 트로페(La Trappe) 수도원을 개혁했다(그래서 엄수파 시토회를 '트라피스트'[Trappist]라는 별명으로 부른다). 동시에 보쉬에는 온건한 얀센주의 견해에 공감하면서 영성에 대해 도덕적, 수덕적, 지적 접근을 통해서 신비적 접근에 도달한다는 것을 보증했다. 결과적으로 7에 대한 반동으로 오히려 감상적 신심주의가 가톨릭의 풀뿌리에서 점차 번성했다는 것은 놀라운 일이 아니다.

● 미주

1. John van Engen, ed., *Devotio Moderna : Basic Writings*, New York : Paulist Press, 1988 ; 또한 H. Blommestijn, C. Caspers, and R. Hofman, eds., *Spirituality Renewed : Studies on Significant Representatives of the Modern Devotion*, Louvain : Peeters, 2003을 보라.
2. 에라스무스에 대한 간략하면서 훌륭한 연구는 John O'Malley, SJ, ed., *Collected Works of Erasmus : Spiritualia*, Toronto : University of Toronto Press, 1989의 서문이다.
3. Peter Erb, ed., *Johann Arndt : True Christianity*, New York : Paulist Press, 1979를 보라.
4. 루터교 영성에 대한 단행본 연구는 Bradley Hanson, *Grace That Frees : The Lutheran Tradition*, London : Darton Longman & Todd and New York : Orbis Books, 2004를 보라.
5. John Calvin, *Institutes of the Christian Religion*, Grand Rapids : Eerdmans, 1995를 보라.
6. 칼뱅주의 영성에 대해서는 W. Bouwsma, "The spirituality of John Calvin" in J. Raitt, ed., *Christian Spirituality : High Middle Ages and Reformation*, New York : Crossroad, 1989 그리고 Howard Rice, *Reformed Spirituality*, Louisville : Westminster John Knox Press, 1991을 보라.
7. D. Liechty, ed., *Early Anabaptist Spirituality*, New York : Paulist Press, 1994 ; C. Arnold Snyder, *Following in the Footsteps of Christ : The Anabaptist Tradition*, London : Darton Longman & Todd and New York : Orbis Books, 2004.
8. 주석이 있는 허버트의 저작들을 발췌한 것은 P. Sheldrake, ed., *Heaven in Ordinary : George Herbert & His Writings*, London : Canterbury Press, 2009 그리고 G. Rowell, K. Stevenson, and R. Williams, eds., *Love's Redeeming Work : The Anglican Quest for Holiness*, Oxford : Oxford University Press, 2001 그리고 William Countryman, *The Poetic Imagination : An Anglican Spiritual Tradition*, London : Darton Longman & Todd and New York : Orbis Books, 1999를 보라.

9. R. Lovelace, E. Glenn Hinson, and C. C. Hambrick-Stowe, 제10장 "Puritan spirituality : The search for a rightly reformed Church" in L. Dupré and Don Saliers, eds., *Christian Spirituality : Post-Reformation and Modern*, New York : Crossroad, 1989.

10. 퀘이커 영성에 대해서는 Douglas Steere, ed., *Quaker Spirituality : Selected Writings*, New York : Paulist Press, 1984 그리고 Michael Birkel, *Silence and Witness : Quaker Spirituality*, London : Darton Longman & Todd and New York : Orbis Books, 2004를 보라.

11. Jean Delumeau, *Catholicism Between Luther and Voltaire*, London : Burns and Oates, 1977.

12. 이냐시오의 영향에 대해서는 John O'Malley, *The First Jesuits*, Cambridge MA : Harvard University Press, 1993 그리고 J. Melloni, *The Exercises of St Ignatius Loyola in the Western Tradition*, Leominster : Gracewing, 2000 ; 그리고 T. O'Reilly, "The Spiritual Exercises and the crisis of medieval piety" in *The Way Supplement* 70, Spring 1991, pp 101-113을 보라.

13. 자서전, 영적 일기, 영신수련, 정선된 편지들의 완전한 문헌들이 이용 가능하다. J. Munitiz and P. Endean eds., *Saint Ignatius of Loyola : Personal Writings*, London/New York : Penguin Books, 1996 그리고 G. Ganss, ed., *Ignatius of Loyola : The Spiritual Exercises and Selected Works*, New York : Paulist Books, 1991- 이 책은 또한 설립규약의 발췌를 포함한다. 이냐시오 영성에 대한 최근 연구는 D. Lonsdale, *Eyes to See, Ears to Hear : An Introduction to Ignatian Spirituality*, London : Darton, Longman & Toddand New York : Orbis Books, 2000을 보라.

14. Adrian Hastings, ed., *A World History of Christianity*, London : Cassell, 1999, 특히 제5, 9, 10장을 보라.

15. Simon Coleman and John Elsner, *Pilgrimage : Past and Present in World Religions*, London : British Museum, 1995, pp. 126-128을 보라.

16. L. López-Baralt, *San Juan de la Cruz y el Islam : Estudios sobre las filiaciones semíticas de su literatura mística*, Madrid : Hiperion, 1990 그리고 *The Sufi*

'trobar clus' and Spanish Mysticism : A Shared Symbolism, Lahore : Iqbal Academy, 2000을 보라. 십자가의 요한에 대해 연구한 학자들의 일부는 바랄트(Baralt)가 자료에 대해 과도하게 해석했다고 의심하지만 그럼에도 불구하고 이 슬람의 영향이 있다고 믿는다.

17. W. McGreal, *At the Fountain of Elijah : The Carmelite Tradition*, London : Darton Longman & Todd and New York : Orbis Books, 1999을 보라. 또한 K. Kavanaugh and O. Rodriguez, eds., *Teresa of Avila : The Interior Castle*, New York : Paulist Press, 1979 그리고 K. Kavanaugh, ed., *John of the Cross : Selected Writings*, New York : Paulist Press, 1987을 보라.

18. 가톨릭 개혁의 영성에서 신심의 역할에 대해서는 Keith Luria, "The Counter-Reformation and popular spirituality" in L. Dupré and D. Saliers, eds., *Christian Spirituality III : Post-Reformation and Modern*, New York : Crossroad 1989, 제 4장을 보라.

19. 이 점에 대해서는 L. Bouyer, *A History of Christian Spirituality : Volume III Orthodox Spirituality and Protestant and Anglican Spirituality*, London : Burns and Oates 1969, pp. 140-142를 보라.

20. W. Thompson, ed., *Bérulle and the French School : Selected Writings*, New York : Paulist Press, 1989를 보라.

21. Francis de Sales, *Introduction to the Devout Life*, New York : Doubleday, 1982 그리고 P.-M. Thibert, ed., *Francis de Sales and Jane de Chantal : Letters of Spiritual Direction*, New York : Paulist Press, 1988 그리고 W. Wright, *Heart Speaks to Heart : The Salesian Tradition*, London : Darton Longman & Todd and Maryknoll : Orbis Books, 2004를 보라.

22. F. Ryan and J. Rybolt, eds., *Vincent de Paul and Louise de Marillac : Rules, Conferences and Writings*, New York : Paulist Press, 1995를 보라.

23. S. Bolshakoff, *Russian Mystics*, Kalamazoo : Cistercian Publications, 1980 그리고 G. P. Fedotov, ed., *A Treasury of Russian Spirituality*, London : Sheed & Ward, 1981을 보라.

제6장
이성 시대의 영성 : 1700~1900

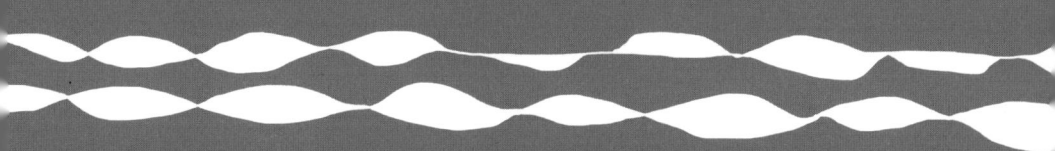

1675-1751	장 피에르 드 코사드 : 『하나님의 섭리를 향한 자기 포기』의 저자
1675	『경건의 열망』, 독일 경건주의자 필리프 야콥 슈페너의 저서
1687-1752	조반니 바티스타 스카라멜리 : 예수회 수덕주의 신비신학 저자
1700-1760	폰 친첸도르프 백작 : 독일 에큐메니스트, 경건주의자
1703-1791	존 웨슬리 : 감리교 운동의 창설자
1703-1758	조나단 에드워즈 : 미국 신학자, 영성 저자, 명저 『신앙감정론』(1746)
1707-1788	찰스 웨슬리 : 존 웨슬리의 동생, 찬송가 작가, 『감리교인을 위한 찬송가 선집』(1780)
1724-1804	이마누엘 칸트 : 독일 철학자
1725-1807	존 뉴턴 : 윌리엄 윌버포스의 협력자, 영국 복음주의 부흥 운동 지도자
1731-1800	윌리암 쿠퍼 : 복음주의 부흥 운동의 지도자
1759-1833	윌리엄 윌버포스 : 복음주의 운동과 노예 제도 폐지 운동 지도자
1759-1835	사로프의 세라핌, 러시아 수사, 신비가, 대중적 영성 지도자
1759-1836	찰스 시므온 : 케임브리지 홀리 트리니티의 목사, 『복음주의적 묵상』의 저자
1771	감리교 지도자 프랜시스 애즈버리의 미국 도착
1773	교황의 예수회 해산
1774	셰이커의 창설자 마더 앤 리의 미국 도착
1774-1821	엘리자베스 시튼 : 미국 최초의 성인, 사랑의 시튼 수녀회 창설자
1776-1791	미국 독립전쟁
1779-1865	마들렌 소피 바라 : 성인, 성심 수녀원의 창설자
1782	헤지카스트 원전인 『필로칼리아』 출판, 아토스산의 니코데모스와 코린스의 마카리오스 주교의 편집
1786-1859	장 마리 비앙네 : 아르스의 신부
1786-1850	에드워드 비커스테스 : 복음주의 연맹의 공동 창설자, 사회 개혁자
1792-1866	존 키블 : 옥스퍼드 운동의 지도자
1792-1875	찰스 피니 : 미국 부흥 운동(1857-1860)의 설교자, 지도자
1793	파이시 벨리치코프스키 『필로칼리아』를 러시아어로 번역

1800-1882	에드워드 퓨지 : 옥스퍼드 운동 지도자, 옥스퍼드 대학 신학교수
1801-1890	존 헨리 뉴먼 : 옥스퍼드 운동의 핵심인물, 로마 가톨릭으로 개종(1845), 추기경, 신학자
1801-1885	안토니 쿠퍼 : 샤프츠베리 백작, 복음주의 사회 개혁자
1802-1861	앙리 라코르데르 : 프랑스 가톨릭의 지성, 프랑스 도미니크회의 설립자
1803-1882	랠프 월도 에머슨 : 미국 초월주의 지도자
1811	한나 모어(1745-1833) : 『실천적 경건』출간, 여성 복음주의 지도자
1814	예수회 재설립
1815-1894	은둔자 테오판 : 러시아의 지도적 영성가
1819-1888	아이작 헤커 : 사도 바울 선교회의 창설자, 바티칸에 의해 정죄된 '미국주의' 운동의 지도자
1833	프로스페 게랑제가 영향력 있는 프랑스 베네딕트회인 솔렘 수도원을 재건
1834-1892	찰스 스펄전 : 침례교 설교자, 저자
1847-1924	스튜어트 헤드럼 : 성공회-가톨릭의 '빈민 사목 사제'이며 기독교 사회주의자
1853-1932	찰스 고어 : 옥스퍼드 교수, 부활 공동체의 창설자(미드필드 사제단, 1892), 성공회 주교
1858	베르나데타 수비루, 루르드에서 동정녀 마리아의 출현 목격
1861-1909	조지 티럴 : 영국 예수회 사제, 신학자, 영성 저자, 모더니스트
1861-1918	월터 라우션부시 : 미국 침례교 설교자, 영성 저자, 사회복음 운동의 창설자
1873-1897	리지외의 테레사 : 카르멜회 수녀, 영성 저자
1884	익명의 러시아 영성 저작, 『순례자의 길』의 첫 출판
1889	기독교사회연맹(CSU)의 창립, 성공회의 사회복음 운동 조직
1891	가톨릭의 사회적 가르침이자 교황 레오 13세의 회칙인 『레룸 노바룸』(Rerum Novarum) 제정

18세기는 다른 시대와 비교해서 영성의 역사가 빈약한 것이 분명하다. 위대한 독창성이나 지속적인 중요성을 지닌 영성운동이 거의 없었다. 그러나 18세기가 영적으로 생명이 없었다고 결론 내리는 것은 불공평하다. 19세기 후반에 (그리고 심지어 20세기에는 더 많이) 새롭고 창조적인 방향으로 꽃을 피울 많은 것이 이때 태동하고 있었다.

18~19세기 유럽과 북아메리카의 광범위한 사회 문화적 환경을 개괄하면, 계몽주의, 프랑스와 미국의 정치 혁명 그리고 산업혁명이라는 세 가지 요소가 두드러진다. 이것들은 종종 모더니티(근대성)로 묘사되는 토대다. 영적인 부분만이 아니라, 정치, 사회, 지적인 부분까지 종교가 지배하던 전근대 세계는 이제 독립적인 인간 이성이 지배하게 될 새로운 세계에 자리를 양보했다.

'모더니티'는 (프란체스코회 오캄의 윌리엄과 관련된) 철학적 유명론이 나타난 중세 후기에 기인한다. 아주 단순화시키면 유명론은 이성과 신앙의 분리를 강조했다. 하나님께서는 궁극적으로 알 수 없는 존재이기 때문에 이성이나 자연계를 통해 드러날 수 없다는 것이다. 신학, 신앙, 영성은 인간의 지식(철학과 과학)과 분리됐고, 이후 이 과정은 17세기 중반부터 계몽주의 운동에서 가장 큰 추진력을 얻는다. 어떤 의미에서 유럽은 한 세기 동안 종교적 갈등, 분파주의, 위험성을 띤 수많은 종교적 열광주의로 인해 피폐해졌다. 그로 인해 오래된 전통과 권위의 지배로부터 이탈하려는 현상이 자라났고, 이것은 의심과 심지어 불신의 여지를 만들었다. 그런 지적 분위기는 경험적인 것에서 벗어나 합리주의와 객관주의로 향했다. 종교는 점차 도덕적 의무라는 차원으로 설명되고 비합리적인 것을 두려워했다.

18세기 후반에 위대한 계몽주의 철학자 이마누엘 칸트(1724-1804)는 계시 없는 종교를 추구했다. 칸트를 불가지론자나 종교적 회의론자로 부르는 것은 너무 단순하게 본 것이다. 그는 분명히 정통 루터교인은 아니었다. 그러나 전통적인 형이상학의 근거를 거부하고, (즉 초자연적 실체에 대한 지식을 가질 수 있는 가능성을 부정하고) 고전적인 신 존재 증명들을 무효화시킨다. 그는 신앙을 반대한 것이 아니라 신앙을 위한 타당한 공간을 만들고자 한다고 주장했다. 그가 종교적 비전을 이끌어낸 곳은 자연신학이나 신비주의가 아니라 양심인데, 오직 양심만이 도덕적 정의를 입증할 수 있는 의로운 하나님의 실재를 가르친다고 주장했다. 이 관점에서 볼 때 종교는 사실상 윤리와 다르지 않다. 종교의 많은 부분이 이러한 새로운 환경에 스스로를 적응하려고 노력했으나, 또 다른 종교 운동들은 그 반대로 나간다.

로마 가톨릭 전통의 영성

로마 가톨릭 내부에서는 정적주의에 대한 의심으로 인해 도덕적이고 수덕적인 영성이 정서적이고 신비적인 영성보다 우세해진다. 게다가 17세기 프랑스 영성의 경향은 하나님 앞에서 인간의 무가치와 자기비하를 강조함에 있어서 얀센주의자들보다 더 강력하게 겸손과 순종과 같은 덕을 획득하려고 몰두하기에 이른다. 이러한 덕에 대한 요청은 방법론적이고 규율적인 기도 생활을 장려했다.

오늘날까지 이어진 수많은 새로운 수도회 공동체가 18세기에 설립되지만(예 : 남녀 지회가 있고 수덕적, 선교적 생활 양식을 지닌 구속주회[Redemptorists]와 수난회[Passionists]), 이 시기에는 주요 영성 저자들이 거의 등장하지 못한 것으로 보인다. 이때의 영성은 실질적 가르침보다는 행동으로 표현됐다. 16세기 스페인과 17세기 프랑스에서 영성과 관련한 저술의 황금기가 지난 후, 영성과 과거의 위대한 전통 사이의 연결 고리는 점차 약해졌다. 18세기의 영성은 특정한 신심들과 더 연관됐다. 그러나 최소한 두 사람, 이탈리아 예수회의 조반니 바티스타 스카라멜리(Giovanni Battista Scaramelli, 1687-1752)와 프랑스 예수회의 장 피에르 드 코사드(Jean-Pierre de Caussade, 1675-1751)의 저술에 주목해야 한다.

스카라멜리는『수덕 지침서』(Direttorio ascetico, 1752)와『신비 지침서』(Direttorio mistico, 1754)를 통해, 로마 가톨릭 안에서, 특히 신학교와 수도회에서 일반화된 '수덕신학'과 '신비신학'이라는 명칭을 설립한 최초의 인물로 추정된다. 스카라멜리는 1706년에 예수회에 들어가 1722년부터 주로 피정과 영성 지도를 담당했다. 고전이 된 그의 책들은 주로 영성 지도자(spiritual directors)가 사용하도록 계획됐다. 그것들은 약 200년 동안 기독교인의 완덕이라는 용어가 견고해지는 과정에서 중요한 기여를 했다. 특히 영적 삶의 과정과 진보는 두 단계로 고안됐다. 다수에게 적용할 수 있는 수덕신학은 규율적인 훈련을 통해서 기독교인의 삶의 형태와 발전을 다룬다. 그런가 하면 특정 소수에게 적용할 수 있는 신비신학은 신비적 연합에 이르기까지 보다 발전된 영적 삶의 단계들을 분석한다. 이 전문 용어는 영적 삶에 대한 다소 상세하고 공평하고 분석적인 (일부는 심지어 법정적이라고 말하는) 접근을 장려하는 것과는 별개로, 결국 (스카라멜리 자신은 그렇게 보지 않았지만) 영성신학을 다른 나머지 신학으로부터 고립시키고, 도덕신학의 하위 범주로 종속시키는 결과를 가져왔다. 흥미롭게도 스카라멜리는 영성 지도자가 기독교 교리에 능통할 수 있기를 희망하고, 정적주의에 과민한 동시대의 많은 사람보다 훨씬 더 신비주의에 호의적이었다. 실제로 그는 일부 심각한 반대에 부딪혀 『신비 지침서』의 일부를 수정할 것을 강요받았다. 최근까지 비판받고 있는 스카라멜리의 건조한 형식주의는 보다 친신비적 감수성을 감추고 있었다고 볼 수 있다.

일부 저자는 장 피에르 드 코사드가 이냐시오 로욜라, 카르멜회의 신비주의자들, 프란시스 드 살을 회고한 이유로 그를 18세기에 속한 인물보다 17세기 프랑스 영성의 황금기의 마지막 인물로 묘사한다. 드 코사드는 1728년부터 낭시에서 하나의 성모 마리아 방문 봉쇄 수녀회를 위한 신부와 영성 지도자로 활동하는데, 예수회 회원으로서 상대적으로 모호한 삶을 살았다. 그는 1731년부터 1733년까지 2년간 정적주의자로 의심을 받아 자리를 떠나야 했다. 1739년에 그는 낭시를 떠나 다른 곳에서 수도원장이 되고 툴루즈에 있는 예수회 수도원에서 영성 지도자로 삶을 마쳤다. 상대적으로 그의 일생은 거의 알려지지 않았는데, 보쉬에의 가르침을 설명하는 대화 형식의 기도에 대한 익명의 저서를 출판했다.『하나님의 섭리를 향한 자기 포기』(L'Abandon à la Providence divine)가 1867년에 출판된 이래, 그는 널리 유명해지고, 그 책은 대중적 영성의 고전이 됐다. 이 책은 다양한 영어 번역본으로 출간되는데,『현 순간의 성례전』(The Sacrament of the Present Moment)이라는 책명도 있다. 이 책은 낭시에 있는 수녀들에게 보낸 그의 편지와 근본적인 가르침을 간추려 요약했다. 이 책에서 드 코사드는 예외적 상황에 관심을 두지 않고 평범한 삶의 환경에서 각 사람에게 계시된 하나님을 향한 자기 포기에 기초한 일종의 일상생활의 신비주의를 가르친다. 이로부터 '현 순간의 성례전'이라는 개념이 생겨났다. 기도는 하나님을 향한 단순한 주의 집중과 기다림에 관한 것이다. 자기 포기에 대한 드 코사드의 해석은 정적주의적 수동성과 매우 다르다. 왜냐하면 그것은 하나님의 현존에 대한 적극적인 식별과 하나님의 변경할 수 없는 사랑의 확실성에 근거한 적극적인 자기 포기의 반응을 포함하기 때문이다.[1]

경건주의

경건주의는 합리주의적이고 과도하게 제도화된 종교에 대한 반발로 독일 개신교에서 발생하고 주로 17세기 후반에서 18세기까지 번창했다. 경건주의는 압도적으로 루터교와 관련이 있지만, 네덜란드의 개혁교회, 모라비아 형제단의 갱신, 감리교의 창시자인 존 웨슬리, 후대 다른 지역의 개신교 복음주의 부흥 운동에 영향을 미쳤다. 그것은 스칸디나비아로 확산되고 19세기 노르웨이 루터교에 특히 큰 영향을 미쳤다. 거기로부터 경건주의는 선교 지역과 북아메리카로 확산됐다. 독일 개신교 경건주의의 주도적인 인물은 필리프 야콥 슈페너(Philipp Jacob Spener, 1635-1705)와 그의 친구 아우구스트 프랑케(August Francke,

1663-1727)다.

경건주의자들은 일반적으로 개신교회 내부의 한 집단이었지만, (모라비아 교회로 알려진) 모라비아 형제단은 경건주의가 자신들의 기풍을 명확히 나타낸다는 점에 관심을 가졌다. 15세기 복음주의 개혁 운동인 보헤미아 형제단의 후손이었던 모라비아 형제단은 종교개혁 운동에서 각각 다른 시기에 루터교인과 칼뱅주의자들과 동맹을 맺었다. 1721년에 망명한 형제단의 잔존자들은 에큐메니컬 정신을 가진 백작 친첸도르프(Count von Zinzendorf, 1700-1760)의 영향을 받아 작센 지방의 헤른후트(Hermhut) 공동체와 융합된다. 존 웨슬리는 헤른후트를 방문했고, 그가 찬송가와 정기적인 애찬식을 포함해서 초기 감리교회에 특별한 영향을 준 것은 모라비아인들의 경건주의였다. 모라비아 영성은 평화주의, 규율, 단순성과 무엇보다도 마음의 종교와 같은 급진 종교개혁의 일부 요소를 반영했다. 특히 그리스도의 인성과 고난에 초점을 맞춘 강렬하고 헌신적인 요소가 있다. 전반적으로 모라비아 전통은 그 자체로는 작았지만 18세기의 경건주의에서 탁월한 역할을 했다.

전반적으로 경건주의는 마음의 종교이며 일상생활에서 하나님의 현존을 강조했다. 이 운동의 본래 동기는 체험적 신앙의 회복을 장려하는 것이었다. 하나님을 향한 진정한 회심, 내면의 변형, 선행으로 표현된 삶의 거룩함은 교리적 정통성에 대한 단순한 확증보다 더 중요했다. 경건주의는 슈페너의 『경건의 열망』(*Pia Desideria*)의 출판과 교구에서 정상 예배 외에 **경건의 모임**(collegia pietatis, 여기에서 경건주의라는 명칭이 나옴)으로 알려진 작은 모임의 발전으로 인해 1675년에 시작된 운동이라고 할 수 있다. 이것들은 현대의 성경 공부 단체나 해방신학의 '기초 공동체'와 일부 유사하다. 그들은 (도덕적, 교리적 관심보다는 경건에 관심을 가지고) 집에 모여 기도하고 성경을 읽으면서 상호 영적 안내를 제공했다. 정통 루터주의의 맥락에서 볼 때, 경건주의자들은 죄를 극복하고 영적 삶에서 성장할 수 있는 인간의 능력에 대해 낙관적인 경향이 있었다. 그들의 주요 목적은 교회 내부에서 영적 활력의 결핍과 싸우는 것이었다.[2]

웨슬리주의 영성

웨슬리주의 또는 감리교 영성은 성공회의 사제였던 존 웨슬리(1703-1791)와 찰스 웨슬리(1707-1788) 형제의 사역과 근본적으로 관련된다. 비록 웨슬리 형제는 자신들을 성공회 사제로 생각하지만, 그 시대에 성공회 교회 안에서 유행하던 형식주의와 성장하는 합리주의에 반대해 복음주의적이며 헌신적인 반응을 표현했다. 독일 경건주의에 부분적으로 영향을 받은 강한 정서적인 헌신의 흐름은 특히 존 웨슬리의 생애와 저술에서 분명하게 드러난다. 1730년대 초, 옥스퍼드 대학의 링컨 칼리지의 젊은 교수(Fellow)로 재직하는 동안, 존 웨슬리는 더 강렬한 개인 영성을 기르기 위해 '홀리 클럽'으로 알려진 청년 공동체를 조직했다. 기도와 연구에 대한 진지하고 규율적인 제도로 인해 그들은 '방법주의자'(Methodists)라는 별명을 얻었고, 결국 "메소디스트"라는 이름은 웨슬리 형제가 영적 개혁 운동의 확장의 수단으로써 전국적으로 조직한 단체를 규정한다. 존 웨슬리 자신은 1738년 5월 런던 올더스게이트 거리에서 열린 영적인 모임에서, 어떤 사람들은 회심 경험이라고 하고 다른 사람들은 신비적 조명이라고 칭하는 것을 경험했다. 그는 마음이 "이상하게 뜨거워졌고" 개인적으로 그리스도의 사랑에 대한 강렬한 느낌과 그리스도의 구원에 대한 확신을 받았다고 기록했다.

존 웨슬리는 독일 경건주의와 별개로 초대 교부들, 토마스 아 켐피스, 새로운 경건, 제레미 테일러와 조셉 홀과 같은 많은 17세기 캐롤라인 신학자, 리처드 백스터와 같은 청교도들(웨슬리 가문은 청교도 조상이 있었다) 그리고 그의 시대에 성공회 신비주의자 윌리엄 로를 포함하는 놀랍도록 광범위한 부분에서 영향을 받는다. 그는 유럽 대륙의 많은 가톨릭 종교개혁자, 특히 프란시스 드 살, 프랑스 신비주의 전통의 대표자들, 이탈리아의 테아티노회(Theatine) 사제 로렌쪼 스쿠폴리(Lorenzo Scupoli, 그의 저서 『영적 전쟁』[The Spiritual Warfare]은 로마 가톨릭교회를 넘어서 놀라운 영향력을 미쳤다) 그리고 많은 예수회 저술에 영향을 받았다. 그러나 그가 예수회의 비밀회원이며, 부드럽게 말해서 이냐시오의 영향을 받았다는 웨슬리 비판자들의 잦은 주장에도 불구하고, 그가 『영신수련』을 알고 있었다는 증거는 없다. 따라서 어떠한 이냐시오의 영향이 있었다면 그것은 이차적인 출처에서 나온 것이다.³

존 웨슬리는 개인의 거룩에 대해 주의를 기울이도록 장려하는 것과는 별개로 성공회의 사역에 효과적으로 접촉하지 못하는 사람들과 하나님의 사랑과 완전으로 부름을 받는 것에 대해 무지하다고 느껴지는 사람들을 복음화하려는 열망으로 점차 불타올랐다. 그 시대의 상황에서, 이들은 일반적으로 노동자 계급이었다. 웨슬리는 브리튼과 아일랜드 전역을 말을 타고 설교 선교 여행을 한 것으로 유명해졌다. 1760년대 후반에 감리교 부흥 운동은 북아메리카에 도달했고 독립전쟁 직전인 1771년에 프랜시스 애즈버리(Francis Asbury)는 미국으로 파견돼 성장하고 있는 운동을 감독했다.

웨슬리는 확고한 신비적 감수성과 개인의 '체험적' 신앙에 대한 관심에도 불구하고 과도한 정적주의 혹은 관상적 수동성을 가르친다는 의심을 받았다. 이웃, 특히 가난하고 궁핍한 사람을 향한 사랑과 봉사 그리고 기도와 실천을 결합한 영성은 웨슬리가 이해하는 성경적 성결의 전제 조건이다. 웨슬리는 이신칭의라는 고전적 가르침을 수용하지만 제한 속죄라는 칼뱅주의적 사상을 거부했다. 구원에 대한 보편적 필요가 그의 선교적 노력을 추동했고, 그는 확신을 가지고 알려질 수 있는 구원을 모든 사람에게 제공해야 한다고 설교했다. 아마도 그의 청교도 선조와 유럽 대륙의 경건주의에 대한 경험에 의존하면서, 웨슬리는 성경을 읽고 기도하고 상호 영적인 격려와 교정을 위해 만나는 '속회'의 조직망을 통해 그의 운동을 조직했다. 웨슬리주의 영성을 위한 기본체계는 「대연회록」(Large Minutes)이라는 소책자에 다섯 요소로 표현되는데, 개인적·집단적 기도, 성경 읽기와 묵상, 잦은 성찬, 금요일의 금식 그리고 영적 회심이 그것이다. 속회와는 별개로 (모라비안에게서 배운) 집단적으로 실행하는 애찬식, 언약 갱신 예배로 알려진 매년 헌신의 갱신 그리고 초대교회를 모델로 한 철야기도가 있었다. 매주 설교 예배가 있지만, 웨슬리는 "메소디스트"로 알려진 사람들도 교구 교회의 일반 예배에 참석하는 것을 당연하게 여기고 신학적으로 성찬을 존중하며 잦은 성찬을 장려했다. 감리교 운동이 결정적으로 성공회로부터 분리된 것은 웨슬리가 죽은 이후다.

웨슬리 영성의 가장 두드러진 특징 중 하나는 찬송가다. 찬송 부르기는 이제 대부분의 교단의 일반적인 특징이지만, 특히 감리교회의 집단적 영성의 특징이다. 찬송은 기도와 예배에 대한 개인적이고 집단적인 차원을 결합하는 특별한 능력을 가지고 있다. 찬송을 자주 부르는 것은 개인과 회중의 영적 관점 및 심지어 교리적인 관점까지도 상당하게 형성한다. 비록 찰스 웨슬리의 찬송의 상당수가 성례적이고 성례적인 주제를 구체화했지만, 감리교의 맥락에서 찬송은 교회력을 따른 절기와 축제 또는 성찬 예배의 특정 부분에 포함되지 않는다는 점에서 엄격하게 전례적인 것은 아니다. 감리교인들의 찬송은 종종 성경적 사상과 이미지를 개인적이고, 때로는 아주 정서적인 반응과 혼합시켰다. 존 웨슬리는 모라비안 찬송을 번역하지만, 찰스 웨슬리는 7천 곡 이상을 작곡한 것으로 유명하다. 그의 1780년판 『감리교인을 위한 찬송가 선집』(Collection of Hymns for the Use of the People Called Methodists)은 전투, 기도, 노동, 고난과 같은 기독교인의 삶과 거룩성의 모든 면을 다섯 부분으로 다루고 있으며, 감리교 신학과 영성의 다양한 근거가 된다. 그 서문에서 존 웨슬리는 우리가 '찬송의 영성'이라고 말하는 것을 훌륭하게 요약했다.

> 나는 참으로 경건한 모든 독자에게 헌신의 정신을 고양시키거나 촉진시키고, 신앙을 확인하고, 희망을 북돋고, 하나님과 사람에 대한 사랑을 키울 수 있는 방법으로 이 책을 추천합니다. 찬송시가 경건의 시녀로서 그 자리를 지킬 때, 그것은 초라하고 부패하기 쉬운 화환이 아니라 시들지 않는 면류관에 이르게 될 것입니다.[4]

미국 청교도주의와 대각성운동

독특하게 구별되는 '미국 영성'의 출현은 미국 혁명(1776-1791) 이후의 시대와 관련해서 나중에 다룰 것이다. 그러나 18세기에 두 가지 중요한 영적 운동인 청교도들 가운데 대각성운동과 셰이커(the Shakers)의 출현을 주목할 필요가 있다.

18세기 중반의 미국 '대각성운동' 또는 부흥 운동에서, 네덜란드 개혁교인, 장로교인, 회중교회주의자 가운데 중심인물이며, 가장 중요한 사상가는 매사추세츠의 조나단 에드워즈(Jonathan Edwards, 1703-1758)다. 그는 회중교회 목사이자 복음주의 설교자 그리고 칼뱅주의 신학자였다. 미국 부흥 운동들 중 첫 번째로 일어난 대각성운동은 미국 개신교 영성 안에 부흥 운동의 경향성을 탑재했으며, 회심뿐만 아니라 개인주의도 강조했다. 이것은 가시적 회심의 증거를 강조한 것이다. 당시 종교 체험과 건전한 교리의 관계적 중요성에 대해 견해 차이가 컸다. 에드워즈는 두 요소를 연결하려고 노력했다. 예일 대학교에서 교육을 받은 그는 1727년에 매사추세츠주 노샘프턴에서 목사가 되고, 성찬을 받는 기준에 대한 엄격한 해석으로 인해 1750년에 목사직 사임을 강요받을 때까지 일련의 영적 부흥 운동이 일어나는 데 기여했다. 그는 이어서 아메리카 원주민과 함께 사역했고 1757년에 후에 프린스턴 대학이 되는 뉴저지 대학의 학장으로 선출된 후 곧 죽었다. 에드워즈는 중생의 필요성을 설교하고 복음주의 부흥 운동을 성령의 사역이라고 지지하지만, 의지와 지성의 역할을 방어하면서 부흥 운동 안에 있는 과도한 감정주의를 반대하는 글을 썼다. 그는 신학적으로는 보수적인 칼뱅주의자이고 또한 유능한 철학자이며 윤리학자였다.

아마도 에드워즈의 가장 중요한 저작은 성령의 임재와 사역을 식별하는 방법에 관한 것이다. 그는 '거룩한 감정'(holy affections, 정서, 열정, 내적 경험)의 타당성을 확증하고 싶어 하는 한편, 영성을 거짓된 감정주의로 축소하는 것에 반대했다. 에드워즈는 그의 걸작 『신앙감정론』(Religious Affections, 1746)에서 개인의 내적 경험 안에서 성령의 참된 현존 여부를 식별할 수 있도록 돕기 위한 주요 표지를 제시했다. 그 기준은 다음과 같다. 첫째, 영적인 것에 대한 민감성이 진실로 증가한다. 둘째, 하나님에 대한 사심이 없는 순수한 사랑이 증가한다. 셋째, 그 감정은 영적 지성을 드러낸다. 넷째, 하나님의 실재를 긍정하고 확신하며 하나님 앞에서 겸손해진다. 다섯째, 죄성의 삶에서 벗어나는 변형이 일어난다. 여섯째, 그 결과는 온유, 평온, 용서, 자비다. 일곱째, 하나님 안에 있는 기쁨과 하나님에 대한 경외가 균형을 이룬다. 여덟째, 영적 욕구와 갈망이 증가한다. 아홉째, 세상을 향한 기독교인의 태도와 그에 일치하는 외적 행동의 변화가 일어난다.[5]

셰이커 영성

셰이킹 퀘이커, 혹은 공식적으로 그리스도 재림신자연합회(United Society of Believers in Christ's Second Appearing)는 영국에서 기원하지만 북아메리카로의 이주로 인해 일반적으로 미국의 영성 전통으로 이해되고 있다. 셰이커는 영국 맨체스터에서 황홀경에 빠지고 천년왕국을 믿는 퀘이커 조직에서 시작했다. 앤 리(Ann Lee, 1736-1784)는 문맹의 직조공으로 1758년경에 이 조직에 가입하고 이후 지도자가 된다. 그녀는 환상을 체험한 후 독신 생활이 하나님의 나라로 가는 길이라고 선포하기 시작했고, 점차 단순한 공동체 생활 방식과 황홀경에 빠진 춤을 포함한 성령 충만한 예배가 등장했다. 교회 예배를 방해한 혐의로 투옥돼 그리스도와 연합하는 환상을 체험한 마더 앤으로 알려진 그녀는 소수의 제자와 함께 1774년에 미국으로 간다. 지금의 뉴욕주인 올버니(Albany) 근처에 정착한 그들은 미국 독립전쟁 중에 평화주의 신념 때문에 고난을 겪는다. 뉴욕과 뉴잉글랜드에서 앤 리가 선교 여행을 한 이후에, 수많은 흩어진 공동체가 설립됐다. 훗날 19세기에 셰이커 공동체는 미드웨스트와 켄터키로도 확대됐으나 19세기 말에 숫자는 감소해서, 동부 해안 지역으로 퇴각했다. 그들은 독신주의자들이기 때문에 새 회원을 얻기 위해서 적극적으로 헌신해야 했다. 수도원적 생활과는 달리, 그들은 독신 공동체 밖에 교회 구성원이라는 지원 세력이 없기 때문에, 개종은 헌신을 통해서만 일어났다. 처음에는 그러한 개종이 주로 19세기의 다양한 부흥 운동을 통해 발생하지만, 부흥 운동이 주류 개신교 집단의 내부 갱신으로 점차 바뀌면서, 셰이커 공동체로의 개종자의 유입은 말라 버렸다. 현재는 메인주 사바스데이 레이크에 오직 하나의 셰이커 공동체가 남아 있지만, 20세기 말에 이르러 셰이커의 가치와 영성에 대한 관심이 다시 부활했다. 그 작은 공동체의 영향력의 증대는 숫자에 비례하는 것이 아니었다.

셰이커 전통의 기본적인 영적 관점은 그리스도와 연합하는 신비적 경험이다. 이것은 단순히 개인적인 것이 아니라 그 연합이 은혜를 공유하는 모든 사람을 포용한다는 점에서 집단적이다. 셰이커의 경험은 그리스도의 재림을 기대하면서 시작되지만 그들의 종말론적인 기대는 이상한 방향으로 변형된다. 우선 그들은 재림 시에 일어나는 변화가 실제로 무엇을 포함하는지에 대해 상세한 이해가 없었다. 그래서 재림을 준비한다는 것은 필연적으로 구체적인 행동이 아닌 내적인 것이 됐다. 최초의 셰이커들은 자신들의 퀘이커 기원을 따라서 더 큰 빛을 찾으려고 하나님의 영에 의해 부름을 받았다고, 내적인 빛의 증가가 영적 완성의 추구를 암시한다고 믿었다. 그리스도의 재림에 대한 그러한 내적 준비 작업은 무언의 노래, 방언, 황홀경의 춤과 같은 형태로 나타났다. 셰이커는 죄와 인간 본성의 부패를 강조하는 대신, 인간 본성의 궁극적인 완성에 대해 훨씬 더 낙관적인 믿음을 선포했다. 셰이커는 돌이킬 수 없는 인간의 죄성의 교리를 거부하면서도 끝없이 되풀이하는 죄와 용서의 반복을 담은 어떤 형태의 예배도 거절했다. 그러나 역설적으로, 그들은 영적 훈련으로서 장로에게 개별적으로 비밀 고해를 실시하고, 결국 19세기에 셰이커 예배는 덜 자발적인 은사주의와 신성한 춤 같은 공식화된 영적 의식을 따르는 방향으로 움직였다. 셰이커의 탁월한 장인 정신, 특별히 그들이 만든 가구는 노동을 하나의 예배 형태로 이해했음을 보여 준다.

셰이커들이 앤 리를 그리스도의 새로운 성육신이나 여성 그리스도라고 믿었다는 주장이 가끔 있지만 이것은 완전히 오도된 것이다. 마더 앤은 모든 사람이 중생하기 위한 매개로 여겨졌지만, 그리스도가 오셨다는 것은 마더 앤과 다른 모든 사람이 서로 결합된 상태의 경험이었다. 만일 그리스도가 살아 계신다고 느낀다면 그것은 신자들의 연합 안에서 이루어지는 것이다. 따라서 그들의 명칭이 재림신자연합회인 것이다. 그러나 셰이커들은 하나님의 실재에 대해 남성과 여성의 측면이 함께 나타나는 포용적인 이해를 발전시켰다. 그리스도의 정체성은 공동체의 유형적 삶을 통해 공유된다. 그 이유로 셰이커는 독신주의를 택한다. 독신주의는 새로운 피조물, 즉 그리스도 안에 있는 새 생명의 핵심 이미지다. 독신주의는 이제 살아 있는 부활의 삶으로 이해된다. 마찬가지로 그것은 최선의 헌신을 오직 파트너와 가족에게 제한하지 않고 모든 사람을 예외 없이 품는 것을 의미한다. 입회 절차와 최종 헌신 이전의 '예비 과정'(formation)들은 수도원적 생활과 마찬가지로 점진적으로 도입됐다. 셰이커의 독신주의와 포괄적인 공동체의 최종 목표는 모든 사람을 향한 절대적인 평화, (특별히 일반 사회에서 보편화되기 오래 전에 남녀 간의) 평등 그리고 철저한 재화의 공동 나눔이다. 21세기 수사이자 영성 저자, 평화주의자인 토마스 머튼이 셰이커의 방식과 자신이 속

한 시토회의 삶과 가치 사이에 커다란 유사성을 발견했던 것은 놀랄 일이 아니다.6

정교회 영성

18세기 후반에 『필로칼리아』(Philokalia)가 편집되면서 동방 정교회 영성에 중대한 발전이 일어났고, 이 책은 19세기 러시아 영성의 본성에 중대한 영향을 미쳤다.

『필로칼리아』(아름다운 것들에 대한 사랑)는 4~15세기 동방 전통에서 (존 카시안으로부터 서방 전통도 포함해서) 추출된 기도 본문의 수집으로 그리스의 수도사이자 신학자인 아토스산의 니코데모스(Nikodemos of Mount Athos, 1749-1809)와 코린스의 주교 마카리오스(Bishop Makarios of Corinth, 1731-1805)가 교회의 영적 갱신의 일환으로 편집했다. 이것은 1782년 베네치아에서 처음 출판되는데, 두 사람은 모두 헤지키아 전통의 기도를 보전하고 전파했다. 여기에는 고전적 영적 발전의 단계에 대한 정교회의 지침이 담겨 있고 내면의 헤지키아(평정)를 실천함을 통해 얻는 관상 기도에 대한 가르침이 결합됐다.

니코데모스는 1775년 아토스산에 정착해 많은 저술을 남긴 고학력의 저자고 마카리오스는 저명한 전통적 주교였다. 둘 다 명백하게 서방의 영향에 반대하고 고전적인 비잔틴 전통에 기초한 영적 재생을 장려했다. 그러나 로마 가톨릭주의를 반대했음에도 불구하고 니코데모스는 이탈리아 예수회 피나몬티(J-P Pinamonti, 1632-1703)의 저술에 근거해 기록한 『영신수련』을 통해 정교회 안에 서방 영성을 대중화시키는 데 도움을 주었고, 유명한 『보이지 않는 전쟁』(Unseen Warfare)은 스쿠폴리(Scupoli)의 『영적 전투』(Spiritual Combat)의 번역본이다.

『필로칼리아』의 영성은 내면성, 평정, 경계라는 헤지키아적 가치를 강조하지만, 논쟁의 여지가 있는 잦은 성찬을 포함한 성례적 삶을 강조한다는 점에서 개인주의적이지 않다. 영적 삶의 목적은 기도, 특히 이른바 예수기도(Jesus Prayer)를 통해 신화(神化)를 이루는 것이다.[7]

『필로칼리아』는 특별히 러시아에서 널리 보급되는데, 1793년에 상트페테르부르크에서 파이시 벨리치코브스키(Paisius Velichkovsky, 1722-1794)가 최초로 슬라브어 번역본을 출판했다. 유명한 『순례자의 길』(The Way of the Pilgrim)은 익명의 순례자가 사용한 번안이다.[8] 은둔자 테오판(Theophan the Recluse, 1815-1894)의 또 다른 번역본은 도스토옙스키의 소설에 영향을 주었다. 예수기도는 19세기에 러시아 수도원에서 관상 기도의 일반적인 형태가 된다. 그것은 경건한 평신도가 채택한 기도 형식이지만 언제나 영성 지도자의 안내를 받았다는 사실이 중요하다. 18세기 중반부터 러시아의 서유럽화가 진행되면서 교회는 귀족적 특징과 지식인들을 잃어버리지만 평범한 러시아 대중은 여전히 1917년 공산혁명 때까지 매우 독실했다.

『순례자의 길』에서 순례자는 자신의 **스타레츠**(staretz, 영성 지도자)에게 헤지키아 기도 전통을 배운다. 『필로칼리아』가 번역된 후에 평신도를 위한 영적 안내자(startzy)로 섬기는 수사들의 출현과 영성 지도(starchestvo)의 과정이 급격하게 증가했다. 19세기는 혁명 이전의 소용돌이와 사회적 격변의 시대지만 수도원의 황금기이기도 했다. 수도원의 인물들이 종종 '현 세상'과 인류에 대해 깊은 관심과 놀라운 애정을 보였기 때문에 수도원의 번성은 문화적 혹은 종교적 보수주의에 대한 단순한 문제가 아니었다. 가장 좋은 영적 안내자는 완전히 겸손하고 가난한 사람으로 인식됐다. 영적 안내는 전통적 수도원의 지혜와 훌륭한 심리적 통찰과 평범한 상식을 기반으로 했다. 훌륭한 스타레츠는 반드시 탁월하게 금욕적이거나 교육을 받은 사람일 필요는 없으나, 복음과 자선의 요구에 완전히 복종하는 사람이었다. 많은 수의 영적 안내자는 겸손, 온유, 모든 사람에 대한 개방성 그리고 참을성 있고 동정심 있는 사랑으로 명성을 얻는 사람들이었다.

주목할 단체들은 19세기 러시아에서 가장 유명한 수도원 공동체 중 하나인 옵티노(Optino) 수도원의 주변에 모여 있었다. 세 명의 가장 위대한 영적 안내자는 레오니드 나골킨(Leonid Nagolkin), 특히 수도원과 평신도 사이의 전통적 장벽을 무너뜨린 것으로 유명한 마카리우스 이바노프(Macarius Ivanov) 그리고 암브로지 그렌코프(Ambrose Grenkov)다. 『순례자의 길』을 쓴 익명의 저자도 이 서클에 속해 있었다. 옵티노의 수사들은 탁월한 사람들을 많이 지도하는데, 그중에 특히 고골(Gogol), 도스토옙스키, 톨스토이, 솔로비예프(Soloviev)와 같은 회의론자와 지식인이 있었다. 도스토옙스키의 『카라마조프의 형제들』에 등장하는 스타레츠 조지마(Zosima)라는 인물은 암브로지 신부(Ambrose, 1812-1891)를 모델로 했다.[9]

두 번째로 중요한 수도원 단체는 사로프(Sarov)에 있었다. 가장 위대한 대표자는 사로프의 성 세라핌(St Seraphim, 1759-1833)인데, 근대 러시아에서 심오한 신비가이자 가장 유명한 성자다. 세라핌은 1779년에 사로프 수도원에 들어갔다. 수도원 훈련을 거쳐 사제서품을 받은 후에, 그는 숲속에서 엄격한 금욕주의적 수행을 하면서 은수사로 많은 해를 보냈다. 그는 정기적으로 남녀 방문객, 수도사, 평신도를 만나서 영적 대화를 나누었다. 마침내 세라핌은 수도원에 살기 위해 돌아왔고, 처음에는 상대적으로 독거 생활을 했으나 인생의 후반에는 예외적으로 많은 사람에게 도움을 주는 삶을 살았다. 그는 교훈을 남겼고 그의 가르침은 동료들에 의해 기록됐다. 기독교인의 삶의 목적을 주제로 쓴 『모토빌로프와의 대화』(Talks with Motovilov)는 고전이 됐다. 그러한 대화 중 두 사람이 강력한 빛에 둘러싸이는 변형을 경험했다. 즉 강력한 빛에 둘러싸였다. 세라핌에게 기독교인의 삶의 목적은 성령을 얻는 것이었다. 우리는 세례를 통해 받은 성령을 죄로 인해 상실하지만 성례(특히 정기적인 성찬), 진정한 믿음, 그리스도를 닮은 삶을 통해 다시 얻는다. 최고 단계의 성령의 은혜에 도달한 사람들은 변형된다. 세라핌은 죄, 십자가, 영적 고뇌와 같은 어두운 영성보다는 빛, 즐거움 부활의 신비주의인 긍정적인 영성을 가르쳤다. 그의 영성의 핵심에는 각 개인 안에 영구히 거주하는 성령의 개념이 있었다. 또한 하나님의 사랑 안에서 이루어지는 연합에 모든 사람과 모든 창조를 포함시켰다.[10]

프랑스 혁명 후기 가톨릭주의

이미 살펴보았듯이, 18세기의 로마 가톨릭 영성은 얀센주의 요소와 그와 관련된 내면성과 신비주의에 대한 의심 때문에 고난을 겪었다. 유럽 대륙에서 로마 가톨릭교회의 권위는 프랑스의 볼테르와 같은 사람들의 지적 회의론과 오스트리아 황제에 의해, 그리고 스페인과 포르투갈 왕국에서 교황의 정치권력을 억제하려는 시도에 의해 더욱 훼손된다. 수많은 종단의 독립은 공격을 받았다. 가장 알려진 것 중에 예수회는 1773년부터 1814년까지 억압을 받았다(교황의 칙서가 통하지 않는 러시아와 프로이센은 예외였다). 이미 약화된 교회의 지위는 프랑스 혁명의 격변과 서유럽 전역에서 계속된 전쟁으로 인해 더욱 손상되고, 수도원과 종단에 대한 대대적 억압, 학교, 대학 및 기타 교회 운영 기관의 폐쇄, 심지어는 수백 명의 사제와 종단의 회원에 대한 처형이 일어났다.

미국과 프랑스 혁명에 기원을 둔 자유주의와 민주주의 전통이 장기적으로 긍정적인 영향을 미치지만, 19세기의 가톨릭 영성은 오히려 약화된 교회를 재건하고자 하는 분위기에 의해 영향을 받았다는 것은 수긍이 된다. 그것은 새로운 형태의 영적 지혜의 개발이나 새로운 사회 문화적 환경에 대한 건설적인 참여보다 교회 제도와 권위의 회복에 더 큰 가치를 부여했다. 많은 종교 단체가, 특히 여성을 위한 단체들이 설립됐다. 실제로 19세기는 종교개혁 이후 종교적 삶이 가장 많이 확장된 시기다. 대부분의 종교 단체는 일정한 교육적 혹은 보육적(保育的) 사도직에 헌신했다(마들렌 소피이 바라[Madeleine Sophie Barat]가 프랑스에 세운 성심 수녀회, 벨기에 리에주에 있는 십자가의 딸 수녀회, 빈자의 작은 자매회 등). 앙리 라코르데르(Henri Lacordaire 1802-1861)는 프랑스에 도미니크회를, 돔 프로스페 게랑제(Dom Prosper Guéranger)는 베네딕트회를 재건했다. 라코르데르는 원래 후기 계몽주의 사상과 새로운 정치 발전의 분위기에 호의적으로 참여하며 전통적인 로마 가톨릭을 현대적으로 '재해석'하려고 했던 드 라무네(de Lammenais)와 같은 젊은 지식인 단체에 속해 있었다. 하지만 당시 프랑스 혁명과 자유주의 사상으로 긴장하고 있었던 복구된 교황권은 이 중 어떤 것에도 호의적이지 않았다. 결국 라코르데르는 더 보수적인 방향으로 움직이고, (주요 수도원과 전례의 부흥 운동의 중심이 된 솔렘 수도회를 재건한) 게랑제처럼 더 큰 통일성을 지지하고, 종교적 직제의 '로마화'를 지지하는 경향을 보였다. 전반적으로 19세기 동안에 로마 가톨릭 영성은 예외가 있지만 혁신적이기보다 복고적이고 방어적이었다.

대중적 경건이 두드러지게 증가하고 기적과 환상에 대한 강조가 특징적이었다. 동정녀 마리아의 출현에 대한 몇 가지 주목할 만한 보고가 있었다. 프랑스 루르드(Lourdes, 1858)에서 베르나데타 수비루(Bernadette Soubirous, 1844-1879)가 목격한 마리아 출현은 특히 병자들을 위한 주요한 순례 여행의 기원이 됐고 오늘날까지 지속되고 있다. 지난 세기의 환상을 보았던 많은 사람의 경우처럼, 그 보고된 성모의 출현들은 종교·사회적으로 주목받지 못하는 지위에 있던 사람들에게 영적 능력과 권한을 부여하는 기능을 했다고 말할 수 있다. 환상을 보았다고 보고한 베르나데타는 가난한 집 출신에 단지 14세에 불과한 어린 소녀였다. 베르타데타의 정신 건강, 동기 그리고 주변 환경을 불신하는 시도들에도 불구하고, 그녀의 환상 이야기는 아주 분명하고 과장되지 않은 것으로 드러난다. 그녀는 그후에 지역 병원에서 환자를 보살피고 결국 자비의 수녀회의 지부에 들어가서 느베르에 있는 수녀원에서 살았다. 그녀의 공책에는 그곳에서 행한 하나님과 다른 사람들을 향한 자기 기부의 깊은 영성이 기록돼 있었다.

옥스퍼드 운동에서 다루어질 영국의 주요 인물인 존 헨리 뉴먼(John Henry Newman) 이외에, 그 세기에 보다 흥미로운 유럽의 영성가 두 사람은 장 마리 비앙네(Jean Marie Vianney)와 리지유의 테레사(Thérèse of Lisieux)다. 장 비앙네 혹은 아르스의 본당 신부(the Curé d'Ars 1786-1859)는 영성 저자가 아니지만 자신의 삶과 목회적인 실천에서 겸손과 단순성이 결합된 심오한 영적 통찰과 활력을 매력적으로 결합시켰다. 그는 프랑스 리용 근처의 농촌 가정에서 태어나 에콜리(Écully)에서 얀센주의 영감을 지닌 교구 신부 아래서 훈련을 받고 사제가 됐다. 1818년 그는 아르스로 옮겨가서 40년 이상 머물렀다. 초기에 얀센주의 영향이 어느 정도 남아 있던 이유는 아마도 구원에 대한 두려움 때문이었을 것이고, 확실한 이유로는 고해성사에서 죄인을 하나님께로 화해시키는 것이 사제의 피할 수 없는 의무라는 신념 때문이었다. 그는 뛰어난 통찰력과 예지력 및 친절함으로 얻은 명성 때문에 수많은 사람을 끌어들였고 하루에 최대 16시간 동안 상담을 했다. 이것은 치유 및 다른 종류의 기적들에 대한 명성과 결합해서 대중적 예찬을 낳았고 1925년에 그의 시성식으로 이어졌다.

봉쇄 수도회인 카르멜회의 수녀, 리지외의 테레사(1873-1897)는 자신의 영적 자서전과 서신들을 편집하는 과도한 업무로 인해 고통을 겪었다는 사실이 사후에야 알려졌다. 그녀가 속한 공동체는 테레사에 대한 견해를 『영혼의 이야기』(the Story of a Soul)로 출판함으로 테레사에 대한 해석을 촉진시켰는데, 이 책은 국제적인 베스트셀러가 됐고 제2차 바티칸공의회에 이르기까지 로마 가톨릭교회의 일종의 아이콘이 된다. 최근 수십 년 동안 다소 따분한 언어 뒤에 숨겨진 그녀의 영적 실체를 발견하기 위해 보다 복잡한 테레사의 모습이 상당히 복구됐다.[11] 테레사 마르탱은 네 살 때 모친을 잃고 아버지와 두 언니에 의해 양육된다. 두 언니는 그들이 살았던 프랑스 북부 근처 리지외 카르멜회에 들어간다. 테레사는 1888년에 단지 15세의 나이에 두 언니를 따라 수녀원에 들어갔고, 그녀의 입회를 연기시키려는 완고한 지도자들과 싸움을 한 후에 허락을 얻었다. 그녀는 그곳에서 10년을 넘기지 못하고 결핵으로 죽었다. 그녀의 글들은 성경, 특히 복음서들과 바울 서신에 세심한 주의를 보였다. 그녀의 영성은 17세기 이래로 프랑스 영성을 특징짓는 자기 비하 또는 자기 비움을 주제로 하는 '작은 길'(the little way) 개념으로 유명하다. 그러나 테레사에게 이 개념은 두 가지 특별한 특징으로 나타난다. 첫째, 바울 서신에 비추어 단순한 신뢰를 가지거나, 혹은 (루터의 사상과 비교되는) '영적 유년기' 상태에서 하나님의 은혜를 철저히 의존하는 것이다. 둘째, 일상에서 사랑하는 영성인데, 일상의 고통과 즐거움 중에서 하나님을 발견하는 영성이다. 테레사는 카르멜회의 아빌라의 테레사와 십자가의 요한의 신비 저술에 익숙했지만, 그녀의 '작은 길'은 일상의 평범한 존재를 위한 믿을 만한 영적 틀을 추구하던 수많은 사람에게 영향을 끼친 작은 행동의 영성을 제공했다. 또한 테레사는 교회의 활동적인 선교를 공유하는 놀라운 감각을 가지고 있었다. 한때 그녀는 베트남의 한 재단에 자원하려고 했고, 여러 명의 사제 선교사와 진지한 서신 교류를 했다. 테레사의 마지막 1년 반의 시간은 질병뿐만 아니라 영적인 어둠, '무(無)의 밤'으로 특징짓는다. 이 시기 그녀는 하나님의 침묵과 자신의 믿음이 환상이 될 가능성과 싸웠다. 그러나 테레사는 사랑하려는 갈망만이 남아 있는 매 순간을 강력한 신비적인 연합으로 돌파해 나간 것으로 보인다.

영국의 복음주의자들

19세기 영국의 영적 전망은 영국 국교회 안에 나타난 두 가지 주요한 운동, 복음주의 부흥 운동과 옥스퍼드 운동에 의해 지배된다. 후자는 또한 1850년 이후에 로마 가톨릭의 부흥 운동에도 중요한 영향을 미친다. 복음주의 부흥은 부분적으로 계몽주의 사상의 지배적인 합리주의에 대한 반발과 새로운 '산업혁명'이 가져온 사회적 붕괴에 대한 종교적 대응으로서 그 기원은 18세기 중반이다. 물질적으로 비참한 조건들이 종교적 구원에 대한 필요성을 강하게 불러일으켰다. 복음주의는 부분적으로 지난 세기 청교도 유산, 대륙의 경건주의 그리고 웨슬리 형제의 순회 설교에 영감을 받았다. 또한 윌리엄 쿠퍼(William Cowper, 1731-1800)와 존 뉴턴(1725-1807)과 같은 사람들은 중세 후기의 새로운 경건 운동뿐만 아니라 마담 귀용, 페넬롱 대주교, 보쉬에 주교, 파스칼 같은 17세기 프랑스 가톨릭 저자들의 영향을 받았다.

영국 복음주의 운동의 신학적 기초는 근본적으로 칼뱅주의다. 그와 관련해 몇 가지 중심적인 특징이 있다. 첫째, 성경 중심의 설교는 도덕적이고 영적 삶의 표준이다. 사람들은 하나님의 말씀을 들음으로 구원의 필요성과 확신을 모두 경험한다. 둘째, 모든 사람이 회심을 필요로 한다는 것을 강조한다. 이것은 그리스도와 관계가 깊어지는 것을 수반하는 내적 변형을 포함한다. 셋째, 그리스도의 십자가는 인간의 구원 체험의 핵심이다. 즉 회심은 자신의 방법을 포기하고 십자가에 못 박힌 구세주를 따르는 것을 의미한다. 넷째, 이 방법을 따르는 것은 필연적으로 진지한 도덕적 책임감으로 연결된다. 다섯째, 기도는 삶, 개인, 가족, 사회의 모든 측면을 동반해야 한다. 이것은 영적인 성장의 수단으로 진지한 성경 읽기를 포함한다. 여섯째, 그리스도를 향한 회심은 행동하는 삶을 암시한다.

19세기 후반의 퀘이커, 구세군, 성공회-가톨릭의 '빈민 사목 사제들'의 사역과 비교하면서, 복음주의 운동은 사회 참여의 영성이 결여됐다고 때때로 비난을 받는다. 이것은 공평하지 못한 일반화다. 예를 들어 영국 제국 전역에서 성공회 교회 선교회(CMS)가 사역하며 사용한 '행동'이란 표현은 하나님의 말씀의 적극적 확산(전도)을 의미했다. 또한 많은 사람에게 행동은 사회적 박애를 암시했다. 과거 노예 무역상이었던 존 뉴턴은 나중에 런던 시에 있는 세인트 메리 울누스(St Mary Woolnoth)의 교구 목사가 되고, 윌리엄 윌버포스(William Wilberforce,

1759-1833)의 노예 제도 폐지 운동의 주목할 만한 지지자가 된다. 뉴턴은 복음주의 부흥에서 가장 유명한 여성 중 한 사람인 한나 모어(Hannah More, 1745-1833)와 같은 사람들에게 영향을 준다. 한나 모어는 사회적으로 보수적이고 좋은 배경을 가지고 있었지만, 브리스톨에 학교를 설립하고, 주일학교를 세우고, 가난한 사람들을 위해 적극적으로 활동하고, 노예 제도에 열정적으로 반대한 유명한 교육자다. 또한 대중적인 영성 저자로, 특히 광범위한 평신도 독자층을 겨냥한『실천적 경건』(Practical Piety, 1811)을 출판했다. 윌리엄 윌버포스는 복음주의적 회심의 결과로 노예 제도 폐지에 선두 주자가 된다. 윌버포스는 매일 두 시간의 기도와 성경 읽기로 하루를 시작하면서 영성과 사회적 행동 사이의 직접적인 관계를 입증했다. 윌버포스는 복음주의 운동의 정치 지도자가 됐고, 그의 죽음으로 이 역할은 지도적인 보수당 국회의원이며 19세기 최고의 사회 개혁자 중 한 명인 샤프츠베리(Shaftesbury)의 백작, 안토니 쿠퍼(Anthony Cooper, 1801-1885)가 맡았다. 그는 도시 노동 계급의 삶과 노동 조건 개선에 많은 관심을 가졌다. 또한 주목할 공장 개혁자로서 특히 아동 노동과 여성 노동과 관련해 활동했다.

복음주의 운동이 기도의 중요성을 설교했음에도 불구하고, 상대적으로 이 주제에 대한 논문은 거의 드물다. 한나 모어는『기도의 영』(Spirit of Prayer)을 저술했고, 아마도 기도에 대한 가톨릭의 논문과 가장 견줄 수 있는 것은 에드워드 비커스테스(Edward Bickersteth, 1786-1850)의『기도에 대한 논문』(A Treatise on Prayer)이다. 그는 변호사 출신으로 성공회 사제가 됐고, 샤프츠베리의 백작의 공장 개혁의 협력자로 오늘날까지 살아남은 복음주의 연맹(the Evangelical Alliance)의 설립자 중 하나다. 찰스 시메온(Charles Simeon, 1759-1836)은 『복음주의적 묵상』(*Evangelical Meditations*)을 저술하고, 케임브리지, 홀리 트리니티 교회의 교구목사로서 그의 시대에 사실상 복음주의 운동의 지도자였다. 시메온은 특별히 설교자로서 주목을 받았으나, 존 뉴턴과 같은 사람들처럼 사회 정의에 관심을 가지고 있었다. 시메온은 모든 사람이 하나님의 형상을 가지고 있고, (아우구스티누스를 따라서) 죄로 인해 손상됐으나 그 안에는 하나님 안에서만 만족할 수 있는 깊은 갈망이 주입돼 있다고 설교했다. 이 무한한 갈망은 우리로 하여금 무제한의 충만을 향하도록 한다. 시메온은 이러한 갈망의 영성은 물론, 어두운 진지함보다는 기쁨의 종교를 설교했다.

영국에서는 19세기 복음주의 운동의 주요 인물 중 상당수가 부유하거나 교육을 잘 받은 배경을 가지고 있으며, 영국 국교회의 충실한 회원이었다. 이 두 가지를 고려할 때 예외적으로 주목할 만한 인물은 찰스 스펄전(Charles Spurgeon, 1834-1892)이다. 그는 침례교 전통의 거대한 신고전주의 '대성당'이던 런던의 메트로폴리탄 태버너클(Metropolitan Tabernacle)의 목사로 30년 이상을 사역한 위대한 침례교 목사다. 스펄전의 영성은 대체로 5~6천 명에 달하는 (그들 중 3천5백 명이 신앙으로 살아남은) 회중을 향한 설교에서 표현됐다. 그는 마음의 확신은 물론 지성의 확신까지도 추구한 철저한 칼뱅주의자였다. 스펄전은 정통 칼뱅주의에 따라 주의 만찬의 영적 중요성을 설교하며, 보통과는 다르게 매주 성찬을 주장했다. 그는 성찬에서 그리스도의 육체적 임재가 아니라 영적 임재를 말하지만, 성찬에 대한 설교에서 회중들이 그리스도의 못 자국이 그려진 인쇄물에 자신의 손가락을 집어넣도록 초청하는 물리적인 이미지를 채택했다.[12]

옥스퍼드 운동

성공회-가톨릭 전통을 형성하게 만든 옥스퍼드 운동은, 복음주의 운동과 마찬가지로, 교회 내부에서 이성주의의 지배, 종교적 회의론 및 주변 문화의 무관심에 대한 또 다른 반응이었다. 그 운동의 주요 인물은 옥스퍼드 대학의 네 명의 젊은 학자인 존 키블(John Keble), 리처드 프루드(Richard Froude), 에드워드 퓨지(Edward Pusey), 존 헨리 뉴먼(John Henry Newman)이다. 그들의 전반적인 프로젝트는 교부적인 것, 종교개혁 이전의 영국 국교회의 유산으로 여겨진 것을 회복하는 일이었다. 이 프로젝트는 일련의 소책자들,『시대를 위한 소책자』(Tracts for the Times)를 통해 촉진됐다. 이 운동은 단순히 반동적이거나 방어적인 것이 아니라 회원들이 진정한 기독교라고 본 것을 추구한 것이다. 이것은 영국 국교회 안에 가톨릭적 감수성을 되찾아 주고, 적어도 일부 성공회 교인들 사이에 빠르게 팽창하는 산업 도시에서 사회 개선에 대한 관심을 환기시켜 주었다.

옥스퍼드 운동 (혹은 소책자 운동)과 그 뒤를 이은 성공회-가톨릭주의는 많은 핵심 가치와 영적 원리를 강조했다. 첫째, 고교회적 교리와 연결되는 강력한 성례전의 강조, 특히 잦은 성찬을 수용했다. 둘째, 예술, 장식, 교회 건축 등에서 신앙을 향한 시각적 도움을 강조했다. 셋째, 기초적인 영성신학은 17세기의 캐롤라인 영성에 의존할 뿐만 아니라, 더 중요하게 초대교회 교부와 신비 저자들의 저서도 의존했다. 하나님의 초월 및 거룩한 율법에 순종하는 영성을 강조하는 칼뱅주의적 특징보다는 몸과 마음과 지성이 통합된 영성, 내적 변형, 그리스도 안에서 하나님과의 연합의 가능성을 강조했다. 소책자 운동의 성례 존중은 또한 창조 안에 하나님의 현존과 성육신적 신학을 강조했다. 소책자 운동은 알맞게 질서 잡힌 전례와 금식과 같은 교회의 훈련을 통해 거룩성을 추구하고, (부분적으로 복음주의자들의 '감정주의'와 주관주의에 대처하기 위해) 예배의 '신비적' 기풍을 강조하는 풍성한 의식(儀式)을 결합시켰다. 신고딕이라는 새로운 양식의 탄생을 특징으로 하는 교회 건축의 비약적인 확장도 있었다. 이것은 어느 정도는 가상의 중세 정신으로 향하는 향수적이고 낭만적인 복귀지만, 그 어둡고 신비로운 디자인을 통해 성스러운 장소에 대한 신비적인 이해의 회복도 촉진시켰다. 19세기 말까지 성공회-가톨릭 영성은 묵상 의식서와 마리아와 성례전에 대한 신심의 요소와 함께 많은 유럽 대륙적인 로마 가톨릭의 규율(가령 개인적 고백과 양심의 점검)을 받아들였다.

이 운동의 가장 위대한 지성, 뉴먼이 1845년에 로마 가톨릭교회로 개종하면서 성공회를 떠난 것은 상당한 타격이었다(헨리 매닝과 프레데릭 파버와 같은 다른 사람들이 뒤를 따랐다). 그러나 영국 국교회 안에서 '성공회-가톨릭' 운동은 살아남아 번창했고, 결국 국교회 안에서 교회론의 발전, 성찬의 중심성, 일부 예전의 재도입, 피정과 영성 지도의 대중화 그리고 19세기 중반 이후로 종교적 삶의 회복과 같은 수많은 중요한 발전에 영감을 주었다. 이것은 성공회 안에 프란체스코회와 베네딕트회의 재창립과 함께 부활 공동체 혹은 미르필드 사제단(Community of the Resurrection : Mirfield Fathers), 선교 수도회(the Society of the Sacred Mission : Kelham Fathers), 성 요한 복음 전도자회(the Society of St John the Evangelist : Cowley Fathers)와 같은 독특한 남성 성공회 공동체들의 기원이 됐다. 훨씬 더 규모가 큰 활동적이며 관상적인 여성 종교단체들도 출현하는데, 거기에는 수많은 프란체스코회와 베네딕트회를 포함해서, 영국 완티지(Wantage)의 동정녀 마리아 공동체(Community of St

Mary the Virgin), 교회 수녀회(Sisters of the Church), 신애 수녀회(Sisters of the Love of God), 성 보혜사 수녀회(Order of the Holy Paraclete), 성 마가레트 수녀회(Society of St Margaret)와 같은 주목할 만한 토착 공동체들이 있다. 이 단체들 중 상당수가 영국에서부터 성공회가 있는 다른 지역으로 퍼져나가 그곳에서 또 다른 토착 수도회들이 된다.[13]

성공회-가톨릭 운동의 성육신에 대한 강조는 지적 차원에서, 그리고 소위 빈민 사목 사제들 안에서, 예를 들어 런던의 이스트 엔드(East End)에서, 사회신학과 사회 영성의 중요한 전통을 일으켰다는 것도 주목할 만하다. 두 명의 사제, 스튜어트 헤드럼(Stewart Headlam, 1847-1924)과 찰스 고어(Charles Gore, 1853-1932)를 예로 들 수 있다. 헤드럼은 기독교의 성육신 교리가 사회적, 정치적으로 직접적인 영향을 미친다고 보았다. 그의 견해는 사제로서 인생 전반에 걸쳐 끊임없이 문제를 야기하는데, 항상 교구를 옮기도록 강요받았던 그는 보좌신부에 머물러야 했다. 동부 런던의 베스널 그린에서 성공회-가톨릭 세인트 매튜 교회에서 보좌신부로 있는 동안, 그는 1877년에 기독교 교리에 비추어 사회·정치적 문제에 대한 연구를 촉진하기 위해 세인트 매튜에 조합을 창설했다. 이것은 곧 헤드럼의 강한 성례신학과 사회적 비전에 공감하는 성직자와 평신도 모두에게 광범위한 주목을 받는다. 궁극적으로 그의 기독교 사회주의는 그를 적극적인 정치 생활로 이끌었다. 대조적으로 찰스 고어는 성공회의 주류에 머물러 있었다. 옥스퍼드의 신학자인 고어는 옥스퍼드 운동의 창시자 중 하나인 퓨지 박사의 원리에 기반을 둔 퓨지 하우스의 첫 교장이 된다. 그러나 가톨릭 신학과 영성에 대한 고어의 이해는 그를 더욱 급진적인 방향으로 이끌었다. 1889년에 그는 기독교사회연맹(Christian Social Union)을 설립하는 데 도움을 주었고,

무엇보다도 기독교를 현대의 정치적, 윤리적 문제와 대화하도록 하려고 수필 모음집 『세상의 빛』(Lux Mundi)을 편집했다. 이것은 1891년 그의 뱀프턴 강좌(Bampton Lectures)에서 더 발전했다. 1892년에 고어는 규칙에 따르는 독신 사제단인 부활 공동체를 설립하고 첫 장상이 된다. 이 공동체는 요크셔로 옮겨가고 미르필드 사제단(Mirfield Fathers)으로 널리 알려진다. 1902~1919년까지 고어는 차례로 우스터, 버밍험 및 옥스퍼드의 주교를 역임하고, 은퇴해 런던으로 갔다.[14]

존 헨리 뉴먼

존 헨리 뉴먼(1801 - 1890)은 영국 국교회와 로마 가톨릭교회의 신학과 영성에 중대한 영향을 미친다. 그는 국교회를 떠나 로마 가톨릭 교인이 돼 오라토리오회에 합류하고, 1849년에 버밍엄에서 새로운 오라토리오회를 창립했다. 그는 일반적으로 영성 저자로 생각되지는 않지만, 초대교회와 성경에 대한 탄탄한 학식을 바탕으로 가톨릭 영성이 의미하는 바를 새롭게 이해하도록 하는 데 중요한 기초를 마련했다. 비록 영국의 주교들은 지적 삶에 대한 가톨릭의 공헌에 관한 그의 생각과 교회 치리와 신학에 관한 상대적으로 진보적인 사고를 의심하지만, 그럼에도 불구하고 그는 1879년에 추기경이 됐다. 그의 영향은 그의 죽음 이후에 증가돼 1960년대 초 제2차 바티칸공의회 일부 결정의 배경이 되는데, 예를 들어 개인의 양심의 중요성, 주교의 동역 관계(collegiality), 교회에서 평신도의 자문 등이다. 개인적인 차원에서 존 헨리 뉴먼의 영적이고 지적인 자서전 『자기의 삶에 대한 변증』(Apologia pro vita sua, 1864)은 그의 시 "제론티우스의 꿈"(The Dream of Gerontius)과 마찬가지로 큰 영향을 미치는데, 에드워드 엘가(Edward Elgar)의 위대한 음악 걸작뿐만 아니라, "높은 곳에 계신 거룩한 분을 찬양하라"와 "나는 확고히 진실로 믿는다"와 같은 풍부하고 가치 있는 찬송가의 토대가 된다. 찬송가로 사용된 또 다른 시 "부디 빛을 주소서"(Lead kindly Light)는 보다 자신의 영적이고 정서적인 투쟁에 대한 기록을 표현한다.[15]

독특한 '미국 영성'

우리가 이미 살펴본 대로 초기 북아메리카 기독교 영성의 기초는 명백하게 유럽에 의존했다. 그러나 미국 혁명과 미합중국의 탄생(1776-1781) 이후에, 독특한 '미국적' 영성이 나타난다.[16] 혁명의 몇 가지 근본적인 신조는 미국 영성에 장기적인 영향을 미치는데, 종교의 자유와 교회와 국가의 철저한 분리가 그것이다. 이것은 다원주의와 자발적인 종교가 근본 배경이 된다. 그 결과 미국 종교는 수많은 교회와 종파뿐만 아니라 풍부하고 다양한 양식을 갖고, 하나님에 대한 인격적 체험을 규범과 권위로 강조한다.

19세기 미국의 주목할 만한 특징 중 하나는 '미국 개척지'의 지속적인 확장과 그것이 만들어 내는 정신이다. 그것은 선교 사역의 성장을 촉발시켰을 뿐만 아니라 다양한 경험 중심의 개인주의적 영성 접근법을 강화했다. 거칠고 늘 준비가 돼 있어야 하는 생활 방식을 가진 개척 정신은 선과 악이 대결하는 주변부에서 살아간다는 뚜렷한 상징성과 함께 수많은 복음전도자의 부흥집회에 비옥한 토양을 제공했다. 이러한 부흥집회들은 정서적인 설교와 회개, 회심, 절제에 대한 요구에 기초를 두었다. 개척지의 거친 개인주의는 미국 혁명 이후 민주주의적 태도와 결합해 다원주의뿐만 아니라 평등주의를 중시하는 미국식 영성의 스타일을 형성했다.

부흥 운동은 서부 개척지에 국한되지 않고 복음주의 영성의 자연스런 발전이 됐다. '성령으로' 극적인 회심을 경험하고 장로교 설교자가 된 변호사 출신의 찰스 피니(Charles Finney, 1792-1875)는 빌리 그레이엄과 같은 인물들과 함께 20세기까지 계속된 강력한 부흥 설교가 전통의 기풍을 결정했다. 피니의 집회는 수많은 회심자를 낳은 대부흥운동(1857-1860)을 촉발하는 데 도움을 주었다. 피니는 소리 높여 노예 제도를 공격하고 보다 광범위하게 사회 개혁에 대해 설교하는 사회적으로 예언자적인 복음주의 영성을 대변하는 초기 인물 중 하나였다.

뉴잉글랜드의 보다 교양 있는 집단들에서 (혁명기의 강력한 지성 세력인) 계몽주의 사상과 문학적, 시적 감수성이 결합돼 나타난 경험에 대한 강조는 미국 초월주의를 탄생시켰다. 이 비(非)교리적이면서 다소 낭만적인 운동은 헨리 소로(Henry Thoreau)의 자연신비주의와 랠프 월도 에머슨(R. W. Emerson, 1803-1882)의 세계 종교에 대한 개방성에서 표현된다. 많은 사람이 오늘날까지도 미국 영성에 대한 접근법에 에머슨의 영향이 상당하다고 생각한다. 그는 1838년의 유명한 하버드 강좌에서 예수가 위대한 선생이었지만 신이 아니라고 선언함으로써 고전적 기독교와 거리를 두었다. 그는 힌두교 경전을 읽고 비이원론의 입장에 이끌려 인간의 영혼과 주변 세계의 통일을 지지했다. 그 외에도 그가 강조한 개성, 인간의 자유 및 자립과 같은 주제가 영향을 끼쳤다.

미국 남북 전쟁(1861-1865)의 대변동의 상처를 입은 후에, 미국 영성은 노예 제도의 폐지, 도시의 팽창 그리고 미국의 산업혁명과 직면해서 훨씬 더 강한 사회적 의식을 갖는다. 순수하고 사적인 종교와 개인주의적인 경건의 약점이 드러나며 일종의 사회적 각성이 일어났다. 미국식 생활 방식의 발전과 탁월함을 당연시하던 가정들이 미국의 밑바닥을 점검해야 한다고 주장하는 영성과 충돌했다. 침례교 목사 월터 라우션부시(Walter Rauschenbusch, 1861-1918)는 뉴욕의 도시 빈민 한가운데서 일한 사회복음 운동의 가장 유명한 인물 중 하나다. 그는 개인적인 증언과 회심을 강조하는 사회적 관심을 고전적 부흥 운동과 함께 붙잡으려고 했다. 그는 깊은 종교적 삶에 의해 영성이 공급되는 경우에만 진정한 사회 변화가 이루어질 것이라고 주장함으로써 20세기 해방 영성에 등장하는 중요한 주제를 예견했다. 라우션부시의 가장 유명한 저작은 『사회적 각성을 위한 기도』(Prayers for the Social Awakening, 1910)다. 기도와 영성을 향한 깊은 헌신으로, 그는 1887년에 두 친구 레이튼 윌리엄스(Leighton Williams)와 나다니엘 슈미트(Nathaniel Schmidt)와 함께 '작은 예수회'를 창립했다. 그들은 예수회의 열심과 열중에 영향을 받아 개인의 솔선을 손상하지 않으면서도 그들의 단결을 모방하려고 했다. 그 목표는 개신교 교리와 가톨릭 신심을 결합시킨 예수 중심의 영성에 기초한 자발적인 단체가 되는 것이다. '작은 예수회'는 결국 사회적 가치와 영적 가치를 모두 지닌 하나님 나라의 형제단(Brotherhood of the Kingdom)이 된다.[17]

아프리카계 미국인의 경험과 영성은 필연적으로 다른 미국인의 것과는 매우 달랐다. 아프리카인들은 영국의 아메리카 식민지로의 강제 이주 후 다양한 방식으로 미국으로 이주했다. 그들은 아프리카에서 직접 이송되거나, 때로는 카리브해 섬들에서 일정 기간을 보내고 이송되기도 했다. 압도적인 다수가 노예로, 때로는 계약을 한 노동자로 왔다. 그들이 기독교와 만난 것은 대체로 자신들의 억압자들의 매개를 통해서였다. 그들의 기독교 수용은 세계를 신성하고 거룩한 존재로 충만하게 인식하고, 종교를 본질적으로 공동체적 실재로 수용하는 아프리카의 전통적 강조와 혼합됐다. 그 결과 억압과 유배와 비인간화 안에서 단련된 신앙, 자유에 대한 강조가 나타난다. 하나님께서는 사람들을 속박에서 해방시키시는 분이다. 그들은 기독교 복음서의 역설적인 측면, 그리스도는 약함을 통해 강함을 드러내셨고, 고난 중에 구속과 최종 영광이 있다는 것을 강력하게 호소했다. 성경 이야기를 반복하고 해설하는 강한 구전 전통과 별도로, 아프리카계 미국인의 영성의 가장 독창적인 형태 중 하나는 '흑인 영가'로 알려진 노래의 진한 맛이다. 특히 고난과 해방에 대한 열망은 희망과 같은 깊은 정서와 공명한다. 흑인 영가는 미국 민요의 가장 큰 부분을 차지하는데, 일부는 플랜테이션의 노동가에서, 다른 것들은 예배에서 기원한다. 예수 그리스도의 십자가와 고난을 "거기 너 있었는가 그때에, 주가 십자가에 달릴 때"와 같은 탁월한 애가의 이미지로 표현하는가 하면, "도망쳐라, 도망쳐라, 예수께로 도망쳐라"와 같은 가사로 희망과 해방을 노래하는 것은 놀라운 일이 아닙니다.[18]

   미국의 로마 가톨릭 영성은 메릴랜드주로 추방된 가톨릭 교인들이 미국 혁명 이후 같은 정신을 지닌 새로운 공화국이 가져온 자유를 발견하면서 부양됐다. 초기에 박해를 받았던 경험은 그들의 영성을 보다 가정적이고 내면적이고 개인적인 방향이 되게 만들었다. 그러한 의미에서 혁명 이후 교회와 국가의 분리라는 원리는 그들에게 자연스럽게 다가왔다. 최초로 미국의 주교가 된 예수회 존 캐롤(John Carroll, 1735-1815)과 성공회에서 개종해 최초로 시성된 미국인이고 남편 사후에 미국 자선 수녀회(Sisters of Charity)의 창립자가 된 엘리자베스 시튼(Elizabeth Seton, 1774-1821)과 같은 사람은 이냐시오 로욜라와 프란시스 드 살의 가르침인 그리스도 중심의 경건을 장려했다. 엘리자베스 시튼은 또한 서부 개척지의 숱한 어려움에서도 지칠지 모르고 일하며 '개척자 영성'을 받아들인다. 그러나 전반적으로 혁명 후기의 로마 가톨릭 교인들은 영적 삶을 가정과 교회에 국한시키고 공공 생활은 그저 동료 시민으로 참여하기를 원하던 계몽주의 시대의 사람들이었다. 19세기 후반에 로마 가톨릭 공동체는 상대적으로 특권이 있던 메릴랜드 기지를 넘어서 유럽 이민의 물결을 받아들이며 확대됐다. 이민 온 가톨릭 교인들에게 교회는 모든 면에서 자연스러운 공동체이고, 신자들을 단합시키는 연대이고, 이국땅에서 사는 사람으로서 독특한 정체성을 부여했다. 미국 가톨릭 영성은 이민자들이 떠나온 유럽의 지역들에 의존하면서 엄청나게 다양한 방법으로 신심적이 된다. 이것은 프랑스 영향권 아래 있는 신학교에서 훈련받은 성직자들에 의해 장려되는 '공식적인' 성례적 경건과 나란히 존재했다. 감리교의 개종자이며 사도 바울 선교회(Paulist Fathers)의 창립자인 아이작 헤커(Isaac Hecker, 1819-1888)가 대안적인 전망을 제시했다. 그는 이민자들과 함께 일했으나 로마 가톨릭 영성을 게토에서 끌어내 세계화하려고 시도했다는 점에서 통합주의자다. 헤커는 세상을 부정하는 가톨릭 신심주의의 경향을 거절하고, 일상의 현실과 세상에서 형성되는 기독교인의 거룩성을 통해 하나님을 찾는 '민주적' 영성을 강조했다. 미국의 훌륭한 민주당원이었던 헤커는 교회와 국가의 헌법적 분리에 의혹을 제기하지 않고, 로마 가톨릭교회를 자발적인 관계에 기초한 미국 문화에 참여하도록 이끌려고 노력했다. 헤커의 소위 미국주의(Americanism)는 로마 가톨릭교회에 의해 정죄하는데, 이 조치는 1960년대에 미국의 로마 가톨릭교회를 계속 고립시킨 영성과 공공 생활의 분리를 강화했다.[19]

결론

19세기에 서방 기독교의 영성은 부분적이나마 유럽에서 신세계를 향해 가는 감지할 수 없는 에너지의 변화로 특징짓는다. 이 특징은 개신교와 로마 가톨릭에서 일어난 여러 변화에 함께 적용된다. 또한 (16세기부터 시작된 라틴 아메리카에서의 선교 행위를 따라) 아프리카와 아시아의 일부 지역에 대한 주요한 선교 확장으로 특징짓는데, 자주 유럽의 식민주의와 제국주의의 전개와 관련 있다. 20세기 동안 북아메리카 기독교의 에너지와 절충주의 및 수적 우위는 세계 기독교와 그 영적 분위기에 엄청난 영향을 미칠 수 있었다. 마찬가지로 19세기에 유럽의 선교 운동과 그보다는 적지만 미국의 선교 운동으로 인해 뿌려진 것은 20세기에 아프리카, 아시아, 라틴 아메리카에서 진정한 지역 교회들과 지역 영성의 점진적 탄생으로 꽃피울 수 있었다.

계몽주의, 프랑스 혁명과 미국 혁명 그리고 그들의 가치관은 직접적 영향이나 보수적인 반동의 방식으로 19세기 기독교 영성에 엄청난 영향을 미친다. 이 새로운 현대 세계에 대한 교회의 애매한 태도는 특히 로마 가톨릭 집단에 의해 예시됐다. 교황 레오 13세는 '미국주의'를 비난하지만, 사회 개혁에 대해서는 대단한 민감성을 지닌 사려 깊은 자세로 글을 썼다. 영국 예수회의 조지 티럴(George Tyrell), 모리스 블롱델(Maurice Blondel), 알프레드 르와지(Alfred Loisy), 신비주의 작가 바론 폰 휘겔과 같은 (모더니스트라고 통칭되는) 많은 지식인은 신학과 영성을 현대의 발전과 대화하게 하려고 노력했다. 그러나 모더니즘은 1907년 교황 비오 10세에 의해 정죄된다. 또 다른 요소는 급격한 도시 팽창을 탑재한 서유럽과 북아메리카의 산업화로 인한 엄청난 사회적 격변이다. 필연적으로 이것은 강조점과 배경에 있어서 영성이 변화하는 방식에 큰 영향을 끼쳤다.

　마지막으로 19세기에 일어난 세 가지 중요한 지성적 발전은 그 세기의 끝까지 기독교의 모든 형태와 영성에 영향을 미친다. 이것은 진화론, 마르크스주의 사회 분석 그리고 현대 심리학이다. 그것들은 여러 면에서 오랫동안 지배적으로 유지돼 온 합의들, 즉 개인적 혹은 집단적인 차원에서 인간됨의 의미와 영성에 대한 사고 방법에 대한 이해를 바꾸어 놓았다.

● 미주

1. Jean-Pierre de Caussade, *The Sacrament of the Present Moment*, London : Fount 1981.
2. P. Erb, ed., *The Pietists : Selected Writings*, New York : Paulist Press 1983을 보라.
3. 이 질문에 대해서는 Philip Sheldrake, "The influence of the Ignatian tradition" in *The Way Supplement* 68, Summer 1990 (*Ignatian Spirituality in Ecumenical Context*), pp. 74-85를 보라.
4. 웨슬리주의 영성에 대해서는 F. Whaling, ed., *John and Charles Wesley : Selected Writings and Hymns*, New York : Paulist Press 1981을 보라.
5. J. E. Smith, ed., *Jonathan Edwards : Religious Affections*, New Haven : Yale University Press 1959를 보라.
6. Robley E. Whitson, ed., *The Shakers : Two Centuries of Spiritual Reflection*, New York : Paulist Press 1983을 보라. 머튼의 수도원 근처 플레즌트 언덕의 셰이커들의 켄터키 마을과 셰이커에 대한 머튼의 의견에 대해서는 Thomas Merton, *Seeking Paradise : The Spirit of the Shakers*, New York : Orbis Books 2003을 보라.
7. 영어 번역본은 G. Palmer, P. Sherrard, and K. Ware, eds., *The Philokalia : The Complete Text*, Five Volumes, London/Boston : Faber and Faber 1979-2003.
8. A. Pentkovsky, ed., *The Pilgrim's Tale*, New York : Paulist Press 1999를 보라.
9. 러시아 영성에 대해서는 S. Bolshakoff, *Russian Mystics*, Kalamazoo : Cistercian Publications 1980을 보라.
10. 모토빌로프와의 대화를 포함하는 세라핌 관계 문헌에 대해서는 G. P. Fedotov, ed., *A Treasury of Russian Spirituality*, London : Sheed and Ward 1981, pp. 242-279를 보라.
11. 최근에 테레사에 대한 수정론적 연구들에 대해서는 Jean-Franc, *Light of the Night : The Last Eighteen Months in the Life of Thérèse of Lisieux*, London :

SCM Press 1996 ; 그리고 대조적인 입장은 Constance Fitzgerald, "The mission of Thérèse of Lisieux" in *The Way Supplement*, 89, Summer 1997, pp. 74-96 을 보라.

12. Ian Randall, *What a Friend We Have in Jesus : The Evangelical Tradition*, London : Darton Longman & Todd and New York : Orbis Books, 2005를 보라.

13. O. Chadwick, *The Spirit of the Oxford Movement*, Cambridge : Cambridge University Press 1990 ; G. W. Herring, *What Was the Oxford Movement?* London : Continuum 2002를 보라.

14. G. Rowell, K. Stevenson, and R. Williams, eds., *Love's Redeeming Work : The Anglican Quest for Holiness*, Oxford : Oxford University Press, 2001, Part 3을 보라.

15. 뉴먼의 영성에 대해서는 I. Kerr, ed., *John Henry Newman : Selected Sermons*, New York : Paulist Press 1994를 보라.

16. 종합적인 미국 영성에 대해서는 근본주의적 주제와 가치를 개괄하는 Valerie Lesniak, "North American spirituality," in Philip Sheldrake, ed., *The New SCM Dictionary of Christian Spirituality*, London : SCM Press 2005를 보라. (이것은 미국에서 *The New Westminster Dictionary of Christian Spirituality*, Louisville KY : Westminster-John Knox Press 2005로 출판됐다) 또한 Paulist Press가 출판한 the Sources of American Spirituality Series에서 해당 본문들을 보라.

17. W. S. Hudson, ed., *Walter Rauschenbusch : Selected Writings*, New York : Paulist Press 1984를 보라.

18. F. W. Bridges, *Resurrection Song : African American Spirituality*, New York : Orbis Books 2001을 보라.

19. 미국의 로마 가톨릭 영성에 대해서는 J. Chinnici, *Living Stones : The History and Structure of Catholic Spiritual Life in the United States*, New York : Macmillan 1989를 보라.

제7장
모더니티에서 포스트모더니티로

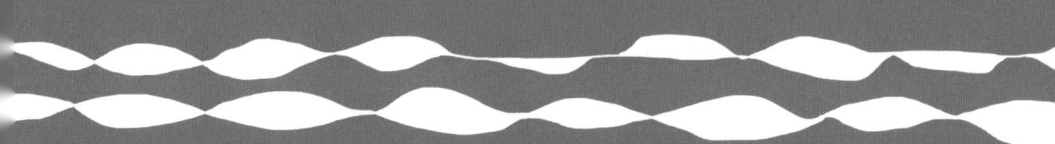

1858 - 1916	샤를 드 푸코 : 북아프리카의 은수자
1870 - 1922	윌리엄 시모어 : 미국 오순절 운동의 지도자
1875 - 1941	에블린 언더힐 : 기독교 신비주의 저자, 대표작 『신비주의』 (1911)
1881 - 1955	피에르 테야르 드 샤르댕 : 예수회 과학자, 신비가
1891 - 1945	엘리자베스 스콥소바(마더 마리아) : 러시아 수녀, 신비가, 순교자
1897 - 1980	도로시 데이 : 미국의 사회 활동가, 가톨릭 노동 운동의 설립자
1899 - 1981	하워드 서먼 : 미국 신학자, 시민 인권 운동가
1902	윌리엄 제임스, 『종교 경험의 다양성』 저술
1903 - 1958	블라드미르 로스키 : 동방교회의 신비신학 저자
1906 - 1945	디트리히 본회퍼 : 독일 목사, 신학자, 순교자
1906 - 1993	비드 그리피스 : 베네딕트 수도사, 인도의 대표적 종교 간 대화 지도자

1909	요한 크론슈타트스키 신부의 사망 : 러시아 영성가
1909 - 1943	시몬 베유 : 프랑스 철학자, 종교 저자, 사회 활동가, 유대 - 기독교 신비가
1915 - 1968	토마스 머튼 : 시토회 수사, 영성 저자, 사회·정치적 활동가
1928 -	구스타보 구티에레스 : 페루 태생의 대표적 해방신학자, 영성 저자
1931	교황 비오 11세의 회칙이자 가톨릭의 사회적 교리를 더 발전시킨 「40년 후」(Quadragesimo Anno) 발표
1940	로제 슈츠가 떼제 에큐메니컬 수도회 설립
1960s	은사주의 운동이 로마 가톨릭, 성공회, 전통적 개신교회로 전개
1961 - 1964	제2차 바티칸공의회
1980s/1990s	기독교 페미니스트 신학과 영성 저술의 성장

20세기는 문화적, 사회적, 종교적으로 엄청난 변화의 시기였다. 많은 논평가는 '모더니티'(근대성)에서 '포스트모더니티'(후기 근대성)로의 이행에 대해 말하고 있다. 이것은 무엇을 의미하는가? 일반적으로 '모더니티'는 계몽주의 시대에 태어나서 산업혁명의 기술적 진보에 의해 강화된 세계관의 지배를 의미한다. '모더니티'란 어떤 문제를 다루는 인간 이성의 힘에 대한 자신감을 의미한다. 이와 함께 정돈된 세계관, 인간 진보의 필연성에 대한 믿음 그리고 낙관주의 정신이 출현했다. 20세기 초반의 합리적이고 안정된 세계에 대한 '근대적' 이해는 확고부동한 것처럼 보였다. 그러나 이미 19세기 말경에 급격한 변화의 씨앗이 나타났다. 예를 들어 진화론은 인간 존재가 자연의 발전과 분리될 수 없다는 것을 제시했다. 마르크스의 이론은 광범위한 차원에서 고정된 '사회' 개념에 대해 도전했다. 심리학의 탄생은 인간의 동기 부여가 복잡하다는 것을 드러내고 이성의 객관성에 의문을 제기했다.

20세기 동안 두 차례의 세계대전, 세기 중반의 전체주의, 홀로코스트, 히로시마 그리고 원자력 시대의 탄생은 인간 기술이 재앙적인 파괴를 일으킬 수 있으며 순수하게 자애로운 것이 아님을 보여 주었다. 정치적으로 20세기는 유럽 제국들의 종말, 소련의 상대적으로 빠른 상승과 하락, 아시아와 아프리카에서 식민주의의 종식 그리고 유엔과 유럽연합(EU) 같은 평화나 정치·경제적 협력을 위한 국제기구를 설립하려는 낙관적인 시도들이 있었다. 또한 급속한 국제 여행과 통신 혁명(라디오, 텔레비전 및 최근의 정보 기술), 여성의 평등과 사회적, 인종적 소수자들의 지위와 관련된 사회 변화의 조류가 북반구를 휩쓸었다. 미국의 민권(Civil Right) 운동을 예로 들 수 있다. 아마도 20세기는 다른 어떤 세기보다 특별히 폭력적이거나 변화에 더 영향을 받지는 않지만 글로벌 커뮤니케이션과 신기술의 영향이 두드러졌다. 전 세계가 국지적인 사건에 즉각적으로 영향을 받고, 정보 교환은 사실상 거의 동시적으로 이루어졌다. 그 결과 이전에는 상상할 수 없었던 신속한 변화가 일어났다.

따라서 '포스트모더니티'는 이전 시대의 단순한 대답과 낙관주의가 통하지 않는 문화를 나타낸다. 20세기의 끝에서, 이전의 고정된 사고와 행동의 체계는 부서지고, 세계는 철저하게 다원적으로 이해되고 있다. 사람들은 진리에 대한 규범적 해석을 점점 더 의심한다. 서양 사회뿐만 아니라 전 지구적으로 문화, 종교, 인종의 다양성은 점점 더 인간 존재의 근본적인 실재로 확인되고 있다.

영성에 대한 영향

20세기의 영성에 대해 우리는 어떻게 설명하고 해석할 것인가? 두말할 필요도 없이 주요한 사회, 정치, 문화의 변화는 기독교에 심각한 영향을 미쳤다. 전반적으로 세 가지 요소가 두드러진다. 첫째, 특히 유럽에서 제도적 종교가 눈에 띄게 감소했다. 이는 전통적으로 권위가 있었던 제도에 대한 신뢰가 광범위하게 상실된 결과다. 둘째, 기독교 내부를, 그리고 기독교와 타종교 사이를 구분 짓던 이전 시대의 강고한 경계가 무너지기 시작했다. 에큐메니컬 운동은 20세기 초반에 태어나 세기 말에는 광범위한 종교 간 대화로 확장됐다. 셋째, 기독교는 진정한 의미에서 세계적인 종교가 됐다. 더 이상 유럽과 북아메리카는 기독교 세계의 유일한 중재자가 아니다. 그 무게 중심은 천천히 그러나 확실히 남반구로 이동했다.

특히 영성에 관한 권위 있는 평가를 내리는 것은 아직 시기상조다. 어떤 주제와 가치가 지속될지, 어떠한 인물이 1백 년의 시간 속에서 영적 거인으로 간주될지, 어떤 운동이나 가르침이 '전통'으로 자리 잡을지, 어떤 글이나 다른 유산들이 '고전'이 될 수 있을지를 예측하는 것은 불가능하다. 단지 20세기와 그 속의 거대한 다양성에서 기독교 영성의 분위기를 다소간 포착할 수 있는 소수의 인물과 운동을 선택하는 것만이 가능하다.

예언적-비판적 유형

20세기에는 두 가지 중요한 영적 주제가 특히 두드러지게 보인다. 영성에 대한 신비적인 접근과 예언적, 정치적 접근에 대한 추구다. 많은 사람과 운동이 이 두 가닥의 흐름을 창조적 긴장 관계 안으로 가져오기 위해 여러 방법으로 모색했다. 사실 기독교 영성의 네 번째 유형인 '예언적-비판적 유형'은 20세기에 나타났다. 탐구해야 할 첫 번째 무리의 사람들인, 샤를 드 푸코(Charles de Foucauld), 에블린 언더힐(Evelyn

Underhill), 디트리히 본회퍼(Dietrich Bonhoeffer), 시몬 베유(Simone Weil), 도러시 데이(Dorothy Day), 토마스 머튼(Thomas Merton), 구스타보 구티에레스는 그들의 방법론적인 차이에도 불구하고 이러한 유형을 보여 준다. 그들 중 다수는 사회적으로 비판적인 영성을 옹호하기 때문에 종교 또는 국가 권력과 갈등을 겪거나 주변부로 밀려나는 경험을 했다.

샤를 드 푸코(1858-1916)

샤를 드 푸코의 생애는 두 세기를 연결하지만, 1901년 이후 기독교 영성에 지속적인 영향을 주었기 때문에 20세기의 맥락에서 고려된다. 그는 귀족 가문에서 태어나 성인이 되면서 쾌락주의자로 살았다. 그는 신앙을 버리고 돈을 탕진하며 멋 부리기를 좋아하는 삶을 살다가 군인이 돼 알제리로 파견된 것으로 알려졌다. 그리고 연인을 포기하라는 명령에 불복해 군대를 제대했다. 그들의 연인 관계는 곧 끝이 나고, 드 푸코는 신분을 속이고 당시에 폐쇄적인 나라인 모로코에서 18개월 동안 탐험했다. 1886년에 프랑스로 돌아온 그는 모로코 보고서에 대한 공로로 프랑스 지리학 협회로부터 금메달을 수여받을 뿐만 아니라 괴짜이며 탁월한 영적 안내자인 아베 위블랭(Abbé Huvelin)의 영향으로 신앙의 회심을 했다.

드 푸코는 이미 사막의 독거에 대한 강한 감각을 발전시킨 경험이 있었다. 이에 더해 예수님의 인격과 성찬에 대한 강력한 신심을 쌓았다. 처음에 드 푸코는 프랑스와 시리아에서 시토회 수사가 되려고 했으나, 몇 년 후에 영적으로 더 절박한 것을 추구하기를 원해 수도원을 떠나도록 허락받았다. 1897년 이후 그는 나사렛에서 은수사로, 그리고 가난한 클라라 수녀원에 속한 정원사로 행복하게 살았다. 프랑스로 돌아와서 1901년 사제 서품을 받은 후, 그는 북아프리카에 있는 사하라 사막으로 다시 떠났다. 처음에 그는 베니 수도원(Beni Abbes)에 정착했고 그 후 알제리 남부 도시인 타만라세트(Tamanrasett)로 가서 투아레그족(Tuareg)과 함께 살면서, 그들을 개종하기보다는 그들의 언어를 배우고, 사전을 만들고, 문화를 공부하고, 그들을 위해 봉사를 했다. 그는 성찬에 대한 신심과 전통적 수도원의 실행인 렉시오 디비나와 비슷한 성경 묵상기도에 근거하여 본질적으로 홀로 관상적인 삶을 살았다. 그는 새로운 수도 공동체를 세우겠다는 생각을 가지고 있었으나 자신의 생애에는 완수하지 못했다. 그는 1916년 프랑스 식민 세력에 대항해 일어난 봉기에서 베두인 종족에 의해 비극적으로 살해됐다. 샤를 드 푸코는 2005년에 교황 베네딕트 16세에 의해 시복됐다.

  샤를 드 예수 수사(Frère Charles de Jésus)라고 불리던 그는 사후에 새로운 영적 운동에 대한 영감이 됐고, 결국에는 다양한 수도 공동체, 특히 예수의 작은 형제회와 자매회들의 설립을 가져왔다. 제2차 세계대전 후, 이러한 소규모 준(準)수도 단체들은 4~5명씩 개발도상국의 지역뿐만 아니라 서양 도시의 가장 가난한 지역으로 들어가는 독특한 모습을 발전시켰다. 샤를 드 푸코처럼 작은 형제회와 자매회는 개종시키거나 노골적인 사회적 행동을 하지 않고, 자신들의 삶을 이웃과 함께하며 그들을 위해 사는 '관상적 환대의 현존'(a Contemplative hospitable presence)* 및 연대로 이해했다. 그들은 공동기도와 침묵의 시간으로 하루를 시작하고 끝내고 일반적으로 평범한 일을 하면서 생계를 유지한다.[1]

---

* 직접적 개종이나 봉사보다는 관상을 통해 얻은 깊은 영성을 근거로 환대를 실천하는 현존을 통해 그리스도를 증거하는 선교 방식.

에블린 언더힐(1875-1941)

에블린 언더힐은 대안이 될 만한 다른 저자들과 문제의 소지가 있는 그녀의 일부 견해로 인해 신비주의의 대표 주자로서 선택한 것이 이상하게 보일 수 있다. 그러나 그녀는 영어권에서 가장 널리 읽히는 신비주의 저자로, 그녀의 저술 동기는 신비주의에 대한 '대중적인' 이해를 촉진시키고 더 많은 대중에게 이 주제에 대한 지식을 전하려는 것이었다. 사실 신비주의에 대한 그녀의 관심과는 별도로, 언더힐은 20세기 영성의 다른 중요한 요소들과 접촉했다. 그녀는 자신의 넓은 에큐메니컬 관계와 타종교의 신비주의에 대한 비범한 지식으로 주목을 받았다. 그녀는 영국에서 피정 운동을 발전시킨 개척자며 아마도 영국 국교회에서 중요한 자리에 오른 첫 번째 여성이었을 것이다. 실제로 그녀는 두 차례의 세계대전 사이에 성공회 영성을 유지시키는 데 도움을 주었다. 그녀는 일생 동안 사회주의에 대해 교감을 느끼고, 영성의 사회적이고 윤리적인 차원을 강하게 주장하고, 죽을 때까지 헌신적인 평화주의자였다.

에블린 언더힐은 제도적 종교에 대해 애착이 거의 없는 부유한 런던 가정에서 태어났다. 비록 영국 국교회에서 세례를 받지만, 1907년부터 신비주의에 대한 관심이 자라면서 로마 가톨릭주의에 매력을 느꼈다. 그러나 로마 가톨릭교회가 근대주의를 정죄하면서 매력을 잃었다. 언더힐은 1921년에 정기적인 성공회 교인이 되고 같은 해에 로마 가톨릭의 평신도 지성인 바론 폰 휘겔에게 영성 지도를 받기 시작했다. 그는 그녀가 주류 기독교로 가는 데 엄청난 영향을 끼쳤다. 그녀는 위대한 성공회 영성 지도자 레지널드 서머셋 워드(Reginald Somerset Ward)와 다운사이드의 대수도원장 존 채프먼(Abbot John Chapman of

Downside)과도 수년에 걸쳐 긴밀한 영적 관계를 가졌다. 1920년대 초반부터 1930년대 후반에 이르기까지 언더힐은 서신을 통해 광범위한 영성 지도 사역을 수행하며, 에식스(Essex)에 있는 플레시(Pleshey)의 피정의 집에서 피정 운동에 깊게 관여했다. 그녀의 피정 연설 중 많은 것이 출판됐다. 영적 지도와 피정에 대한 그녀의 접근은 실천적이고 현실적이었다.

언더힐의 책 중에 가장 풍부하고 여전히 대중적 인기를 끄는 것은 『신비주의』(Mysticism)다. 1911년에 처음 출판된 이래 그녀의 일생 동안에 여러 차례 개정된 이 책에서 그녀의 관점의 변화를 확인할 수 있다. 원래 그녀는 비전(秘傳) 종교와 물질계에 대한 신플라톤주의적 의심에 대해 몰두했다. 이것은 1930년경에 심리학에 대한 관심, 신비주의와 그녀의 사회적 의식에 대한 관심 사이의 밀접한 관계 그리고 신비주의와 교회의 공동생활이라는 더 큰 통합으로 나아갔다. 이 책에서 특정 기독교 신비주의자들에 대한 논법은 상당한 문헌적 학식에 근거했으나, 1930년 판에서는 미묘한 차이와 함께 더 광범위한 근거를 갖는다.

1921년에 언더힐은 여성 최초로 옥스퍼드 신학 강좌에 초청을 받아 종교철학 부분으로 업톤 강연(the Upton Lectures)을 했다. 이 강연들은 1922년에 『영성 생활과 현실 생활』(The Life of the Spirit and the Life of Today)로 출판됐다. 여기서 그녀는 보다 더 완전한 영성을 위해서 내적 변형과 외적 행동을 통합해야 한다고 말했다. 영성의 성장이나 신비의식은 결코 일상의 세계를 떠나는 것을 의미하는 것이 아니고, 오히려 세계를 향한 자세의 변화이며 세계 안에서 다른 방식으로 존재하고 행동하는 것을 의미한다. 그 강연들은 또한 심리학에 대한 그녀의 관심이 증가하고 있음을 보여 주는 동시에 특히 삼위일체와 관련해 교리적으로 풍부한 신비주의 접근 방식과 심리학을 통합시켰다.

언더힐은 1925년의 저작 『교회의 신비주의자』(The Mystics of the Church)에서 신비주의가 교회의 삶에 끼친 공헌뿐만 아니라 다양한 기독교 신비주의자들에 대해서도 특별한 관심을 기울였다. 언더힐의 마지막 책 중 하나인 『예배』(Worship, 1936)는 일부 평론가들에게 그녀의 최고의 저작 중 하나로 평가받는다. 언더힐은 여기서 공동적이고 전례적인 예배를 얼마나 소중하게 다루는데, 그 외에도 다른 교단들에 대한 에큐메니컬적 민감성을 보이고, 하나님과 우리의 관계성에 대해 훨씬 더 분명하게 기독교적 접근을 보여 준다. 언더힐은 기독교 신비주의와 영성의 특별한 '비범성'이 세상 속의 행동과 연결되는 것이지만, 기도와 신비적 차원에 대한 적절한 관심이 없는 기독교의 사회 행동은 깊이 없는 윤리적 경건으로 인도된다고 주장했다.

미국의 철학자이며 심리학자인 윌리엄 제임스(William James)는 자신의 영향력 있는 책 『종교적 경험의 다양성』(The Varieties of Religious Experience, 1902)에서 사색적이고 지적인 신비주의에 동조하지 않는데, 그녀가 그 입장을 공유하는 것처럼 보이지만 여러 면에서 그와 의견을 달리했다는 점이 흥미롭다. 언더힐은 다른 세계적 종교의 신비주의에 대해 관심을 가지만, 신비주의를 교회와 같은 제도적 종교 형태나 신앙 체계에 의한 해석보다 앞서거나 완전히 분리되는 순수 경험 또는 '순수 의식'의 범주로 보지 않았다. 그녀는 기독교 신비주의에 관한 독특하고 특별한 것을 탐구할 뿐만 아니라, 신비주의의 목적은 실천적인 것이지 결코 자기를 추구하는 것이 아니라고 분명하게 밝혔다.[2]

디트리히 본회퍼(1906-1945)

디트리히 본회퍼는 20세기 중반의 탁월한 독일 루터교 신학자로서 나치 치하에서 정치적 순교자가 됐다. 어쩌면 본회퍼는 20세기 영성과 신학의 연결 관계에 대한 관심을 대표하는 인물이다(다른 중요한 예로는 로마 가톨릭의 칼 라너와 한스 우르스 폰 발타자르, 개신교의 위르겐 몰트만, 볼프하르트 판넨베르크 그리고 성공회의 로완 윌리암스가 있다). 그러나 무엇보다도 본회퍼는 예언적-비판적 영성 유형의 대표적인 예다.

본회퍼는 독일 브레슬라우의 매우 지적이고 예술적인 가정에서 태어났다. 그는 튀빙겐과 베를린에서 신학을 공부했다. 그는 독일 교회가 마틴 루터의 기본적인 신학과 영적 통찰을 훼손한다고 확신하면서 독일 교회의 태도에 대해 특히 비판적이었다. 아마도 그의 가장 유명한 저서는 『값비싼 제자직』(*The Cost of Discipleship*)일 것이다. 그는 이 책에서 루터의 가르침이 '값싼 은혜'로 전락했다고 주장했다. 즉 '오직 은혜'로 받은 구원이 '가장 엄격하게 그리스도를 따르는 것'을 의미하는 제자직의 희생적인 의무로부터 분리됐다는 것이다. 이것은 당시의 시대 상황에서 정치적 참여가 없는 기독교에 대한 예언자적 비판이었다.

본회퍼에게 값비싼 제자직은 기도와 공동체의 훈련이 있는 삶과 주변의 정치적 현실에 참여하는 것 둘 다를 의미했다. 그는 천성적으로 평화주의자지만 반(反)나치 활동에 적극적으로 참여하고, 개신교 지도자들의 공식적 타협에 대해 공개적으로 비판했다. 본회퍼는 공적 교회의 굴복과 예언적인 대조를 이루면서, 국가교회에 대한 나치의 통제를 반대하는 대안 공동체 형성에 영감을 주었다. 1935년 영국을 방문한 본회퍼는 미르필드(Mirfield)와 같은 성공회 수도 공동체에 영감을 받아 핑켄발데(Finkenwalde)에 유사 수도 공동체를 설립하고 그곳에서 비공식 신학교를 이끌었다.

본회퍼는 1932년경부터 매일 성경을 묵상하기 시작했다. 그는 자신의 첫 번째 시도를 훈련(Exerzitien)이라고 불렀는데, 그 시대의 개신교인들에게는 그것은 확실히 이냐시오 로욜라를 암시했다. 논란의 여지가 있지만 본회퍼는 루터교회가 상실한 중요한 영적 도구 하나를 회복해야 한다고 믿었던 것으로 보인다. 이때 이후로 잘 보관되고 있는 본회퍼의 장서에는 이냐시오의 『영신수련』이 포함돼 있다. 그의 영적 경험의 일부는 핑켄발데 공동체를 위해 기록한 『성도의 공동생활』(*Life Together*)의 길잡이가 됐는데, 공동체 생활을 위한 기초로서 규칙적이고 정기적인 성경 읽기와 묵상에 대한 가르침에서 발견된다.

본회퍼는 1939년에 강의 차 방문한 미국에 정착할 수 있는 기회가 있었으나, 그가 친구에게 말한 것처럼, 독일 기독교인들의 시련을 함께 나누기 위해 전쟁이 시작되기 전에 자발적으로 독일로 돌아왔다. 마침내 1943년 게슈타포에 의해 체포된 본회퍼는 그 인생의 마지막 2년을 수감 생활로 보내며 많은 편지, 특히 자신의 학생들에게 영적 안내를 주는 편지를 썼다. 그것들은 출판돼 결국 영적 고전이 됐다. 그중에서 "종교 없는 기독교"라는 그의 주장은 공적 종교의 타협이 살아 계신 하나님을 향한 값비싼 헌신에 대한 요구를 대체하고 있는 상황에 대해 반대하는 그의 예언자적인 무대였다.

본회퍼와 같은 사람 중에 신비주의자는 정치적 순교자가 된다. 현대 독일 신학자 위르겐 몰트만은 본회퍼와 관련해 다음과 같이 말했다.

신비적 체험의 장소는 참으로 감옥의 독방이다. '그리스도의 진리에 대한 증언'은 경멸당하고 조롱당하고 박해당하고 불명예스럽고 거부당한다. 그는 자신의 운명에서 그리스도의 운명을 경험했다. 그의 운명은 그리스도의 운명과 일치했다. 그것은 신비주의자들이 십자가의 일치(conformitas crucis)라고 부르는 것이다……고통은 영혼 안에 하나님의 탄생이 적용되는 가장 짧은 길인데, 어떤 상상의 고통이 아니라 '진리의 대한 증언' 때문에 견뎌야 하는 진정한 고통이라는 에크하르트의 설명이다.³

결국 본회퍼는 전쟁이 끝나기 직전인 1945년에 플로센뷔르크 수용소에서 처형당했다.⁴

시몬 베유(1909-1943)

시몬 베유는 기독교 영성사에 포함되기에는 역설적인 인물인데, 그 이유는 그녀가 기독교에 강한 매력을 가졌다고 해도, 경계선에 머무르고 세례를 받지 않았기 때문이다. 사실 주변부나 가장자리에 사는 것은 그녀의 예언적 증언에서 중요한 요소다. 불가지론자인 프랑스 유대인 가정에서 태어난 시몬은 철학을 연구하고 가르치며, 1930년대 다양한 사회·정치적 대의에 적극적으로 참여했다. 그녀는 사회주의와 공산주의 정기 간행물에 기고하며, 공장에서 노동하고, 스페인 내전에서 당시 공화당을 위해 일했다. 이러한 그녀의 배경을 고려해 볼 때, 시몬이 일련의 강렬한 종교 경험을 통해 그리스도에 대한 강한 헌신과 로마 가톨릭 기독교에 대한 큰 공감으로 이끌린 것은 이상한 일이다. 베유의 영적 여정에서 가장 중요한 순간 중 하나는 1938년 영국의 솔레스메스 수도원에서 부활절을 보내는 동안 17세기 성공회 시인 조지 허버트(George Herbert)의 시를 받아들임으로 촉발된 것으로 보인다. "사랑은 나에게 환대하라고 명령했다"(Love bade me welcome)라는 시는 그녀에게 강력한 영향을 주었고 그녀는 영국에 머무르는 동안 정기적으로 이 시를 묵상했다. 한때 그 시는 그리스도의 직접적 현존을 강력하고 신비적으로 체험하는 매개가 됐던 것으로 보인다. 베유는 1942년 비시 프랑스에서 미국으로 도피했고 그 후에 런던으로 가서 프랑스의 자유를 위해 싸웠다. 심지어 레지스탕스와 함께 싸우기 위해 프랑스에 낙하산으로 투입되는 길을 찾았다. 그녀는 결국 1943년 켄트 병원에서 결핵과 영양실조로 죽었다.

베유의 복잡하고 특이한 생각은 사후에 노트의 출판물, 영적 고전이 된 『뿌리내림』(The Need for Roots) 그리고 『신을 기다리며』(Waiting on God)와 같은 저작을 통해 알려졌다. 어떤 사람들이 그녀를 신비주의자라고 부를 정도로 그녀의 종교적 비전은 깊고 강렬했다. 그녀는 기독교 성경과 기독교 신비주의자(특히 에크하르트와 십자가의 요한) 외에도 그리스 철학(특히 플라톤), 신플라톤주의, 칸트, 인도 철학을 폭넓게 읽었다(그녀는 『바가바드 기타』를 원어로 읽기 위해 산스크리트어를 배웠다). 일부 평론가들은 때때로 창조세계와 자아·신체에 대한 그녀의 부정적인 태도에 대해 의문을 제기한다. 그러나 주로 단편과 기록에서 수집된 그녀의 사고와 글쓰기는 체계적이기보다는 탐구적이므로 결정적인 판단을 내리기는 어렵다.

그녀의 중요한 주제 중 하나는 일종의 '주의(注意, attention)의 영성'이다. 그녀는 『신을 기다리며』에 실린 "하나님을 사랑하기 위해 학교 공부를 활용하는 방안"이라는 에세이에서 지성적인 일을 일종의 영적 훈련으로 표현했다. 공부의 핵심 가치는 주의력을 기울이는 능력을 계발하는 것이다. 주의력은 기도의 핵심이며 고통 받는 이웃에게 함께하고 도움이 될 수 있는 능력의 핵심이다. 그녀는 이 책에서 기도에 대해 이렇게 섰다. "기도는 주의력으로 성립된다……영혼이 기울일 수 있는 모든 주의력을 하나님께로 향하는 경향이다." 주의력의 영적 특성은 다음 문장에서 강조된다. "구원을 실현하는 태도는 어떤 형태의 활동과 다르다……그것은 기다림이며 언제까지나 계속되는 동요하지 않는 주의력 있고 신앙적인 부동성(不動性)이다."

베유는 또한 '자아'에 대해 복잡하고 역설적인 생각을 가지고 있었다. 우리는 하나님의 자기 내어 줌(self-bestowal)에 의해 피조물로 존재한다. 우리는 자신 안에 있지 않고, 스스로 존재할 수 없다는 것을 깨닫기 위해서만 존재한다. 우리는 단지 응답을 찾으시는 하나님의 사랑으로 구성된다. 그래서 우리는 하나님과 다른 사람들에게 자신을 내어 줌으로써만 온전해진다. 따라서 베유에게 자아의 포기는 환상, 자기 형상, 구조화된 사회적 역할로부터 해방되는 것이다. 존재한다는 것은 자기에게 갇힌 자율적 주체가 되려는 노력을 포기하는 것이다. 이것은 계몽주의에 대한 강렬한 저항이다. 베유에게 진실한 자아의 발견은 삼위일체의 자기 포기 안에서 우리의 자리를 발견하는 것이었다. 그녀의 삼위일체적인 관점에서 본 참된 자아의 창조 이해에서, 성령은 각각의 모든 영혼 안에 떨어진 씨앗이고 그 결과 그리스도가 그 영혼 안에 태어난다. 이러한 자아 이해의 논리적 결론으로 긍정적인 희생의 영성이 나온다. 베유는 그리스도의 십자가에 참여하는 것은 타자를 위해 자기를 희생하도록 부름 받은 것이라고 느꼈다. 이것은 고통당하는 세계와 연대하려는 그녀의 끊임없는 노력으로 표현됐다. 결국 그녀는 심각한 질병에도 불구하고 연대의 표시로 프랑스에 남겨진 동료 유대인들에게 허용되는 음식, 그 이상 먹기를 거부했고 그로 인해 죽었다. 베유에게 기독교는 고통과 역경의 구제책이 아니라 오히려 고통에 대처하는 초자연적인 **효용**을 제공했다.

그녀의 삶의 근거는 궁극적으로 뿌리 없이 영혼을 빼앗긴 무신론적 현대 세계에서 완전한 자기 내어 줌, 연대, 정의를 위한 투쟁으로 표현된 새로운 종류의 신성함이 필요하다는 믿음이었다. 이것은 하나님을 향한 주의력 및 하나님에 대한 인내의 기다림의 영성으로 뒷받침됐다.[5]

도러시 데이(1897-1980)

도러시 데이는 영어권 세계에서 사회 정의의 영성을 촉진시키는 데 가장 영향을 끼친 인물 중 하나다. 데이는 브루클린에서 비종교인 부모에게 태어나 대학을 졸업한 후, 최초로 급진적인 사고에 전념하며 공산주의자와 무정부주의 노동조합주의자(anarchist-sindicalist)들 틈에서 활동했다. 노동 운동가이자 언론인이 된 그녀는 때때로 자신의 신념 때문에 체포됐다. 그녀는 뉴욕에서 파트너와 살면서 아이를 낳고, 임신 중에 로마 가톨릭으로 개종했다. 신앙과 아이의 세례는 그녀의 대인 관계를 단절시켰다. 데이는 그녀의 혁명적 서클들 안에서 점차 느꼈던 결점에 대해 기독교가 답을 준다고 확신했다. 특별히 급진적인 정치가 현대 사회에서 소외의 본질을 밝혀내지만, 사욕 없는 사랑과 포괄적인 공동체에 관한 기독교의 가르침이 해결책을 제시한다고 보았다. 그녀는 곧 추방된 프랑스인 철학자 피터 모린(Peter Maurin)을 만났다. 그는 영적 조언자로서 그녀의 독서를 지도하며 평화주의의 비전과 가난한 사람과의 긴밀한 동일성을 제시했다. 그들은 함께 대공황기인 1933년에 뉴욕에서 가톨릭 노동자 운동을 시작했다.

대사회적으로 예언자적 증언의 영성과 평화주의 영성은 「가톨릭 노동자」(*The Catholic Worker*)에 의해 촉진됐다. 이 신문은 두려움 없이 노동자들의 투쟁을 보도하고 사회 복음을 선포했다. 데이와 모린에 의해 잉태된 「가톨릭 노동자」의 영성의 기초는 공동체주의와 인격주의 철학 안에서 세속적 마르크스주의에 대한 대안을 제공했다. 마태복음 25장을 근거로 그리스도는 도움이 필요한 모든 사람이 경험할 수 있도록 나타나셔야 하는 분이다. 모든 인간은 예외 없이 독특하고 평등한 존엄성을 지니고 있다. 기독교인의 삶의 핵심은 급진적인 공동체가 되는 것이지만, 주변의 현실과 '분리'되거나 떨어진 정화된 공동체가 아니라, 억압받는 사람들을 대신해 예언적 행동을 수행하기 위해 부름 받은 공동체다. 실제로 데이에게 사회 정의가 핵심이 되지 않는 진정한 기독교 영성은 있을 수 없었다.

이 운동의 실천적 영성은 온갖 종류의 소외된 사람들을 위한 안식처를 제공하는 환대의 집의 설립으로 나타났다. 이 운동의 회원들은 자발적인 가난을 수용하고 환대의 집에서 살고 있는데, 현재 그 수는 미국 전역에 약 150개에 이른다. 일부는 농촌의 농업 공동체지만 대부분은 가난한 도시 지역에 있다. 이들은 성찬과 공동기도를 생활 규칙의 중심에 둔다. 이 운동은 전적으로 평신도 회원으로 구성되고 교회의 공식적 승인은 없다. 데이는 특히 정기적인 성경 읽기에 영감을 받았으나, 또한 성 베네딕트의 『수도규칙』, 아시시 프란체스코의 자발적 가난에 대한 가르침 그리고 리지유의 테레사의 "작은 길"에서 영감을 얻었다. 가톨릭 노동자 운동은 근본적으로 혁명적이지는 않으나 교회의 많은 사람을 불편하게 하는 실체이므로 반대를 불러일으켰다. 예를 들어 이 운동의 회원들은 가난한 사람들을 위해 봉사할 뿐만 아니라 필요한 곳에서 불의에 맞서 직접 행동했다. 그녀 자신은 제2차 세계대전, 냉전 및 베트남 전쟁 기간 중에 지속적으로 평화주의를 옹호하고 시민 불복종 행동을 수행해서 종종 체포됐다. 데이는 생애의 대부분 논란의 대상이었으나, 1980년 사망할 때까지 널리 존경을 받았고 최근에는 그녀의 시성식이 추진됐다.6

토마스 머튼(1915-1968)

토마스 머튼은 20세기의 가장 탁월한 로마 가톨릭 영성 저자로 평가받는다. 그는 프랑스에서 혼혈 뉴질랜드인과 미국인 부모 사이에서 태어나 다소 불안하고 불행한 어린 시절을 보냈다. 6세에 어머니가 죽고, 예술가인 아버지는 그를 방치했고 그가 15세 때에 죽었다. 케임브리지에 있는 영국 기숙학교와 뉴욕의 컬럼비아 대학에서 교육을 받은 그는 아마도 자연스럽게 자기중심적이고 쾌락적인 삶을 살았을 것이다. 그가 케임브리지에 있는 동안에 아이를 낳았지만 제2차 세계대전 중 런던 블리츠에서 아이와 아이 엄마가 모두 죽었다. 결과적으로 그가 로마 가톨릭으로 강력한 개종을 하고 1941년에 가장 엄격한 수도회 중 하나인 개혁파 시토회(테라피스트)에 입회한 동기는 복잡하다. 기독교와 불교 간 대화를 추구하면서 1968년에 방문한 아시아에서 때 이른 죽음을 맞을 때까지, 그는 켄터키주 겟세마네 수도원의 수사(루이스 신부)로 지냈다.

토마스 머튼은 영성과 신학의 재통합에 대한 공헌, 현대인을 위한 관상·수도 생활과 기독교 신비 전통을 명료하게 소개하려는 시도, 평론가, 시인, 일기 저자로서의 문학적 재능, 에큐메니컬 우정(특히 성공회 신자들과)과 기독교와 불교 간 대화에 대한 특별한 공헌 그리고 인생 후반 사회 정의와 세계 평화 문제에 대한 헌신으로 인해 다양하게 기억된다. 그의 친구이자 위대한 베네딕트회 학자인 돔 장 르클레르크(Dom Jean Leclercq)가 머튼의 엄청난 인기는 거대한 문화적, 종교적 전환기에 그의 상징적인 역할과 관련 있다고 주장하는데 그것은 사실이다. 어떤 점에서 머튼은 20세기 후반의 영적 탐구의 패러다임이었다. 그는 단순히 수도원 독방에서 내면을 추구한 것이 아니라, 그의 자서전『칠층산』(The Seven Storey Mountain, 1948)에서 보여 준 것처럼, 초기의 좁은 가톨릭, 교회 중심적이고 세계를 거부하는 영성에서 나와『통회하는 한 방관자의 생각』(Conjectures of a Guilty Bystander, 1966)에서와 같이 대중 세계에 대해 고도로 헌신적인 관찰을 하는 탐구자이며 방랑자로 살았다.

머튼이 선택한 글쓰기의 매개는 무엇보다 자서전이었다. 그러나 초점은 자신이 아니라 관상, 수도원, 종교 간 대화, 사회 참여에 있었다. 머튼의 독자는 언제나 그의 내적, 외적 여정의 동반자가 된다. 여러 면에서 거짓된 자아로부터 진정한 자아로 가는 여정에 대한 그의 몰두는 진실한 자아를 찾으려고 하는 20세기의 관심사를 대표한다. 머튼은 그가 선택한 대항 문화적인 삶의 양식에 늘 충실하면서, 지배적인 개인주의 문화에 맞서 진실한 자아는 오직 타자와의 교제와 연대를 통해서만 존재한다는 신념으로 그 삶의 양식을 재해석했다. 진정한 자아는 깨어지기 쉬운 것이어서 분리와 영적 우월감의 장벽 뒤에서는 보호받을 수 없다. 그의 통찰이 성숙하면서 머튼은 1960년대 초 루이빌의 수도원 인근 도시에서 두 번째 회심을 경험했다. 그는 인도를 걸어가는 모든 사람에 대한 일치감과 사랑을 깨달으면서 압도당했다. 이것은 그를 '세계'와의 관계성을 아주 다르게 이해하도록 이끌었다.

> 이로써 나는 격리됨의 환상, 단념의 세계이자 거룩한 곳이라 여겨지는 특별한 세계 안에 있다는 자기 고립의 환상에서 깨어났다. 격리된 거룩한 존재라는 모든 망상은 하나의 환상이었다……(수도원적 생활과 일반 사람들

사이가) 다르다는 망상에서 해방된 느낌은 나에게 너무나 큰 안도감이고 기쁨이어서 크게 웃음을 터뜨릴 뻔했다.[7]

그는 이 새로운 회심을 통해, 영적 삶은 조용한 물러남의 문제가 아니라 인류의 미래에 대해 공동 책임을 지는 관상적 자각(『삶과 거룩성』[Life and Holiness, 1964]에서 표현됨)이라는 강한 이해를 갖는다. 이 시점에서 머튼에게 세 가지의 변화가 일어났다. 첫째, 그는 철저한 독거의 삶에 점점 더 매료돼 결국 수도원 안에서 은수 생활을 했다. 둘째, 관상적 신비주의 전통에 대한 관심을 잃지 않으나, 많은 저서에서 예언자적 입장을 점점 더 강화했다. 그것은 미국인 대중 독자들과 그가 수도원의 유명인으로 남아 있기를 바라는 교회 사람들로부터 인기를 잃는 위험을 무릅쓰는 일이었다. 그는 민권 운동을 지지하고, 냉전을 비판하고, 핵무기를 반대하고, 베트남 전쟁 반대 로비에 참여했다. 셋째, 아시아 종교, 특히 불교에 대한 그의 오랜 관심은 일본의 선불교도인 스즈키(Suzuki)와, 생애 마지막에는 달라이 라마와 종교 간 대화에서 보다 적극적으로 활기를 띠었다.[8]

해방 영성

불의와 억압은 결코 새로운 문제가 아니지만, 대중적으로 사회 정의에 관심을 갖는 영성은 분명히 20세기의 산물이다. 급속한 사회 경제적 변화에 대응해서 로마 가톨릭교회가 가톨릭 사회 교육의 전통을 낳은 것은 19세기 후반으로 거슬러 올라간다. 특히 1891년 레오 13세의 노동회칙 「새로운 사태」(Rerum Novarum)에서 시작돼, 비오 11세의 회칙 「40년 후」(Quadragesimo Anno, 1931)에서 한층 강화됐고, 1960년대 초반 요한 23세의 저서들은 '시대의 징조 읽기'를 언급하는데, 이것은 교회의 선교의 중심에 사회 분석이 중요하다는 것을 지적한 것이었다. 이 전통은 제2차 바티칸공의회와 그의 사목헌장 「기쁨과 희망」(Gaudium et Spes)에서 채택됐다. 이러한 관점에서 1971년 가톨릭 주교회의가 「세계 정의에 대해」 문헌에서 정의를 위한 탐구를 다룬 것은 자연스러운 움직임이었다. 그 문헌은 모든 사역, 선교 및 영성의 핵심에 정의가 있다는 것을 확립시켰다.

해방을 다루는 신학과 영성은 모든 형태의 불의한 구조에 대한 비판과 그것을 극복하려는 투쟁에 근거한 광범위한 성찰과 실천을 받아들인다. 그러한 행동이 기독교 신앙에 필수적이며 사회 정의를 촉진시킨다는 것이 해방 영성의 특징이다. 따라서 정의에 대한 관심은 전통적으로 영성이 실행돼 온 방식에 대해 철저한 의문을 제기한다. 또한 해방 이론은 어떤 형태이든지 간에 사회와 교회가 특정한 범주에 있는 사람들의 존엄성을 손상시키는 구조를 만드는 것에 대해 의문을 제기한다. 해방 영성은 현재 모든 대륙에 존재하며, 경제적 빈곤, 인종 배제, 성 불평등 그리고 보다 최근에는 지구 환경 책임 문제에 초점을 맞추고 있다.

구스타보 구티에레스(1928-)

좁은 의미에서 해방신학과 영성은 1960년대 후반 라틴 아메리카에서 일어나 1970년대에 완전히 발전한 운동을 가리킨다. 비판이 있음에도 불구하고 해방신학과 영성의 핵심은 마르크스주의가 아니라 성경, 특히 자신의 백성을 새로운 출애굽으로 인도하는 하나님 그리고 십자가와 부활의 고전적인 주제에서 발견되는 죽음에 대한 승리와 같은 것이다.

구스타보 구티에레스는 라틴 아메리카 해방 영성의 지도적인 대표자로 인정된다. 그는 페루 리마의 가난한 가정에서 태어나 어린 시절 심각한 건강 상태로 고통을 받았다. 결국 그는 대학교에 들어갔고 페루와 유럽에서 신학을 공부하면서 사제로 훈련을 받았다. 1959년 서품을 받은 구티에레스는 가톨릭 대학교와 가난한 리마 교구에서 파트타임으로 근무했다. 이러한 이중 경험을 통해 그는 가난한 사람들과 함께 생활한 경험을 신학적 성찰로 가져올 수 있었다. 구티에레스는 제2차 바티칸공의회의 사상을 라틴 아메리카의 상황에, 특히 사회 정의의 촉진이라는 차원에서 적용한 유명한 라틴 아메리카 메데인(Medellín) 주교회의에서 주도적인 역할을 했다. 1971년에 구티에레스는 매우 독창적인 저서 『해방신학』을 출판하는데, 이 책은 그의 후기 저작뿐만 아니라 그 대륙의 일련의 다른 가톨릭 및 개신교 신학자들의 생각과 저술의 분위기를 조성했다. 최근에 구티에레스는 도미니크회에 입회했다.

구티에레스는 『우리의 우물에서 생수를 마시련다』에서 특별히 영성에 대한 그의 사상을 발전시켰다.[9] 이 책은 영성, 신학, 사회적 실천의 연속성을 분명히 입증한다. 이 책의 핵심은 가난한 사람들의 상황 안에서 그 상황을 통해 말씀하는 하나님에 대한 경험이다. 신학은 성경과 전통에 비추어 이 경험에 대한 성찰로 구성되며, 그 성찰은 프락시스(praxis), 즉 사회 정의와 특히 가난한 사람의 해방을 돕는 행동의 기초를 형성한다. 이 책은 세 가지 주요 부분으로 이루어진다. 첫째, 많은 고전적 영성이 지닌 약점, 특히 엘리트주의와 과도한 내면성의 경향과 라틴 아메리카에서 존재하게 될 새로운 형태의 영성을 탐구한다. 둘째, 모든 기독교 영성의 기초(그리스도를 따르는 제자직)를 설명한다. 셋째, 해방 영성의 주요한 다섯 가지 특징들, 회심과 연대, 호의와 효과가 있는 사랑, 기쁨(순교와 고통의 승리를 포함), 영적 어린아이(가난한 사람들에 대한 헌신), 공동체(고립된 개인의 영성이 아니라 사람의 영성)를 다룬다.

구티에레스의 또 다른 영성에 관련된 책은 『욥기 : 무고한 자의 고난과 하나님의 말씀』(On Job : God-Talk and the Suffering of the Innocent)이다. 이것은 그의 신학에서 획기적 진전으로 평가받는다. 구티에레스의 욥기 해석은 신학에 대한 그의 접근과 신학과 사회 참여의 연관성에 있어서 기도와 관상이 가장 중요하다는 것을 강조한다. 욥과 그의 친구들의 차이점은 후자가 하나님의 무한한 사랑 및 동정심과 만나지 않고 자신들의 생각에 근거해 추상적인 원칙을 내세운 반면, 욥은 하나님과 대면하며 자신의 답변을 추구했다. 그는 단순히 사회적이거나 윤리적 추론을 넘어 영적 '추론'을 하며, 하나님께서 무상(無償)의 사랑으로 행동하신다는 것을 깨닫는다. 그러한 통찰은 오직 하나님과의 일종의 대면을 통해서만 나올 수 있다. 관상과 대면은 밀접하게 연결돼 있다. 사람들은 욥기에서 저주 시편들이 지닌 힘에 숙고한다. 욥은 자신의 질문들에 대해 간단한 대답을 얻지 못하지만, 그가 받은 것은 원한 것보다 훨씬 깊은 것이었다. 관상은 전망을 넓혀 준다. 그러나 관상은 그 이상이다. 구티에레스의 해설에서, 하나님과의 만남은 욥이 추상적 정의 관념을 뛰어넘어 하나님의 헤아릴 수 없는 사랑 안으로 자신을 내어 맡기게 한다. 이러한 자기 포기는 숙명론적인 수용이 아니다. 오히려 더 넓고 깊은 하나님의 은혜 안에 정의(正義)를 두는 것이다. "기도와 관상은 실천에서 분리되지 않는, 실천의 내적 요소다."[10]

페미니스트 영성

유럽과 북아메리카에서 가장 광범위하게 영향을 끼친 다른 형태의 해방주의 영성 중 하나는 '페미니스트 영성'이다. 페미니즘이라는 단어는 1880년대에 처음 사용된 것으로 보이는데 출발부터 종교와 밀접한 연관성이 있었다(예를 들어 1895-1998년에 등장한 여성 성경 안에 남성적 성경 해석에 대한 도전). 페미니즘의 첫 번째 물결은 서유럽과 북아메리카에서 투표권, 재산권, 대학 학위 획득을 위한 여성 운동으로 시작했다. 그다음 단계는 1960년대 후반에 유럽의 정치적 혼란 및 직접적으로는 미국의 민권운동에서 일어나는데 두 경우 모두 여성이 두드러진 역할을 감당했다. 1970년대와 1980년대 페미니스트 연구는 성차(性差, gender)에 대한 고정 관념과 여성 정체성과 역할에 그것이 미치는 영향에 대해 비판적 분석을 하면서 하나의 학문 분야로 등장했다. 이것은 곧 기독교 신학에 영향을 미치기 시작했고, 확장됨에 따라 오늘날까지 이어지는 방식으로 영성에 영향을 미쳤다. 기독교 페미니스트 영성의 발전에 특별한 역할을 한 주목할 신학자들은 북아메리카의 샌드라 슈나이더스(Sandra Schneiders), 조안 왈스키 콘(Joann Wolski Conn), 로즈메리 류터(Rosemary Radford Ruether), 엘리자베스 존슨(Elizabeth Johnson), 캐서린 라쿠나(Catherine Lacugna), 앤 카(Anne Carr), 도로테 죌레(Dorothee Soelle), 독일의 엘리자베트 몰트만 웬델(Elisabeth Moltmann-Wendell), 영국의 메리 그레이(Mary Grey), 고(故) 그레이스 잔첸(Grace Jantzen)이다.

페미니스트 영성의 근본 통찰력은 개인이 하나님과 맺는 관계 및 기도와 다른 영적 실행에 대한 접근법이 성차에 의해 깊이 영향을 받는다는 것이다. 여기서 성차는 생물학적 성(남성과 여성)에 국한되지 않고 주어진 역사, 문화, 시대 안에서 성이 구성되는 방법에 관심을 갖는다. 페미니스트 영성의 첫 단계는 모든 해방주의 영성처럼 사람들의 인간성과 가치가 훼손되는 근본적인 방식을 확인하는 것이다. 여성의 정체성은 다양한 사회 시스템이나 문화적 고정 관념에 의해서뿐만 아니라 전통적인 영성의 중요한 요소들(몸에 대한 의심, 과도한 지성주의, 성에 대한 회피, 수동성에 대한 강조, 안수받은 남성에게만 특정한 영적 역할의 제한 등)에 의해 제한돼 왔다. 이러한 제한은 일반화된 남성으로서 하나님의 이미지에 의해 합법화됐다. '남성성' 역시 여성의 영성과 마찬가지로 여러 방식으로 남성의 영성을 제약하며 희화됐다. 어떤 방식을 사용하더라도 거룩한 것과 영적인 것은 오직 정해진 이해 방식으로만 긍정됐다.

페미니스트 영성에서 그다음 단계는 모든 해방주의 영성처럼 하나님에 대한 담론, 하나님과 인간의 관계 이해, 기독교 제자직의 실행에 대해 대안적 방법을 재구성하는 것이다. 이러한 재구성은 두 가지 특징에 의존한다. 첫째, 모든 해방주의 영성과 마찬가지로 경험의 타당성을 우선해 신학의 기초를 확증한다. 우리는 어떻게 하나님과 관계를 맺을 수 있는지 (또는 맺을 수 없는지) 그리고 하나님의 행동이 어떻게 인간의 삶 속에서 (특별히 여성의 삶 속에서) 강력하게 작용하는지를 이해할 때 하나님에 관해 깨닫기 시작한다. 따라서 하나님과 관계를 맺는 여성의 경험과 방법의 구체적인 특징은 확인되지 않은 남성-성직자적 가설에 기초한 순수 이론적 범주를 대체하는 영적 지혜의 핵심 원천이 된다. 물론 실제로 영적 지혜의 위대한 고전들(이냐시오 로욜라의 『영신수련』 또는 아빌라의 테레사의 『영혼의 성』 등)은 경험에 대한 주의(注意)가 영적 삶에서 식별의 기초이고 따라서 영적 삶의 진전의 기초가 된다는 것을 긍정했다. 이것은 자연스럽게 재구성의 두 번째 특징으로 이어진다. 다시 말해 해방주의 모델에 따라 성경과 전통의 빛으로 경험을 성찰하는 것이다. 그러나 그 두 가지 특징에 대한 우리의 이해는 선택적 해석에 이해 영향을 받는다. 따라서 보다 완벽한 그림을 회복하는 것이 중요하다. 샌드라 슈나이더스 같은 영성에 민감한 페미니스트 성서학자들의 연구는 중요한 도구가 된다.[11] 신학적 측면에서 엘리자베스 존슨은 더 적절한 영성의 함의에 대해 분명한 이해를 가지고 삼위일체 신학에 대해 정교하고 영적으로 풍부한 재해석을 제공했다.[12] 고전적인 영적 텍스트와 전통을 재해석한다는 측면에서, 기독교 신비주의에 대한 그레이스 잔첸의 연구와 이냐시오『영신수련』에 대한 캐서린 다크먼과 동료들의 연구는 중요한 사례다.[13]

최근 들어 특히 미국에서 아프리카계 미국인의 경험(여성주의 영성)과 라틴계 또는 히스패닉 여성의 경험(무제리스타[Mujerista] 영성*)과 같은 페미니스트 영성의 새로운 형태가 나타났다. 라틴계 여성/무제리스타 영성에 있어서 눈에 띄는 사례로 아다 마리아 이사시-디아스(Ada María Isasi-Díaz, 1943-2012)를 들 수 있다. 쿠바 출신의 이사시-디아스는 1960년에 난민으로 미국에 입국해 우르술라 수녀원(Ursuline Order)에서 수년간 수녀 생활을 했다. 그녀는 윤리학 전공으로 신학을 공부했고, 결국은 저명한 대학 교수가 됐다. 이사시-디아스는 로마 가톨릭교회에서 여성 서품을 위한 운동에 깊이 관여했다. 영성 측면에서 그녀의 페미니스트 관점은 히스패닉계 여성들의 종교적 경험, 영적 실행, 일상적인 투쟁에 확고한 기초를 두었다. 그녀에게 진정한 영성은 실체 없는 내면성의 형태가 아니라, 구체적인 관계와 정의를 위한 투쟁에 몰두하는 우리의 능력에 의해서 측정되는 것이었다.

---

* '무제르'(mujer)는 스페인어로 여성을, '무제르스타'(mujersta)는 라틴계 여성과 스페인어를 사용하는 여성들의 영성 전통과 학문 작업을 뜻한다.

화해의 영성

세계에서 일어나는 전쟁들, 후기 식민주의, 인종 갈등에 대한 더 큰 자각 그리고 사회 정의와 해방에 대한 관심으로 점철된 한 세기 동안, 화해는 또 하나의 중요한 영성의 주제가 됐고 지금도 그렇다는 사실은 놀랄 일이 아니다. 화해는 기독교 신앙의 중심이고 따라서 영성의 중심이다. 현대의 남아프리카 신학자 존 드 구루취(John de Gruchy)는 화해 교리가 "기독교 신앙의 모든 교리의 영감이며 초점"이라고 주장한다.[14] 개신교는 십자가의 결과로 하나님과 인류 사이에 일어난 화해를 강조하는 경향이 있고(롬 5:6-11), 가톨릭은 하나님과 인간의 화해의 결과로 우리에게 부어진 하나님의 사랑이 어떻게 새로운 인류를 창조해서 사람들 사이의 분열의 벽을 무너뜨리는지를 강조하는 경향이 있다(고후 5:17-20, 6:1). 실제로 두 가지 차원은 긴장 관계를 이루어야 한다.

20세기 동안 인류의 화해를 추구하는 수평적 차원에 대한 관심은 민족적, 정치적, 종교적 갈등을 극복하려는 시도에 강하게 반영됐다. 기독교 신학과 화해의 영성(타자를 위한 공간을 만들고 '타자' 안에서 자신을 발견하는 것)이 단순한 관용이나 화해, 그 이상을 의미하는 것처럼, 오늘날의 화해 추구에서 중요한 평화 만들기 개념은 단순한 전쟁, 폭력 및 혼란의 부재, 그 이상을 의미한다. 기독교인의 평화 이해를 특징짓는 히브리어 단어 샬롬은 개인 내면에, 사회 내부의 사람들 사이에, 그리고 인류와 하나님 양쪽 모두에 기초가 되는 온전한 영적, 물질적 조화와 웰빙의 상태를 나타낸다. 그러한 개념들은 세계 평화를 위해 힘쓰고, 핵전쟁을 반대하고, 인도의 간디와 미국의 흑인 민권 운동가 마틴 루터 킹의 증언에서처럼, 부정의와 불화에 반대하는 비폭력 저항을 위한 기독교 사역을 활기차게 만들었다. 마틴 루터 킹의 비전은 부분적으로 또 한 사람의 주목할 만한 인물인 아프리카계 미국인이자 보스턴 대학의 채플 학장이었던 하워드 서먼(Howard Thurman, 1900-1981)에 의해 형성됐다. 일부 사람들은 그를 신비주의자라고 생각했다. 서먼은 급진적인 사회적 행동의 영성을 발전시켰다. 그것은 기도와 고난에 의해 형성되고 인간의 온전성, 공동체의 이상 그리고 모든 생명체의 일치를 강조했다. 앞서 언급한 해방주의 영성의 그룹들은 다양한 방식으로 불의를 바로잡는 어려운 과정을 위해 부분적으로 화해에 관심을 가지고 있다.

또 다른 종류의 화해의 영성으로 예수회 지질학자이자 고생물학자이며 신비주의자인 피에르 테야르 드 샤르댕(Pierre Teilhard de Chardin, 1881-1955)의 연구를 살펴볼 필요가 있다. 교권은 과학과 종교를 조화시키려는 그의 시도와 낙관적인 영적 비전에 대해서 의심했기 때문에, 그의 저술들은 사후에야 널리 알려졌다. 테야르는 두 세계, 현대의 과학 문화와 교회의 영적 가르침 사이의 가교 역할을 하려고 노력했다. 포스트모던 사상가라기보다는 근대적 사상가인 테야르는 진화가 신비롭고 우주적인 원리라는 근본적인 낙관론을 받아들였다. 인류는 물질적인 질서에서 소외된 것이 아니고, 그 안에 있으며 세상과 더불어 진화론적 의미에서 앞으로 나아가고 하나님을 향해 '위로' 나아간다. 테야르에게 부활하신 그리스도는 세계와 인류가 향해(toward), 그 안으로(into) 자라가는 초점이며 오메가 포인트였다. 그 결과 테야르는 무생명적이며 유생명적인 세상에 참여하는 일종의 신비주의를 추구하고, 우주 안에 있는 모든 것과 그리스도 안에 있는 모든 것의 점진적인 화해와 통일을 가르쳤다.[15]

그러나 20세기의 화해의 영성은 특히 종교적인 문제들과 관련돼 있었다. 다음은 종교적인 맥락에서 나타난 화해의 영성에 대한 두 가지 사례다. 첫째는 20세기 초반에 등장한 기독교 에큐메니즘을 위한 운동과 관련되고, 둘째는 20세기의 세계화 과정에서 태어난 종교 간 대화와 상대적으로 폐쇄적인 기독교 영성의 세계에 대한 영향력 증가에 관한 것이다.

에큐메니컬 영성 : 떼제

기독교 에큐메니즘의 성장과 수백 년 동안 지속된 분열을 치유하려는 노력은 일부 측면에서 인간 화해에 대한 더 넓은 관심을 반영하고 있다. 특히 제2차 세계대전의 여파가 그것을 가속시켰다. 그래서 1948년 창립한 세계교회협의회는 사실상 동시대의 유엔 설립과 비교해 종교적 대응으로 볼 수 있다. 1910년 에든버러 선교사 대회까지 거슬러 올라가는 보다 긴 에큐메니즘의 역사는 또한 20세기의 출발부터 기독교의 세계화와 교회의 정체성과 영성의 중심에 공동 선교가 놓여 있다는 이해를 반영한다. 로마 가톨릭교회는 제2차 바티칸공의회 이후 1960년대에 공식적으로 에큐메니컬 운동에 참여했다.

기독교 에큐메니즘과 인간 화해라는 두 가지의 영적 토대들 가운데 가장 두드러지고 효과적인 상징 중 하나는 로제 슈츠(Roger Schutz, 1915-2005) 수사가 1940년 부르고뉴의 남부에 설립한 수도원 떼제 공동체다. 로제 수사는 개혁교회 목사로 비시 프랑스와 독일 점령 프랑스 사이 국경에 있는 난민(특히 유대인들)을 도우려는 소명을 느꼈다. 그는 떼제(Taizé)에서 피난민들을 위해 집을 마련하고, 수도원 모델에 기초해 매일 기도하는 일과를 시작했다. 그는 독일인들에게 비난을 당하면서 제네바에서 2년을 지내는데, 개혁교회 신학자이자 그 공동체에서 유명하던 막스 투리안(Max Thurian)을 비롯한 여러 동료가 그와 합류했다 그들은 1944년에 떼제로 돌아와서 특히 청년들에게 영향을 주면서 화해의 선교에 헌신한다. 처음에는 프랑스와 독일의 관계 그리고 범유럽의 평화에 초점을 맞추었으나 곧 보다 광범위하게 종교적, 사회적, 세계적 전망을 발전시켰다. 비록 초기에 공동체는 범개신교적인 영적 논리로 세워졌으나, 1969년에 첫 로마 가톨릭 회원을 받아들인 것을 시작으로 오늘날 광범위한 기독교 전통 출신의 약 100명의 회원이 있다.

1953년 『떼제 규칙』에서 표현된 공동생활을 함께 나누고 일상적 공동기도의 리듬에 따르는 고전적인 수도원 의무 외에도, 떼제 영성에는 몇 가지 중심적인 특징이 있다. 첫째, 다양한 국적, 인종 및 전통을 포괄하는 공동생활 안에서 화해의 가능성과 고통을 증언한다. 그들은 미래에 화해를 이룬 교회와 인류가 어떤 모습이어야 하는지 보여 주려고 노력하면서, 그들의 다양한 종교적 기원의 순전성을 유지하려고 애쓴다. 둘째, 로제 수사의 영성 저술에서 '잠정성'(暫定性, provisionality)이라는 주제가 두드러진다. 이것은 신앙적 민감성을 가지고 굳어진 태도와 고정된 방식에 대처하도록 이끄시는 하나님의 방법에 자신을 철저하게 개방하는 것을 의미한다. 떼제 공동체는 실제 예배 공간에 대한 건축학적인 실험을 위해 모든 것을 갖춘 확립된 재단들을 세우는 대신 세계 도처 필요한 곳에 잠정적으로 작은 규모의 수도 공동체를 이식하는 준비를 했다. 셋째, 작은 수도 공동체들은 적극적 참여와 관성적 삶을 통해 가난한 사람들에게 헌신하고, 모든 종류의 사회 정의와 화해를 위한 투쟁을 표현했다. 넷째, 떼제는 청년들을 위한 순례와 영적 탐험의 장소가 되기 위해 헌신했다. 반복 찬미라는 접근하기 쉬운 음악 전통, 영적 안내, 모든 인종과 종교 전통을 가진 청년들 사이의 상호 교류의 촉진과 함께하는 예배를 통해, 떼제는 전 세계에 평화와 화해의 분위기를 조성하려고 한다. 수만 명의 청년이 매년 떼제를 방문하며 관상과 사회적 참여를 깊이 연관시킨다. 비극적으로 로제 수사는 2005년에 공식 예배 중에 공격을 받고 살해되지만, 그 공동체와 정신은 새로운 세대의 수사들에 의해 계승되고 있다.[16]

영성과 종교 간 대화 : 비드 그리피스

20세기의 종교 간 대화와 화해의 출현은 기독교의 세계화, 종교 다원화 세계에 대한 인식의 증가, 문화적 다원성을 존중하고 표현하려는 책임감 그리고 세계의 일부 지역에서 폭력과 종교적 적대감 사이의 밀접한 관계를 다루어야 할 필요성 등에 영향을 받았다.

종교 간 대화는 특히 기독교와 불교 그리고 기독교와 힌두교의 접촉이라는 맥락에서 매우 경험적인(특히 신비적, 관상적) 차원을 발전시켰다. 1960년대 베네딕트회의 데샤네(J.-M. Déchanet)는 많은 서양 기독교인이 요가의 목적 및 기술에 친숙해지고, 명상 중에 신체의 사용을 회복하도록 기여했다. 최근에 또 다른 베네딕트회의 존 메인(John Main)은 힌두교의 만트라 암송과 고대 기독교 수도원 실행 사이의 관계를 존 카시안(John Cassian)에게서 발견하고 소개했다. 그 밖에 많은 사람이 관상적 대화에 참여하고 있는데, 예를 들어 후에 일본 선(禪)의 권위자가 된 에노미야 라살(Enomiya Lassalle), 가끼찌 가도와끼(Kakichi Kadowaki), 윌리엄 존스톤(William Johnston)과 같은 예수회 회원들은 선불교와 대화에 참여했다. 인도에서는 프랑스 교구 사제 쥘 몽샤냉(Jules Monchanin)과 그의 프랑스 베네딕트회 친구이자 이후 아비쉭타난다(Abhishiktananda)로 개명한 앙리 르 쏘(Henri le Saux)에 의해 비슷한 과정이 일어났고, 영국 베네딕트회 비드 그리피스(Bede Griffiths)

가 뒤를 이었다. 토마스 머튼이 강력하게 주장한 것처럼, 수도원적 생활은 특별히 종교 간 만남과 영적 실천의 경험을 나누는 유익한 상황임을 증명했다.

말할 필요도 없이, 명상이나 예배의 실행 차원에서 종교 간의 만남은 새로운 영적 가능성의 광대한 세계를 열고, 영성에 대한 보다 개방적인 접근 방식을 장려한다. 예를 들어 아시아에서 기독교 예배가 문화적 형식에 있어서 폐쇄적으로 서양적이기보다는 더 개방적이고 상상력 있는 접근 방식을 채택할 수 있도록 한다. 그러나 이러한 경험적 차원은 그 자체로는 충분하지 않다는 것이 일반적으로 인정된다. 분명히 특정 신앙 전통의 집단적 순수성을 유지하면서 영적 만남을 추구할 수 있는 (그리고 어느 정도의 융합이 일어나기도 하는) 정확한 방법을 찾는 것은 여전히 신중한 이론적 대화를 필요로 한다.

비드 그리피스(1906-1993)는 진정한 인도 영성을 발전시키려고 적극적으로 노력한 작지만 중요한 기독교 집단을 대표한다. 지성인으로 옥스퍼드의 루이스(C. S. Lewis)의 제자이자 친구였던 비드 그리피스는 1933년 로마 가톨릭 교인이 돼 프링크내쉬(Prinknash)의 베네딕트회에 들어갔다. 그는 서품을 받은 후에 그 수도회에서 다양한 책임을 맡았다. 그는 1955년에 선교적 동기라기보다는 관상 공동체를 세우려는 비전을 가지고 인도로 갔다. 이전과 이후의 다른 사람들과 마찬가지로 비드 그리피스는 영국에 수도사로 있을 동안 인도 경전을 진지하게 연구하고 그가 서양의 합리주의, 행동주의 및 폭력으로 인식한 것에 맞서 직관적, 관상적 차원의 삶을 회복하는 것이 무엇보다 중요하다고 느꼈다. 초기 몇 년이 지난 후, 그는 케랄라(Kerala)의 쿠리슈말라(Kurisumala) 아쉬람(암자)에 10년간 머물렀고, 1968년에 타밀 나두(Tamil Nadu)의

샨티바남(Shantivanam)에 있는 사치다난다(Sacchidananda) 아쉬람으로 옮겨갔다. 그곳은 몽샤냉과 아비쉬크타난다에 의해 설립된 곳이었다. 그는 유럽과 북아메리카로 간헐적인 여행을 떠난 것을 제외하고 그곳에서 남은 생애를 보냈다.

샨티바남은 힌두교 아쉬람 양식에 영감을 받아, 의상, 음식, 생활 양식, 예배를 철저하게 인도식 모델에 적용시킨 기독교 공동체들 중 하나다. 아쉬람 생활의 본질은 묵상과 다른 영적 실행을 통해 하나님을 더 깊게 경험하기를 추구하면서 현명한 영적 지도자 주위에 제자들이 모이는 것이었다. 성스러운 캐버리(Cavery)강의 언덕 옆 숲속에 위치한 샨티바남은 간단한 오두막, 인도 사원의 모델을 따라 벽이 개방된 채플, 식당 휴게실, 도서관, 묵상과 가르침을 위한 교실, 경작용 토지로 구성돼 있다. 예배는 완전히 인도식으로 거행되는데, 기독교 예식과 함께 일정한 역할을 하는 전례와 힌두교 경전 안에서 사용된 많은 고전적인 인도 의식을 사용했다. 그 작은 공동체는 베네딕트회와 연결돼 있으며 많은 구도자와 기독교, 힌두교 양쪽의 여러 방문자의 마음을 사로잡았다. 그 공동체는 지역 마을에서 사회 활동과 교육 활동을 지원하는 데도 도움을 주고 있다.

비드 그리피스는 기독교와 힌두교의 관계에 특별한 접근 방식을 사용했다. 특히 인간 존재와 절대자 사이의 차이와 구별을 초월해서 보편적인 조화와 통일성(unity)을 강조하는 힌두교의 고전적인 아드바이딕(advaidic) 이해는 그의 영성에서 강한 역할을 했다. 그러나 동시에 그는 신성(the Divine) 안에 만물을 붙드는 궁극적 단일성(ultimate oneness)이 있다는 믿음과 궁극적 단일성과 불가해한 통일성이 구별 속에 균형을 이룬다는 삼위일체 신학 사이에서 깊은 연관성들을 보았다는 점에서, 철저하게 정통 기독교인으로 남아 있었다. 분리된 정체성*은 잘못된 것이 아니다. 따라서 비드 그리피스에게 삼위일체적인 존재의 모델은 그분(the One)의 심연 안에서 우리 자신을 잃어 가는 관상적인 과정에도 불구하고 분리된 정체성을 초월하기보다는 오히려 우리의 참된 자아를 발견하는 것을 의미했다.17

동방 정교회 영성

20세기 동방 정교회 영적 전통의 풍부함을 짧은 지면에 요약하는 것은 그 폭과 다양성 때문에 어렵다. 따라서 다음의 두 가지 요소, 즉 아토스산의 수도원 개혁과 러시아 영성에 대해 몇 명의 중요한 인물을 통해 혁명 이전과 이후에 집중할 것이다.

아토스산은 그리스 마케도니아의 산악 반도다. 그곳의 모든 남성 수도원 정착지는 아마도 7세기 이슬람 침략의 여파로 이집트로부터 이주한 것에서 기인한다. 이미 지적했듯이 헤지카즘(hesychasm)으로 알려진 정교회 관상 전통이 이곳에서 발전해 현재까지 계속되고 있다. 19세기 말에서 20세기 초반에 러시아로부터의 주요 수사들의 유입은 아토스에 새로운 추진력을 불어넣었고, 역으로 러시아의 옵티노(Optino) 수도원과 『순례자의 길』의 관상 전통으로 그 정신을 되돌려 주었다. 부분적으로 1917년 러시아 혁명의 결과로 이러한 수도원 소명(召命)의 원천

---

* 비드 그리피스는 기독교인 개인은 하나님과 연합되는 깊은 교제에 있어 그 개별 정체성이 흡수되거나 철폐되지 않는다고 보았다. 이점에서 그는 창조된 인간은 절대자 하나님의 본질과 연합할 수 없다고 보는 기독교 영성의 정통 사상에 머물러 있었다. 이러한 사상은 개별 정체성이 절대 정체성(absolute identity)와 완전 하나가 된다고 본 힌두교와 불교 사상과 기독교를 구별되게 한다.

은 상당히 감소했다. 20세기 중반 그리스의 수도원적 생활에 대한 무관심이 더해져, 정교회 수도원은 결국 종말을 맞을 정도로 쇠퇴했다. 그러나 제2차 세계대전이 끝난 후 수년 내에 서방 안에서 정교회 영성에 대한 관심이 증가했다. 이것은 그리스에서 수도원적 관심의 갱신과 더불어 상당한 부흥을 가져왔다. 1960년대 초반에 새로운 그리스 판 『필로칼리아』가 등장했다. 오늘날 아토스에서 헤지카스트 관상 전통은 다시 강해졌고, 최근 수십 년 동안 새로운 개종자들을 포함해서 전 세계의 초심자들이 수도원으로 유입되고 있다.

러시아 영성의 경우 모국의 정치적, 사회적 격변이 큰 영향을 미쳤다. 그러나 교구 사제 크론슈타트스키의 성 요한(St John of Kronstadt, 1829-1909)은 혁명 이전에 정교회 평신도들에게 중요한 영향을 미쳤고, 20세기에 가장 사랑받는 정교회 인물 중 하나가 됐다. 그는 처음에는 망명한 러시아 교회에 의해, 1990년에는 주류 러시아 정교회에 의해 시성됐다. 성 요한의 영성에는 세 가지 중요한 특징이 있다. 첫째, 매일 드리는 성체성사는 삶의 중심으로 평신도가 자주 성찬에 참여하는 것을 옹호했다. 둘째, 자선이 참된 기독교 경건의 본질이라고 주장하고, 사회적 소외계층을 위한 사역에서 이것을 표현했다. 셋째, 개인 기도의 실천을 세밀하게 기획한 해박한 영적 일기를 남겼다.[18]

블라디미르 로스키(Vladimir Lossky, 1903-1958)는 러시아 영성 전통에서 가장 영향력 있는 평신도 신학자 중 한 사람이다. 그는 혁명과 내전의 여파로 1922년 온 가족이 추방될 때까지 러시아에 살았다. 그 후에 파리에서 공부하며 여생을 보냈다. 로스키는 특히 자신이 첫 학장이던 러시아신학연구소를 파리에 설립했고, 그의 걸작 『동방교회의 신비신학』(Mystical Theology of the Eastern Church)을 남긴 것으로 유명하다. 그는 여기서 동방 기독교가 동서방교회의 분열 이후에 서방교회가 잃어버린 신비신학의 우선순위를 유지했다고 주장한다. 로스키는 종교철학이나 추상적 교리신학보다 신화(神化, theōsis)를 기독교의 핵심으로 보고, 이것을 창조의 궁극적 운명으로서 하나님의 생명 안으로 이끌려 들어가는 과정으로 이해했다. 그에게 신비주의와 신학은 불가분한 것으로 기도와 전례는 신학의 토대고 반대로 신학은 신앙생활의 발전에 관한 것이었다.[19]

마지막으로 로스키와는 대조적인 인물인 마더 마리아 스코츠소바(Mother Maria Skobtsova, 1891 - 1945)는 러시아 귀족 출신으로 중요한 문학가였으며, 결국에 수녀가 돼 제2차 세계대전 중 순교했다. 그녀는 2004년에 시성됐다. 청년 시절 엘리자베타(본명)는 급진적인 지성 서클에 참여한 무신론자였으나 서서히 기독교로 돌아왔다. 그녀는 혁명 이후와 그 뒤를 이은 내전 시기에 잠시 동안 러시아의 남부 도시 아나파(Anapa)의 시장을 지냈다. 그리고 재혼해 1923년에 가족과 파리로 망명했다. 그녀는 신학을 공부하고 사회복지사가 돼 가난한 사람들과 함께 일하면서 시를 썼다. 1932년에 엘리자베타의 결혼 생활은 이혼으로 끝이 나고, 그녀는 마더 마리아로서 수도원 서원을 했다. 이후 그녀의 수녀원은 지적, 종교적 토론의 중심지이자 가난하고 궁핍한 사람들을 위한 곳이 됐다. 1940년 독일의 프랑스 점령 이후에 마더 마리아는 레지스탕스의 일원이 돼 가족과 한 명의 사제 친구와 함께 많은 유대인의 도피를 도왔다. 결국 그녀는 게슈타포에 의해 체포돼 라벤스브뤼크 수용소로 보내져 유대인 여성을 대신해서 자신의 삶을 희생하는데, 1945년 부활절에 가스 처형을 당했다.[20]

20세기의 후반과 현 세기로 들어와서 동방 정교회 전통은 자체적인 세계화를 경험했다. 현재 서유럽과 북아메리카에서 살면서 일하는 상당수의 러시아인을 제외하고도 유럽 연합의 가장 최근 회원국 중 일부는 압도적으로 정교회이거나 상당한 정교회 인구를 가지고 있다. 그 결과 영성을 포함한 동방 기독교의 전통은 더 이상 서방 국가들에 있는 망명자나 이민자들로 이루어진 소수 문화적 주변부 집단들로 대표되는 열정적 화려함으로 간주할 수 없다. 동방 기독교는 유럽의 종교적, 영적 주류의 일부가 될 운명이다. 이 발전은 또한 기독교 영성의 넓은 영역에 전례와 신비신학의 중요성을 일깨워 주고 있다.

영성의 민주화 : 피정 운동

20세기 서방 기독교 영성의 마지막 두드러진 특징은 영성이 더욱 민주적이 되도록 하는 여러 방식이 등장한 것이다. 다시 말해 성직자나 가톨릭 전통 수도회의 수사들과 같은 종교 권력과 영적 엘리트의 통제권에서 어떻게 영성이 점진적으로 빠져나왔는가 하는 것이다. 대표적인 두 사례는 피정 운동의 성장과 아마도 더 논쟁 여지가 있는 은사 운동의 성장이다.

넓은 의미에서 '피정'의 기원은 예수께서 휴식과 기도를 위해 제자들을 데리고 한적한 곳으로 가셨던 신약성서의 기록으로 거슬러 올라간다. 그 이후 수도원적 생활은 평생의 피정 혹은 침묵, 독거 및 관상을 통한 기독교 생활의 심화 과정으로 해석될 수 있었다. 이냐시오 로욜라와 초기 예수회 회원들이 『영신수련』에서 제공하는 공식적 제도화된 피정 개념을 창안한 16세기 이전에는 순례 이외의 조직적 피정의 개념은 거의 발견되지 않았다. 비록 17세기에 프랑스에 피정의 집이 있었고, 19세기 중반부터 성공회 전통에서 피정이 시작됐지만 현대의 피정 운동은 20세기 초 미국에서 평신도들의 영감을 통해 시작됐다. 이것은 주로 경험 있는 사제들이 설교하는 상대적으로 많은 수의 사람들을 위한 단체 피정이었다.

한 사람이 다른 사람의 안내자, 멘토 또는 동반자로서 역할을 하는 광범위한 영적 안내의 전통은 이집트 사막의 초기 수도원 제도까지 기원을 추적할 수 있다. 이것은 점차 영적 지도자로서의 수도원 원장이나 수녀원 원장의 역할로, 중세에는 고해신부의 역할 증대로 제도화됐다. 16세기 중반의 트렌트 공의회 이후 로마 가톨릭교회에서의 영적 안내와 고해성사는 그 과정이 철저하게 제도화되고 그 전문적 기술을 성직자에게 의존하게 되면서 서로를 무너뜨리는 경향이 있다.

비록 비제도적 형태의 영적 안내가 20세기 초반에 로마 가톨릭의 바론 폰 휘겔과 성공회의 에블린 언더힐과 같은 평신도들에 의해 존재하지만, 이것은 세련되고 교육받은 소수 엘리트 기독교인들을 위한 것이었다. 피정에도 어느 정도 동일한 내용이 적용된다.

로마 가톨릭교회 안팎에서 피정 운동과 영적 안내의 실행을 갱신한 것은 에큐메니컬 만남을 발전시키면서 진정으로 모든 기독교인을 거룩함으로 소집한 제2차 바티칸공의회의 가르침이다. 그중 가장 두드러진 부분은 피정과 영적 안내의 상대적 민주화다. 영적 안내는 더 이상 서품이나 수도회에 의한 것으로 여겨지지 않는다. 서방 영성에서 영적 안내자 또는 피정 제공자는 남성이거나 여성일 수 있고, 안수 받은 자 또는 평신도일 수 있고, 광범위한 기독교 전통 출신일 수도 있다. 비록 영성 지도의 전문성이 커지고, 피정 훈련 과정도 이냐시오적 또는 에큐메니컬적 영감으로 광범위해지고, 참가자와 훈련 인력에서 평신도가 점차 증가하지만, 영적 안내자로서의 능력은 진정한 안내자인 하나님의 영의 감동을 받은 하나님의 은사로 주어진다.

일대일 영적 안내는 다양한 기독교인과 비기독교 영적 구도자에 의해 점차 요구되고 있으며, 종종 영적 가르침과 함께 심리학의 요소들이 수반되기도 한다. 점점 많은 수의 사람이 실제로 심리 요법과 영적 안내를 결합시키려고 노력하고 있다. 또한 피정은 오늘날 자주 개인적 안내나 상담을 제공하며, 주제, 영적 실행, 제공되는 통전적 경험의 범위가 계속 확대되고 있다. 예를 들어 삶의 중압감 한가운데서 더 나은 균형을 찾으려는 사람들의 필요에 적합한 수도원적이고 관상적인 지혜와 실행에 대한 관심이 부활하고 있다. 이제 피정과 영적 안내의 세계가 일상의 구도자의 필요에 개방돼 있고, 사실상 그들의 필요에 부응해야 한다면, 이것은 피정 제공자와 영적 구도자 모두가 광범위한 종교적, 비종교적 자원에서 나오는 지혜를 사용하기 위해 경계를 넘는 영적 절충주의의 증대와 병행을 이루고 있는 것이다.[21]

영성의 민주화 : 오순절 운동과 은사 운동

넓은 의미에서 은사 운동은 사도행전의 성령의 감동까지 거슬러 올라가는 오랜 역사를 가지고 있으며 중세 시대와 근대 초기에 다양한 영적 운동(예 : 셰이커)으로 발전했다. 그러나 현대의 은사 영성은 1906년 로스앤젤레스의 아주사 거리(Azusa Street)에서 아프리카계 미국인 에큐메니컬주의자 윌리엄 시모어(William Seymour, 1870-1922)의 영감을 통해 복음주의 부흥 운동으로 시작됐다. 여기서 오순절교회군(群)을 탄생시킨 운동이 자라났다. 방언을 말하는 '성령 세례', 예언의 은사 및 해석은 핵심 요소다. 이 운동은 원래 다인종적이었으나 다양한 집단으로 분열됐고, 특별히 가난하고 소외된 사람들에게 호소력을 지녔다. 오순절교회군은 이제 전 세계적이고 남반구에서 가장 빠르게 성장하는 기독교 분파가 됐다. 이 운동의 특징은 개인과 공동체 안에서 하나님의 성령이 적극적으로 임재하고 활동하신다는 것이다. 대체로 구어체의 자발적인 예배, 이야기체 증언과 간증, 참여하는 공동체, 기도와 결단 사이의 직접적 관계 그리고 꿈과 환상에 대한 평가를 강조한다.

1960년대와 1970년대에 많은 로마 가톨릭 신자와 성공회와 전통적 개신교회 교인이 '은사 운동'에 영향을 받아 고전적 오순절 체험과 같은 경험을 했다. 성령의 은사들 외에도 그들은 치유, 찬양의 영성에 대한 강조, 주류 교회 전체에 급진적인 영적 갱신을 전파할 필요성에 대해 강조한다. 은사 운동은 또한 많은 풀뿌리 에큐메니즘에도 주목할 만한 영향을 미쳤다.

반대자들은 은사 운동에 대해서 성경적으로 순진한 문자주의고 종교적으로 보수적이고 사회적으로 중산층적이라고 종종 비난을 해 왔다. 그러나 실재는 훨씬 더 복잡하다. 전반적으로 이 운동은 과도하게 공식적인 예배와 건조하고 지성적인 신앙에 대한 경험주의적 반작용으로 이해될 수 있다. 또한 서양 문화에서 상당한 혼란과 분열의 시기에 권위(성령)와 확신의 근거에 접근할 수 있게 한다. 하나님의 사랑의 실체에 대한 강조와 다양한 성령 충만의 경험들은 사람들에게 하나님의 현존과 사랑이 즉각적이고 능동적이고 강력하다는 확신을 준다. 은사 운동은 정서적으로 형식에서 벗어나는 해방감을 준다.

특히 제2차 바티칸공의회 후 로마 가톨릭의 상황에서, 은사 운동은 전례 재생의 과도한 강조에 대해 균형과 진정으로 평신도적이고 공동체적인 영성의 형태와 종종 교구에서 벗어난 공의회 이전의 신심들을 대체할 수 있는 새로운 신심주의의 가능성을 제공했다. 그러나 증가하는 영적 민주주의와 전통적 교파를 교차하는 에큐메니컬 맥락에서 은사 운동은 근본적으로 대중적 영적 운동이다. 그것은 공적인 허가나 영적 지혜를 가르치는 데 필요한 안수에 의존하지 않는다. 하나님의 영은 원하는 곳에서 말씀하시고, 예언과 그에 대한 해석은 모든 기독교인의 특권이다.[22]

결론

비록 선택적이지만 이 시대의 끝에서 바라본 20세기 영성에 대한 기독교의 접근과 체험은 과거 역사의 어떤 시점보다 더 다양하고 절충적이고 에큐메니컬하고 근본적으로 다원적이다. 서양에서 문화적 맥락이 넓어지면서 전통적인 종교 교단들의 교인 수가 크게 감소하고 있다. 그러나 동시에 빠르게 움직이는 소비 사회에서 제기된 문제에 긍정적으로 관여하는 영적 지혜와 실행이 보다 광범위하게 요구되고 있다. 비록 되돌릴 수 없는 세속화와 종교의 소멸에 관한 이론이 최근까지도 유행하지만, 그 이론은 협소한 서양의 관점이라는 증거가 전 세계적으로 분명하다. 심지어 서양 문화의 관점에서도 기독교 영성 전통이 영적 다원주의라는 새로운 환경에서 번성할 수 있을지를 예견하기는 어렵지만, 사람들은 이제 '후기 세속주의'와 영성의 뉴 에이지 시대에 관해 더 많은 토론을 할 것으로 보인다.

● 미주

1. Robert Ellsberg, ed., *Charles de Foucauld : Selected Writings*, Maryknoll : Orbis Books, 1999를 보라.

2. Evelyn Underhill, *Mysticism : The Nature and Development of Spiritual Consciousness*, Oxford/New York : Oneworld Publications 1993 또한 C. Williams, ed., *The Letters of Evelyn Underhill*, London : Darton Longman and Todd 1991을 보라.

3. Jürgen Moltmann, *Experiences of God*, Philadelphia : Fortress Press 1980, p. 72.

4. Dietrich Bonhoeffer, *The Cost of Discipleship*, London : SCM Press 1984 또한 his *Letters and Papers from Prison*, New York : Macmillan 1971을 보라. 또한 G. B. Kelly and F. Burton Nelson, *The Cost of Moral Leadership : The Spirituality of Dietrich Bonhoeffer*, Grand Rapids : William B. Eerdmans 2003을 보라.

5. Simone Weil, *Waiting for God*, New York : Harper 1973을 보라. 또한 *The Need for Roots*, London : Routledge 2001을 보라.

6. Robert Ellsberg, ed., *Dorothy Day : Selected Writings*, Maryknoll : Orbis Books 1992를 보라.

7. Thomas Merton, *Conjectures of a Guilty Bystander*, New York : Doubleday 1966, pp. 140-141.

8. Lawrence C. Cunningham, ed., *Thomas Merton : Spiritual Master. The Essential Writings*, New York : Paulist Press 1992를 보라. 또한 Lawrence S. Cunningham, *Thomas Merton and the Monastic Vision*, Grand Rapids : William B. Eerdmans, 1999를 보라.

9. Gustavo Gutiérrez, *We Drink from Our Own Wells : The Spiritual Journey of a People*, Maryknoll : Orbis Books/London SCM Press 1984.

10. *On Job : God-talk and the Suffering of the Innocent*, Maryknoll : Orbis Books 1998을 보라. 해방 영성에 대해서는 보다 일반적으로 Jon Sobrino, *Spirituality of*

Liberation, Maryknoll : Orbis Books 1988을 보라.

11. Sandra Schneiders, *The Revelatory Text : Interpreting the New Testament as Sacred Scripture*, Collegeville : The Liturgical Press 1999를 보라.
12. Elizabeth Johnson, *She Who Is : The Mystery of God in Feminist Theological Discourse*, New York : Crossroad 1996을 보라.
13. Grace Jantzen, *Power, Gender and Christian Mysticism*, Cambridge : Cambridge University Press 1995. Katherine Dyckman, Mary Garvin, and Elizabeth Liebert, *The Spiritual Exercises Reclaimed*, New York : Paulist Press 2001.
14. John de Gruchy, *Reconciliation : Restoring Justice*, London : SCM Press 2002, p. 44.
15. Ursula King, ed., *Pierre Teilhard de Chardin : Selected Writings*, Maryknoll : Orbis Books 1999를 보라.
16. *The Rule of Taizé*, Taizé : Les Presses de Taizé 1961 ; Brother Roger, *Afire with Love : Meditations on Peace and Unity*, New York : Crossroad 1982 ; Brother Roger, *The Power of the Provisional*, London : Hodder and Stoughton 1969 ; Kathryn Spink, *A Universal Heart : The Life and Vision of Brother Roger of Taizé*, London : SPCK 1986을 보라.
17. Bede Griffiths, *A New Vision of Reality : Western Science, Eastern Mysticism and Christian Faith*, Springfield : Templegate 1990을 보라. 또한 S. du Boulay, *Beyond the Darkness : A Biography of Bede Griffiths*, New York/London : Doubleday 1998을 보라.
18. G. Fedotov, *A Treasury of Russian Spirituality*, London : Sheed & Ward, 1981, pp. 346-416을 보라.
19. V. Lossky, *The Mystical Theology of the Eastern Church*, London : James Clark, 1991.
20. S. Hackel, *Pearl of Great Price : The Life of Mother Maria Skobtsova*, Crestwood : St Vladimir's Seminary Press, 1981을 보라.
21. 영성 지도에 대한 유익한 개관은 Kenneth Leech, *Soul Friend : Spiritual*

Direction in the Modern World, revised edition, London : Darton Longman and Todd 1994.

22. Mark Cartledge, *Encountering the Spirit : The Charismatic Tradition*, London : Darton Longman and Todd/Maryknoll : Orbis Books 2006을 보라.

제8장
21세기의 궤도

기독교 영성은 미래에 어떤 방향으로 나아갈 것인가? 20세기도 여전히 평가하기 어려운 대상인데, 다음 수십 년을 예측하려는 것은 어리석은 시도로 보일 수 있다. 오늘날의 영적 분위기는 복잡하며, 앞으로 보게 될 것처럼, 기독교 영성의 몇 가지 구체적인 특징은 크게 재조정되고 있다. 이 책의 마지막 장은 영성이 종교를 대체하고 있다는 널리 일반화된 개념을 간단히 검토하고, 종교 영성이 살아남을 것인지를 질문할 것이다. 그 후에 기독교 영성이 현재 조정해야 하는 세 가지의 중대한 현실, 즉 점점 더 세계화되고 다문화화되는 세상, 사이버 공간의 영향, 종교 간 만남을 검토할 것이다. 그리고 소위 세속적이고 전문적인 영성의 범위가 점점 확대되고 있다는 것을 보여 주는 몇 가지 사례를 통해, 기독교 영성의 잠재적 공헌을 탐색할 것이다. 끝으로 우리는 '영적 실행'에 대한 현시대의 중요한 초점들과 의미 그리고 기독교 영성의 대응 방식에 대해 간략하게 살펴볼 것이다.

기독교 영성은 생존할 것인가?

장기적으로 볼 때 서양에서 영성과 '종교'를 연결시키지 않으려는 '주체의 전환'으로 해석되는 상황에서, 기독교 영성 전통의 생존 여부는 중요한 질문이다. 오늘날 '영성'이 종교의 전유물에서 분리된 이후 그 단어를 정의하는 것이 어려워졌다. 제1장에서 보았듯이 몇 명의 논평가는 현대의 서양 영성 문화에 대해 영성이 제도적 종교보다 현재의 필요에 더 잘 부합하기 때문에, 진화론적으로 영성이 종교를 대체하는 과정에 있다고 주장한다. 이 사고방식에는 여러 문제가 있다. '영성'과 '종교' 사이를 예리하게 구별하는 것은 우리가 더 일반적인 상황을 고려할 때 너무 대립적이고 판단력을 잃게 된다.

첫째, 그러한 진화론적 관점은 인간 존재에 대한 신념을 간단한 진보의 이야기로 설명하고 있다. 그것은 기술이 환경에 미치는 위험한 영향은 물론이고 기술이 부채질한 20세기 전쟁, 대량 학살, 핵 위협의 공포의 여파로 인해 신뢰를 상실해 온 신념이다. 역사 연구에서 '필연적 진보'와 과거와의 철저한 단절을 가정하는 것은 매우 위험하다는 것을 곧 깨닫게 한다. 둘째, 현재의 종교 상황은 복잡하다. 유럽과 북아메리카에서 상당수의 사람이 제도적 종교에 소속되지 않고 전통적 맥락을 넘어서 다양한 영적 실행을 탐구하고 있다. 그러나 그들을 포함해 또 다른 사람들이 현대적 삶의 불확실성에 대한 답으로 보수적 형태의 '종교'로 돌아가는 것도 사실이다. 종교와 영성의 대립 논쟁은 문화적으로 일차원적인 경우가 많다. 서양 사회라는 좁은 경계를 벗어나면, 전통 종교가 절충주의적인 영성 추구에 직면해서 결정적 종말을 맞이한다는 평가는 분명히 부정확하다.

'영성'을 '종교'와 구별하는 것에는 또 다른 문제들이 있다. 이 두 단어를 어떻게 정의할 것인가? 첫째, '영성'의 경우, 이것은 때때로 신념 체계와 구별되는 일련의 실천으로 구성된 것으로 여겨진다. 그러나 면밀히 검토해 보면, 명시적이기보다 암시적이긴 하지만 영성에 대한 모든 접근법은 어떤 형태의 신념과 관계된 것이 분명하다. 또한 실천적으로도 영성에 대한 현대의 접근은 거리낌 없이 (영성과 건강 관리에 대한 논의에서 인간의 '복지'를 추구하는 것 같은) '가치'와 관련 있다. 그러나 이러한 가치가 인간 삶의 본질과 목적에 대한 우선적인 전제에 기초한 것임에도 불구하고 마치 독립적으로 서 있는 것처럼 취급되는 경향이 있다. 실제로 모든 사람은 일종의 세계관 또는 '삶에 대한 신념'을 가지고 있다. 이러한 신념 체계는 오랜 시간 다져진 많은 유럽 국가의 기독교 기반을 포함한 일련의 사회 문화적 영향들을 더해, 어린 시절의 양육, 후기 삶에서의 경험과 같은 혼합물에서 파생된 것일 수 있다.

둘째, '종교'와 '영성'을 명확하게 구별하는 것은 가령 기독교와 같은 종교에 대해 가지고 있는 이미지에 근거한다. 대중의 마음에서 기독교는 종종 제도적 교회와 동일시된다. 또한 교리, 도덕주의, 권위주의, 위계 제도, 사회적 기대 그리고 건물, 돈, 제도에 대한 과도한 관심과 관련 있는 경우가 많다. 이 책의 영성의 역사가 보여 주듯이, 기독교는 근본적으로 영적 비전에 근거한다. 그 역사를 통과해 온 기독교는 영적 여정을 위한 '지도' 또는 길을 제공하는 다양한 영적 전통을 일으켰다.

기독교가 사람들의 마음속에서 항상 영성과 관련된 것은 아니라는 점은 분명한 사실이다. 과거 빙엔의 힐데가르트, 마이스터 에크하르트, 토마스 머튼은 전통적인 종교계 밖에서 인기를 누렸고 그 결과 거의 숭배적 지위를 얻은 예외적인 인물이다. 제도적 기독교는 영적 구도자는 말할 것도 없고 자신의 신자들에게조차 그 풍부하고 다양한 영적 전통을 적절히 제시하지 못했다. 그것은 형식적 구조, 합리주의 양식의 교리, 도덕적 가르침에 너무 많은 것을 집중시켰기 때문이다. 기독교 영성의 미래는 이러한 상태에서의 변화와 교회의 영적 보화를 풀고 영적 지혜를 증진하는 데 집중하는 법을 배우는 여부에 크게 달려 있다.

가속화되고 혼란스러운 변화의 세계에서 사람들은 점차 삶의 실천적인 지혜를 추구할 뿐만 아니라 타인과 자연과 신성의 상호 연관된 깊고 신비로운 경험의 가능성을 추구한다. 그러나 궁극적으로 홀로 이루어 가는 경험의 직접성은 만족스러운 것이 아니다. 기독교 영성의 네 가지 유형은 '오랜 역사', 즉 영적 지혜와 영적 식별 기술에 대한 상속된 기억을 제공해야 한다. 뿌리 없는 영성의 접근이 지닌 위험은, 기독교적이든 다른 것이든 간에, 그것이 신비 텍스트에 접근하는 방식이나 영적 실행을 채택하는 방식에서 생명을 향상시키는 것인지 아니면 영적으로 위험한 것인지를 판단하는 분명한 원칙을 제시하지 못하는 것이다. 제1장의 말미에서 보았듯이 이러한 판단 기준은 매우 중요하다.

세계화된 세상

기독교 영성이 적응해야 하는 첫 번째 중요한 현실은 우리가 점점 더 세계화되는 세상에 살고 있다는 것이다. 이 개념은 몇 가지 차원을 담고 있다. 첫째, 기독교는 중동에서 태어났고, 가장 초기 영적 형태 중 하나인 수도원은 주로 이집트(아프리카)에서 기원했지만, 기독교 영성은 주로 유럽 또는 북반구의 소유물로 여겨져 왔다. 이것은 더 이상 사실이 아니다. 아프리카, 아시아 및 라틴 아메리카의 사람들은 단순히 수입된 영적 지혜를 수동적으로 받아들이지 않는다. 특히 제7장에서 라틴 아메리카의 토착화된 해방 영성의 출현에 관한 부분에서 이 문제를 다루었다. 그러나 상당히 다른 상황에서 영성의 토착화는 훨씬 더 광범위하게 적용된다.

제1장에서 북아메리카의 히스패닉 기독교인들이 '전통화하기'라는 이론을 어떻게 발전시켰는지를 살펴보았다. 그것은 종교 권력보다 보통 사람이 영적 전통을 적절히 사용하고 전달하는 방식에 대해 중요한 관점을 제공한다. 비슷한 맥락에서 우리는 또한 프랑스 사회학자 올리비에 로이가 컴퓨터 용어인 '포맷'을 사용해서, 어떻게 종교적, 영적 전통들이 그들이 속한 여러 문화권의 주요 규범에 맞게 '재설정되는'(reformatted)지를 분석한 이론에 주목했다.[1]

최근 이러한 맥락에서 아프리카, 아시아, 라틴 아메리카의 독특한 기독교 영성의 특징을 개괄하려는 연구가 등장했다. 예를 들어 전통적인 아프리카 영성은 병존하는 가시적이고 불가시적인 세계에 대해 매우 민감하다. 이것은 토착 기독교인들 사이에 특별한 영적 강조를 조장한다. 선한 영과 악한 영 모두는 항상 가까이 있고 사람들의 삶에 적극적으로 개입한다. 오순절 영성은 초자연적 영역에 대한 직접성에 중점을 두기 때문에 아프리카에 강력한 영향을 미쳐 왔다. 성령은 육체와 영혼을 치료할 수 있는 접근 가능한 근원으로 여겨진다. 후자의 경우 하나님의 영의 능력은 악령의 지배에 대한 전통적인 두려움을 해결하는 유력한 해결책으로 여겨지고 있다. 긍정적인 측면에서 하나님, 천사, 성인들이 직접적이고 구체적인 현실로 우리 가운데 현존한다면, 이것은 또한 전통적으로 깊이 존중해 온 조상들에게도 적용된다. 조상은 영구적으로 확대된 가족일 뿐만 아니라 살아 있는 자와 하나님 사이에 중재자로서, 그리고 부단히 경계하고 있는 수호자로서 기능을 한다고 믿고 있다. 이것은 아프리카 영성의 강력한 공동체적 성격을 극적으로 보여 준다. 줄루(Zulu)족의 속담에 "사람은 다른 사람들과 함께함으로서만 사람이 된다"라는 말이 있다. 조상 공경은 이제 전통적인 기독교의 천사와 성인들에 대한 신심과 혼합된다. 이러한 중재의 개념은 일부 사람들로 하여금 하나님과 인류 사이의 결정적 중보자인 그리스도를 조상의 원형(Proto-Ancestor)이나 큰 형님(Elder Brother)으로 표현하도록 인도한다. 마찬가지로 자연의 주변적 실재는 하나님의 현현으로 볼 수 있다. 따라서 영성에 대한 아프리카 기독교의 접근은 신성과 세속 또는 물질적인 것과 영적인 것 사이를 구분하는 이해가 없다.[2]

사이버 공간

세계화의 또 다른 측면이자 전 지구적 상호 연관성에 대한 이해는 정보 기술(IT)과 인터넷을 통한 의사소통의 영향력에서 나왔다. 인터넷은 21세기 기독교 영성에 중대한 도전을 가져왔다. 그것은 전례에 없던 새로운 해석 능력을 집중시킴으로써 직접성을 핵심 가치로 제공하고 있다. 인터넷 검색은 현재 이용 가능한 모든 지식에 대해 상대적으로 무제한적 접근을 가능하게 한다. 그러나 또 다른 놀라운 측면은 그것이 상호 연결을 위한 새로운 종류의 사회적 공간인 '사이버 공간'을 창출한다는 것이다. 사이버 공간은 우리가 존재하는 방식에 대한 순수한 양적 변화가 아닌 질적 변화를 만든다. 즉 그것은 상호 관계, 자신에 대한 사고방식 그리고 우리가 실제적으로 인지하는 것에 영향을 준다.

사이버 공간의 긍정적인 가능성은 의심의 여지가 없다. 예를 들어 인간 공동체의 관점에서 보면, 집에 틀어박혀 있는 사람들은 신체적으로 제한된 세계보다 더 넓은 공동체에 속할 수 있다. 지식의 공간인 인터넷은 공개적인 영역에 더 많은 자료를 배치하고 얻기 어려운 텍스트, 삽화 또는 음악에 대한 접근을 제공함으로써 교육을 민주화한다. 인터넷에 접속하는 일반적인 이유는 전자 우편 때문이다. 이것은 가족 및 친구들과의 접촉을 상당히 증가시킨다. 의사소통은 상대적으로 즉각적이고 쉽고 저렴하다. 페이스북과 같은 소셜 네트워크를 통해 점점 더 많은 사람이 3차원 공간의 연결과 비교해 엄청난 연결망인 '가상의 가족'의 일부로 자신을 생각한다.

그러나 기독교 영성의 관점에서 볼 때, 가상 공간은 실질적인 삶의 공간이라기보다는 실제 인간 만남의 장소가 아닌가? 최근에 창안된 '테크노 수도원'이라는 단어는 새로운 종류의 공동체를 의미한다. 그러나 테크노 수사 외에도 자신을 알리지 않고 웹을 탐색하는 '루커'(lurkers)들도 있다. 게다가 '사이버 여행'이 인간의 영에 끼치는 영향은 무엇인가? 익숙한 곳을 벗어나는 과거의 여행은 세계 도처에서 우리가 소중하게 여겨왔던 가정(假定)들을 혼란스럽게 만들었다. 가상 공간을 통한 여행은 우리에게 도전을 주는가? 우리는 수천 마일 떨어진 곳에 있는 사람들을 방문하지만 그것은 실제로 움직임이 없는 여행이고, 이상한 음식, 더위, 건강의 위험으로 인한 고통이 없다.

그러나 사이버 공간은 다른 방식으로는 가능하지 않았던 관심 공동체를 만들 수 있다. 신앙 공동체를 건설한다는 측면에서 새로운 가능성이 열린 것이다. 간단히 보면, 전자 우편은 고대의 서신 왕래를 통한 영적 안내의 기술을 탈바꿈시켰다. '일상생활 속 피정'은 이제 웹 사이트를 통해 제공된다. 사용 가능한 많은 자료는 종교적, 영적 전통을 전달하는 것에 대해 더 많이 의문을 제기한다. '전통들'은 이제 빠르게 움직이고, 유동적이고, 다원적이고, 평등한 세계 안에 존재하는데, 그곳에는 필요에 따라 경계들이 교차되고, 접근할 수 있는 자료, 생각, 견해에 대한 제약이 거의 없다. 이 모든 것은 종교 전통을 단순하고 보편적이고 초시간적으로 이해하는 것에 대해 문제를 제기한다.

사이버 공간에서 가장 매력적인 가능성 중 하나는 물리적 한계를 초월할 수 있는 것이다. 사이버 공간은 우리를 '다른' 영역으로 이동시키는 일종의 공상적 출구다. 유대교와 기독교 전통이 하나님과의 만남을 묘사하기 위해 '대면'(對面)의 이미지를 사용할 때, 이것은 순순하게 우발적인 것이 아니다. 그것은 인격과 인격의 만남에서 지극히 중요한 것을 나타낸다. 인간 본성에 대한 기독교의 통찰은 몸으로 표현되는 것(體現, embodiment)을 아주 중요하게 여긴다. 성육신 교리는 하나님께서 육체가 되신 것을 나타낸다. 인간으로 체현하신 것은 하나님의 현존에 대한 일종의 '성례'다. 만일 사이버 공간이 육체화되는 것을 피한다면, 이것은 고대 영지주의처럼 일종의 고양된 정신에서 '완덕'을 추구하는 새로운 이원론으로 입회자를 끌어들이는 비밀스럽고 실체 없는 세계를 창조하는 것이 아닌가?

보다 앞선 사색의 선구자들은 사이버 공간을 일종의 '초월'(beyond)이라고 말했다. 그 언어는 준신비적이다. 사이버 공간의 문화를 해석하는 한 가지 방법은 '편재'(遍在)의 형태다. 그러한 문화에서 '시간'은 가상적이고 '장소'는 편재하기에 진정한 중심이 없는 동시성을 지닌다. 그러나 언뜻 보기에 사이버 공간이 모든 것을 품는다는 상상은 궁극적인 무지(ultimate unknowing)에 대한 또 다른 해석을 감추고 있다고 말할 수 있다. 고전적인 아포파틱 신비 문서들이 말하는 것처럼, 인간 자아는 끊임없이 궁극성을 추구하지만 결코 그것을 붙잡을 수는 없다. 따라서 우리는 기술로 구성된 우주 안에서 끝없이 연결되고, 또한 추방되는 반복 속에서 이미지에서 이미지로 늘 움직이고 있는 것이다.

사이버 공간은 흥미진진한 가능성과 특별한 사색을 제공한다. 그러나 기독교 영성의 중심 가치인 식별을 필요로 한다. 다시 한 번 강조하면, 우리는 비인간화하는 것과 인간화를 강화하는 것, 우리를 파편화하는 것과 함께 묶어 주는 것, 영적으로 파괴적인 것과 인간의 웰빙을 발전시킬 수 있는 것 사이를 식별할 수 있어야 한다.[3]

종교 간 만남

21세기에 세계화된 기독교 영성이 직면한 세 번째 중요한 현실은 종교 간 대화다. 이것은 종교적 다양성에 대한 깊은 이해, 문화적 다양성에 대한 존중, 세계의 일부 지역에서 정치 폭력과 역사적, 종교적 적대감이 서로 연결돼 있는 상황에 대처해야 할 필요성으로 인해 생겨났다.

제7장에서 간단히 살폈듯이, 신앙들 사이의 대화는 결코 지적 논쟁만은 아니다. 보다 최근에 종교 간 대화는 영적 차원을 강하게 발전시켰다. 예를 들어 일부 종교 집단들은 세계 종교 전통들에서 집단적 지혜를 가져와 영성의 공통 언어를 만들기 위해 적극적으로 노력하고 있다. 심지어 20세기 후반의 교황 요한 바오로 2세와 같은 유명한 종교 지도자도 1986년에 아시시에 신앙 지도자들을 초청해 기도를 통한 연합의 가능성을 보여 주려고 해서 물의를 빚었다. 종교 간 영적 대화는 또한 공동의 사회적 행동으로 이어졌다. 선불교의 지도자 틱낫한(Thich Nhat Hanh)과 관계된 '참여 불교'는 토마스 머튼 수사와 사제이자 평화운동가인 다니엘 베리간(Dan Berrigan)과 같은 사회적으로 비평적인 기독교인들과의 접촉을 통해 큰 영향을 받았다.

어떤 사람들은 영성이 기독교와 다른 신앙들 사이에 강력한 접촉점을 제공한다고 주장한다. 제도의 외형 이면에서, 영성은 실제로 모든 종교의 중심이다. 그것은 덕행이 있는 삶, 종교적 체험, 영적 변형의 과정에 초점을 맞춘다. 종교 간 만남에 대해 광범위한 경험을 가진 사람들은 영적 지혜와 실행을 공유하는 것은 다른 종교의 구성원들이 새로운 방식으로 자신의 신앙을 이해하도록 이끌어 준다고 주장한다. 공통의 성찰과 공유된 실행은 신념의 차이를 없애는 것이 아니라, 종교 간 이론적 차이의 상대적 중요성을 인식하도록 변화시킨다. 영성은 또한 인간이 무엇을 의미하는지를 이해하는 방식의 중요한 표현이기도 하다. 이런 식으로 영성이라는 매개를 통해 이루어지는 대화는 공통의 인간성을 강화시킨다.

영성에 관한 대화는 필연적으로 혼합주의나 영적 경험의 범종교적 통합으로 귀결되는 것인가? 이 질문에 "아니오"라고 대답하는 사람들은 명백하고 최종적인 결론 없이 계속되는 대화의 과정이 그 자체로 영적 가치가 있다고 믿는 신념을 표현한 것이다. 그들에게 하나님은 다른 신앙들 사이의 경계에 있고, 친숙한 것과 '다른 것' 사이에서 왕래하시는 도전적인 운동 안에서 정확하게 발견된다. '보편구원론자들'은 특정 종교에 우선권을 두지 않고 모든 위대한 영적 교사와 전통 안에 나타난 종교적 계시를 존중하고 싶어 한다. 미국의 로마 가톨릭 출가자 웨인 티즈데일(Wayne Teasdale, 1945-2004)에 의해 촉발된 또 다른 현대적 운동인 '영성 간 공동 근거'(interspirituality)는 모든 세계 종교에는 관상적 실행과 신비적 체험을 통해 접근할 수 있는 어느 정도의 공통성이 있음을 인정한다. 그러나 티즈데일은 단순한 보편구원론자가 아니었다. '영성 간 공동 근거'는 단순히 영적 실행들을 형식적으로 차용하는 것이 아니라, 개방성을 가지고 영적인 길을 가겠다는 헌신을 요구한다. 티즈데일은 타종교, 특히 힌두교의 지혜에 개방성을 가진 로마 가톨릭 교인으로 남았다.

　기독교 영성은 다문화적이고 다중 신앙적인 세계에서 점차 적응해 가야 한다. 이것은 급진적 다원주의와 함께 살아가는 것을 의미한다. 기독교 영성은 타종교 전통을 반대하면서 존재하기보다는, 그들과 관계 맺음을 통해 비배타적 유일성이 무엇을 의미하는지를 배워야 한다. 분명히 타종교와 창조적으로 선물을 교환하는 것과 본질을 상실하는 일종의 혼합주의 사이에서 차이를 배우는 것도 중요하다.

기독교 영성과 세속 영성

　기독교 영성이 직면한 네 번째로 점점 더 중요해지는 현실은 현대 영성이 소위 세속적 접근을 광범위하게 포함한다는 사실이다. 물론 '세속'이라는 단어는 원래 '종교'의 반대가 아니었다. 라틴어 세쿨룸(saeculum)은 단순히 '이 시대' 또는 '여기와 현재'를 의미하고, 가톨릭에서 '세속'은 수도원의 삶이 아니라 일상의 세계 속에서 일하는 사제에게 적용되는 말이었다. 그러나 현대의 용법에서 '세속 영성'이란 개념이 점차 종교적 맥락 밖에서 사용되는 다양한 방법을 가리킨다. 기독교 영성은 이러한 '세속' 혹은 일상의 관심사에 기여하는 특징을 가지고 있고, 미래에는 그것들과 더 명백하게 관계해야 할 필요가 있다. 이에 대한 세 가지 사례를 제시한다. 첫째, 사람들이 일하는 방식에서 영적 차원을 장려하고 그들이 더 큰 선(善)에 기여하는 방법을 장려하는 직업 영성의 범위가 있다. 노동은 인간의 목적과 의미에 관한 문제와 관련돼 있기 때문에 영적인 문제로 이해해야 하는 것이 분명하다. 비즈니스와 상거래의 세계가 주요한 예가 된다. 둘째, 인간의 복지와 번영과 관련해 영성에 대한 성찰이 증가하고 있다. 영성과 건강 관리에 대한 관심이 증가하는 것이 주목할 만한 예다. 셋째, 점점 도시화되는 세계의 상황에서, 많은 도시의 사상가와 전문가는 '영성'의 개념이 도시 생활의 경험을 어떻게 향상시킬 수 있는지를 살피고 있다.

영성, 비즈니스, 경제

세속 영성이 보편화되고 있는 첫 번째 분명한 사례는 경영과 비즈니스의 영성에 대한 관심이 증가하는 것이다. 영성과 비즈니스에 대한 기사와 서적이 일반화되고, 직장 영성을 위한 재단(財團)의 경우처럼 직장에서 영적 가치를 증진시키려는 단체들이 생겨났다. 이렇게 상업 세계에서 영성을 향한 전환이 일어나는 현상의 중심에는 노동이 단순한 실용적 필요라기보다 소명이라는 사고의 회복이 있다. 일부 회사들은 종업원이나 관리 직원들에게 영적 가치와 실행을 개발하고, 심지어 공동의 정신을 구축하기 위해 공동 '피정'을 조직하라고 권장한다. 다양한 출처를 가진 일련의 영적 실행들이 등장하고 있다. 일과를 시작하며 태극권 체조를 하고, 점심시간에는 명상을 할 수 있는 공간을 제공하고, 직원을 위해 영적 도서를 갖춘 도서관을 제공하기도 한다. 비즈니스에서의 영성 운동은 또한 상거래에 대한 윤리적 접근과 개인 및 기업의 정직성을 증진하고, 명확한 가치 체계를 구축하려고 한다.

직업 영성은 직장 리더십의 자질에 중점을 둔다. 그 자질 중 일부는 영성보다 심리학에 가깝지만, 그 외에도 영적으로 효과적인 리더는 용기와 창의력, 영감을 주는 능력을 갖추어야 하고, 따라서 노동 인력 내 팀스피릿을 구축할 수 있어야 한다. 오늘날 '영적 지성'의 개념 역시 효과적인 리더십에 적용되고 있다. 이러한 유형의 지성은 사람들을 즉각적인 사건이 일어나는 물리적 세계뿐만 아니라 상상력, 비전, 가능성의 세계와 연결시킨다. 영적 지성은 현명하게 미래로 나아갈 수 있는 에너지를 제공한다. 영적으로 계발된 비즈니스 리더십에 대한 일부 연구들은 그들이 인류에 대한 집단적 봉사 정신을 창조할 임무가 있고, 상업이 할 일의 일부는 세상을 더 나은 곳으로 변화시키는 것임을 시사하는 기풍을 장려할 책임이 있다고 제안한다.

이런 맥락에서 성 베네딕트의 『수도규칙』과 같은 기독교 영적 고전들은 가치 있는 통찰력을 제공한다. 이 규칙은 노동의 영적인 가치를 긍정하고(특히 48장) 영적 리더십에 대한 안내를 제시한다(특히 2, 64장). 마틴 루터와 장 칼뱅과 같은 개신교 사상가들은 평범한 일의 거룩성과 함께 '세속 직업'은 성직이나 수도원적 생활처럼 영적인 것이라고 주장했다. 최근 들어 교황 요한 바오로 2세는 1981년 회칙 "노동하는 인간"(*Laborem Exercens*)을 저술했다. 그는 인간의 노동은 창조주 하나님을 모방할 뿐만 아니라 공동선을 구축함으로써 더 광범위한 인간 공동체에 봉사한다고 주장했다. 요한 바오로 교황은 실제로 노동 조건이 인간 고유의 품격을 떨어뜨리고 인간성을 훼손할 수 있다고 지적했다. 결과적으로 노동은 긍정적인 미덕이며 인간됨의 중심이라는 믿음을 가르치는 것이 중요하다. 이러한 견해는 직장 안에 정의, 인간 존엄성, 정당한 조건, 공정한 임금, 진정한 창의력의 필요성에 관해 중요한 질문을 제기한다.

영성과 노동에 대한 관심과 관련해서, 경제와 그 역할에 대한 사고에 영성을 도입하려는 보다 이론적이고 폭넓은 시도가 있다. 한 가지 주목할 예는 "경제와 사회 안에 영성"(Spirituality in Economics and Society)을 주제로 한 유럽 중심의 국제 포럼(SPES)이다. 이 포럼은 사회 경제적 활동에 종사하며 영성을 개인적, 사적 '유익'보다 공적, 사회적 '유익'으로 향상시키는 데 관심이 있는 개인, 학술 센터 및 가치 중심 조직을 결합시킨다. SPES 네트워크의 회원 자격은 포괄적이지만 그 기초는 기독교인들인데, 특히 기독교 인문주의와 프랑스인 에마뉘엘 무니에(Emmanuel Mounier, 1905-1950)의 개인주의 철학에 속한 사람들이다. 무니에의 활동은 여러 면에서 마르크스주의에 근거한 사회주의에 대응하는 사회적인 경향을 지닌 기독교적 대안으로, 미국 가톨릭 노동 운동의 창시자인 도러시 데이에게 상당한 영향을 미쳤다.

SPES는 경제와 관련해 '영성'의 본질과 가치에 대해 두 가지 중심적인 신념을 제시한다. 첫째, 영성은 사적 혹은 개인 영역으로 제한해서는 안 되며, 사회적이고 공적인 효력이 있는 집단의 가치로 재확인해야 한다. 둘째, '종교'를 반대하거나 거부하지 않지만, 영성은 제도적 신앙에 대한 협소한 집착을 넘어서 세계의 인간화에 강력하게 초점을 맞춘 효과적인 일상적 의미를 찾아야 한다. SPES는 하나님과의 관련성 여부와 상관없이 사람들의 의미 추구와 사회 경제 분야의 일상 활동 사이를 연결하는 차원으로 영성에 접근한다. 이 포럼은 영성을 사회 윤리에 대한 더 풍부한 이해와 관련시키고, 유럽과 세계를 위해 더 나은 미래를 건설하는 희망을 핵심 덕목으로 진척시키기 위해 영성에 기초한 인문주의를 장려하려고 노력한다.

현대의 사조 안에서 영성과 경제 관련 연구와 행동을 위한 세 가지 주요 주제가 등장했다. 첫째, 영성과 '절약의 경제'의 관계다. 이것은 21세기의 첫 10년에 발생한 주요 세계 경제 위기에 대응하려는 것이다. 여기서 초점은 다음과 같은 질문을 제기한다. 어떻게 절약의 개념을 사적이고 공적인 미덕으로 다시 도입할 수 있는가? 경제생활에 대한 새로운 접근법에 그것이 끼치는 영향은 무엇인가? 그것은 사업의 지속 가능성, 소비 윤리 및 사회 정의와 어떤 관련이 있는가? 마지막으로, 어떤 종류의 사회적, 영적 실천이 새로운 절약을 앞당길 수 있는가?

둘째, 정체성의 위기 속에 있는 유럽의 영적 정체성에 관한 것이다. 그것은 영성이 유럽 연합의 활성화에 대해 새로운 사고를 하는 데 핵심 요소가 될 필요가 있음을 시사한다. 여기에서 핵심 질문은 다음과 같다. 유럽의 '영혼'(soul)이란 무엇인가? 유럽이 정체성 위기를 극복할 수 있도록 영적 정체성을 어떻게 창조할 것인가? 유럽의 통합 과정에서 '영적 결손'은 무엇이고, 어떻게 극복할 수 있는가? 어떠한 영적 자원들이 사회 경제적 영역에 유용하고 관련성이 있음에도 간과되고 있는가?

셋째, 세계화와 '공동선'에 대한 연구는 고대 그리스 철학(아리스토텔레스)과 기독교 철학(토마스 아퀴나스)에 의해 발전한 공동선의 개념에 초점을 맞추고 있다. 여기에서 표어는 "모두에게 유익한 것이 개인 유익의 비결"이라고 요약된다. 그러나 '공동선'을 추구하는 고대의 덕목을 세계화와 환경 문제, 점점 뚜렷해지는 세계의 사회 경제적 양극화의 맥락에서 재정의해야 한다. 이 장의 후반부에서 '공동선'의 주제를 다시 다룰 것이다.

영성과 건강 관리

건강 관리는 영성이라는 말이 점차 일반화되고 있는 두 번째로 중요한 사회적 영역이다. 영국에서 영성과 건강에 대한 핵심 연구는 최소 세 곳에서 이루어지고 있다. 더럼 대학교의 "영성, 신학, 건강" 연구 프로젝트, 애버딘 대학교의 영성, 건강, 장애 센터 그리고 로열 정신의학 대학교의 "영성과 정신 의학 특별관심 그룹"이다. 또한 종교, 영성, 건강에 대한 유럽의 연구 네트워크도 있다. 북아메리카에서는 노스캐롤라이나 듀크 대학교의 영성, 신학, 건강 센터가 있다.

영성과 건강 관리에 대한 미국식 정의는 영성을 종교적 신앙과 더 분명하게 관련시킨다. 실제로 미국에서 건강에 대한 일반적 합의는 영성과 종교를 독립적으로 정의하지 않고 서로 연관시킨다. 예를 들어 1999년 미국 의과대학 보고서에 따르면, 영성은 건강에 기여하는 요소일 뿐만 아니라 사람들이 종교 혹은 하나님에 대한 신앙, 가족, 자연주의, 인문주의, 합리주의 및 예술에 참여함을 통해 궁극적인 의미를 탐구하는 것을 표현한다고 기술한다. 영국 로얄 정신의학 대학교(RCP)의 "영성과 정신 의학 특별관심 그룹"은 종교에 반대하지는 않지만 다소 중립적인 접근 방식을 채택하고 있다. 따라서 RCP는 영성을 "인간의 문화적, 종교적, 심리적, 사회적, 정서적 측면을 통합하고 초월하는, 본질적으로 인간적이고, 개인적이고 대인관계적인 차원"이라고 정의한다. 그 외에도 RCP는 종교 경험과 신비적 상태의 다양성이 있음을 언급한다. 대체로 건강 관리 참고 문헌들은 영성이란 종교적 신앙을 포함한 '생명에 관한 믿음들'과 관련된다고 제시한다. 건강 관리 영성은 사람들을 '혼', '영혼', '거룩한 것'과 관련시켜서 이해한다.

'보살핌'(care)이라는 차원에서 영성은 목적과 희망에 대한 이해를 제공한다. 영성은 사람이 온전성(wholeness)을 향해 움직이는 방법으로 용서와 화해를 장려한다. 영성은 우리가 치유와 치유의 경험을 이해하는 방법을 확장시킨다. 치유 과정에 사랑의 힘을 도입하고, 인격 관계에 치유와 화해의 차원을 제공한다. 또한 사람들이 두려움과 인간 정신을 위협하는 모든 것에 효과적으로 대처할 수 있게 한다. 영성은 치료법이 없는 고통에 대처하는 방법을 제공하며 피할 수 없는 고통을 역설적으로 인간 성장의 한 방법으로 이해하도록 돕는다. 특별히 평화, 조화, 위안, 만족, 행복감과 같은 심리적인 건강의 영역에서 긍정적인 결과를 초래한다는 점에서 영성을 측량하는 도구를 개발하려는 시도가 있다. 때때로 이 시도는 분명하게 기도의 실천과 연결된다. 그러나 다른 의료 종사자들은 이 통합적 접근법에 대해 심각한 의문을 가지고 있다.

전반적으로 건강 관리에서 영성을 도입하는 것은 병을 단순하게 유기적 질병과 관련된 하나의 상태로 보는 순수 의학적인 모델을 극복하려는 필요에서 나온 것이다. 의학에서 건강하지 못하다는 것은 전문적으로 정의된 견딜 수 있는 육체적, 정신적 기준 이하의 상태를 의미한다. 이 모델에서 건강이나 병을 정의하는 사람은 의사다. 영성의 도입은 건강에 대해 사람 중심적인 접근을 하려는 움직임의 일부다. 사람은 단순히 임상적 증상이 아니라 온전성으로 이해해야 한다. 따라서 영성은 "'온전한' 인간은 무엇인가?"라고 질문한다. 개인과 주변 환경 사이의 연결은 더 강조되고, 따라서 '병'은 개인과 사회적 환경을 포함하는 복잡한 원인을 가진 것으로 이해된다.

분명히 영성의 개념은 우리가 인격적 구조를 구성하는 것의 일부로서 영적 차원이 있다고 믿고 있음을 암시한다. 한 '인간'은 정신적·영적·육체적 통일체다. 따라서 '병'은 우리의 본질적인 통일성을 파편화하는 것이다. 그러므로 '건강'은 우리의 영적 차원을 포함한다. 건강은 타자를 향하는, 그리고 몸·정신·영이라는 모든 인간 요소의 통합을 향하는 인간 지향성에 대한 보다 넓은 개념과 관계된다. '웰빙'은 삶의 전체성을 고려한 것이고, '건강'은 임상적 '치유' 이상의 것으로 고통을 배제하지 않는다. 실제로 '영적 고통'이 무엇을 의미하는지, 그러한 모든 고통이 반드시 나쁜 것이고 '치료해야' 하는 것인지에 대한 물음이 있다. 우리는 모든 문제를 근절하라고 요청받고 있는가, 아니면 그것들을 해결할 수 있는 상황을 제공하라고 요청받고 있는가?

마지막으로, 기독교 영성에는 영성과 건강 관리에 도움이 되는 단서가 있는가? '영성'은 신약성경의 기원에서 볼 때, '거룩한 분'과 관계된 '영적인 것'과 우리가 연결됐다고 표현한다. 이미 우리가 살펴본 것처럼 이것은 우리를 삶과 실재의 단편이 아닌 '온전성'과 연결시킨다. 기독교적 차원에서 '온전성'을 소중히 보호하시는 분은 하나님이다. 그리고 하나님께서는 인간의 상태로부터 이탈하지 않고, 우리에게 생명을 주고 우리를 중심에 두는 존재로서 각각의 모두 안에 내재하신다. 그래서 '그 영적인 것'을 우리와 결부시키면, 그것은 인간의 중심, 우리 정체성의 가장 깊은 곳을 뜻한다. 많은 사람은 이것을 '영혼'이라고 칭했다. 성 아우구스티누스와 같은 사람들은 마음이라는 상징을 사용했다. 그 경우에 마음은 동기와 의도의 원천을 뜻하는 후기 고전적 유대주의에서 파생된 개념이다.

기독교 영성에 대한 통찰은 두 가지의 중요한 신앙의 영역을 포함하는데, 우리가 건강의 본성과 과정을 이해하는 방식에 잠재적으로 영향을 끼친다. 첫째, 초월과 내재로서의 하나님의 실재에 대한 신앙이다. 기독교가 다문화 안에서 건강 관리에 공헌해야 한다는 의미에서, 하나님의 존재와 비존재 그 자체가 문제되지 않지만, 그러한 신앙은 인간 본성의 이해와 밀접하게 관련되기 때문에 대화의 내용이 될 수 있다. 예를 들어 기독교가 창조세계를 하나님의 신성의 표현으로 높이 평가하는 것은 그것을 물질로 보는 순전한 도구적 관점과 대조된다. 둘째, 기독교 신앙은 특히 인간의 정체성을 '하나님의 형상'으로 이해하면서,

각 개인의 고유한 가치를 매우 존중한다. 따라서 각 개인은 '환자'의 경우처럼 단순히 일반 범주로 취급해서는 안 된다.

이러한 관점은 영성과 건강 관리와 관련해서 우리의 위치를 깨닫게 한다. 긍정적 관점에서 기독교 영성은 건강 관리 영성, 영적 건강, 영적 보살핌에 대한 풍부한 현대의 성찰에서 제시하는 통전적이고 통합적인 접근을 한층 강화시킨다. 그러나 기독교의 영적 전통은 영성에 대한 일반화된 정의를 사용하려는 시도가 이론적이고 실천적으로 부적절하다는 것을 강조한다. 예를 들어 건강 관리에서 영성은 인간의 목적과 방향성 그리고 정체성에 대한 이해를 보다 분명하게 밝혀 주어야 한다. 의학과 건강 관리는 겉으로 보이는 것처럼 화학적 혹은 기계적 기술(약물 요법 및 수술)과 관련된 가치 중립적 영역이 아니다. 이 두 영역은, 때로는 확인되지 않을지라도, 희망적인 결과를 전제한다. 그것은 시술 의사의 동기와 환자를 인정하고 가치 있게 여기는 방식에 영향을 미친다. '보살핌'이라는 개념은 인간의 존엄성에 대한 특별한 이해를 바탕으로 하는 서비스 감각을 의미한다. 일단 건강 관리가 개인 인격의 가치와 복합성에 대한 이해를 상실하면 적절한 의미에서 충분한 보살핌이 이루어질 수 없다.

영성과 도시의 의미

일상의 영역과 공적인 가치와 관련된 영성의 역할에 대한 세 번째 사례는 도시의 의미와 미래에 관한 것이다. 영성과 건축, 영성과 도시 계획, 도시 영성과 관련된 주제들이 최근에 나타나기 시작했다.

도시는 우리 자신을 이해하고 함께 모이는 방식을 규정짓는 가치의 기풍을 대표하고 창조한다. 조엘 코트킨(Joel Kotkin)은 자신의 도발적인 연구 『도시 : 역사를 바꾸다』(The City : A Global History)에서 성공적인 도시들은 역사 전체에 걸쳐서 안전을 제공하고, 상거래를 주관하고, 신성한 공간을 창조하는 세 가지 중요한 기능을 수행해 왔다고 주장한다. 역사적으로 후자는 도시에 초월적 비전을 구현하는 종교적 건물을 통해 표현돼 왔다. 그러나 코트킨의 요지는 도시 자체가 인간 존재와 가능성에 대한 감동적인 비전을 구현하는 신성한 장소이고 또 그래야 한다는 것이다. 코트킨은 기독교를 포함한 모든 세계 종교가 도시적 의미를 가진 모델들을 만들어 왔다는 사실에 주목한다. 그러나 그는 종교가 도시 비전들과 공감하는 기능을 상실하고, 도시의 미래에 대한 현대적 토론에 기여하는 데 실패했다고 비판한다. 그가 조언하는 것처럼, 일정한 영적 비전을 공유하지 않고 실행 가능한 도시의 미래를 구상하는 것은 불가능하다. 성공적인 도시는 궁극적으로 시민의 상상력을 사로잡는 마음의 상태다.[4]

 세계는 빠르게 도시화되고 있다. 현대 도시의 급성장은 중대한 문제를 야기했다. 1950년에는 세계 인구의 29%가 도시에 살았다. 1990년까지 도시 인구는 50%로 증가했으며, 유엔 통계에 따르면, 2025년에는 약 60%, 2050년에는 70%로 증가할 것으로 예측된다. 21세기 초의 '중대한 이야기'는 시골에서 도시로 이동하는 세계적인 이주 문제다. 인류는 최초로 거대 도시화된 세계와 직면하고 있다. 또한 우리 대다수가 경제적 거인이 된 도시들, 예를 들어 1천8백만 명의 뭄바이, 1천7백만 명 이상의 상파울루 그리고 1천4백만 명 이상의 상하이와 같은 초대형 도시들과 점점 더 관계를 맺고 있다. 그러나 이 거대한 도시들은 혼잡, 오염, 범죄로 인해 자주 부담스러운 위기를 겪고 있다.

 21세기의 도시 미래에 대해 우리가 직면하는 핵심 질문은 도시가 무슨 목적을 가지고 있는가 하는 것이다. 도시가 단순히 피할 수 없는 생활 방식이 아니라 의미를 가지려면, 도시의 문명화의 가능성과 어떤 기준에 근거해서 그것을 향상시켜야 하는지에 대해 더 깊은 성찰이 필요하다. 도시는 탁월한 공적 영역이다. 플라톤과 아리스토텔레스 시대부터 도시는 인간 공동체의 강력한 상징으로, 특히 공공 생활의 패러다임으로 이해돼 왔다. 실용적인 측면에서 '공적'(public)이라는 것은 무엇을 의미하는가? 그것은 우리가 낯선 사람들과 상호 작용하고 다양한 사람이 공동의 삶을 이루기 위해 고투하는 환경이다. 이것은 쉬운 과제가 아니다. 그러나 도시는 나이, 인종, 문화, 성별, 종교의 차이를 탁월한 방식으로 결합시키고 있기 때문에 틀림없이 일정 범위의 신체적, 지적, 창조적 에너지를 집중시키는 능력을 가질 수 있다.

영적인 것과 공간적인 것

도시에서 영적인 것을 고양시키기 위해서는 공간적인 구조와 사회적, 도시적 미덕들에 대해 생각할 필요가 있다. 우선 인간의 필요에 관해 단순하게 실용적인 이해만이 아니라 그 이상의 것을 표현하는 도시 디자인이 필요하다. 도시 디자인은 이전 시대의 대성당들처럼 우리에게 '그 세계의 필요조건'에 대해 말해야 한다. 디자인에서 고려해야 할 것 중 하나는 경외심이다. 구성적인 의미에서 건물이나 공간을 '경외'를 일으키는 대상으로 만드는 것은 무엇인가? 그것은 혁신적인 디자인이나 스카이라인을 좌우하는 건물의 압도적인 존재감에 대한 단순한 놀라움 그 이상의 것을 의미한다. '경외'는 동기와 목적을 반영한다. 진정한 존경심과 경외심은 단순히 사회 경제적 엘리트의 이력을 투사하는 건물이 아니라, 사람과 공유된 공적 삶의 전반적 가치를 강화하는 건물에 더 잘 드러난다.

　물리적 공간을 영적 도시로 만들어 내는 두 번째 방법은 우리가 공적인 공간들을 디자인하는 방식과 관계된다. 일부 건축가들은 영적인 공명을 지닌 '개방적 공간'이라는 개념에 대해 말한다. 도시 광장(piazza)과 같은 공간은 전형적으로 사람 중심적이다. 그 기능은 기획자나 정치가에 의해 미리 결정되지 않고 개방적으로 남아 있어야 한다. 그러한 공간은 효율성을 앞세우기보다 인간의 참여를 유도한다. '개방적 공간'은 포용성과 다양성을 촉진하고, 통제와 제약에 반대되는 창의력과 놀이를 가능하게 한다. 따라서 그러한 공간의 중요한 특징은 '불확정성'과 부과된 정태적 질서를 초월하려는 인간의 능력이다. 이것은 놀라움의 공간을 선사하고 사람들의 사회적 인격을 축하한다. 전통적인 도시 광장은 도시와 주민을 위한 신체적, 영적 중심지를 제공했다.

　마지막으로, 흥미로운 점은 거대한 중세 교회와 유럽 도시의 대성당과 같은 전통적으로 신성한 공간이 지속적으로 중요하다는 것이다. 이러한 건물들은 박물관 이상으로 지속적인 관심을 받고 있다는 증거가 많이 있다. 비록 그 공간에 들어가는 많은 사람이 건물의 원래 의미에 대해 거의 모른다고 해도, 그것이 영적인 초점을 완전히 상실한 것을 의미하지는 않는다. 예를 들어 유럽의 대성당에 대한 방문객의 증가와 유럽 전역에서 증가하는 학술 연구는 그러한 건물과 잔존 지역에 들어가는 사람들의 동기의 복잡성과 아직 남아있는 신성한 감정의 중요성을 강조한다. 이것은 다음과 같은 중요한 질문을 제기한다. 어떻게 성스러운 공간이 본래의 모습을 잃지 않고 폭넓게 접근 가능할 수 있는가? 그것들을 어떻게 종교 신자들에게 봉사하는 것 이상의 공적인 역할을 할 수 있는가? 그러한 공간은 어떻게 효과적으로 기능할 수 있는가?

영적인 것과 도시의 미덕

도시 영성은 인간의 전반적인 '삶의 행위'와 상호 작용을 포함한다. 이것은 반드시 미덕의 개념을 포함한다. 그렇다면 21세기의 도시 미덕은 무엇인가? 흥미롭게도 '세련'과 '예의'와 같은 사회적 덕목은 도시 생활에서 파생된 것이 명백하다. 일부 현대의 도시 사상가들은 도시 미덕으로 절약에 대해 기술하지만, 다른 사람들은 새로운 상호 관계의 의미가 필요하다며 포기와 제한의 개념을 말한다. 상호 관계는 공동선을 지지하면서 개인의 선택에 있어서 절대적 요구를 포기하도록 촉구한다.

유대교와 기독교의 성경은 모두 나그네를 향한 환대의 미덕을 강조한다. 우리가 이 책 도처에서 살펴보았듯이, 고전적인 기독교 영성은 인간의 삶을 어떻게 의도하고 변형해야 하는지에 대한 비전을 포함하고 있다. 이러한 맥락에서 도시 영성은 폭력, 불의, 사회적 배제와 같은 구조적 악에 대처하기 위해 언어와 관습을 제공함으로써 삶의 파괴적인 측면에 대처할 정도로 강건해야 한다. 결론적으로 이미 언급해 온 '공동선'을 추구하기 위해, 필자는 중요한 도시의 미덕을 간략하게 설명하고자 한다.

'공동선'은 무엇인가? 그것은 아리스토텔레스에게서 파생된 전통적인 용어로 선한 삶을 위한 적합한 목표다. 진정으로 선한 삶은 개인의 선과 전체의 선을 분리할 수 없기 때문에 다른 사람들과 공동의 것을 지향한다. 중세 시대에 아리스토텔레스에 기반을 둔 성 토마스 아퀴나스는 모두가 공통적으로 추구해야 하는 선은 궁극적으로 하나님이라고 덧붙였다. 그러므로 공동선의 추구는 모든 힘을 다해 하나님을 사랑하고 이웃을 네 몸과 같이 사랑하라는 두 가지 계명을 성취하는 것이다. 훗날 16세기의 성 이냐시오 로욜라는 기독교인의 행동과 봉사에 대한 식별과 선택에서 핵심 기준은 '보다 보편적인 선'을 이루는 것이라고 했다. 공동선에 대한 이러한 고전적 이해는 순전히 실용주의적인 보편적 복지를 반대한다. 아리스토텔레스와 아퀴나스는 공동선이 진정한 공동체를 건설하는 상호 헌신과 애정의 연대를 포함한다고 믿었다.

미국의 유명한 가톨릭 사회 윤리 학자 데이비드 홀렌바흐(David Hollen-bach)는 종교적으로 다원적이고 사회적으로 다양한 도시에서 '공동선'을 추구하는 것이 지닌 현대적 유효성에 대해 도발적인 설명을 한다. 이것은 반드시 절충을 필요로 하며, 홀렌바흐가 인정하는 것처럼, 신속하게 결정할 일은 아니다. 중요한 것은 즉각적인 성공이 아니라 의미를 생산하고, 가치를 창출하고, 공유된 언어를 발견할 수 있는 결론을 개방해 놓은 과정에 우리가 헌신하는 것이다.

지적 연대는 좋은 삶을 위한 비전의 공유를 추구하는 것이라고 할 수 있다.……왜냐하면 그것은 다른 전통을 가진 사람들로 구성된 사회를 위해 시민이 선에 대해 이해한 바가 무엇인지 진지하게 사고할 것을 요구하기 때문이다. 그것은 오직 종교와 문화의 경계를 넘나드는 상호 듣기와 말하기의 적극적 대화에서만 발생할 수 있기 때문에, 연대의 형태가 된다. 실제로 좋은 삶에 대해 다른 비전을 가진 사람들을 이해하려는 대화는 의견 차이가 계속된다고 해도 이미 연대의 한 형태다.[5]

다른 요소들

이상의 세 가지 중요한 문제(경영과 비즈니스 영성, 건강 관리 영성, 도시의 의미와 미래) 외에 기독교 영성의 미래의 궤적에 영향을 미치는 다른 요소는 무엇이 있는가? 현재 우리 행성과 생태계가 처한 위기를 인식하기 시작하면서 생태 영성의 발전이 절박한 과제가 되고 있다. 향후 50년 동안 기독교 영성을 지배할 한 가지 주제가 있다면 바로 이 문제일 것이다. 부드럽고 낭만적인 창조 중심의 영성은 극단적 소비주의의 무책임성에 대응하는 보다 강력하고 도전적인 생태 영성에 자리를 양보할 필요가 있다. 이미 생태계에 대한 해방주의적 접근들이 라틴 아메리카, 아프리카, 아시아에서 나타나고 있으며, 기독교 에코 페미니스트 영성이 전 지구적 활동으로 나타나고 있다.

생태계에 대한 관심은 관상적 차원에서 철저하게 다루어야 한다는 점을 강조할 필요가 있다. 예를 들어 기독교 생태 영성은 물질 안에 현존하시는 하나님에 대한 경외, 경탄, 경배에 대한 신비적 날카로움을 가지고 있다. 또한 신비주의, 사회 정의, 사회적 변혁 사이의 폭넓은 연관성에 대한 관심이 증대되는 상황에서 현대 기독교 영성은 그것만의 풍성함을 제공한다.

현대 영적 탐구의 또 다른 특징은 일종의 의도적인 공동체에 대한 갈망이다. 이것은 기독교인과 영적 구도자들 사이에서 오히려 과거보다 훨씬 광범위한 근거를 형성해 왔다. 현대의 연구들은 서양 국가에서 수도원적 생활에 합류하는 사람의 수가 줄어드는 반면에, 수도원을 방문하거나 그곳에 머무는 사람의 수가 증가하고 있다는 역설적 현상을 강조한다. 일부 새로운 공동체들이 보다 역동적으로 등장해 왔다. 그들 중 다수가 젊은 남녀로 구성된 광범위한 동료 집단을 끌어들였다. 예루살렘 형제단(Fraternités de Jerusalem)은 도시의 한가운데서 관상 기도와 전례를 노동하는 삶과 결합시킨 하나의 사례다. 다른 역동적 단체들은 로마 가톨릭에서 기원했으나 오늘날 뚜렷하게 에큐메니컬적이다. 다음의 혼성 수도 공동체들은 그에 대한 사례다. 이탈리아 북부의 보스(Bose)에 있는 초교파 수도 공동체, 사회, 평화 문제에 깊이 참여하는 로마의 산 에지디오(San Egidio)의 평신도 공동체 그리고 인간의 일치와 보편적 연대의 이상을 증진시키는 포콜라레 운동(Focolare Movement)으로 알려진 기독교 국제 네트워크가 있다. 1980년대 초반 스칸디나비아 루터교회의 교차로 운동(Korsvei-bevegelsen)이 그보다 앞선 예수 운동에서 출현하는데, 영적 갱신과 피정의 증진 같은 신심적 요소와 사회 정의, 세계적 가난 근절에 대한 강력한 헌신을 결합시켰다. 이 운동은 부분적으로 고전적인 수도원 규칙에 영감을 받아 삶의 규칙으로 발전시켰으며, 최근에는 일부 구성원이 의도적으로 주거 공동체를 형성하기로 결정했다.

끝으로 영성과 예술과 과학 같은 인간의 창조성 사이에 더 많은 연동이 일어날 것이 분명하다. 한편 예술, 음악, 문학은 때때로 많은 사람에게 영성과 인간의 의미를 탐구하게 하는 초기 매개가 된다. 반면에 영성과 과학 사이의 미개척 영역들은 가장 도전적으로 성찰을 해야 할 부분이다. 예를 들어 양자 물리학, 유전학, 신경과학, 인공지능, 우주론의 지속적인 발전은 단순히 윤리적 문제이거나 철학적, 신학적 질문을 제기하는 것이 아니다. 과학적 탐구는 정체성과 인간의 목적에 직접적으로 영향을 미치는 동시에 예기치 않았던 여러 방식으로 초자연적인 신비와 만남을 열어 주기 때문이다.

실천으로의 현대적 전환

현대의 영적 환경에서 또 다른 측면에 주목할 필요가 있다. 이것은 영적 실행에 우선권을 부여하려는 관심이다. 이것은 일련의 학문 영역에서 주목을 받고 있는 '실천으로의 전환'이라는 개념에서 이론적 근거를 찾을 수 있다. 한때 학자와 저자들은 의미, 텍스트, 구조의 시스템에 집중하는 경향이 있었다. 오늘날 이론가들은 철학, 역사, 문화 이론, 종교학에서 '실천'에 대해 동일한 주의를 기울이고 있다. 어떤 측면에서 이것은 지식에 대한 순수 체계적, 이론적, 명제적 접근을 반격하려는 소망을 표현하는 것이다. 이러한 '실천으로의 전환'은 지식, 언어, 역사적 운동이 상호 연결된 인간의 실천이나 행동의 측면이라는 것을 강조한다.

오늘날 영성이 주는 매력은 복잡한 이론보다는 주로 영적 실행에 초점이 맞추어져 있다는 것이다. 명상의 형태, 요가와 태극권과 같은 육체 운동, 검소와 금욕 훈련(예 : 술이나 고기), 성지 순례(예 : 북부 스페인의 산티아고 순례길) 그리고 제7장에서 언급한 다양한 형태의 영적 피정은 다양한 사람에게 매력적으로 다가온다.

실천에 대한 강조는 분명히 긍정적인 특징을 가지고 있다. 우선 그것은 상황, 구체화, 물질문화의 중심성을 강조한다. 영적 실행은 또한 영성의 민주화를 가져왔다. 영성은 더 이상 종교 권력에 의해서만 정의되거나 수도원과 같은 특별한 생활 방식을 택한 사람들이 보존하는 것으로 여기지 않는다. 명상과 같은 실행을 강조하는 것은 잠재적으로 모든 사람에게 영적인 삶의 접근을 제공한다. 이러한 맥락에서, 이 책이 보여 주듯이, 기독교 영성은 현대의 영적 구도자들이 더 잘 알아야 할 가치가 있는 아주 풍요롭고 다양한 영적 실행과 관상적이고 신비적인 지혜를 지니고 있다.

기독교 영성의 오랜 역사는 고립적인 영적 실행을 강조했던 것에 대해 문제를 제기한다. 우선 기독교 영성 전통들은 단순히 특정한 실행을 가르치는 것만이 아니라 변혁된 일상의 실행을 향해 나가는 영적인 길을 열어 준다. 기독교 영성의 전반적인 접근법은 분명한 기초에 근거하고 있는데, 특별히 세계와 인간의 삶 속에서 활동하며, 실제로 예수 그리스도의 인격 안에서 인간의 상태를 품는 하나님에 대한 신앙에 근거한다. 그 결과 기독교 영성은 인간 존재와 우리를 궁극적 완성으로 이끌어 갈 것에 대한 비전을 갖는다. 이 비전에 따르면 영적 삶은 고전적으로 '하나님과의 연합'으로 묘사되는 자유와 초월적 운명을 향해 자기중심적 집착에서 멀어지는 여정이다. 끝으로 기독교 영성의 역사는 인간의 정체성을 순전히 개인적인 것이 아니라 본질상 사회적인 것으로 이해하게 하며, 배타적으로 관상적 내면성에만 집중하는 것이 아니라 동료 인간을 향한 사랑과 봉사를 포함하는 영적 삶으로 이끈다.

결론

이 장에서 논의한 것을 통해 볼 때, 오늘날의 복잡한 영적 환경의 한가운데서 기독교 영성은 분명히 중요한 재조정의 과정을 겪고 있다. 물론 이 책에서 시종일관 지적했던 것처럼, 기독교 영성은 결코 정체적이거나 단일하고 단순한 실체가 아니다. 특별한 강조점과 삶의 방식 및 실행을 지닌 신선한 지혜 교훈과 혁신적인 전통들이 역사적인 사건과 새로운 문화적 상황에 대응하여 수세기에 걸쳐 지속적으로 나타났다. 이러한 적응력이 중단될 것으로 보이지 않는다. 그런 이유로 기독교 영성은 비록 새로운 형태를 취하겠지만 미래에도 생존해 나갈 것으로 보인다. 그것은 점점 더 세계화되고 다문화적이 되는 세계에 대해, 정보 기술의 영향력에 대해, 그리고 다른 종교들과 대화해야 하는 도전에 대해 이미 조정을 거치고 있다. 마지막으로, 필자의 제안처럼 기독교 영성이 명시적인 종교의 상황 밖에서 현대인의 영성에 대한 관심에 긍정적인 공헌을 할 수 있는 방법에 대해서는 이미 몇 가지의 사례가 있다.

● 미주

1. Oliver Roy, *Secularism Confronts Islam*, New York : Columbia University Press, 2007을 보라.
2. L. Kretzschmar, M. Karecki, and C. Kourie, "African Spirituality" 그리고 G. Gispert-Sauch, "Asia", 그리고 M. Ashley, "Latin-American Spirituality", in P. Sheldrake, ed., *The New SCM Dictionary of Christian Spirituality*, London : SCM Press, 2005 (in North America, *The New Westminster Dictionary of Christian Spirituality*, Louisville : Westminster-John Knox Press)를 보라. 최근의 기독교 영성에 대한 역사적 연구는 더 세계적인 전망을 포함한다. J. Wiseman, *Spirituality and Mysticism*, Maryknoll : Orbis Books, 2006, 제8, 9, 10장을 보라.
3. D. Burke et al., *Cybernauts Awake! Ethical and Spiritual Implications of Computers, Information Technology and the Internet*, London : Church House Publishing, 1999.
4. Joel Kotkin, *The City : A Global History*, New York : Random House, 2005.
5. David Hollenbach, *The Common Good and Christian Ethics*, Cambridge : Cambridge University Press, 2002, pp. 137-138.

/핵심용어 해설/

거룩성(Holiness) 다른 사람들에게 하나님의 본성을 강력하게 반영하는 선한 인간 생활의 상태다. 영적으로 거룩함이 실현된 기독교인들의 범주는 성인으로 인정된다.

경건(Piety) 문자적으로 경외 혹은 신심을 뜻한다. 실천적 차원에서 경건은 신심적인 실행, 정서, 마음의 순결의 계발을 위한 영적인 강조를 나타낸다.

경건주의(Pietism) 유럽 대륙의 개신교 영성 운동으로서 개인의 영적 중생, 교회의 영적 갱신, 교리적 정통성보다 삶의 거룩성, 경건의 함양을 위한 성경 사용, 성직자의 특권적 지위 감소를 강조했다.

계몽주의(Enlightenment) 17세기 후반에서 18세기까지의 적합한 삶에 대한 지도 원리로서 종교보다는 이성을 장려한 지성적 운동이다.

고딕(Gothic) 12세기 프랑스에서 시작된 유럽의 예술 및 건축 스타일이다. 첨형 아치, 늑재 궁륭(肋材 穹窿), 공중 부벽(扶壁)을 포함한다. 이 용어는 고전적인 그리스-로마 건축 양식을 선호했던 사람들이 야만인 고트족에 대해 경멸적으로 사용했던 것에서 유래했다.

공동선(Common good) 진정으로 선한 삶은 다른 사람들과의 공유를 지향하는 것이라는 개념으로, 개인적인 선은 모든 사람의 선과 분리될 수 없다.

공의회(Council [of Church]) 개혁을 촉진하거나 신학적 정통성의 핵심적 측면을 확립하기 위한 세계적인 교회 대표들의 모임이다.

관상(Contemplation)　때로는 비(非)담론적인 유형의 묵상 실행을 지칭하는 것이지만, 더 깊은 의미에서 하나님의 현존에 대한 인식의 강화를 의미한다.

관상적 삶(Contemplative life)　하나님의 현존에 주의를 집중하는 관상하는 삶을 함양하는 것이다.

구원(Salvation)　하나님의 행동에 의해 인간이 죄와 그 영향력으로부터 속죄와 구조되는 것이다.

기도(Prayer)　하나님과의 명확한 의사소통 행위다. 침묵 또는 언어로, 간략하거나 길게, 복잡하거나 단순하게, 홀로 또는 공동으로 하는 다양한 기도의 유형은 하나님과의 근본적인 관계를 명백하게 실현하는 역할을 한다.

기독론(Christology)　신성과 인성을 지닌 예수 그리스도의 정체성과 본성에 대한 신학적 성찰이다.

렉시오 디비나(Lectio divina)　문자적으로는 '영적 독서'를 뜻하는데, 성경을 묵상으로 읽는 고대 수도원적 실행이다.

모더니즘(Modernism)　19세기 후반 서양 기독교, 특히 로마 가톨릭 안에서 논쟁의 여지가 많았던 운동으로, 그것은 신학과 영성을 현대의 지적, 사회적 운동들과 공감하는 대화로 이끌어 내려고 노력했다.

모더니티(근대성, Modernity)　유럽의 계몽주의에서 기인한 것으로, 종교의 지배에 반대하고 인간 이성의 우선과 독립을 강조하는 사회적, 문화적 사조다.

묵상/명상(Meditation)　신앙과 성경의 주제에 대해 성찰하거나 하나님의 현존에 대해 침묵으로 집중하는, 체계적이고 집중된 실행을 포함하는 기도의 한 형태다(세속 영성의 기도 방식은 명상으로 표현).

묵시적/종말론 운동(Apocalyptic/Apocalypticism) 묵시록이나 신약성경의 요한계시록에 근거해, 세상의 종말과 예수 그리스도의 재림에 관한 강렬한 종교적 열정을 가진 운동이다.

미덕(Virtue) 우리가 온전한 인간이 될 수 있도록 하는 논제들 그리고 우리의 진정한 본성에 따라 행동할 수 있는 능력과 관계되는 기독교 윤리 개념이다.

보편주의(Universalism) 특정 종교에 우선권을 부여하지 않고 모든 종교 안에 있는 신앙과 영적 교훈을 존중하는 철학을 뜻한다.

상승(Ascent) 영적 발전을 위한 고전적인 이미지로서, 예를 들어 물질적 존재에서 하나님과의 연합을 향해 단계적으로 올라가는 여정이다.

성례(Sacrament) 기독교 교회에서 공식적으로 인정되는 종교 의식으로서 성찬에서 빵과 포도주와 같은 물질적 상징을 포함하는데, 이는 인간 삶에 하나님의 변형시키는 행동을 위한 매개다.

성육신(Incarnation) 하나님께서 인간의 조건 안으로 들어와서 예수 그리스도의 인격 안에서 육신을 취하셨다는 기독교 교리다.

성인전기(Hagiography) 문자적으로 성인들의 전기 문학이다. 이 장르는 대개 독자들로 하여금 성인의 미덕을 모방하도록 장려하는 것을 목표로 존경이 표현되고 이상화된다.

성찬(Eucharist) 예수님과 그의 제자들의 마지막 만찬을 회상하고, 기독교 공동체 안에 부활하신 예수님의 실재와 하나님의 변형시키는 능력을 나타내기 위해 떡과 잔을 축복하고 먹는 기독교의 중심 예전이다.

성화(聖化, Sanctification) 특정 기독교 전통에 의존하면서, 사람들의 삶에서 하나님의 성령의 사역과 그들의 선행을 통해, 혹은 둘의 결합을 통해 더 거룩해지는 변화의 과정이다.

세 단계의 길(Triplex via)　영적 여정에 대해 세 가지 발전 단계를 공식화시킨 역사적 전통으로, 초보자를 위한 '정화의 길,' 숙련자를 위한 '조명의 길,' 진보한 자를 위한 '연합의 길'을 뜻한다.

세속(Secular)　'지금, 여기' 혹은 '매일'을 의미하는 라틴어 새쿨룸(saeculum)에서 유래했다. 현대에는 '세속'과 '종교'를 대조하기 위해 사용하는 경향이 있지만, '세속 영역'을 정당한 이 세상적 관심이라고 보는 생각은 원래 기독교적인 것으로, 긍정적인 신학적 근거가 있다.

수덕신학(Ascetical theology)　무질서와 정념(情念)을 극복하고 규율 있는 영적, 도덕적 실행의 계발과 관계해서 대다수의 사람에게 필요한 영적 삶의 초기 단계에 대한 성찰이다.

수덕주의(Asceticism)　'훈련' 혹은 '규율'을 의미하는 그리스어에서 유래했고, 영적 성장을 가능하게 하는 영적 비움과 규칙 있는 실행을 계발하는 것이다.

수도규칙(Monastic rules)　공동체를 지도하는 영적 원리를 규정한 규범적인 텍스트로서 독특한 영적 기풍을 전달하기 위한 매개의 기능을 한다.

수도원주의(Monasticism)　'단독자'를 의미하는 그리스어 모나코스(monachos)에서 유래했다. 검소하고 비물질적인 생활을 실천하고 관상을 계발하기 위해 일상의 사회로부터 물러나는 특징을 지닌 대항 문화적인 영성 운동이다.

순교(Martyrdom)　증인을 뜻하는 그리스어 마르투스(martus)에서 유래했고, 자신의 신앙을 증언하다가 죽임을 당하는 것이다.

순례(Pilgrimage)　참회 혹은 영적 변형을 추구하기 위해 수행되는 신성한 장소를 향해 떠나는 여행이다.

스콜라주의(Scholasticism)　변증법적 추론에 근거했던 중세 대학의 지배적인 철학적, 신학적 학문의 체계다.

식별(Discernment) 인간의 갈망과 관련해 현명하게 판단하고, 잘 선택하고, 하나님의 영감과 인간의 의존 상태를 자극하는 환상의 차이를 구별할 수 있는 능력을 포함하는 영적 지혜의 형태다.

신비신학(Mystical theology) 원래 기독교인들이 성경과 성례를 통해 거룩한 신비 안으로 끌려 들어가는 과정에 대한 신학적 성찰이었다. 신비신학은 후에 영적으로 발달한 소수의 사람들과 관련된 '더 높은' 상태와 지식의 방식에 대한 연구로 의미됐다.

신비주의(Mysticism) 하나님과의 연합을 추구하고 하나님의 직접적 현존에 대한 깨달음을 강화하는 관상적 실행에서 일어나는 영적 지식이나 경험의 깊이 있는 형태를 뜻한다.

신성한(Sacred) 거룩한 것 혹은 신성(神性)과 관련된 것으로, 영적 신심에 가치 있는 것 또는 경외와 숭배를 일으키는 것이다.

신플라톤주의(Neoplatonism) 플라톤과 그의 제자들의 가르침에 근거를 둔 종교철학 학파로서 기독교 신학에 중대한 영향을 끼쳤다. 그 핵심은 인간 영혼에게 신적인 기원이 있다는 것과 영혼은 물질적이고 현상적인 세계 위로 상승해 근원으로 복귀하는 능력이 있다는 것이다.

신학적 인간학(Theological anthropology) 인간과 인간의 정체성에 대한 신학으로, 특히 체현(體現)과 '영' 혹은 '혼' 사이의 관계를 다룬다.

신화(神化, Deification, Theōsis) 인간의 운명은 각자 개인 안에서 활동하시는 하나님의 영의 사역을 통해 궁극적으로 하나님의 생명을 (그러나 인성과 신성을 병합하지 않고) 공유한다는 개념이다.

아포파틱(Apophatic) '부정' 또는 '부인'을 뜻하는 그리스어에서 파송된 '부정의 방법' 혹은 '부정의 신학'으로, 경험에서 추론된 하나님에 대한 정의를 부정하고 부인한다. 하나님은 사랑을 통해 경험돼야 하지만 결코 궁극적으로 알 수는 없다고 주장한다.

연합(Union) 하나님과 자신의 관계에서 하나님의 지속적 현존이나 직접성을 경험하는 것이다.

연합의 길(Unitive way) 하나님의 현존의 지속적 직접성을 의미하는 영성 발달의 '세 단계의 길'에서 세 번째이자 마지막 단계다.

영성(Spirituality) 인간 영의 비전과 그것의 완전한 가능성을 성취할 수 있게 하는 것에 근거해, 사람들이 삶을 추구할 수 있게 하는 가장 깊은 가치와 의미. 궁극적 의미와 성취에 대한 탐구다.

영성신학(Spiritual theology) '영적 삶'의 본성과 추구에 대한 신학적 성찰이다.

영적 지도(Spiritual direction) 영적으로 성장하려는 사람들을 위한 정기적인 안내 혹은 영적 상담의 실행이다. 다양한 '지도'의 전통이 있고, 그중 일부는 다른 것들보다 더 조직적이고 이론적인 기초를 갖는다.

예전(Liturgy) 공적인 공동예배로서(예 : 성찬), 자발적이기보다는 제도화된 형식에 따라 수행되는 의례적인 전례를 포함한다.

완덕/완전(Perfection) 기독교 영성의 역사에서 영적 여정의 절정으로서 하나님과의 연합을 성취하는 것과 관계된 이상적인 완성의 상태다(개신교의 사용에 대해서는 완전으로 표현).

유명론(Nominalism) 시공(時空)에는 오직 개별자만이 존재하고 보편(예 : '소'라는 범주)은 단지 '이름' 혹은 개념만 있다고 믿는 중세 후기의 지성 운동이다. 또한 하나님의 방식들은 이성, 분석, 합리적 정의를 통해 접근할 수 없기 때문에, 오직 신앙과 계시만으로 신학적 진리에 접근할 수 있다고 보았다.

은혜(Grace) 세상과 인간 안에서 하나님의 활동적이고 변형시키는 현존을 언급하는 신학 용어다.

이콘파괴주의(Iconoclasm) 종교적 이미지와 상징을 우상 숭배로 간주하고 파괴하는 운동이다.

이콘학(Iconography) 종교 예술 또는 종교 디자인을 하나님의 능력과 현존의 유사 신비적 통로로 이해하는 전통이다.

인격(Character) 온전한 인간이 되기 위해 단순히 행위보다는 존재에 초점을 둔 기독교 윤리(혹은 도덕신학)에서 사용되는 개념이다.

인격주의(Personalism) 자연계에서 인간의 독특성을 강조하는 철학 학파다. 특별히 기독교에서 20세기 '인격주의'는 인간 삶을 도구적으로 이해하는 것에 반대하고 사람들은 착취당하지 않고 존경과 사랑을 받아야 한다고 단언했다.

인문주의(Humanism) 인간의 본성과 물리적 혹은 일상 현실의 긍정적 가치에 초점을 둔 철학 혹은 세계관이다. 원래 중세 기독교의 개념이었으나 18세기부터 종교에 반대되는 '세속적' 합리주의의 형태가 됐다.

자기 포기(Abandonment) 하나님의 돌이킬 수 없는 사랑의 확실성에 근거해 신뢰, 인내 혹은 순종을 강조하면서, 하나님께 적극적으로 자신을 내어 드리는 다양한 과정이다.

자연신학(Natural theology) 성경적 계시와 고전적 기독교 교리에서 기원한 신학에 반대하고 이성과 일상적 '자연' 세계에 대한 경험에 근거한 신학이다.

정화의 길(Purgative way) '세 단계의 길'로 알려진 기독교의 고전적 영적 발전에서 첫 번째 단계다. '초보자'에게 해당되고, 회개와 정화, 인간 행위의 파괴적인 모든 것을 제거하는 것과 관련된다.

제자직(Discipleship) 기독교 영성에 대한 신약성경의 근본적인 이미지이자 기독교의 삶의 표지로, 죄로부터의 회심과 예수 그리스도의 길을 따르는 두 원리로 구성된다.

조명(Illumination) 영적 비전의 확대이며 영적 지혜의 수용을 뜻한다.

조명의 길(Illuminative way) '세 단계의 길'로 알려진 기독교의 고전적 영적 발전에서 두 번째 단계다. '숙련자'에게 해당되고, 금욕적 자기 훈련을 넘어서 보다 관상적 삶으로 향하는 운동이다.

종교(Religion) 신적 계시 또는 초월과 궁극의 철학에서 파생된 신앙 체계, 전통, 가치관, 생활 양식 및 실행의 집합체다.

종교적 삶(Religious life) 삶을 하나님께 헌신하고 역사적 수도규칙이나 전통에 근거해 영적 생활 방식에 전념하는 독신 남녀의 공동생활 단체다.

종말론(Eschatology) '마지막 일들'에 관한 학문이라는 뜻으로 그리스어에서 유래했다. 인류의 궁극적 운명과 지금 여기서 그것이 삶에 끼치는 의미에 대한 신학적 혹은 영적 성찰이다.

천년왕국설(Millenarianism) 예수님의 재림에 근거해 이 땅에 하나님의 천년왕국의 설립을 앞당기려는 사회적 변혁에 대한 믿음이다.

카타파틱(Kataphatic) '긍정의 방법' 또는 '긍정신학'(positive theology)으로, 이미 지나 긍정적인 용어를 통해 하나님의 실재를 표현하려고 노력하는 영성과 신학의 접근법이다.

탁발 수사(Mendicant) '구걸'을 뜻하는 라틴어에서 유래했고, 예수님과 초대 제자들의 삶을 모델로 삼아 자발적 가난과 순회의 중심성을 강조하는 영적 삶을 사는 사람이다.

프락시스(Praxis) 사회 정의와 가난한 사람들의 해방을 돕는 실천 행동을 뜻한다.

피정(避靜, Retreats)   영적 삶을 깊게 하고 기도를 통해 하나님과 연결되기 위해, 홀로 혹은 집단적으로, 일상을 떠나서 일정 시기를 지내는 것이다.

헤지카즘(Hesychasm)   '평정'(平靜)을 의미하는 그리스어 헤지키아(hesychia)에서 유래한 동방 정교회 영성의 독특한 전통이다. 헤지키아는 하나님과의 교제가 일어나는 전조로서 이미지와 갈망에서 자유로워지는 고요한 기도의 상태다.

혼합주의(Syncretism)   비록 배타적이거나 모순이 되는 경우라도 서로 다른 종교들의 실행, 상징, 교리를 결합하거나 섞는 것이다.

후기 세속(Post-Secular)   서양 세속주의의 지배가 끝나고 우리가 더 커다란 영적 공감의 시대로 들어왔다는 것을 암시하는 현대적 이론상의 개념이다.

/색인/

가난한 클라라회 137, 147, 152
가도와끼, 가끼찌 302
가톨릭 종교개혁 200-217
감리교 영성 238-241
개혁주의 영성 187-189
건축과 영성 110, 111-112, 140-143, 145-146,
　　　148, 154, 217, 258, 301, 338-339
　　고딕 139-141
게랑제, 프로스페 250
게릭, 잉니의 109
경건주의 186, 236-240, 253
계몽주의 11, 232-233, 253, 262, 266, 274
계시록 '성경과 영성'을 보라.
고백자 막시무스, 성인 119
고어, 찰스 259
공동생활 형제단과 자매단 182, 184
공의회
　　니케아 64
　　제2차 바티칸 '바티칸 공의회, 제2차'를 보라.
　　칼케돈 66
　　콘스탄티노플 67
　　트렌트 200, 309
과달루페의 성모(멕시코) 210
과학과 영성 299, 323-326, 343
관상, 관상적 삶 51, 66, 67, 68, 74-76, 88, 91,
　　　108, 111, 119, 138-139, 147-149, 152-153,
　　　155, 160, 168, 200, 203, 205, 206, 222, 290,
　　　291, 294, 302, 303, 308, 310
구티에레스, 구스타보 77, 277, 292-294
　　『욥기 : 무고한 자의 고난과 하나님의 말씀』
　　　294
　　『우리의 우물에서 생수를 마시련다』 293
　　『해방신학』 293

귀고 1세(카르투지오회)
　　『카르투지오회 관습법』 106
귀고 2세(카르투지오회)
　　『수도사의 사다리』 76, 107
귀용, 마담 222, 254
「규칙적 합의」(Regularis Concordia) 103
그라티아누스 138
그레고리 7세, 교황 134
그레고리 11세, 교황 160
그레고리 나지안주스, 성인 67-68, 119
그레고리, 니싸의, 성인 67-68, 74-75
그레고리 대, 교황 102, 104
그레고리안 개혁 134-135
그레고리 팔라마스, 성인 119, 121, 168
　　『거룩한 헤지카스트를 위한 변증의 트리아
　　　드』 168
그렌코프, 암브로지 248
『그리스도의 생애 묵상』 166
그리피스, 비드 302-305
기도 101, 111-113, 167, 182, 186, 193, 196-
　　　197, 202-203, 207, 214, 215, 216, 219, 222,
　　　234, 235, 236 238, 240, 241, 246, 247, 254-
　　　255, 263, 285-286, 293-294, 295
기독교 인문주의 107, 139, 169-171, 181-184,
　　　186-187, 193, 201
길버트, 호일랜드의 108

나골킨, 레오니드 248
노르베르토, 크산텐의, 성인 137
뉴먼, 존 헨리 193, 251, 257-261
뉴턴, 존 254, 256
니코데모스, 아토스산의, 성인 246

다크먼, 캐서린 297
단성론 66
대성당 139, 140-142
대학 144
던, 존 194
데 라스 카사스, 바르톨로메 210
데샤네, 장 마리 302
데이, 도러시 277, 287-289, 331
도미니크 데 구즈만, 성인 146, 148-149
도미니크회 146-149, 293
도스토옙스키, 표도르 248
  『카라마조프의 형제들』 248
도시와 영성 134, 139, 140-143, 145-146, 154, 188, 336-338
동방 기독교 61, 66-69, 70-71, 74-76, 118-123, 167-169, 246-249, 305-308
드 노빌리, 로베르토 208
드 라살, 장 바티스트, 성인 219
드 마리약, 루이즈, 성인 218, 221
드 몽포르, 루이즈 그리그뇽, 성인 219
드 살, 프란시스, 성인 192, 219, 221, 235, 239
  『신심생활 입문』 219
드 샹탈, 요안나, 성인 218, 220
드 세르토, 미셸 157
드 코사드, 장 피에르
  『하나님의 섭리를 향한 자기 포기』 236
드 폴, 빈센치오, 성인 218-221
떼제 공동체 300-302

라너, 칼 76, 282
라더베인스, 플로렌스 182
라살, 에노미야 302
라우션부시, 월터
  『사회적 각성을 위한 기도』 263
라코르데르, 앙리 250
라틴 아메리카 292-293, 321, 342
랄르망, 루이 207
러시아 영성 223-224, 246-249, 305-308
렉시오 디비나 76, 105, 107, 112, 207, 278
로렌스 형제
  『하나님의 임재 연습』 214

로마 가톨릭 영성 234-236, 249-253, 264-265, 291-292, 308-310, 311
로무알도, 성인 106
로베르토, 몰렘의, 성인 106
로사, 리마의 210
로스키, 블라디미르 306-307
로, 윌리엄 194, 239
  『경건하고 거룩한 삶으로의 진지한 부르심』 194
로이, 올리비에 23, 322
롤, 리처드 161
루돌프, 작센의(카르투지오회)
  『그리스도의 생애』 182, 203
루터, 마틴 184-187, 190, 253, 282
루터교 영성 184-187, 190, 253, 330
뤼스브룩, 얀 158, 159, 160, 181, 182
  「번쩍이는 돌」 159
  『영적 결혼』 159
르네상스 169-171, 217 / 12세기 르네상스 134, 138-140
리처드, 성 빅토의
  『벤저민 마이너』 138
  『벤저민 메이저』 138
리치, 마테오 208-209
린디스판 115
  『무지의 구름』 138, 161

마르그리트 포레트
  『단순한 영혼의 거울』 156
마리아 스코츠소바, 마더 307
마리아, 오위니즈의, 복자 155
마르틴, 투르의, 성인 102, 116
마카리오스, 코린스의
  『보이지 않는 전쟁』 246
마크리나 67
머튼, 토마스 245, 277, 289-291, 303, 320, 326
  『삶과 거룩성』 291
  『칠층산』 290
  『통회하는 한 방관자의 생각』 290
메인, 존 302
메히틸트, 마그데부르크의

『하나님의 흐르는 빛』109
메히틸트, 하케본의, 성인
　『특별한 은총의 책』109
멕시코　210
멜란히톤, 필립　186
모더니즘　266
모더니티　232, 274-275
모라비아 형제단　236-237
모어, 토마스, 성인　183
모어, 한나　255
몰트만, 위르겐　282, 283-284
몽샤냉, 쥘　302
무니에, 에마뉘엘　331
묵상　112-113, 120, 182, 193-194, 196, 207, 256, 283, 304, 329
묵시론 영성　135-136, 189-190
문학과 영성　117, 123, 143, 170, 194-197, 213-214, 290-291
뮌처, 토마스　189-191
미국 영성　197-200, 239, 241-246
밀턴, 존　199

바울 학파 영성　'성경과 영성'을 보라.
바질, 대, 성인　67
바티칸공의회, 제2차　31, 33, 61, 77, 219, 221, 252, 260, 292, 293, 300, 309, 311
　사목헌장「기쁨과 희망」77, 292
발도파　135
백스터, 리처드　198, 199, 239
버니언, 존
　『천로역정』74, 198
베긴회　35, 109, 137, 140, 146, 152, 153-157, 159, 165
베네딕트, 누르시아의　100
　『베네딕트 수도규칙』74, 75, 98-102, 106, 107, 152, 288
베네딕트, 아니아네의　103
베네딕트회　102-105, 107, 112, 140, 250, 258
베륌, 피에르 드　218, 219
베르나데타, 루드루(수비루)의, 성인　251
베르나르, 클레르보의, 성인　75, 108

베유, 시몬　277, 284-287
　『뿌리내림』285
　『신을 기다리며』285
베일리, 주교
　『경건의 실천』193
벨리치코브스키, 파이시　247
변형　53, 71-77
보나벤투라, 성인　145, 153, 166
　『하나님을 향한 영혼의 순례』138, 153
보니파스, 성인　114
보라지네, 야코부스, 데　165, 203
　『황금 전설』165
보쉬에, 주교　224, 235, 254
보이어, 루이　33-34
복음　'성경과 영성'을 보라.
복음적 삶　134, 136-138, 140, 145-146, 147, 152, 153
복음주의 영성　253-256, 262, 310
본, 헨리　194
본회퍼, 디트리히　282-284
　『값비싼 제자직』282
　『성도의 공동생활』283
브렌단, 성인
　『성 브렌단의 항해』117
브루노, 성인　106
브리지다, 킬데어의, 성인　118
비앙네, 장(아르스의 본당 신부), 성인　251
비커스테스, 에드워드
　『기도에 대한 논문』255
빅토 학파　153
빈센치오 영성　221
뻬르세이느의 아담　109
　『사막 교부들의 금언집』92
　『순례자의 길』74, 122, 247, 248, 305

『사도적 교회 직제』　89
사이버 공간과 영성　323-326
사회 정의　274-277, 279, 282-284, 287-289, 289-300, 330, 340, 342
살레시오 영성　220
새로운 경건　181-183, 203, 239, 254

생태계와 영성 341-343
샤를마뉴 86, 103, 114
샤프츠베리 백작, 안토니 쿠퍼 255
서먼, 하워드 299
성경과 영성
    누가복음 53, 55, 56-57
    마가복음 51, 55, 56, 71
    마태복음 52, 53, 55, 56
    바울 서신 17-18, 51, 54, 59
    사도행전 52, 55, 56, 57, 58, 62, 70, 71, 99, 310
    시편 51
    아가 51, 104, 108, 139, 198, 211
    요한계시록 55, 135, 141, 190
    요한복음 53, 57, 58, 71
    욥기 294
    출애굽기 51, 68, 77
성공회 영성
    『공동기도서』 192, 193
    성공회-가톨릭 영성 254, 257-259
    캐롤라인 신학자들 192, 193, 257
성례적 영성 78, 120, 247, 257-259
성모의 종 수도회(Servite Friars) 146
성인전기 113, 165, 203
성찬 54, 60-61, 120, 143, 155, 166, 185, 188, 195, 216, 219, 222, 240-241, 242, 247, 249, 256, 257-258, 277, 288
세라핌, 사로프의, 성인 248
세례 54, 59, 60-61, 120, 122
세르지오, 라도네즈의, 성인 223
셰이커 영성 243-246, 310
소책자 운동 '옥스퍼드 운동'을 보라.
수덕신학 234-235
수덕주의 68, 75, 90-97, 98, 102, 110, 115, 122, 201, 205, 224
수도규칙 98-102, 300-302
    『마스터의 규칙』 100
    『바질의 규칙』 98-99
    『베네딕트 수도규칙』 74, 75, 98-102
    『아우구스티누스 수도규칙』 99-100
수도원적 생활 '종교적 삶' 또한 개별 '수도회'을 보라.
수도회 67, 73, 75, 136-138, 277-278, 282-283, 289-291, 300-302, 302-305, 305-308, 324, 342, 제3장을 보라.
    기원 86-89
    사막 88, 92-97
    시리아 90
    이집트 91-92
    또한 개별 '수도회'를 보라.
수소, 헨리, 복자 158-159, 182
    『영원한 지혜의 소책자』 159
    『진리의 작은책』 158
수피즘과 기독교 164-165, 214
순교 62, 63, 89, 113, 183, 189, 208
순례 102, 117, 138, 149, 166, 184, 198, 212, 308, 344
쉬제, 생 드니의 대수도원장 139, 141
슈나이더스, 샌드라 28, 297
슈츠, 로제 300, 302
슈페너, 필리프 야콥 236
스카라멜리, 조반니 바티스타 234
스콜라주의 18, 138, 144, 170, 232-233
스쿠폴리, 로렌쪼 239, 246
스티븐 하딩, 성인 108
스펄전, 찰스 256
시리아 영성 122-123
시메온, 새 신학자, 성인 120, 167, 168
시메온, 찰스 256
시모어, 윌리엄 310
시토 수도회 107-110, 112, 138, 140, 147, 155, 156, 198, 224
시튼, 엘리자베스, 성녀 264
신비신학 66-68, 70, 108, 138, 153, 234-235
신비주의 25-27, 33, 70, 120, 138-139, 156, 157-160, 164, 181, 186, 188, 207, 211-215, 218, 222, 223, 224, 233, 235, 236, 239, 249, 262, 266, 279-281, 283-284, 285, 297, 299, 307, 342
    라인란트 159, 181, 186, 207-208
    부정의 158
신부 139, 157, 158, 159, 198, 211, 214, 222

잉글랜드 138, 160-164
정의(定義) 157
카르멜 211-215, 218, 235
플랑드르 159-160, 207-208
신심의 영성 165-166, 184, 193, 215-217, 225, 234, 251, 258, 263, 265
신플라톤주의 66-67, 70, 74, 76, 91, 158, 186
신화 64, 68, 74, 119, 247
심리학과 영성 157, 267, 274, 280, 310

아르미니우스, 야코부스 189
아른트, 요한
　『참된 기독교』 186
아리스토텔레스주의 144, 157, 158, 205, 332, 338
아리우스주의 65, 68
아비쉬크타난다(앙리 르 쏘) 302
아시아 209-210, 302-305, 321, 322
아우구스티누스 수도회 146, 159
　『아우구스티누스 수도규칙』 99-100, 111, 137-138
아우구스티누스, 캔터베리, 성인 102, 104
아우구스티누스, 히포, 성인 30, 69-70, 74, 156, 170, 256
　『고백록』 69-70, 170
아이단, 성인 115
아이오나 103, 115
아일랜드 영성 35, 114-118
아타나시우스, 알렉산드리아의, 성인
　『성 안토니의 생애』 91, 92
아포파틱 신학 67, 68, 70-71, 75, 188
아프리카 208, 209, 321, 322
아프리카계-아메리칸 영성 263-264
안셀름, 캔터베리의 104
안토니, 이집트의, 성인 91
안토니, 키예프의, 성인 223
알바레스, 발타자르 207
알베릭, 성인 107
알베르투스, 마그누스, 성인 158
암브로스, 아이작 197
앤드류스, 란슬롯

『개인 기도들』 193
얀센주의 218, 219, 221-222, 234, 251
언더힐, 에블린 16, 159, 279-281, 309
　『교회의 신비주의자』 281
　『신비주의』 280
　『영성 생활과 현실 생활』 280
　『예배』 281
에드워즈, 조나단 241-242
에라스무스, 데시데리우스
　『기독교 군인의 표본』 또는 『엔키리디온』 183
에리우게나, 존 스코투스 70
에머슨, 랠프 월도 262
에바그리우스, 폰티쿠스 67, 92
에우데스, 요한, 성인 219
에큐메니컬 영성 276, 279, 281, 289, 300-302
에크하르트, 마이스터 158, 285, 320
에프림, 시리아의, 성인 122-123
엘레드, 리보의, 성인 109
영성
　건강 관리 332-336
　교리 64-66
　기독교 영성 16, 17, 24-25, 36-38, 59-60, 77-78
　다원주 275, 321-323, 326-328
　리더십 329
　미래 319-321
　비즈니스 329-332
　성경 '성경과 영성'을 보라.
　세계화 266-267, 276, 321-323
　세속 영성 328-341
　시대들 38-40
　신비주의 25-27
　신학 64-71, 119, 144, 153, 157-164, 184-187, 218, 234-235, 282-284, 291-300
　어원 17-18
　역사 30-36, 73
　연구 27-30
　유형 9, 36-38
　전통 38-40
　정의 17-20

종교 8, 16, 318-321
　　　판단의 기준 40-42
　　　현대적 의미 19-24
　　　해석 32-36
영성신학 234-236, 257
영성 지도 '영적 안내'를 보라.
영적 식별 95-97, 111, 199, 204-206, 236, 242,
　　　296, 321, 326
영적 실행 343-345
영적 안내 90, 91, 92-97, 138, 165-166, 170, 202-
　　　204, 219, 234, 238, 239, 258, 279, 308-310
　　　러시아 120, 247-248
　　　아일랜드 118
영적 여정 68-69, 74-77, 212-214, 235-236,
　　　280-281
　　　상승 66, 68, 74-76, 91, 113, 153, 186
　　　세 단계의 길 66, 67, 74
영지주의 65, 74, 325
예수 그리스도 25, 37, 38, 50-59, 60, 62-66,
　　　71-73, 77-78, 89, 100, 110, 119, 139-140,
　　　149-150, 155-156, 161-163, 166, 171,
　　　181-183, 185, 187, 188, 189-191, 193, 198,
　　　204-205, 212, 216-217, 218, 219, 220, 238,
　　　243-245, 249, 254, 256, 257, 264, 282-284,
　　　284-286, 288, 299, 323, 343
예수기도 74, 121, 122, 167, 223, 247
예수회 201-208, 234-235, 249, 263
예술과 영성 116-117, 120, 123, 141, 142, 166-
　　　167, 171, 185, 194-197, 199, 212-214, 217,
　　　241, 256, 343
오도, 클뤼니의, 성인 103
오라토리오회 영성 218, 260
오리겐 66-67, 68, 74, 75, 91
오순절 영성 310-312, 322
옥스퍼드 운동 253, 257-260
올리에, 장 자크 219
요아킴, 피오레의 136
요한 23세, 교황 31
요한 바오로 2세, 교황 326, 330
요한, 십자가의, 성인 75, 211-214, 253, 285
　　　『갈멜산의 등정』 75, 212

『살아 있는 사랑의 불꽃』 213
『어둔 밤』 212
『영혼의 찬가』 212
요한 크론슈타트스키, 성인 306
요한, 포드의 108
워드, 레지널드 서머셋 279
워드, 메리 208
웨슬리, 존 238-241
웨슬리, 찰스 238, 240-241
위 디오니시우스 69, 70-71, 75, 138, 153, 157,
　　　158, 218
위 마카리우스
　　『50편의 영적 설교』 121
위블랭, 아베 277
윌리암스, 로완 282
윌리엄, 성 티에리의 108
윌버포스, 윌리엄 254, 255
유럽의 회심 113-114
유명론 232
은사 운동 310-312
음악과 영성 120, 123, 186-187, 193, 217, 240-
　　　241, 260-261, 264, 343
의전 수도회 137-138, 148
　　　성 빅토 138, 153, 156
　　　성 아우구스티누스 148, 159, 182
　　　프레몽트레 137, 138
이그나티우스, 안디옥의, 성인 62
이냐시오, 로욜라, 성인 201-209, 235, 264, 283,
　　　308, 340
　　『영성일기』 203
　　『영신수련』 201-209, 216, 239, 283, 296,
　　　297, 308
　　「예수회 회헌」 203, 208
　　『자서전』 203
이냐시오 영성 201-209, 215, 218, 220, 234-
　　　236, 239, 246, 264, 283, 309
이레니우스, 성인 65, 74
이바노프, 마카리우스 248
이사시-디아스, 아다 마리아 297
이삭, 스텔라의 109
이오시프 볼로츠키, 성인 223-224

이콘학 139
인도 209

자기 포기 90, 191, 215, 236, 286, 294
잔첸, 그레이스 295-297
재세례파 영성 189-191, 200, 237
전례와 영성 60-61, 70, 98, 104, 105, 109, 119-120, 141, 142-143, 148, 165-166, 258, 281, 304
정교회 영성 '동방 기독교'를 보라.
정적주의 215, 221-224, 234, 235, 236, 239
제3수도회 137, 147, 160
제르투르다, 헬프타의, 성인
  『하나님 사랑의 사자』,『훈련』 110
제임스, 윌리엄
  『종교적 경험의 다양성』 157
제자직 52-54, 55, 58, 62, 71-73, 77-78, 282, 293, 296
조하르(Zohar) 212
존스톤, 윌리엄 302
존슨, 엘리자베스 295
종교 간 대화 208-209, 276, 291, 302-305, 326-328
종교개혁 35, 38, 제5장을 보라.
종교적 삶 201, 208, 233, 244-245, 249-252, 258, 342-343, 또한 개별 '수도회'를 보라.
줄리안, 노르위치의 160-164
  『하나님의 사랑의 계시』 161
중국 208-209
쥣편, 히어트 182
지글러, 클레멘트 191

채프먼, 존 279
청교도 영성 197-199, 239, 253
  미국 청교도 영성 241-243
초월주의(선험론) 262
츠빙글리, 울리히 188
친첸도르프, 백작 237

카르멜회 146, 211-215
카르투지오회 75-76, 106, 112

카말돌리회 105-106, 112
카시안, 존, 성인 92, 100, 116, 206, 246, 302
  『수도원 제도』 100
  『영적인 담화』 100, 206
카타리 148
카타리나, 시에나의, 성인
  『대화집』 160
카파도키아의 교부들 67-69, 74, 119
카푸친회 201
칸트, 이마누엘 233
칼뱅, 장 187-189
  『기독교 강요』 187, 188
칼뱅주의 영성 187-189, 190, 197-198, 237, 256, 257
캠프, 마저리 161
커스버트, 성인 115
케빈, 글렌달로그의, 성인 116-117
켈트 영성 아일랜드 영성을 보라.
켐피스, 토마스 아
  『그리스도를 본받아』 182
코신, 존
  『개인 기도 모음집』 193
코트킨, 조엘 336
콜렛, 존 183
콜룸바누스, 성인 102, 111
콜룸바, 성인 103, 115
쿠퍼, 윌리암 254
퀘이커 영성 199-200, 243
클라라, 아시시, 성인 147, 152
  『프라하의 아그네스에게 보내는 편지들』 152
클뤼니회 104
클리마쿠스, 존, 성인 75, 167
킹, 마틴 루터 298

타울러, 요한네스 158, 159, 182, 186, 191
탁발 수도회 운동 137, 146-148
테레사, 리지유의, 성인 251-252, 288
테레사, 아빌라의, 성인 164, 207, 211-212, 253
  『생명』 212
  『영혼의 성』 212, 296

『완덕의 길』 212
테야르 드 샤르댕, 피에르 299
테오판, 은둔자 247
테일러, 제레미 193, 239
　『거룩한 삶의 규칙과 훈련』 193
토마스 아퀴나스, 성인 18, 144, 158, 205
투리안, 막스 300
트래헌, 토마스
　『묵상의 세기들』 193
티즈데일, 웨인 327
틱낫한 326

파버, 프레데릭 258
파스칼, 블레즈 222, 254
파코미우스, 성인 92-93, 98
판넨베르크, 볼프하르트 282
팔레올로구스, 자콥 191
패트릭, 성인 115
페넬롱, 대주교 222, 224, 254
페미니스트 영성 294-297, 342
페트라르카 169
페트루스 다미아니, 성인 106
펜, 윌리엄 200
평신도 영성 135, 137, 140, 142-143, 145, 146-148, 153-157, 159, 165-166, 180, 181-183, 186, 188, 200, 214, 215-217, 237, 247, 287-289, 308-312
포스트모더니티 274-275, 299
폭스, 조지 199
폰 발타자르, 한스 우르스 282
폰 휘겔, 바론 194, 266, 279, 309
푸라, 피에르 33
푸코, 샤를 드, 복자 12, 277-278
퓨지, 에드워드 257, 259
프라이, 엘리자베스 200
프란체스코, 아시시의, 성인 145, 146, 149, 166
　「유언」 150
　『초기 규칙』 150
　「피조물의 찬가」 151
　『후기 규칙』 149
프란체스코회 31, 137, 139, 146-148, 155, 165, 166, 201, 258
프랑스 영성 18, 25, 218-222, 234-238, 249-253
프랑케, 아우구스트 236
플라톤 170, 285, 338
피니, 찰스 262
피정 운동 308-310
피치노, 마르실리오 170
피터 롬바르드 138
『필로칼리아』 119, 246-247, 306

하데위치 156, 159
해방 영성 51, 263, 291-292
허버트, 조지 11, 194-197, 284
　『성전』 194
헤드럼, 스튜어트 259
헤지카즘 121, 168, 207, 305
헤커, 이이작 265
홀렌바흐, 데이비드 341
화해와 영성 298-300
후밀리타티 135
후안 디에고 210
후커, 리처드
　『교회정치법』 192
후트, 한스 189, 190
휴, 성 빅토 138
흐로터, 허어트 181-182
히스패닉 영성 39, 297, 322
힌두교와 기독교 89, 209, 262, 302-305
힐데가르트, 빙엔의 104, 105, 320
힐튼, 월터 75, 161
　『완덕의 사다리』 75

미래로 열린 영성의 역사

초판인쇄 2020년 3월 20일
초판2쇄 2023년 1월 18일
지은이 필립 쉘드레이크
옮긴이 정병준
펴낸이 박창원
펴낸곳 한국장로교출판사
주 소 03128 / 서울시 종로구 대학로3길 29, 신관 4층(연지동, 총회창립100주년기념관)
전 화 (02) 741-4381 / 팩스 741-7886
영업국 (031) 944-4340 / 팩스 944-2623
등 록 No. 1-84(1951. 8. 3.)
ISBN 978-89-398-4385-1 / Printed in Korea

편 집 장 정현선
교정교열 원지현, 이우진   **표지본문 디자인** 최종혜
업무국 국장 박호애

값 18,000원

※ 이 출판물은 저작권법에 의해 보호를 받는 저작물이므로 무단전재와 무단복제를 할 수 없습니다.